名师工程
名校系列

乐群教育
实践探索

李雪梅 ◎ 主　编

江　凌　刘　莺 ◎ 副主编

西南大学出版社
国家一级出版社　全国百佳图书出版单位

图书在版编目(CIP)数据

乐群教育实践探索 / 李雪梅主编 . -- 重庆：西南大学出版社, 2024.9. -- ISBN 978-7-5697-2589-6

Ⅰ. G622.0

中国国家版本馆CIP数据核字第2024X86007号

乐群教育实践探索
LEQUN JIAOYU SHIJIAN TANSUO

主　编　李雪梅
副主编　江　凌　刘　莺

责任编辑｜郑先俐
责任校对｜王怡雯
装帧设计｜汤　立
排　　版｜吴秀琴
出版发行｜西南大学出版社（原西南师范大学出版社）
　　　　　地址：重庆市北碚区天生路2号
　　　　　邮编：400715
　　　　　电话：023-68868624
印　　刷｜重庆亘鑫印务有限公司
成品尺寸｜185 mm×260 mm
印　　张｜25.5
字　　数｜576千字
版　　次｜2024年9月 第1版
印　　次｜2024年9月 第1次印刷
书　　号｜ISBN 978-7-5697-2589-6
定　　价｜128.00元

编委会

主　编　李雪梅

副主编　江　凌　刘　莺

编　委

吴秋菊	毛晓峰	宋海燕	刘　瞿	周建东	康涛霞
刘青霞	凌智丽	洪　雪	唐　欢	屈唯唯	向以玲
程晓琳	谢　淑	查水莲	黄德元	杨　凌	严　涛
刘宁欢	陈雨菡	周　璇	文　艺	李雨鑫	杨　杨
邓　玉	袁梦希	刘婧雯	李雪梅	苏语晨	朱德伶
李雪竹	周　婧	周亚奇	李雅婕	钟　群	张　升
胡皓然	朱泓颖	蔡　丽	邵红清	王　倩	吴　优
瞿　涵	田　魏	梁维维	葛文瑾	曾安会	杨秋菊
韦　妙	曾　杨	晏燕红	陈　瑜	邢金枝	张　倩
邓　翔	李洪波	蔡　丽	雍　元	龚贵虹	卢　尧
杨　露	张　强				

锦小赋

溯癸卯，下香江，百年锦小，心事浩茫。

斗秤护学，跪乳羔羊，银杏感恩，情牵故乡，古铜献艺，稚韵悠扬……

锦城之南，校园新筑，窗户和煦，得绿荫护佑，师生踊跃，跻跻蓄芳。和记甫进，地生瑞气，清风撩意，添新军临阵，摩拳擦掌，铁卷华章。

高新鼎盛，优学品尚。至善教者，心心相印，修义理，习教艺，纳百川，必登奥堂。携乐学者，悦读力行，近生活，勤问学，执良序，去彷徨。知书达理以实根基，广识探幽激趣深长。

癸巳抒怀，牵手香港。志在化育动感，留却长空神往。

姚文忠癸巳年题

学校校名更迭

1904 年　由石羊镇斗、秤会在石羊场川主庙(石羊场上街)开办了一所初级小学,标志着石羊小学的成立

1920 年　更名为模范小学

1929 年　更名为华阳县石羊乡中心国民学校

1950 年　更名为华阳县石羊小学

1958 年　更名为成都金牛区石羊地区中心校

1990 年　更名为武侯区石羊中心校

1996 年　更名为高新区石羊中心校

2001 年　更名为高新区第四小学

2005 年　更名为成都高新区石羊小学

2012 年　更名为成都高新区锦城小学

学校校徽

形状：校徽以盾形为轮廓，显得典雅、庄重。

红黄相间：红色象征蓬勃发展的生命，传达出热烈的教育情怀，寓意锦小人的昂扬精神和火热激情；黄色象征希望与辉煌，寓意锦小人的博大、包容和学校广阔的发展空间。

纹饰：居于校徽中心的"JC"和"C"内部的"羊"字，既是锦城的缩写，又是篆刻的"石羊"二字，代表从石羊小学到锦城小学的历史沿革；"C"内部的"羊"还是青铜纹饰，展示了学校的"青铜"特色。

数字"1904"：锦城小学创办于1904年，至2024年已有120年办学历史。

学校校歌
多彩锦小

李 沙 作词
徐文正 作曲

1=D 2/4
♩=100

银杏树下，纷纷扬扬，花儿从这里迎接阳光，未来少年，噢 梦想盛放，我们优美和乐共同协作。

锦小锦小，欢乐的土壤。

哺育着花儿，哺育着花儿，花儿的明天。
默默地耕耘，静待着花开，花开的声音。

锦小锦小，桃李芬芳。

活动中学习品质地成长，多彩的童年，多彩的童年。
浇灌着梦想浇灌着梦想，梦想绽放，梦想绽放，绽放。

目录 CONTENTS

第一章　百年锦小：学校办学的历史轨迹　001
第一节　学校办学　理念发展　002
第二节　三迁校址　扎根崛起　005
第三节　数任校长　薪火传承　007
第四节　战斗堡垒　发展之基　009
第五节　星星火炬　代代相传　010
第六节　默默耕耘　静待花开　012
第七节　莘莘学子　灼灼其华　015

第二章　文化创建：乐群教育的顶层建设　017
第一节　百年乐群　继往开来　018
第二节　文化创建　行稳致远　023

第三章　乐群课程：乐群教育的内容架构　029
第一节　目标引领　结构搭桥　030
第二节　学科课程　百花齐放　034
第三节　特色课程　争奇斗艳　114

第四章　乐群学堂：乐群教育的实现路径　153
第一节　理念导向　践行乐群　154
第二节　乐群课例　深耕不辍　163
第三节　乐群探究　上下求索　282

目录 CONTENTS

第五章　雨露课程：追求卓越的教师队伍建设　323
　　第一节　分层分类　对标培养　324
　　第二节　"八个一"路径　全校教师共成长　330
　　第三节　"四四七"模式　新岗教师绽芳华　335
　　第四节　乐群讲坛　特色培养赴卓越　343

第六章　"乐·J城"：学生德育体系创新模式　349
　　第一节　"乐·J城"，一座学生自主管理的城　350
　　第二节　"四格"德育，让每个儿童经历多彩童年
　　　　　　——锦城小学"四格"德育课程　358
　　第三节　大队部，学生自主管理的主阵地
　　　　　　——"乐·J城"少先队自主管理　362
　　第四节　落实常规，学生自主管理的主渠道　371
　　第五节　智慧班主任，自主德育系统的保障
　　　　　　——锦城小学智慧班主任成长策略　379

第七章　环境优创：校园文化九重景的构建实施　389
　　第一节　文脉传承　乐群共生　391
　　第二节　自然诗意　书香盎然　393
　　第三节　蕴艺育美　润心启智　394
　　第四节　悦动慧劳　创享未来　396

参考文献　398

第一章

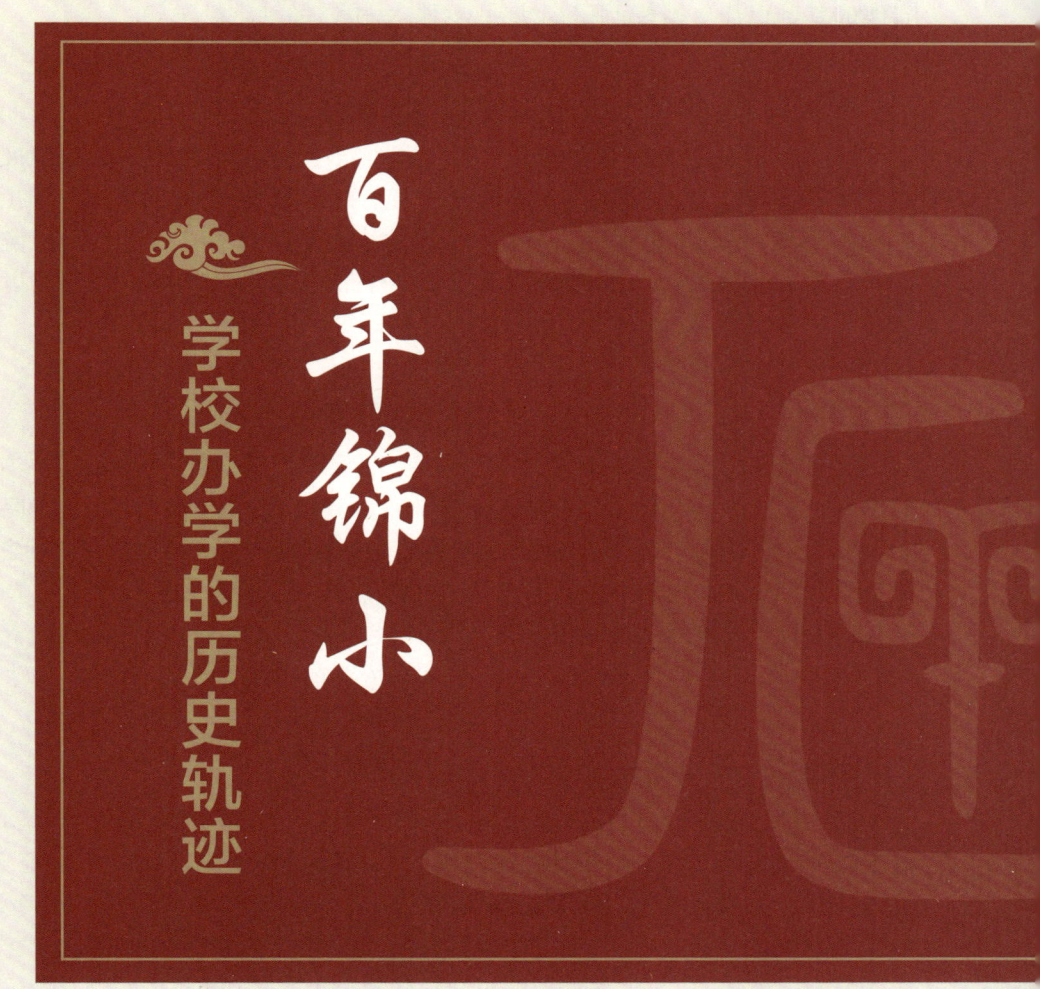

百年锦小

学校办学的历史轨迹

第一节

学校办学　理念发展

办学理念是学校的灵魂，是学校办学思想的具体表现。先进的办学理念是学校发展的生命基石。成都高新区锦城小学（以下简称为"锦城小学""锦小"），从百年风雨中走来，坚持从学校实际出发，挖掘办学历史积淀，在传承的基础上不断发展，在实践的基础上加以提炼，不断发展办学理念，引领助推学校发展。

一、20世纪60年代——好好学习，天天向上

这个理念强调了学习的持续性和进步性，鼓励学生和教师都保持积极的学习状态，不断追求知识和技能的提升。在这个理念的指导下，学校致力于为学生创造良好的学习环境，提供丰富的学习资源，同时鼓励学生自主学习、合作学习，培养他们的创新精神和实践能力。教师也要不断提升自己的专业素养和教学能力，以便更好地引导学生学习，激发他们的学习兴趣和热情。

二、20世纪70年代——以人为本，全面发展

学校强调将学生放在教育的中心位置，尊重每个学生的个体差异，关注他们的全面发展。"以人为本"意味着教育应顺应学生的禀赋，发掘学生的潜能，研究学生的需要，调动学生的积极性和创造性，使学生的个性得到发展。"全面发展"则注重学生的身心全面、协调、自由地发展，让学生在知识、技能、情感态度与价值观方面和谐发展。这不仅包括学生对学科知识的学习，还包括促进学生的身心健康、培养学生的社交能力，以及提升学生的体育、音乐、艺术等方面的素质。

三、20世纪80年代——五讲四美三热爱

"五讲四美三热爱"旨在全面培养学生的道德素质、审美情操和爱国情怀，为他们的成长奠定坚实的基础。"五讲"即讲文明、讲礼貌、讲卫生、讲秩序、讲道德，强调学生的日常行为规范和社会责任感。"四美"即心灵美、语言美、行为美、环境美，是对学生审美情操的要求。"三热爱"即热爱祖国、热爱社会主义、热爱中国共产党，即培养学生的爱国情怀，让学生深刻理解祖国的伟大、社会主义的优越性以及中国共产党的领导核心地位，激发他们的爱国热情，培养他们的社会责任感。

四、20世纪90年代——求真务实，团结创新

"求真"强调对知识的真实性和科学性的追求，鼓励学生和教师不断探索、发现真理，以科学的态度和方法去认识世界。"务实"强调教育要贴近实际、注重实效，将理

论知识与实际应用相结合。"团结"强调学校内部的和谐与协作,鼓励师生之间、学生之间建立良好的关系,共同为学校的发展和进步努力。"创新"鼓励学校在教育理念、教学方法、课程设置等方面进行不断探索和创新,以适应时代的发展和变化。这一时期的办学理念体现了学校对教育的全面追求和深入思考,有助于培养具备批判性思维、实践能力、团队协作精神和创新意识的优秀人才。

五、2000年——兼容并蓄,整合创新,科学人文

"兼容并蓄"一词来源于明代方孝孺《复郑好义书》:"所贵乎君子者以能兼容并蓄,使才智者有以自见,而愚不肖者有以自全。""兼容并蓄,整合创新"是指在教育教学过程中,鼓励学生不囿于一己之见、一家之说,有助于培养和提高学生鉴别真理和独立研究的能力。集百家之所长,在相同的领域各抒己见,才能有所进步和创新,才能海纳百川、兼容并蓄、整合创新。同时,学校还培养学生在实践、探索过程中形成追求真理的科学精神,并培育其关注人类未来命运、进行积极思考和探索的人文精神。

六、2012年——广文博集,以成大器

"广文",即广在人文,广在科学,广在才艺。人文求善,科学求真,才艺求美。我们注重引导学生主动学习,积累广博的知识,形成全面发展的理想人格。我们在传承中华优秀传统文化的同时,结合现代通识教育,守正创新,与时俱进。"博集",意为在科学知识的学习过程中博采众长、广泛汲取,培养学生充沛而旺盛的好奇心,此乃求精、求深的基础。好奇心丧失了,为学的欲望随之消亡,博学遂为不可能之事。博集不仅意味着兼容并包、海纳百川的胸襟,而且意味着对知识的不尽求索和百家争鸣。唯有博大和宽容,才能兼容并包,使师生具有世界眼光和开放胸襟,真正做到"海纳百川,有容乃大"。广闻博集,修学修身,从小微起,终成大器!

七、2013年——在活动中学习,有品质地成长

教育本身就是一种活动,没有活动的教育是一种缺乏生命力的教育,特别是小学教育应关注学生在活动中参与、在活动中体验、在活动中习得。我们所倡导的在活动中学习,强调的是以学生为中心的学生观、以生活为内容的课程观。学生在活动中学习,才能有效地建构认知结构,学会高效且科学地学习、井然有序地生活,生活的内容更加充实、国际化元素更加丰富,创意思维得到进一步激发,最终实现有品质地成长。

在此办学理念的引领下,学校确保全体学生在完成素质教育基本任务的前提下,让每个学生都具有"八大学习经历""六大成长特质"。学校开发具有港式教育特色的活动课程,如生存技能课、时政学习课、家长讲堂等;创新并固化了传统节日活

动,学校每年都会开展"六一国际美食文化节"和"元旦世界民俗文化博览会"。学生在课堂上、活动中所表现出的多元文化视角、合作交流的状态、动手与实践的能力,都因生命得到滋养而升华!

八、2015年——诚敬谦和,崇德尚礼

"人无信不立",意思是人无诚信就无法在社会上立足。传统国学教育要求把孝、悌、忠、信、礼、义、廉、耻记在心中,也时时以诚信品行来自我观照、自我提醒。当一个人真正用诚信的原则做事时,每天都会有所收获。

九、2018年——优美和乐·共同协作

理想的教育应该是具有优雅的美感,在和谐从容、快乐协作的氛围中进行的润物无声的教育。"优美和乐"指的是一种状态。教育带给人的应该是精神的富足和内在的和谐,进而带来人际的和睦。"共同协作"是一种精神,要求培养学生强烈的责任心和互助合作的精神。学校的课程设置和实施,要以"优美和乐·共同协作"为理念,以愉悦的学习氛围为基础,以合作的学习方式为载体,实现生命个体与群体共同发展。学校以课程设置引领教学改革,营造"优美和乐·共同协作"的教育教学生态,为学生全面发展、个性发展和综合素养的提升奠定良好的基础,让每一个学生都能在"优美和乐·共同协作"的课程理念熏陶下,具有鲜明的个性和自我意识,能在群体中与他人和谐共处、共生共长,呈现"桃李不言,下自成蹊"的和谐状态。

第二节
三迁校址　扎根崛起

　　1904年,《奏定学堂章程》颁行,这是中国近代第一个取法西方的新学制。而此时的成都石羊镇,由石羊镇斗、秤会在石羊场川主庙(石羊场上街)创办了一所初级小学,标志着锦城小学的初萌。从此,锦城小学就扎根在成都这片热土上,为播种科学、传播文明写下了一篇篇不朽华章。1996年,锦城小学搬迁到石羊场下街(今成都高新区剑南大道北段565号)。2012年1月9日,锦城小学又搬迁到成都市高新区雍翠路120号。

一、1904年——石羊场上街(石羊场川主庙)

图1-1　川主庙校址——古老的记忆、斑驳的时光

二、1996年——石羊场下街(今成都高新区剑南大道北段565号)

图1-2 剑南大道校址——绿荫掩不住琅琅书声

三、2012年——成都市高新区雍翠路120号

图1-3 雍翠路校址——文化洗礼之后的诗意栖居

第三节

数任校长　薪火传承

　　1950年9月,学校在迎接新中国成立的凯歌声中恢复上课。一任任校长根植热土、虔诚教育、团结同仁、聚合智慧,执行国家意志,汇纳社区民意,彰显时代精神,薪火传承、代代创新……

雷国华(代校长)
1954—1956年

李永禄
1956—1963年

邹子芳
1963—1966年

李治南(具体分管学校工作)
1971—1974年

吴玉珍
1978—1984年

曾新琼
1974—1978年(具体分管学校工作)
1984—1990年(校长)

胥蕴良
1990—1995年

杨义珣
1995—1997年

彭洪蓉
1997—2000年

杨中亚

2000—2009 年

王世贵

2012—2014 年

杨秀东

2014—2018 年

李雪梅

2018 年至今

图 1-4　锦城小学历任校长

第四节
战斗堡垒　发展之基

1973年，中共石羊学区党支部成立；2000年，中共石羊学区党支部改为中共石羊小学党支部。党支部成立至今，先后由杨正富、吴国祥、吴玉珍、胥蕴良、彭洪蓉、杨中亚、王世贵、杨秀东、李雪梅等人担任党支部书记。不断壮大的坚实堡垒，不断探索的领导集体，不断创新的精神引领，激励着锦小人传薪继火、追梦远方……

图1-5　骨干是这样炼成的

图1-6　笑容的凝聚

图1-7　1983年党组织生活——昆明留影

第五节
星星火炬　代代相传

中国少年先锋队队员——共产主义接班人,时刻不忘党的教导,时刻牢记入队誓词,好好学习,好好锻炼……成都高新区锦城小学紧扣国家育人目标,从塑造人的正确价值观出发,从时代主题出发,从学校实际出发,各种少先队活动开展得有声有色……

图1-8　那些当年的少先队员

图1-9　文艺表演

图1-10　庄严的少先队干部标志授予仪式

图1-11　在队旗下成长

图1-12　为申奥加油

图1-13　唱队歌给党听

第六节

默默耕耘　静待花开

站立讲台，他们有别样的风采；蚕丝吐尽，烛泪成灰，一代代教育人的理想留在了菁菁校园；当黑发积霜，岁月积攒的影集叠印着青春无悔的人生赞歌，他们依旧风采动人……

图1-14　1978年教职工文艺演出留影

图1-15　1987年元旦文艺会演

图1-16 纪念毛泽东一百周年诞辰活动

图1-17 黄花分外香

图1-18 1984年语文、数学教师函授结业合影

图1-19　1984年教师在武汉长江大桥合影

图1-20　言笑晏晏

第七节
莘莘学子　灼灼其华

1971—1990年，锦城小学曾经办过"戴帽初中"班，成为8年制学校；1975—1990年，锦城小学曾经办过"戴帽高中"班，成为10年制学校；1979年恢复高考，学校学生陈斌、苏显棋，教师解琦、赵书桓考上了大学，在成都市金牛区引起了轰动；曾下设有太平、裕民、三元、丰收、花荫等几所村小，并统一管理其教育教学工作。到2024年，曾经是学区中心校的锦城小学走过了120个春秋。欢歌笑语，灿烂笑靥，时光岂可忘怀？黄桷持荫，淡淡幽香，流连于心灵深处……

图 1-21　1978年高小二班毕业留影

图 1-22　1979级初三一班毕业留影

乐群教育实践探索

图1-23　1986年毕业生与教师留影

图1-24　1990年毕业生与教师留影

第二章

文化创建

乐群教育的顶层建设

第一节
百年乐群　继往开来

一、核心理念：乐群铸底蕴

"乐群"语出《礼记·学记》："一年视离经辨志，三年视敬业乐群。"孔颖达释"敬业乐群"为"敬业，谓艺业长者敬而亲之；乐群，谓群居朋友善者愿而乐之"。朱熹释"敬业乐群"为"敬业者，专心致志，以事其业也；乐群者，乐于取益，以辅其仁也"。乐，乐观、乐和、乐享。群，群学、群思、群长。儒家强调的"乐群"不只存在于学业有成的阶段，更重要的是贯穿于整个社会。"乐群"的前提是爱，是由内向外扩展的爱，"乐群"即以众人群处为乐事，是顾全大局的方法论，是中华民族的传统美德。

心理学上的"乐群性"，是指一个人喜欢与群体在一起生活和工作的个性特征。乐群性高的人团结协作的意识较强，通常表现为待人和蔼可亲，合作与适应能力强，在学习和工作中愿意组织和参加社团活动，比较容易接受别人的批评等。在锦城小学内，体现为教师之间、师生之间和学生之间的相互关心、相互理解、相互帮助、共同发展的文化生态。

乐群教育的精神是"优美和乐·共同协作"。只有乐群，才能营造优美和乐的人际关系，实现合作共赢。作为学生，更应该在校园这个集体组织里培养乐群的习惯。乐群，有助于个人身心健康发展；乐群，有助于构建和谐社会；乐群，有助于在职场上实现企业和个人的双赢。

在全科育人、全程育人和全员育人的指导下，锦城小学在倡导"儿童是教育的唯一中心"教育思想的同时提出"乐群学堂"的教学主张。乐群学堂以科学辩证唯物主义的认识论为哲学基础，在"培养什么人""怎样培养人"的问题上提出了新主张。乐群作为育人目标，主要培养学生学习与思考的深刻性、灵活性、批判性和创造性品质；乐群作为实现方式，主要以"群落"为手段，构建乐群学堂实施策略，培养学生"悦身心·会合作·善思辨"的乐群品质。乐群学习过程是"实践—认识—再实践"的过程，是鼓励学生独立探究、合作学习的过程，其中个体独学、小组合学、师生共学和总结拓学四个环节是培养乐群品质的关键环节。

二、共同发展：乐群尊科学

乐群教育尊重学生、教师、学校三大主体，认为每个主体都是一粒充满能量的种子，都是可以焕发潜能的生命体。为了实现生命种子的可持续发展，需要努力为其创造适宜的生态场域，最终实现"共生"的理想图景。在乐群教育理念下，我们构建了学生、教师、学校三大主体的"1+N"共同发展模式。

图 2-1　乐群教育的三大主体

（一）学生维度的"1+N"发展模式

所谓"1"，是指尊重学生的个体发展；"N"是指学生在群体中创造性发展。以乐群学堂为主要实施路径，鼓励学生独立思考、独想独创，培养学生"悦身心·善思辨"的品质，引导学生合作共学、互助生长，培养其"会合作"的品质。

独立思考、独想独创　　　　合作共学、互助生长
培养品质：悦身心、善思辨　　培养品质：会合作

图 2-2　"1+N"发展模式（学生维度）

锦城小学通过乐群学堂，在"互联网+"的辅助下，以"学科+"的形式对基础课程不断地进行延伸补充以及拓展整合，提高学生的创新能力，生成多元化的学习结果，促进学生的快速成长和发展。一直以来，锦城小学致力于培养"悦身心·会合作·善思辨"的锦小学子。在"悦身心"方面，学校将学生从有礼貌地对待老师和同学，逐步培养为能诚恳地帮助老师和同学，从而使学生获得参与感、成就感；在"会合作"方面，锦小教师从培养学生认真倾听同学发言、清晰表达自己的观点、礼貌与他人交流的良好习惯，发展为让学生自发主动承担责任、与同学密切协作并机智应变突发情况；在"善思辨"方面，学校不仅重视学生的发展广度，也强调他们的发展深度，努力实现广度和深度的双向发展过程，让学生从一步一步地拓宽知识面，增加自身的思维广度，学会举一反三，到生成多元化的学习结果，成为学会创新并且能够创新的儿童。

(二)教师维度的"1+N"发展模式

这里的"1"指的是通过雨露课程(教师成长课程),鼓励教师在实践中自主追求、自主学习、自主实践、自主创造,助力教师个体发展;"N"指的是在乐群精神的引领下实现群体联动,让教师在生态场域内相互支持、相互鼓励、携手共进。

"1" 个体发展
自主追求、自主学习、
自主实践、自主创造

"N" 群体联动
相互支持、相互鼓励、
携手共进

图2-3 "1+N"发展模式(教师维度)

锦城小学构建了"培—导—研—展—赛"五维一体的教学管理模式,促进学科教学向学科育人转变,加快课堂教学改革向纵深发展的速度。在教师岗前培训中,以"镜面自主研修"为载体,聚焦乐群学堂教学特色展开学习和培训。学校每学期组织开展教学节研讨活动,活动以深化乐群学堂研究为主题,通过系统性、主题化的教研设计,提升教研活动质量,提高教师课堂教学能力,实现乐群学堂的深化和推广。同时,在"名优教师示范课""骨干教师风格课""职初教师潜力课"中持续深入探究乐群课堂。学校教师已深耕在乐群学堂实践与研究的沃土上,大大促进了自身专业发展。

(三)学校维度的"1+N"模式

此处的"1"指的是学校个体发展;"N"指的是区域联动发展。在学校个体发展方面,锦城小学明确学校办学理念、发展内涵,传承文化精髓,彰显办学特色。学校不断精耕细作,完善乐群教育理念下的文化体系,以"儿童是教育的唯一中心"为教育思想,以"晓看红湿处,花重锦官城"为办学愿景,致力于培养"悦身心·会合作·善思辨"的锦小儿童,培养"师德高尚、业务精湛、敢于创新、追求卓越"的锦小教师。在区域联动发展方面,锦城小学联合区域内、区域外的学校,打破乡村、区县、省市乃至国家的地域壁垒,以"和而不同、追求卓越"的精神为指导,加强信息资源的交流互通、合作共享,真正拆开学校的"围墙",实现校际的引领借鉴、协同发展、共融共赢。

"1" 个体发展

"N" 区域联动发展

完善乐群教育体系　　　　　　　　和而不同、追求卓越

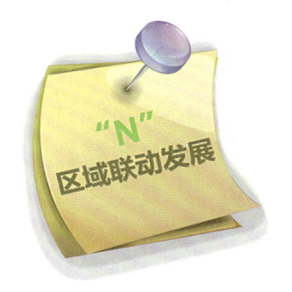

图2-4　"1+N"发展模式（学校维度）

目前，锦城小学已经与青海西宁前营街小学、西昌市第四小学、雅安外国语实验小学、德格县所巴小学、德格县阿须小学、巴中恩阳小学、成都东部新区兴隆学校等校签订联盟协议，成立乐群教育联盟校，共享乐群学堂研究成果，共同深入研究乐群学堂。同时，学校还在结对帮扶的甘孜州德格县城关第一完全小学等校定期开展丰富的乐群学堂送培送教活动，推广辐射乐群学堂研究成果。在未来的岁月中，我们依旧会继续深化乐群学堂教学改革，在区域内积极开展关于乐群学堂的课例展示和相关专题交流讲座，在区域外推广辐射乐群学堂的研究成果，在学校层面多线并行，构建"共促、共融、共生"的推广机制。

三、文化传承：乐群创未来

学生是发展中的人，乐群最能促进其成长。乐群可以把学业、教师、同学、朋友等要素有机结合起来。乐群教育是一种生命教育，乐群群乐，以生命为本，重视生命的主动性、能动性、创造性。锦城小学致力于构建文化传承的践行系统，该系统是一个有乐群标识的生态系统，是一个立体的发展系统。

自创校以来，乐群一直是锦城小学的重要标识，学校虽三易校址，但乐群未改，初心未改，使命未改，可谓薪火相承近百年。1950年9月，学校恢复上课。历任校长根植热土，潜心教育，共同书写乐群篇章；锦小教师蚕丝吐尽，蜡炬成灰，一起讲好乐群故事。

中共中央办公厅、国务院办公厅印发的《关于深化教育体制机制改革的意见》要求基础教育学校健全立德树人系统化落实机制，"科学定位德育目标，合理设计德育内容、途径、方法，使德育层层深入、有机衔接，推进社会主义核心价值观内化于心、外化于行"，这为锦城小学乐群教育的建构与实践提供了政策层面的支持。锦城小学基于"培养全面发展的人"这一核心素养的目标导向，紧紧抓住学生自主发展这一关键点，从文化浸润、课程培育、过程引导三个维度切入，着力引导学生学会学习、健康生活，并在认识和发现自我价值、发掘自身潜力、有效应对复杂多变的环境中成为人生方向明确且追求生活品质的人。

基础教育要"培养合作能力，引导学生学会自我管理，学会与他人合作，学会过集

体生活,学会处理好个人与社会的关系,遵守、履行道德准则和行为规范",这是国家层面对高品质学校办学提出的要求。锦城小学构建"优美和乐·共同协作"的乐群生态场域,从长远看是将立德树人的根本任务落实到学生的生存教育和生活理念上,培养适合现代社会需求的高素质社会主义建设者和接班人。学校培养儿童"悦身心·会合作·善思辨"的乐群品质,要求优秀学生不仅要学习成绩优异,更应该具有团结友善的乐群意识、协同创新的责任担当,这是为学生的终身发展奠基、为中华民族育才,也是对"我们的教育为几十年后的社会培养怎样的中坚力量"给出的答案。

百年乐群,百年传承,乐群是使命,是责任,是守望。锦城小学在厚重的历史底蕴中,展现出一幅富有乐群特质的画面;一代代锦小师生满怀教育梦想,在新的起点面临新的征程;全校教职员工携手接力,奋勇前行,虽经历风雨,但昭示的将是光荣岁月。

百年积淀传承,新的百年必将开启新的征程,相信锦小人能够依托乐群这一厚重文化基因,满怀新的教育梦想,奔向光明而美好的未来!

第二节
文化创建　行稳致远

一、教育思想：儿童是教育的唯一中心

（一）儿童中心论之发展历程

1. 多元发展的儿童中心论

1886年，美国福禄贝尔派核心成员海尔曼（W. N. Hailmann）提出一种全新的儿童中心论，用以破除基础教育中的"学校化"病症——压抑儿童的教育观念。1890年，他又扩展了自己的儿童中心论，强调儿童是学校一切工作的中心。

1901年，美国儿童研究运动的代表人物霍尔（G. S. Hall）提出，理想的学校本质上是以儿童为中心的，而非以学校为中心的。学校和儿童之间的理想关系是学校要为儿童服务，而不是让儿童服从学校。学校教育将符合现代科学研究成果，既满足儿童的内在需求，又适应儿童的发展水平，以提供切实的教育服务。

美国赫尔巴特学派致力于把教育的好处普及至所有人，提出儿童是教学的中心，认为学科在教学中固然占据重要地位，但"对儿童意愿和情感的持续关注，是教学的真正中心，是需要永远铭记在心的。必须观察儿童的感知能力，培养儿童永久的内在兴趣"。该学派支持者帕克（F. W. Parker）提出一种全新的"集中理论"，可表现为多个同心圆联合构成的车轮状图案，儿童处在同心圆的中心，各学科围绕儿童且位列其他各个同心圆之中，教师的职责是发展儿童的天性。

19世纪末至20世纪前期，美国社会发生了一次大规模的社会改良运动，时称进步主义运动。进步主义教育者不断吸纳、融合和发展各种儿童中心的观念、立场和思想，开展多样的进步主义教育实验，在此时期将儿童中心论的发展推至高潮。卢梭（J. J. Rousseau）的自然生长学说是主要理论基础之一，他认为教育是让儿童与生俱来的力量得到自由生长。

西方国家，特别是美国的教育界强烈主张教育要"以学生为中心"。从20世纪初开始，杜威（J. Dewey）就大力提倡"以儿童为中心""以活动为中心"。20世纪50—60年代，布鲁纳（J. S. Bruner）大力提倡"发现式学习"，其核心思想也是鼓励学生自主学习、自主探究。进入20世纪90年代，以乔纳森（D. H. Johassen）为代表的、以主观主义为特征的激进建构主义进一步强调了"以学生为中心"的思想。

2. 杜威的儿童中心论

儿童中心论同时也是杜威在批判传统教育时提出的一种破旧立新的教育观念。作为美国的哲学家、心理学家和教育家，杜威的重要贡献之一是提出了"儿童中心主义"的教育原则。他倡导的儿童教育是一种让儿童自然发展的教育，他反对揠苗助长

式的、一味干扰或是强行注入成人思维的教育形式。对于未成熟状态下的儿童,成人应当对其生长的需要和时机给予尊重,而不是"急于得到生长的结果,以致忽视了生长的过程"。在杜威的教育理念中,教师要把儿童的兴趣视为"生长中的能力的信号和象征",既不放纵也不压抑儿童个性的发展,以一个普通成员的身份参与到儿童的教育中,在活动中与儿童融为一体。

杜威提出,"儿童是起点,是中心,而且是目的"。"以儿童为中心"是杜威在批判传统教育时提出的一种破旧立新的教育观念。体现在教育过程中,它要求教师考虑儿童的个性特征,使每一个儿童都能发展他们的特长,尊重儿童在教育活动中的主体地位。"儿童中心"为建立"学生主体"的学科教学模式以及平等的师生对话关系提供了丰富的精神养料。

3.陶行知等中国教育家的儿童中心论

杜威对美国及世界的影响力是空前的,他的著作被翻译成多种文字在世界各地广泛传播,当"儿童中心"的思想漂洋过海来到中国,便迅速掀起一阵中国教育界的"杜威热"。

"儿童中心"在以陶行知为代表的"杜门弟子"的广泛传播下,形成了一股推崇"儿童天性"的热潮。以陶行知的"儿童创造教育"思想为例,他认为每一个儿童都具有巨大的创造潜力,成人需要做的就是解放并发展这种潜力。陶行知也强调了儿童的主体地位,提出教师不能忽视儿童的心理,否则,儿童将像茅草一样自生自灭。他重视儿童的主体性,主张任何人都不能以强迫和命令的态度对待儿童或者其他人。他认为,每一个人都应当学会做一个完整的人,即要有健康的身体、独立的思想、独立的工作,要做到"滴自己的汗,吃自己的饭;自己的事,自己干。靠人,靠天,靠祖先,都不算好汉"。

同样师承杜威门下、深受杜威儿童中心理论影响的郭秉文倡导启迪并发展学生的兴趣爱好,尊重并重视学生的个性发展,培养他们的创造潜能。陈鹤琴的"活教育"思想认为,儿童"具有主动学习的能力",应该基于儿童的天性进行教学。个性教育思想的阐发者蒋梦麟认为:"个人天性越发展,则其价值越高,社会之中个人价值越高,则文明之进步愈速。"杜威教育理念的重要传人胡适更是对"儿童中心"极度推崇,并践行到学校教育中。他主张,必须使学生养成独立观察、思考和判断的能力,形成这种能力的关键就在于充分尊重学生的主体作用,训练他们学习的主观能动性,培养他们的创新意识。

(二)心理学基础之儿童中心论[①]

1.认知心理学中的儿童中心论

对心理学中的儿童中心论作出贡献的是认知心理学家,他们在真实学校情境中关注所有高级的智力提升过程,研究影响人的行为和内在倾向改变的认知规律,并以

---

① 张必隐.阅读心理学[M].北京:北京师范大学出版社,1992.

这些规律为中心展开教学。例如,加涅(R. M. Gagne)对学习结果进行了知识和能力方面的划分,把教学设计和学习阶段与心理现象一一对应;布鲁纳贡献了认知结构理论和发现教学法;心理学家凯勒(F. Kelle)创立了个体化教学系统;建构主义学习理论强调儿童智慧的发展是通过知识的自主建构和认知结构的自组织循环式的重组而获得的;心理学家还研究元认知、认知策略和学习策略,认为使用这些策略的能力同智力、能力,乃至心理发展是一致的。知识的迅速增长和竞争的日益加剧,使高级心智能力愈发重要。

2.建构主义中的儿童中心论

为了更好地贯彻和体现创新人才培养目标,我国的教育改革在引进多种先进教育理论来加以指导的同时,特别强调了建构主义的理论指导。

在以教师为中心的传统教育中,课程类型单一,课程内容更新缓慢,学生缺乏对于课程的选择性;教师教学主要依赖于课堂讲授,学生学业评价方式单一,片面地以分数评价学生的学习;过分倚重课堂学习,课时负担重,自主学习时间不足。这些问题的存在,连同其他问题一起构成了限制学生自主学习与自主发展的主要客观原因,在学生群体中引发的不满与消极行为也在逐渐扩散。与此同时,随着学生规模的不断扩大以及学生学习背景和需求的多样化,教师发挥主导作用的同时往往忽视了学生的主体作用,而这正是传统教育模式的最大弊端。西方的建构主义则恰恰相反——只强调以学生为中心。建构主义强调学习者的自主学习、自主建构,有利于学习者创新意识、创新思维与创新能力的培养,顺应了我国教育改革的深化和发展。

3.人本主义中的儿童中心论

人本主义心理学家将心理治疗中的"患者中心疗法"推演到教育中,提出学生中心论。马斯洛(A. H. Maslow)相信,人类行为是由生来固有的自我实现的潜能决定的;罗杰斯(C. R. Rogers)说,他的全部思想的基础就是认为人类有机体是"积极主动的、自我实现的和自我指导的"。儿童生来就有学习的潜能,其学习行为在相当的程度上是受本能驱动的,教师要充分信任学生能够发挥自己的潜能,放弃传统的教师角色,发挥"促进者"的作用,贯彻"自由学习"的教育原则,采用开放的、以个人为中心的教育方法,提供最大限度地允许学生作出个人选择的学习环境。

(三)基于乐群教育的儿童中心论

乐群教育以儿童为教育的唯一中心,是尊重生命个体的多样性,充分发挥集群优势,以愉悦的学习氛围为基础,以合作的学习方式为载体,实现生命个体与群体共同发展的教育。在乐群教育过程中,应强调儿童的主体性,培养出身心健康发展并具有个性的人。尊重儿童的主体性,必须明确教育目的。

按照杜威和陶行知的观点,教育首先应当培养一个身心健康的人,然后才是通过德智体美劳的训练使儿童成为一个有独立思想的人。乐群教育强调对担当精神的培养,每个人都要通过不断地自我发展和完善,逐渐承担起对社会进步、对民族和国家复兴的责任,自觉为构建人类命运共同体贡献自己的力量。在开展乐群教育的过程中,要尊重学生的发言权,与学生平等对话;在乐群教育的教学内容上,要将教材生活化,使学生把学习当成生活,把生活当成学习,让他们真正感受到学习的快乐;在乐群教育的评价中,要防止应试教育带给学生的伤害。

在"儿童是教育的唯一中心"这一教育思想的指导下,乐群课堂是尊重学生乐于学习的天性、发展其社会属性的课堂,是在和谐温暖的环境下建立以学生为主体的学科教学模式的课堂,是形成师生平等对话的新型关系的课堂。我们的课堂围绕乐群展开,促进学生在群体交流中形成良好的人际关系、学会与他人沟通协作,群体性学习可以极大地激发学生的学习兴趣,最大限度地发挥其主观能动性。

通过乐群课堂,我们要创造出快乐和谐的课堂氛围,培养出乐于学习、乐于分享、善于沟通、勇于担当的学生,尤其强调培养善于交流沟通的学生,让学生善于在群体中获得成长。

综上所述,乐群教育坚持以儿童中心取代传统的教师和教材中心,以培养"全面发展的人"为核心,秉持"儿童是教育的唯一中心"的教育思想,变"课堂"为"学堂"。

二、发展愿景:晓看红湿处,花重锦官城

"晓看红湿处,花重锦官城"出自唐代诗人杜甫的《春夜喜雨》。我们认为,诗人描绘成都夜雨的两句诗不仅包含了锦城小学的名称,还集中体现了锦城小学全体教育人坚守的教育哲学,是我们追求的理想教育愿景。

"晓看红湿处"体现了教育的节律。教育是等待的艺术,教育效果是潜移默化的,要待"破晓"后才会显现。因此,理想的教育应该契合儿童生命成长的自然节律,在恰当的时机给予儿童恰当的引导。所谓"道而弗牵",就是要让学生在充分浸润的基础上,经历由量的累积到质的跃迁的过程,唤醒学生主动发展的自觉。理想的学校应该摒弃功利的教育心态,扭转"拔苗助长"式的教育评价,提供宽松的土壤"静待花开"。

"花重锦官城"体现了以学生为重的理念。我们将"花儿"作为一切教育的重心,学校的课程和教育活动坚持"儿童是教育的唯一中心"的原则,坚持以学生为本。我们尊重每一朵"花儿"的独特性,坚持"有教无类"的原则,提供面向所有儿童的公平教育,让"花儿"在适宜的土壤中竞相绽放,万紫千红、相映成趣。我们引导每一朵"花儿"向着未来生长。小学阶段是个人成长的关键时期,是孩子天真烂漫、可塑性最强的阶段,孩子要在"雨露"的滋养下坚定理想信念,提升核心素养和能力,实现个性和社会性的全面发展,成为能够担当民族复兴重任的未来人才。我们追求有温度的教育,为师生创设安全、信任和支持的环境。在这个阳光乐园中,每个儿童都是积极主动的学习者和探索者;教师和家长是引导者和推动者,在陪伴儿童成长的过程中实现自我的发展。

"花重锦官城"还体现着立足成都,扎根中国办教育的情怀。锦城小学是以锦官

城为名的学校,自觉承担着接续辉煌历史、传承优秀文化的责任,我们充分挖掘"雪山下的公园城市,烟火里的幸福成都"蕴含的厚重历史文化资源和优美自然环境资源,将其转化为滋养学生的多彩课程,引导学生厚植家国情怀,增强文化自信,在成渝地区双城经济圈国家战略的感召下茁壮成长、自觉成才,以推动社会进步和民族复兴为己任。

三、办学理念:优美和乐·共同协作

"乐群"首先指向的是优美和乐的精神状态。理想的教育应该具有优雅的美感,在和谐从容的氛围中进行润物无声的教育。习近平总书记指出,教育就是要"培根铸魂、启智润心"。我们认为,"启智润心"就是要培养具备优美和乐之情操的人,教育带给人的应该是精神的富足和内在的和谐,进而带来的是人际关系的和谐。在乐群教育的熏陶下,每个个体都具有鲜明的个性和自我意识,但又能在群体中与其他人和谐共处、共生共长,呈现"桃李不言自成蹊"的和谐状态。

"乐群"其次指向共同协作之精神。我们追求的教育是在群体中的教育,是通过群体来教育以及为了群体的教育。在乐群理念的引领下,我们培养的学生应具有互助合作精神和强烈的责任心,既有科学的头脑又懂得理性地服从,能够成为担当民族复兴大任的时代新人。乐群教育强调对担当精神的培养,每个人都要通过不断地自我发展和完善,逐渐承担起对社会进步、对民族和国家复兴的未来责任,自觉为构建人类命运共同体贡献自己的力量。

四、培养目标:悦身心·会合作·善思辨

锦城小学全面贯彻党的教育方针,落实立德树人根本任务,培养德智体美劳全面发展的学生。在党和国家总体育人目标的引领下,以培养担当民族复兴大任的时代新人为方向,结合学校的办学理念,我们将育人目标概括为培养"悦身心·会合作·善思辨"的锦小少年。

"悦身心"指向培养身心健康发展的人。身心健康是生长的前提,也是我们育人的基础目标。我们要发展学生的运动素养,培养学生健康的生活习惯,保障学生拥有健康体魄。我们要培养学生悦纳自我、热爱生活的积极心理品质,让学生掌握独立自主的生活能力,在适应生活的挑战中养成勇于探索的坚毅品格。

"会合作"指向培养具有沟通合作能力的人。以沟通合作为主要内涵的领导力是面向21世纪的关键技能。培养沟通合作能力体现为培养学生的同理心和社会性情绪能力,让学生在参与课程和丰富的活动中提升自我认知,有效地表达情绪,形成与他人的建设性关系,逐步具备同理心、合作意识和交往能力,社会化水平明显提升;体现为培养学生的沟通技巧和表达能力,通过小组合作学习、针对性的课程和特色活动,为学生提供项目化学习任务,引导学生养成倾听的习惯,善于表达意见,学会沟通协调;体现为培养学生的规则意识和担当精神,通过课程和活动让学生学会理解规

则、尊重规则,从懂得自我约束到参与规则制订,让学生养成对自己的行为负责的意识,成为负责任的公民,逐步养成为民族和国家的未来而努力担当大任的担当精神。

"善思辨"指向培养学会学习的人。培养学会学习的人体现为培养学生自主学习的能力,在课堂中激发学生的好奇心和求知欲,发展学生的认知能力和主动探索的兴趣,使学生形成良好的学习和反思习惯;体现为让学生初步建立起终身学习的习惯和能力,通过丰富的课程引导学生养成阅读习惯,启蒙学生的学科探究精神,使学生初步掌握终身学习所必备的关键能力和习惯;体现为培养学生审辨式思维等优秀思维品质,通过课程引导学生主动提出问题,敢于质疑,善于表达,并能够将自己的想法付诸实际行动;体现为培养学生的创新意识和创造能力,通过课程满足学生的个性化需求和主动学习的需要,提供丰富的实践活动和开放的教育时空来发挥学生的想象力、创造力,为学生提供广泛的创意表达机会,激发学生的探究意识,提升学生的实践创新能力;体现为发展学生的审美感受力和艺术素养,通过传统文化课程、艺术特色课程和环境熏陶等方式,激发学生的审美情趣,让学生在学会欣赏美的同时,掌握艺术创作技能,增强艺术表达能力。

第三章

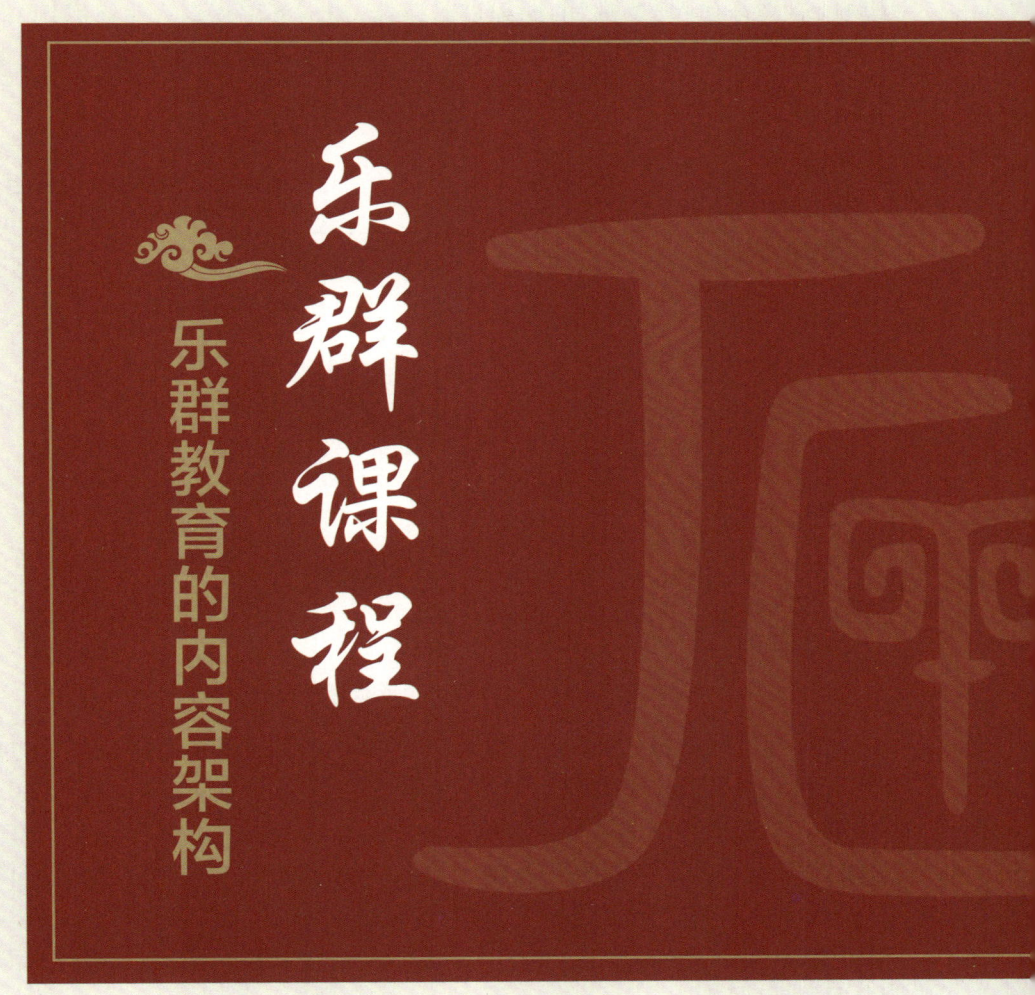

乐群课程
乐群教育的内容架构

第一节
目标引领　结构搭桥

课程是育人的载体，课程存在的意义在于育人。同时，课程也是实现学校办学宗旨、落实学校办学理念、体现学校办学特色的重要平台。基于此，在"晓看红湿处，花重锦官城"的办学愿景下，锦城小学秉持"儿童是教育的唯一中心"的教育思想，围绕"悦身心·会合作·善思辨"的课程培养目标，建构了课程育人生态系统，即乐群教育下的成长课程，主要包括花儿课程（儿童成长课程）、雨露课程（教师成长课程）、阳光课程（环境优创课程）以及学校特色课程（见图3-1）。

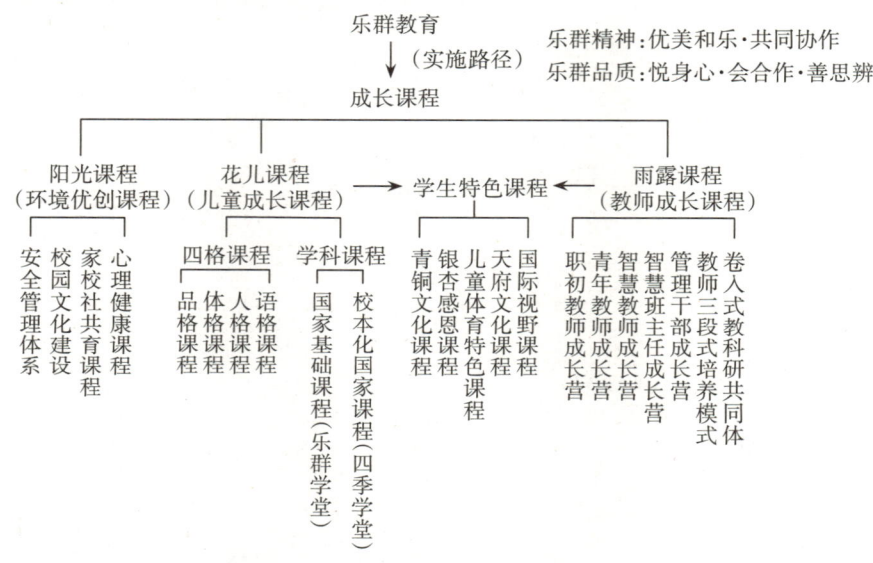

图3-1　锦城小学成长课程（1.0版本）

2022年，在"双减"及新课标背景下，为了让学校课程充分体现学校办学特色，具有学校辨识度，锦城小学将课程聚焦儿童、提档升级，建构了成长课程2.0版本，即乐群课程。学校秉持五育融合、全面发展的理念，设置了"思想与品德""安全与健康""思维与表达""艺术与审美""合作与创造"五个模块化主题，将乐群课程内容维度统整为"悦心课程""悦动课程""悦思课程""悦美课程""悦劳课程"五大板块课程。五大模块化主题注重领域之间、目标之间的相互渗透、整合和融通，促进儿童德智体美劳全面发展（见图3-2）。

晓看红湿处　花重锦官城

图 3-2　锦城小学乐群课程（2.0 版本）

一、课程目标：悦身心·会合作·善思辨

学校以培养担当民族复兴大任的时代新人为方向，结合乐群教育办学理念，在国家课程校本化和校本课程特色化的基础上，将课程目标确定为培养"悦身心·会合作·善思辨"的锦小少年。

图 3-3　锦城小学课程目标示意图

（一）悦身心

悦身心：悦身、悦心、悦生活，指向培养身心健康发展的人。身心健康是发展的前提。学校课程的设置和实施要保障学生拥有健康体魄，培养学生的健康生活习惯，发展学生的运动素养，形成学生悦纳自我、热爱生活的积极心理品质和勇于探索的坚毅品格，让学生掌握独立自主的生活能力，能面对未来生活中可能出现的诸多挑战。

(二)会合作

会合作:会言、会理、会协作,指向培养具有沟通合作能力的人。沟通合作是关键技能,学校课程的设置和实施要关注学生的情感和理性,培养学生的合作能力,引导学生养成倾听习惯、善于表达意见、学会沟通协调,让学生形成与他人的建设性关系,逐步具备同情心、同理心、合作意识和交往能力,社会化水平明显提升。

(三)善思辨

善思辨:善学、善思、善创造,指向培养学会学习的人。学会学习是学生发展必需的能力,学校课程的设置和实施要激发学生的好奇心和求知欲,发展学生的认知能力和主动探索的兴趣,让学生形成良好的学习习惯和反思习惯,掌握终身学习所必备的关键能力和思维品质,能够大胆创新。

"悦身心"是培养锦小少年的前提条件、关键能力,是育人的根本,能让学生成长为独立完整的个体;"会合作"是培养锦小少年的发展目标,以群体中的教育让学生成长为共同协作群体中的优秀一员;"善思辨"是培养锦小少年的更高目标,从个体到群体,再回到个体更高的发展,使个体发展上一个新台阶,循环往复,螺旋上升,最终培养具有核心素养的时代新人。

二、课程结构:纵横结合,注重课程内容统整和学生能力发展

(一)横向结构:注重内容统整,设置模块化主题

学生的发展具有整体性,发展的不同维度不能彼此割裂,以学生为中心的课程就是要坚持以学生的经验为出发点,适当打破学科边界,让学生在真实情境中学习,在参与体验中发展。学校将课程内容有机统整,为实现立德树人的根本任务,根据2014年印发的《教育部关于全面深化课程改革 落实立德树人根本任务的意见》,结合"优美和乐·共同协作"的办学理念和"悦身心·会合作·善思辨"的课程育人目标,设置了"思想与品德""安全与健康""思维与表达""艺术与审美""合作与创造"五个模块化主题,体现德育为先的理念,注重领域之间、目标之间的相互渗透和整合,体现"五育并举""五育融合"的理念,从而促进学生的全面发展。根据"晓看红湿处,花重锦官城"的学校教育愿景,我们将课程命名为"花儿课程"(见图3-4)。

图3-4 锦城小学"花儿课程"门类结构图

(二)纵向结构:注重能力层级,构建阶梯化序列

根据学生身心及认知发展的顺序性和阶段性特点,五大领域的课程在不同年段各有侧重,从纵向上形成阶梯化序列,以利于学生循序渐进地学习和掌握课程内容。根据课程管理层级和学科整合程度的不同,我们将课程分为"基础课程""拓展课程"和"综合课程"三个层级(见图3-5)。三层五类课程立体建构,共同支撑起了学校的办学理念和课程育人目标。

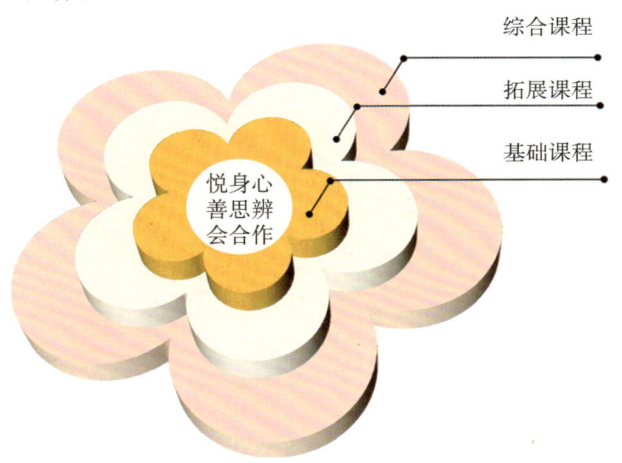

图3-5 锦城小学"花儿课程"纵向层级结构图

第二节

学科课程　百花齐放

成都高新区锦城小学智雅语文学科课程方案

为贯彻《中共中央 国务院关于深化教育教学改革 全面提高义务教育质量的意见》，依据《义务教育课程方案（2022年版）》，落实成都高新区"品质课程引擎行动"建设任务，在"双减"背景下满足学生多样化需求，在新课标实施下促进学生全面发展、健康成长，最终进一步提升学校办学品质和服务能力，根据学校发展实际，开发锦城小学语文学科校本课程。

一、课程目标

（一）国家义务教育阶段培养目标

义务教育课程方案和课程标准的修订，坚持以习近平新时代中国特色社会主义思想为指导，全面贯彻党的教育方针，落实立德树人根本任务，融入习近平总书记在全国教育大会上的重要讲话精神，由"六个下功夫"引领，从"有理想、有本领、有担当"三个方面描绘时代新人画像。

"有理想"是义务教育培养目标的方向，是时代新人应有的价值观念。

"有本领"是义务教育培养目标的基石，是时代新人应有的能力。具体地说，"有本领"还可以细分为"六会"：会学习、会探究、会劳动、会健身、会审美、会交往。

"有担当"是义务教育培养目标的支撑，是时代新人的必备品格。

基于此，"有理想、有本领、有担当"从"想不想、能不能、敢不敢"三个角度，引领义务教育阶段的受教育者勇于担当，把理想变为现实，让本领发挥价值。

（二）语文学科课程总目标

语文课程围绕核心素养，体现课程性质，反映课程理念，确立课程目标。具体目标如下：

（1）在语文学习过程中，培养爱国主义、集体主义、社会主义思想道德，逐步形成正确的世界观、人生观、价值观。

（2）热爱国家通用语言文字，感受语言文字及作品的独特价值，认识中华文化的丰厚博大，汲取智慧，弘扬社会主义先进文化、革命文化、中华优秀传统文化，建立文化自信。

（3）关心社会文化生活，积极参与和组织校园、社区等文化活动，发展交流、合作、探究等实践能力，增强社会责任意识。感受多样文化，吸收人类优秀文化的精华。

（4）认识和书写常用汉字，学会汉语拼音，能说普通话。主动积累、梳理基本的语言材料和语言经验，逐步形成良好的语感，初步领悟语言文字运用规律。学会使用常用的语文工具书，运用多种媒介学习语文，初步掌握基本的语文学习方法，养成良好的学习习惯。

（5）学会运用多种阅读方法，具有独立阅读能力。能阅读日常的书报杂志，能初步鉴赏文学作品，能借助工具书阅读浅易文言文。学会倾听与表达，初步学会用口头语言文明地进行人际沟通和社会交往。能根据需要，用书面语言具体明确、文从字顺地表达自己的见闻、体验和想法。

（6）积极观察、感知生活，发展联想和想象，激发创造潜能，丰富语言经验，培养语言直觉，提高语言表现力和创造力，提高形象思维能力。

（7）乐于探索，勤于思考，初步掌握比较、分析、概括、推理等思维方法，辩证地思考问题，有理有据、负责任地表达自己的观点，养成实事求是、崇尚真知的态度。

（8）感受语言文字的美，感悟作品的思想内涵和艺术价值，能结合自己的经验，理解、欣赏和初步评价语言文字作品，丰富自己的情感。

（9）能借助不同媒介表达自己的见闻和感受，学习发现美、表现美和创造美，形成健康的审美情趣。

（三）锦城小学乐群教育的育人目标

锦城小学全面贯彻党的教育方针，落实立德树人根本任务，以培养担当民族复兴大任的时代新人为方向，培养德智体美劳全面发展的学生。结合学校的办学理念，我们将育人目标概括为培养具有"悦身心·会合作·善思辨"的乐群品质的锦小少年（见图3-6）。

"悦身心"指向培育身心健康发展的人，"会合作"指向培育具有沟通能力的人，"善思辨"指向培育学会学习的人。

图3-6 锦城小学基于乐群教育的课程目标示意图

二、课程内容

（一）义务教育语文课程内容

义务教育语文课程根据不同学段的特点，统筹安排各类主题的相关学习内容，部编版教科书中体现中华优秀传统文化、革命文化、社会主义先进文化的作品占60%~70%；反映科技、自然、生活等方面的应用、说明、记叙类作品，以及外国优秀文化的作品占30%~40%。

课程内容主要以学习任务群组织与呈现。《义务教育语文课程标准（2022年版）》（以下简称"语文新课标"）指出，设计语文学习任务，要围绕特定学习主题，确定具有内在逻辑关联的语文实践活动。语文学习任务群由相互关联的系列学习任务组成，共同指向学生的核心素养发展，具有情境性、实践性、综合性。

义务教育语文课程按照内容整合程度不断提升，分三个层面设置学习任务群，其中第一层设"语言文字积累与梳理"1个基础型学习任务群，该任务群旨在引导学生在语文实践活动中，积累语言材料和语言经验，形成良好语感；通过观察、分析、整理，发现汉字的构字组词特点，掌握语言文字运用规范，感受汉字的文化内涵，奠定语文基础。

第二层设"实用性阅读与交流""文学阅读与创意表达""思辨性阅读与表达"3个发展型学习任务群。其中"实用性阅读与交流"任务群旨在引导学生在语文实践活动中，通过倾听、阅读、观察，获取、整合有价值的信息，根据具体交际情境和交流对象，清楚得体表达，有效传递信息，满足家庭生活、学校生活、社会生活交流沟通需要。"文学阅读与创意表达"任务群旨在引导学生在语文实践活动中，通过整体感知、联想想象，感受文学语言和形象的独特魅力，获得个性化的审美体验；了解文学作品的基本特点，欣赏和评价语言文字作品，提高审美品位；观察、感受自然与社会，表达自己独特的体验与思考，尝试创作文学作品。"思辨性阅读与表达"任务群旨在引导学生在语文实践活动中，通过阅读、比较、推断、质疑、讨论等方式，梳理观点、事实与材料及其关系；辨析态度与立场，辨别是非、善恶、美丑，保持好奇心和求知欲，养成勤学好问的习惯；负责任、有中心、有条理、重证据地表达，培养理性思维和理性精神。

第三层设"整本书阅读""跨学科学习"2个拓展型学习任务群。其中"整本书阅读"任务群旨在引导学生在语文实践活动中，根据阅读目的和兴趣选择合适的图书，制订阅读计划，综合运用多种方法阅读整本书；借助多种方式分享阅读心得，交流研讨阅读中的问题，积累整本书阅读经验，养成良好阅读习惯，提高整体认知能力，丰富精神世界。"跨学科学习"任务群旨在引导学生在语文实践活动中，联结课堂内外、学校内外，拓宽语文学习和运用领域；围绕学科学习、社会生活中有意义的话题，开展阅读、梳理、探究、交流等活动，在综合运用多学科知识发现问题、分析问题、解决问题的过程中，提高语言文字运用能力。

(二)校本课程内容

1. 课程背景与起源

四十里城墙芙蓉花开,数千年文化连绵不绝。从文翁兴学的文明之郡,到唐宋时期文豪聚集的诗歌之都,再到如今历史名胜遍布的文化之城,时间在走,称谓在变,不变的是天府之国的深厚文脉。不论对个人成长还是城市发展而言,天府文化的传承与发扬都至关重要。

语文新课标指出,语文课程应引导学生积淀丰厚的文化底蕴,继承和弘扬中华优秀传统文化、革命文化、社会主义先进文化,真正实现以文育人、以文化人。生于锦城,长于锦城的天府少年,在耳濡目染中接受天府文化的涵养与滋润,身上必然带有天府文化的深刻印记,可以说,天府学子是实现文化传承与发展重要任务的主力军,而培养具备天府文化底蕴的新时代天府学子,则成为学校所必须肩负的城市使命。锦城小学在"儿童是教育的唯一中心"的教育思想指导下,秉承"优美和乐·共同协作"的办学理念,坚持立德树人、五育并举,追求乐群教育,旨在培养学生"悦身心·会合作·善思辨"的乐群品质。"晓看红湿处,花重锦官城",不仅仅是杜甫笔下的千古佳句,更是锦城小学的办学愿景,它与锦城小学的特色发展一脉相承、同频共振。

2. 课程具体安排

"天府文化课程"的设计和架构按照系统性、递进性、实践性原则,由点到面、由浅入深,根据学生的年龄、兴趣、认知特点,从学生熟悉的童谣、美食、地域文化入手,萃取天府文化精华,融合创意创新智慧,将其纳入实践活动当中,让文化活起来、动起来,以此激发学生的兴趣,并循序渐进地向学生传输更多知识。

表3-1 锦城小学"天府文化课程"具体安排

年级	课程内容	活动设置
一至二年级	成都童谣之旅	1.童谣共读加油站; 2.请你评一评、请你选一选; 3.请你判一判、请你演一演; 4.请你画一画、请你连一连; 5.请你说一说; 6.童谣自读小超市
三年级	成都美食文化之旅	1.美食印象、美食美名、美食历史、美食特色、美食故事、美食名店; 2.美食美文、美食搭档、小小美食家、美食推广大使、美食知识考考你; 3.美食小超市; 4.推荐阅读书目

续表

年级	课程内容	活动设置
四年级	成都市井文化之旅	1.市井印象； 2.市井新气象； 3.市井由来； 4.市井故事； 5.小小思考家、小小摄影师、小小探访家； 6.市井知识考考你
五年级	成都古镇之旅	1.成都古镇简介； 2.成都古镇印象； 3.成都古镇美名； 4.成都古镇特色； 5.成都古镇美文； 6.小小旅行家； 7.小小推广师
六年级	成都博物馆文化——杜甫草堂之旅	1.草堂由来； 2.走进草堂； 3.走近杜甫； 4.杜甫之诗； 5.杜甫之事； 6.杜甫之思； 7.杜甫之创

三、课程实施

（一）义务教育课程的教学建议

教师要准确理解义务教育语文课程的基本理念，把握学生核心素养发展的基本规律，根据课程目标、课程内容和学业质量的要求，创造性地开展语文教学，充分发挥语文学科独特的育人功能。

1. 立足核心素养，彰显教学目标以文化人的育人导向

教师应理解核心素养的内涵，全面把握语文教学的育人价值，突出文以载道、以文化人；把立德树人作为语文教学的根本任务，清晰、明确地体现教学目标的育人立意；引导学生在学习语言文字的过程中，逐步树立正确的世界观、人生观、价值观，体认和传承中华优秀传统文化、革命文化、社会主义先进文化，积淀深厚的文化底蕴，增强文化自信。教师应充分认识语文课程工具性与人文性是统一的，从培养核心素养出发，把握核心素养四个方面整体交融的特点，设定教学目标时既有所侧重，又融为一体；注意在识字与写字、阅读与鉴赏、表达与交流、梳理与探究的过程中，整体提升学生的核心素养；注意教学目标之间的关联，避免将核心素养四个方面简单罗列。

2.体现语文学习任务群特点，整体规划学习内容

教师要明确学习任务群的定位和功能，准确理解每个学习任务群的学习内容和教学提示；在此基础上，综合考虑教材内容和学生情况，设计不同类型的学习任务，依托学习任务整合学习情境、学习内容、学习方法和学习资源，安排连贯的语文实践活动；注重语文与生活的结合，注重听说读写的内在联系，追求语言、知识、技能和思想情感、文化修养等多方面、多层次发展的综合效应；关注不同学习任务群之间的内在联系，以及同一学习任务群在不同学段的连续性和差异性；关注不同地区学校和学生的差异，合理安排学习内容，把握学习难度，组织学习活动；根据学生需求提供学习支持，引导学生在完成任务、解决问题的过程中积累语文学习经验，发展未来学习和生活所需的基本素养；注意减轻学生学习负担，避免死记硬背、机械训练；注意幼小衔接，减缓坡度，降低难度，增强学习的趣味性和吸引力。

3.创设真实而富有意义的学习情境，凸显语文学习的实践性

学习情境的设置要符合核心素养整体提升和螺旋发展的一般规律。语文学习情境源于生活中语言文字运用的真实需求，服务于解决现实生活中的真实问题。创设情境，应建立语文学习、社会生活和学生经验之间的关联，符合学生的认知水平；应整合关键的语文知识和语文能力，体现运用语文解决典型问题的过程和方法。创设学习情境，教师应利用无时不有、无处不在的语文学习资源与实践机会，引导学生关注家庭生活、校园生活、社会生活等相关经验，增强在各种场合学语文、用语文的意识，建设开放的语文学习空间，激发学生探究问题、解决问题的兴趣和热情，引导学生在多样的日常生活场景和社会实践活动中学习语言文字。

（二）校本课程的实施

学校和教师根据"天府文化课程"的设计和架构，基于学生发展的实际需求，在具体实施中凸显了活动的"四性"。自主性：在课程内容选择时，重视学生自身发展需求，尊重学生的自主选择。实践性：强调学生亲身经历各项活动，在不同活动板块中进行体验、体悟、体认，感受、传承文化，发展实践创新能力。开放性：教师基于学生已有经验和兴趣专长，打破学科界限，选择适切活动内容，引导学生发掘自己生活成长环境中的文化因子，使自己的文化底蕴不断获得发展。连续性：活动主题向纵深发展，教师要处理好学年之间、学段之间活动内容的有机衔接与联系，构建科学合理的活动主题序列。

四、课程评价

(一)评价目标

根据课程目标的设置,锦城小学的课程评价从以下三个目标出发:

(1)落实国家义务教育阶段培养目标,即由"六个下功夫"引领,从"有理想、有本领、有担当"三个方面落实课程育人。

(2)评价语文学科课程总目标的落实,主要评价学生在基础课程与特色课程两个方面的学习情况,其中基础课程从"识字与写字""阅读与鉴赏""表达与交流""梳理与探究"四个方面进行;特色课程以"天府文化课程"的学习进行。

(3)在乐群教育的育人理念下培养学生"悦身心·会合作·善思辨"的乐群品质。

(二)评价内容

评价是课程的核心要素之一,也是课程实施的关键保障。语文新课标提出,深化评价改革必须指向立德树人根本任务的落实,力求为"培养什么人,怎样培养人,为谁培养人"提供教育评价方面的答案。锦城小学在构建语文课程的探索过程中,将评价置于育人、课程、教学、学习的互动关系中思考,设置能够体现"有理想、有本领、有担当"的育人目标,"悦身心·会合作·善思辨"的乐群品质,促进新课程落地、新教学实施,指向语文学科核心素养发展的评价内容。我们从课程目标出发,在"三维评价"中创新评价方式,以"自评+他评""过程性评价+终结性评价"的方式,进行"定量+定性"的评价实施。评价内容如图3-7所示。

(三)评价实施

语文课程评价包括过程性评价和终结性评价。过程性评价重点考查学生在语文学习过程中表现出来的学习态度、参与程度和核心素养的发展水平,既要依据各学段的学习内容和学业质量要求,也要综合运用多种评价方法,体现多元主体、多种方式的特点,因此,过程性评价贯穿语文学习全过程。

终结性评价是学业水平考试(低段学生采用乐考方式)和过程性评价的综合结果。学业水平考试的目的主要是通过学生的学业质量表现检验学生在义务教育阶段结束时核心素养的发展水平,以学业水平考试和过程性评价的综合结果来衡量学生核心素养发展的进阶,为核心素养评价提供基本依据。

基于以上要求,锦城小学在实践探索中制定了"锦城小学语文学科课程评价表",对课前、课中、课后三个时间段内的学生学习、作业质量、阶段表现和特色活动表现进行综合评价,从而对学生在日常生活、文学体验、跨学科学习三类语言文字运用情境下的核心素养应达到的水平进行阶段性评价,表3-2所列为评价表范式。

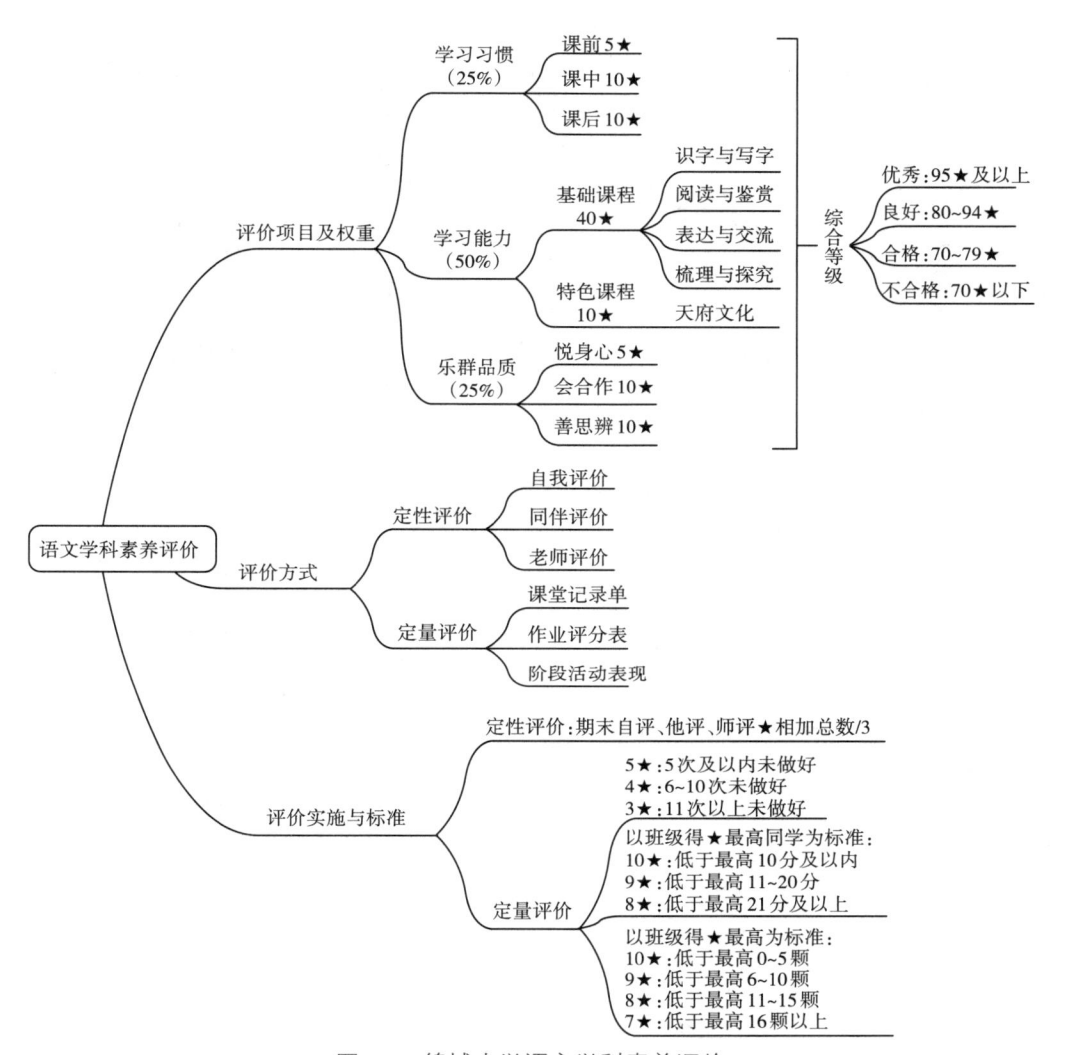

```
                                  ┌ 学习习惯 ─┬ 课前 5★
                                  │ (25%)   ├ 课中 10★
                                  │         └ 课后 10★
                                  │                    ┌ 识字与写字 ┐         ┌ 优秀：95★及以上
                                  │         ┌ 基础课程 ├ 阅读与鉴赏 │  综合   ├ 良好：80~94★
              ┌ 评价项目及权重 ────┤ 学习能力 │ 40★    ├ 表达与交流 │  等级   ├ 合格：70~79★
              │                   │ (50%)   │         ├ 梳理与探究 │         └ 不合格：70★以下
              │                   │         └ 特色课程 └ 天府文化   ┘
              │                   │           10★
              │                   │         ┌ 悦身心 5★
              │                   └ 乐群品质 ├ 会合作 10★
              │                    (25%)    └ 善思辨 10★
              │
              │                            ┌ 自我评价
              │                   ┌ 定性评价 ├ 同伴评价
语文学科素养评价 ┤ 评价方式 ────────┤         └ 老师评价
              │                   │         ┌ 课堂记录单
              │                   └ 定量评价 ├ 作业评分表
              │                             └ 阶段活动表现
              │
              │                   ┌ 定性评价：期末自评、他评、师评★相加总数/3
              │                   │         ┌ 5★：5次及以内未做好
              │                   │         │ 4★：6~10次未做好
              │                   │         │ 3★：11次以上未做好
              │                   │         │ 以班级得★最高同学为标准：
              └ 评价实施与标准 ────┤         │ 10★：低于最高10分及以内
                                  │         │ 9★：低于最高11~20分
                                  └ 定量评价 ┤ 8★：低于最高21分及以上
                                            │ 以班级得★最高为标准：
                                            │ 10★：低于最高0~5颗
                                            │ 9★：低于最高6~10颗
                                            │ 8★：低于最高11~15颗
                                            └ 7★：低于最高16颗以上
```

图 3-7　锦城小学语文学科素养评价

表3-2 一年级上册语文学科素养评价表

评价项目及权重	学习习惯(25%)			学习能力(50%)						乐群品质(25%)			综合等级
^	^			基础课程（40★）				特色课程（10★）	^			^
^	课前(5★)	课中(10★)	课后(10★)	识字与写字	阅读与鉴赏	表达与交流	梳理与探究	天府文化	悦身心(5★)	会合作(10★)	善思辨(10★)	^
评价内容												
评价方式 — 定性评价	自我评价:★; 同伴评价:★; 老师评价:★	自我评价:★; 同伴评价:★; 老师评价:★	自我评价:★; 同伴评价:★; 老师评价:★						自我评价:★; 同伴评价:★; 老师评价:★	自我评价:★; 同伴评价:★; 老师评价:★	自我评价:★; 同伴评价:★; 老师评价:★	优秀:95★及以上; 良好:80~94★; 合格:70~79★; 不合格:70★以下
评价方式 — 定量评价（可选:作为师评的依据）	教师记录册	课堂记录单（班级优化大师、积分卡、点赞卡等）	作业记录表									
评价实施 — 定性评价	期末自评、他评、师评★ 相加总数/3								期末自评、他评、师评★ 相加总数/3			
评价实施 — 定量评价（可选:作为师评的依据）	科代表每节课前检查或教师每周随机检查,并将结果记录在册	1.学生的积分卡(点赞卡)统计; 2.班级优化大师或小组学生得分情况	以教师教学中的作业手册为准则;手册中全以对标★、纠错过关打△等形式记录学生作业完成情况									

表3-2所示为锦城小学语文学科课程评价表,此表贯穿学生的学习过程,从课前、课中、课后三个时间段对学生的学习习惯进行评价;从识字与写字、阅读与鉴赏、表达与交流、梳理与探究四个方面对学生在基础课程学习方面进行考核,同时关注学生在天府文化这门特色课程方面的表现,用"基础+特色"的课程构成模式,全面评价学生的学习能力。此外,义务教育语文课程围绕立德树人根本任务,充分发挥其独特的育人功能,在课程育人功能的理念引领下,我们对学生的"三有"育人目标进行成

长足迹上的评语评价,对体现锦城小学"优美和乐"育人目标的乐群品质在语文学科学习中的渗透进行评价,将国家育人目标、语文课程理念和学校育人追求融为一体,让评价立体可见。以一年级上册语文学科素养评价为例,我们的评价内容可以这样完善(见表3-3)。

表3-3　一年级上册语文学科素养评价实施细则

评价项目及权重	学习习惯(25%)			学习能力(50%)					乐群品质(25%)			综合等级
	课前(5★)	课中(10★)	课后(10★)	基础课程(40★)				特色课程(10★)	悦身心(5★)	会合作(10★)	善思辨(10★)	
				识字与写字	阅读与鉴赏	表达与交流	梳理与探究	天府文化				
评价内容	1.自觉准备好语文书和学习用具;2.预备铃响,安静等候老师上课	1.大声朗读课文,能边读边想,不懂就问;2.礼貌聆听老师的讲解和同学的发言,判断听到的是否正确;3.积极举手表达自己的想法;4.先想后说,想好再说,能用完整的语句表达	1.能及时对当天的学习内容进行复习和巩固;2.能对错误及时改正,初步养成改错的习惯;3.按时完成课堂作业,初步养成检查作业的习惯;4.尝试进行拓展背诵和每日亲子阅读	1.学会用汉语拼音,能读准声母和韵母和声调和整体认读音节,能准确地拼读音节,正确书写声母和音节。2.喜欢学习汉字,有主动识字、写字的愿望;认识常用汉字300个,会写其中的100个。	1.喜欢阅读,感受阅读的乐趣;学习用普通话正确、流利地朗读课文。2.在阅读中积累词语,借助读物中的图画阅读课文中出现的常用标点符号,认识自然段。3.诵读儿歌、儿童诗和浅近的古诗,展开想象,获得初步的情感体验,感受语言的优美。	1.学说普通话,逐步养成说普通话的习惯;2.能认真倾听别人讲话,与别人交谈时,态度自然大方、有礼貌;3.有表达的自信心,积极参加讨论,敢于发表自己的意见	1.观察字形,体会汉字部件之间的关系。2.观察大自然,热心参加校园、社区活动,积累活动体验;结合语文学习,用口头或图文等方式整理、表达自己在活动中的见闻和想法。	1.会用方言正确、流利、有感情地朗读四川童谣15首;2.能理解四川童谣中方言的含义;3.能用自己喜欢的方式完成有关演绎童谣的相关活动	1.悦己:自己相信自己,敢表达,敢质疑;2.悦人:在学习与交往活动中,能够尊重他人,有礼貌地对待老师和同伴	自信地与同桌合作;认真地倾听,清晰地表达,礼貌地交流	思维有广度:生成多元、举一反三	优秀:95★及以上;良好:80~94★;合格:70~79★;不合格:70★以下

续表

评价项目及权重	学习习惯(25%)			学习能力(50%)					乐群品质(25%)			综合等级
^^	课前(5★)	课中(10★)	课后(10★)	基础课程(40★)				特色课程(10★)	悦身心(5★)	会合作(10★)	善思辨(10★)	^^
^^	^^	^^	^^	识字与写字	阅读与鉴赏	表达与交流	梳理与探究	天府文化	^^	^^	^^	^^
评价内容				3.掌握汉字的基本笔画和常用的偏旁部首,能按基本笔顺规则用硬笔写字,书写规范、端正、整洁;学习独立识字	4.有进行课外阅读的愿望,积累古诗格言警句		3.对周围事物有好奇心,能就感兴趣的内容提出问题,结合其他学科的学习和经验交流讨论,尝试提出自己的看法					
评价方式	定性评价	自我评价:★;同伴评价:★;老师评价:★	自我评价:★;同伴评价:★;老师评价:★	自我评价:★;同伴评价:★;老师评价:★	乐考得星				评选"童谣之星"	自我评价:★;同伴评价:★;老师评价:★	自我评价:★;同伴评价:★;老师评价:★	自我评价:★;同伴评价:★;老师评价:★	
^^	定量评价(可选;作为师评的依据)	教师记录册	课堂记录单(班级优化大师、积分卡、点赞卡等)	作业记录表									

续表

评价项目及权重		学习习惯(25%)			学习能力(50%)				特色课程(10★)	乐群品质(25%)			综合等级
		课前(5★)	课中(10★)	课后(10★)	基础课程(40★)				天府文化	悦身心(5★)	会合作(10★)	善思辨(10★)	
					识字与写字	阅读与鉴赏	表达与交流	梳理与探究					
评价实施(可选；作为师评的依据)	定性评价	期末自评、他评、师评★相加总数/3											
	定量评价	科代表每节课前检查或教师每周随机检查，并将结果记录在册	1.学生的积分卡（点赞卡）统计；2.班级优化大师或小组学生得分情况	以教师教学中的作业记录手册为准则；手册中以全对标★、纠错过关打△等形式记录学生作业完成情况						期末自评、他评、师评★相加总数/3			
评价标准	定性评价	期末自评、他评、师评★相加总数/3			40★:100~95分；38★:94~90分；36★:89分~85分；34★:84~75分；32★:74分及以下				以班级得★排名 10★: 前25%; 9★: 中前25%; 8★: 中后25%; 7★: 后25%	期末自评、他评、师评★相加总数/3				

续表

评价项目及权重	学习习惯(25%)			学习能力(50%)						乐群品质(25%)			综合等级
^	课前(5★)	课中(10★)	课后(10★)	基础课程(40★)				特色课程(10★)	悦身心(5★)	会合作(10★)	善思辨(10★)	^
^	^	^	^	识字与写字	阅读与鉴赏	表达与交流	梳理与探究	天府文化	^	^	^	^
评价标准 定量评价(可选:作为师评的依据)	5★:5次及以内未做好;4★:6~10次未做好;3★:11次以上未做好	以班级得分最高同学为标准;10★:低于最高10分及以内;9★:低于最高11~20分;8★:低于最高21分及以上	以班级得★最高同学为标准:10★:低于最高0~5颗;9★:低于最高6~10颗;8★:低于最高11~15颗;7★:低于最高16颗以上	40★:100~95分;38★:94~90分;36★:89分~85分;34★:84~75分;32★:74分及以下				以班级得★排名10★:前25%;9★:中前25%;8★:中后25%;7★:后25%		期末自评、他评、师评★相加总数/3		
备注	对学习习惯进行定性评价,鼓励老师采用台账的方式进行定量评价,以此作为依据;评价标准可根据班级情况适当变化(考试成绩除外)											

(四)评价分析与反馈

(1)对评价进行分析,从而推动教学及时改进。教师有意识地利用评价过程和结果发现学生语文学习的特点与问题,提出有针对性的指导意见,促进学生反思学习过程,改进学习方法。

(2)评价还应进一步发挥多元主体的积极作用。教师针对不同年级学生和不同学习内容选择恰当的评价方式,充分尊重学生的主体地位,关注学生个体差异,引导学生开展自我评价和相互评价,帮助学生发掘潜能,学会自我反思和自我管理。

(3)评价还应综合运用多种评价方法,增强评价的科学性和整体性。在关注学生语文学习的过程性表现和核心素养发展的典型表现之外,还应重视增值评价,关注学生个体进步幅度,避免过度评价和无序评价。

成都高新区锦城小学智趣数学课程方案

为全面贯彻党的教育方针,落实立德树人根本任务,实现义务教育阶段培养目标,挖掘学生个性潜能优势,促进学生个性全面发展,形成学校办学特色,促进学校办学质量的提升,根据学校发展情况,建设锦城小学"智趣数学"校本课程。

一、课程目标

(一)数学学科课程总目标

义务教育数学课程应使学生通过数学学习,形成和发展面向未来社会和个人发展所需的核心素养。课程目标以学生发展为本,以核心素养为导向,集中体现数学课程育人价值,具体目标如下:

(1)获得适应社会生活和进一步发展所必需的数学基础知识、基本技能、基本思想、基本活动经验。

(2)体会数学知识之间、数学与其他学科之间、数学与生活之间的联系,运用数学的思维方式进行思考,增强发现和提出问题的能力、分析和解决问题的能力。

(3)了解数学的价值,欣赏数学美,提高学习数学的兴趣,建立学好数学的信心,养成良好的学习习惯,形成质疑问难、自我反思和勇于探索的科学精神。

(二)学段目标

表3-4 数学学科课程学段目标

年段	课程目标
低段(一至二年级)	经历简单的数的抽象过程,认识万以内的数,能进行简单的整数四则运算,形成初步的数感、符号意识和运算能力。能辨认简单的立体图形和平面图形,认识长方形和正方形的特征,体验物体长度的测量过程,认识常见的长度单位,形成初步的量感和空间观念。经历简单的分类过程,能根据给定的标准进行分类,形成初步的数据意识。在主题活动中认识货币单位、时间单位和基本方向,尝试用数学方法解决问题,积累数学活动经验,形成初步的量感和应用意识。 能在教师指导下,从日常生活中提出简单的数学问题,尝试运用所学的知识和方法解决问题。在解决问题的过程中,感悟分析问题和解决问题的基本方法,感受数学在生活中的应用,形成初步的几何直观和应用意识。 对身边与数学有关的事物有好奇心,能参与数学学习活动。在他人帮助下,尝试克服困难,感受数学活动中的成功。了解数学可以描述生活中的一些现象,感受数学与生活有密切联系,感受数学美。能倾听他人的意见,尝试对他人的想法提出建议。 在一年级第一学期的入学适应期,利用生活经验和幼儿园相关活动经验,通过具体形象、生动活泼的活动方式学习简单的数学内容。这期间的主要目标包括:认识20以内的数,会20以内数的加减法(不含退位减法);能辨认物体和简单图形的形状,会简单的分类;解决日常生活中的简单问题;对数学学习产生兴趣并树立信心。

续表

年段	课程目标
中段(三至四年级)	认识自然数,经历小数和分数的形成过程,初步认识小数和分数;能进行较复杂的整数四则运算和简单的小数、分数的加减运算,理解运算律;形成数感、运算能力和初步的推理意识。认识常见的平面图形,经历平面图形的周长和面积的测量过程,探索长方形周长和面积的计算方法;了解图形的平移、旋转和轴对称;形成量感、空间观念和初步的几何直观。经历简单的数据收集过程,了解数据收集、整理和呈现的简单方法;理解平均数的意义,会用平均数解决问题;形成初步的数据意识。在主题活动中进一步认识时间单位和方向,认识质量单位,尝试应用数学和其他学科知识与方法解决问题,积累数学活动经验,形成量感、推理意识和应用意识。 尝试从日常生活中发现和提出数学问题,探索分析和解决问题的方法,经历独立思考并与他人合作交流解决问题的过程,会用常见的数量关系和其他学科的知识与方法解决问题,能初步判断结果的合理性;形成初步的模型意识、几何直观和应用意识。 愿意了解日常生活中与数学相关的信息,愿意参与数学学习活动。在他人的鼓励和引导下,体验克服困难、解决问题的成就,体会数学的作用,体验数学美。在学习活动中能提出自己的想法,在与他人交流的过程中,敢于质疑和反思。
高段(五至六年级)	经历用字母表示数的过程,认识自然数的一些特征,理解小数和分数的意义;能进行小数和分数的四则运算,探索数运算的一致性;形成符号意识、运算能力、推理意识。探索几何图形面积和体积的计算方法,会计算常见平面图形的周长和面积,会计算常见立体图形的体积和表面积;能用有序数对确定点的位置,进一步认识图形的平移、旋转和轴对称;形成量感、空间观念和几何直观。经历收集、整理和表达数据的过程,会用条形统计图、折线统计图表达数据,并作出简单的判断;理解百分数的意义,了解随机现象发生的可能性;形成数据意识和初步的应用意识。在主题活动和项目学习中了解负数,应用数学和其他学科知识与方法解决问题,积累数学活动经验,形成数感、量感、模型意识、应用意识和创新意识。 尝试在真实的情境中发现和提出问题,探索运用基本的数量关系,以及几何直观、逻辑推理和其他学科的知识、方法分析与解决问题,形成模型意识和初步的应用意识、创新意识。 对数学具有好奇心和求知欲,主动参与数学学习活动。在解决问题的过程中,体验成功的乐趣,相信自己能够学好数学,感受数学的价值,体验并欣赏数学美。初步养成认真勤奋、独立思考、合作交流、反思质疑的习惯。

(三)锦城小学"智趣数学"课程建设目标

《义务教育数学课程标准(2022年版)》(以下简称"数学新课标")指出,课程目标的确定要立足学生核心素养的发展,使得人人都能获得良好的数学教育,不同的人在数学上得到不同的发展,逐步形成适应终身发展需要的核心素养。数学教学是数学课程目标的具体落实,我们应着眼长远,注重学科教学的内涵,为学生未来的思维能力、适应社会生活的能力及进一步发展所必需的数学核心素养承担责任。

1. 基础课程目标：使学生获得"四基"，增强能力，养成科学态度

基础课程的建设旨在培养学生获得适应社会生活和进一步发展所必需的数学基础知识、基本技能、基本思想与基本活动经验；同时培养学生运用数学知识与方法发现、提出、分析和解决问题的能力；使学生形成正确的情感、态度和价值观，养成良好的数学学习习惯，具有基础层次的创新意识和科学态度，定位基础，立足长远。

2. 拓展课程目标：激发学生兴趣，提高学生的思维能力与数学核心素养

拓展课程的建设旨在增强学生数学学习兴趣，让学生体会数学的应用价值，培养学生的数学应用意识和善于用数学的眼光观察世界并分析、解决问题的能力；发展学生的思维，使学生善于用数学的思维思考世界，形成良好的思维习惯与思维品质，逐步培养理性精神；培养学生的表达能力，使学生善于用数学的语言表达现实世界，形成数学的表达与交流能力，发展实践能力。让各层次学生都有不同程度的发展，逐步掌握一些数学思想与方法，掌握一些解决问题的策略。

二、课程内容

（一）小学数学课程内容

小学数学课程内容由数与代数、图形与几何、统计与概率、综合与实践四个学习板块组成。数与代数、图形与几何、统计与概率以数学核心内容和基本思想为主线循序渐进，每个学段的主题有所不同；综合与实践以培养学生综合运用所学知识和方法解决实际问题的能力为目标，根据不同学段学生特点，以跨学科主题学习为主，适当采用主题式学习的方式，设计情境真实、较为复杂的问题，引导学生综合运用数学学科和跨学科的知识解决问题。

根据学段目标的要求，四个学习领域的内容按学段逐步递进，不同学段主题有所不同，具体如表3-5所示。

表3-5　小学数学各学段四个学习领域的主题

领域	第一学段（一至二年级）	第二学段（三至四年级）	第三学段（五至六年级）
数与代数	1.数与运算 2.数量关系	1.数与运算 2.数量关系	1.数与运算 2.数量关系
图形与几何	1.图形的认识与测量	1.图形的认识与测量 2.图形的位置与运动	1.图形的认识与测量 2.图形的位置与运动
统计与概率	1.数据分类	1.数据的收集、整理与表达	1.数据的收集、整理与表达 2.随机现象发生的可能性
综合与实践	重在解决实际问题，以跨学科主题学习为主，小学阶段主要采用主题式学习		

(二)"智趣数学"校本课程内容

1."智趣数学"课程背景与起源

2019年,《中共中央 国务院关于深化教育教学改革 全面提高义务教育质量的意见》中明确指出:坚持立德树人,着力培养担当民族复兴大任的时代新人;坚持"五育"并举,全面发展素质教育。数学新课标指出人人都能获得良好的数学教育,不同的人在数学上得到不同的发展,逐步形成适应终身发展需要的核心素养。中国学生要发展学科核心素养,要全面发展,要终身发展。锦城小学根据当前师生发展需求及本校资源,构建了乐群教育下的"智趣数学"学科课程。

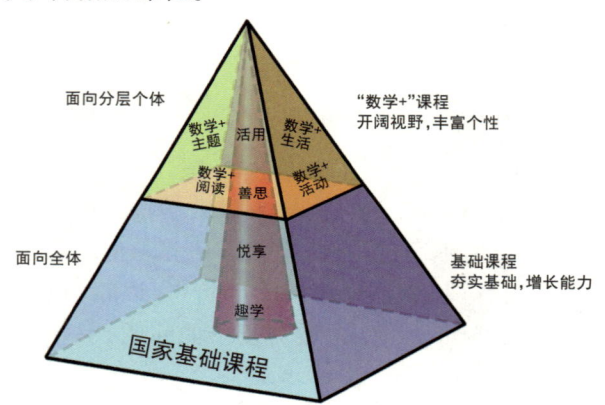

2."智趣数学"课程结构

"智趣数学"课程结构采用"1+4"模式,其中,"1"指的是基础课程,"4"指的四类"数学+"课程;以基础课程为中心,从阅读、活动、生活、主题四个方向延伸,其中"数学+阅读""数学+活动"是基于数学学科的拓展课程,"数学+生活""数学+主题"是以数学学科为主的跨学科拓展课程。

图3-8 "智趣数学"课程结构

3."智趣数学"课程内容

"智趣数学"学科课程包括基础课程和拓展课程,基础课程是课程实施的重心,拓展课程是以"数学+"的形式对基础课程的延伸、补充、拓展和整合,两者共同建构起多元立体的数学学科课程。

表3-6 "智趣数学"学科课程

	基础课程	"数学+"课程(拓展课程)			
		数学+阅读	数学+活动	数学+生活	数学+主题
面对群体	全体学生	全体学生(分层分类)			
课程特点	注重学科的核心知识与思想方法	提升阅读素养,扩大知识面,扩充学科领域的深度和广度		注重数学与生活的联系,强化实践、探究、创新	

续表

基础课程		"数学+"课程（拓展课程）			
		数学+阅读	数学+活动	数学+生活	数学+主题
课程宗旨	获得"四基"、增长能力、培养科学态度	以丰富的数学学习方式，认识、感悟、理解和应用数学，为后续的数学学习提供助力		体会数学与自然及人类社会生活的密切联系，多学科融合，体会数学的价值和魅力	
课程内容	按照国家课程标准，以北师大教材以及配套材料为实施媒介	绘本阅读和创作、快乐二十四点、数独游戏……		旅游方案、生活中的桥、设计游戏规则……	
教师行为	按照课程纲要，整合课程	开展数学绘本阅读，开展活动课程		结合数学知识开发"数学+生活""数学+主题"的课程	
教学形式	常态课	阅读课、兴趣班		社团、数学节	
评价形式	笔试为主	笔试、展演、比赛等		成果展示	

（1）基础课程

基础课程是面向全体学生并以北师大版《小学数学》教材为教学媒介实施的国家课程。在基础课程的各学段中，安排了四个部分的课程内容，即"数与代数""图形与几何""统计与概率""综合与实践"。

（2）"数学+"课程

目前，学校"数学+"课程开展了四大类拓展课程，共有24门，这些课程分层分类，学生可根据不同学习水平以及学习兴趣来选择参加。为了帮助学生提高数学阅读能力，认识、感悟、理解和应用数学，积累分析问题和解决问题的基本经验，并迁移到后续的数学学习中去，我们开设了基于数学学科的"数学+阅读""数学+活动"课程。为了培养学生的应用意识，培养他们收集信息、处理信息、整合信息的能力，学校致力于改善学生数学学习方式以适应未来终身化学习的需要，体现出数学对社会需要的主动适应，我们开设了以数学学科为主的"数学+生活""数学+主题"的跨学科课程。

表3-7 "数学+"一至六年级拓展课程

年级	"数学+"课程（拓展课程）			
	数学+阅读	数学+活动	数学+生活	数学+主题
一年级	数学绘本	七巧板拼图	钟表的认识	十二生肖（数与代数）
二年级	绘本四连画	神机妙算	我来当向导	多彩植物（图形与几何）
三年级	数学绘本创作	华容道	跳蚤市场	垃圾分类（综合实践）
四年级	数学家的故事	数独游戏	缴费问题	成都四季（数与代数）

续表

年级	"数学+"课程（拓展课程）			
	数学+阅读	数学+活动	数学+生活	数学+主题
五年级	古题今探	神奇魔方	生活中的桥	设计游戏规则（统计概率）
六年级	数学文化	快乐二十四点	旅游方案	科技改变生活（综合实践）

①数学+阅读

"数学+阅读"课程基于学生思维特点，能够使学生更好地接纳数学，更乐于学习数学，提高数学阅读能力。学校在一至六年级均开展了"数学+阅读"课程：数学绘本、绘本四连画、数学绘本创作、数学家的故事、古题今探、数学文化等。每周二下午1:40—2:00固定为"数学+阅读"课，让学生领会数学知识和思想方法，体验数学文化，发展数学思维。

②数学+活动

"数学+活动"课程以活动为主要形式，主要培养学生数学的基本思想——数学抽象的思想、数学推理的思想、数学建模的思想，为学生的后续学习助力。

③数学+生活

"数学+生活"课程是以数学教材知识为基点，以实践探究的形式，解决生活中真实存在的数学问题，让学生感受数学来源于生活，也服务于生活。该课程主要引领学生学会用数学的眼光去观察、读懂生活中的数学，并学会运用所学的数学知识解决实际问题，培养学生解决实际问题的能力，让学生体验数学的价值与魅力。如四年级的"缴费问题"课程，涉及生活中水、电、气、出租车、电话、个人所得税等多种缴费情况，结合生活实际情况进行数学抽象，建立数学模型。

④数学+主题

"数学+主题"课程是"数学+生活"课程的进一步提升，是跨学科融合的课程，以项目制的方式来开展；以六个主题为线索，多学科融合，把数学学科与其他学科的知识点进行组合，建立联系。

三、课程实施

（一）义务教育课程的教学建议

1.制定指向核心素养的教学目标

（1）教学目标要体现核心素养的主要表现

教学目标的确定要充分考虑核心素养在数学教学中的达成。每一个特定的学习内容都具有培养相关核心素养的作用，要注重建立具体内容与核心素养主要表现的关联，在制定教学目标时将核心素养的主要表现体现在教学要求中。例如，确定小学阶段"数与运算"主题的教学目标时,应关注学生符号意识、数感、量感、运算能力等的形成;确定初中阶段"图形的性质"主题的教学目标时,应关注学生空间观念、几何直观、推理能力等的形成。

(2)处理好核心素养与"四基""四能"的关系

核心素养导向的教学目标是对"四基""四能"教学目标的继承和发展。"四基""四能"是发展学生核心素养的有效载体,核心素养对"四基""四能"教学目标提出了更高要求。例如,要引导学生在发现问题、提出问题的同时,会用数学的眼光观察现实世界;在分析问题的同时,会用数学的思维思考现实世界;在用数学方法解决问题的过程中,会用数学的语言表达现实世界。

(3)教学目标的设定要体现整体性和阶段性

核心素养是在长期的教学过程中逐渐形成的,核心素养在不同学段的主要表现体现了核心素养的阶段性和各阶段之间的一致性。要依据核心素养的内涵和不同学段的主要表现,结合具体的教学内容,全面分析主题、单元和课时的特征,基于主题、单元整体设计教学目标,围绕单元目标细化具体课时的教学目标,充分发挥核心素养导向的教学目标对教学过程的指导作用,在实现知识进阶的同时,体现核心素养的进阶。

2.整体把握教学内容

为实现核心素养导向的教学目标,不仅要整体把握教学内容之间的关联,还要把握教学内容主线与相应核心素养发展之间的关联。

(1)注重教学内容的结构化

教学内容是落实教学目标、发展学生核心素养的载体。在教学中要重视对教学内容的整体分析,帮助学生建立能体现数学学科本质、对未来学习有支撑意义的结构化的数学知识体系。一方面,了解数学知识的产生与来源、结构与关联、价值与意义,了解课程内容和教学内容的安排意图;另一方面,强化对数学本质的理解,关注数学概念的现实背景,引导学生从数学概念、原理及法则之间的联系出发,建立起有意义的知识结构。通过合适的主题整合教学内容,帮助学生学会用整体的、联系的、发展的眼光看问题,形成科学的思维习惯,发展核心素养。

例如,对于小学阶段"数与运算"主题,在理解整数、小数、分数意义的同时,理解整数、小数、分数基于计数单位表达的一致性。

(2)注重教学内容与核心素养的关联

在教学过程中,不仅要注重具体内容与核心素养之间的关联,还要注重内容主线与核心素养发展之间的关联。

例如,在图形与几何领域的"图形的认识"主题,第一学段,要求在对立体图形和平面图形的认识过程中,通过直观辨认和感知形成初步的空间观念;第二学段,要求在对立体图形和平面图形关系的认识过程中,感悟图形的抽象,逐渐形成空间观念和初步的几何直观;第三学段,在对图形测量和计算的过程中,从度量的角度加深对图形的认识,理解图形的关系,进一步增强空间观念、量感和几何直观。

3. 选择能引发学生思考的教学方式

（1）丰富教学方式

改变单一讲授式教学方式，注重启发式、探究式、参与式、互动式等，探索大单元教学，积极开展跨学科的主题式学习和项目式学习等综合性教学活动。根据不同的学习任务和学习对象，选择合适的教学方式或多种方式相结合，组织开展教学。通过丰富的教学方式，让学生在实践、探究、体验、反思、合作、交流等学习过程中感悟基本思想，积累基本活动经验，发挥每一种教学方式的育人价值，促进学生核心素养发展。

（2）重视单元整体教学设计

改变过于注重以课时为单位的教学设计，推进单元整体教学设计，体现数学知识之间的内在逻辑关系，以及学习内容与核心素养表现的关联。单元整体教学设计要整体分析数学内容本质和学生认知规律，合理整合教学内容，分析主题—单元—课时的数学知识和核心素养的主要表现，确定单元教学目标，并落实到教学活动各个环节，整体设计，分步实施，促进学生对数学教学内容的整体理解与把握，逐步培养学生的核心素养。

（3）强化情境设计与问题提出

注重发挥情境设计与问题提出对学生主动参与教学活动的促进作用，使学生在活动中逐步发展核心素养。

注重创设真实情境，真实情境创设可从社会生活、科学和学生已有数学经验等方面入手，围绕教学任务，选择贴近学生生活经验、符合学生年龄特点和认知加工特点的素材。注重情境素材的育人功能，如选取体现中国数学家贡献的素材，帮助学生了解和领悟中华民族独特的数学智慧，增强文化自信和民族自豪感。注重情境的多样化，让学生感受数学在现实世界的广泛应用，体会数学的价值。重视设计合理问题，在真实情境中提出能引发学生思考的数学问题，也可以引导学生提出合理问题。

问题提出应引发学生的认知冲突，激发学生的学习动机，促进学生积极探究，让学生经历数学观察、数学思考、数学表达、概括归纳、迁移运用等学习过程，体会数学是认识、理解、表达真实世界的工具、方法和语言，增强认识真实世界、解决真实问题的能力，树立学好数学的自信心，养成良好的学习习惯。

4. 进一步加强综合与实践

综合与实践领域的教学活动，以解决实际问题为重点，以跨学科主题学习为主，以真实问题为载体，以适当采取主题活动或项目学习的方式呈现，通过综合运用数学和其他学科的知识与方法解决真实问题，着力培养学生的创新意识、实践能力、社会担当等综合品质。

（1）明确教学目标

主题活动教学是跨学科背景下的数学内容学习，其目标是引导学生在跨学科背景下用数学的眼光观察现实世界，用数学的语言表达现实世界中事物的概念、关系和规律,帮助学生感悟数学与现实世界的联系,培养学生的实践精神。

项目学习教学以用数学方法解决现实问题为主,其目标是引导学生发现解决现实问题的关键要素,用数学的思维分析要素之间的关系,发现规律,培养模型观念,经历发现、提出、分析、解决问题的过程,培养应用意识和创新意识。

(2)设计教学活动

主题活动教学要设计出完整可行的活动方案,可以利用信息技术或制作教具的形式,展示跨学科主题的背景;参考学生个人经验和已有知识积累,从解决问题需要出发,明确所学数学知识与技能,提出相应学习任务,确定学习活动形式,明确学习成果的形式和要求等。

项目学习教学所涉及的问题主要是现实世界中的开放性问题,问题解决需将现实问题转化为数学问题。解决数学问题要引导学生提出合理假设、预测结果、选择合理的数学方法,对用数学模型表达条件与结果之间的关系有清晰的认识,并利用真实情境检验模型、修正模型,形成物化成果,包括项目产品、小论文或研究报告等。

(3)关注教学评价

主题活动评价以教学目标为依据,评价的内容主要包括:学生对相关知识内容的理解,对现实情境与数学表达之间关系的把握;学生在学习活动中操作、思考、交流、创意等方面的表现;学生在学习过程中形成的作品、报告等物化成果。

项目学习评价以教学目标为依据,评价的内容主要包括:学生对真实情境中问题的理解,用数学语言表达问题的适切性,结果预测的合理性,关注解决问题的实施方案,解决问题过程中的思考、交流与创意表现,项目研究成果的质量。

5. 注重信息技术与数学教学的融合

重视大数据、人工智能等对数学教学改革的推动作用,改进教学方式,促进学生学习方式转变。

(1)改进教学方式

教师可以利用信息技术对文本、图像、声音、动画等进行综合处理,丰富教学场景,激发学生学习数学的兴趣和探究新知的欲望;利用数学专用软件等教学工具开展数学实验,将抽象的数学知识直观化,促进学生对数学概念的理解和对数学知识的建构;利用技术支持平台将在线学习与课堂教学相结合,开展线上线下融合的混合式教学。

(2)促进自主学习

加强线上网络空间与线下物理空间的融合,突破传统数学教育的时空限制,丰富学习资源,为学生自主学习创造条件;指导学生做好时间管理,规划学习任务,利用数字化平台、工具与资源开展学习活动,加强自我监控、自我评价,提升自主学习能力;家校协同,建立监控、指导、评价、激励机制,适时交流和开展个性化指导,营造学生自主学习的良好环境。

(二)"智趣数学"课程的实施

1. 基础课程的实施

(1)助力课程

基础课程的实施根据具体的教学内容,从学生实际发展水平出发,开设助力课程。助力课程分为基础类和提升类,基础类着眼于一般学习水平学生基础的补充,提升类着眼于思维发展较好的学生思维的提升,由此使人人都能获得良好的数学教育,不同的人在数学上得到不同的发展。

表3-8 一年级下册"数与代数"课程设置

内容领域	内容专题	内容结构	基础课程	助力课程 基础类	助力课程 提升类
数与代数	数的认识	100以内数的认识及比较大小	数花生(100以内数的数法);数一数(100以内数的数法);数豆子(100以内数的读、写);谁的红果多(比较数的大小);小小养殖场(数的相对大小关系);做个百数表(100以内数的顺序);练习二	数小棒(不同的数法);认识计数器	中国古代计算工具;百数表的规律
数与代数	数的运算	20以内数的退位减法	买铅笔(十几减9);捉迷藏(十几减8);快乐的小鸭(十几减7、6);开会啦(比较意义下的减法);跳伞表演(十几减5、4、3、2);美丽的田园(解决问题);练习一;做个减法表	综合练习差多少的问题;提出问题	快速计算方法;减法表的规律
数与代数	数的运算	100以内数的加减法(不进位不退位)	小兔请客(整十数加减整十数);采松果(两位数加减一位数);青蛙吃虫子(两位数加减整十数);拔萝卜(两位数加两位数);收玉米(两位数减两位数);回收废品[解决"求比一个数多(少)几"的问题];练习三	竖式计算;求比一个数多(少)几的问题	算式的规律;竖式谜

续表

内容领域	内容专题	内容结构	基础课程	助力课程	
				基础类	提升类
数与代数	数的运算	100以内数的加减法	图书馆（两位数加一位数的进位加法）；摘苹果（两位数加两位数的进位加法）；练习四；阅览室（两位数减一位数的退位减法）；跳绳（两位数减两位数的退位减法）；练习五	竖式计算；减法问题	计算中的数学游戏；错中求解

（2）大单元教学

在基础课程实施过程中，学校采取大单元教学的策略，让学生建立知识之间的联系，自主建构个体独特的知识网络。我们依据数学新课标和课程指南，研究各学期相关课程材料的逻辑与内容结构，确定各学期的单元主题、数量及结构，整体设计每个单元的教学目标、教学内容、实施策略和评价方式，形成系统性、可操作性强的大单元分课时学习方案，在数学大单元教学中，进行单元重组、图式重建以及课程重构。

学校根据一至六年级课程内容按四个领域和十三个主题，在一、二学段总复习时进行大单元教学，如表3-9所示。

表3-9　一、二学段大单元教学

领域	单元主题
数与代数	数的认识
	数的运算
	常见的量
	式与方程
	探索规律
	解决问题
空间与图形	图形的认识
	测量
	图形与变换
	图形与位置

续表

领域	单元主题
统计与概率	数据统计初步
	可能性
	不确定现象
实践与综合应用	实践活动
	综合应用

当前以教材编排划分的自然单元开展大单元教学最为普遍,学校要求每个学期中至少选择一个单元进行单元重构。

如二年级"认识人民币"单元,在学生的生活经验及感性认识的基础上,教师可通过一系列熟悉的购物活动,让学生认识各种面值的人民币,解决与人民币有关的、简单的实际问题。教材让学生先通过"买文具"认识小面额人民币,再通过"买衣服"认识大面额人民币,最后通过"小小商店"经历购物过程,学会正确使用人民币。但是,在实际的购物经历中,小面额、大面额、简单解决问题是交融在一起的,并不是分裂的,并且2元、2角、1角、5分、2分、1分的人民币在生活中几乎见不到。学生应该学习真实的数学,而不是人为割裂的数学。基于以上分析,我们将原本一节节分散的学习内容打碎、重构,构建出以"货币与我们"为主题的单元学习内容,如图3-9所示。

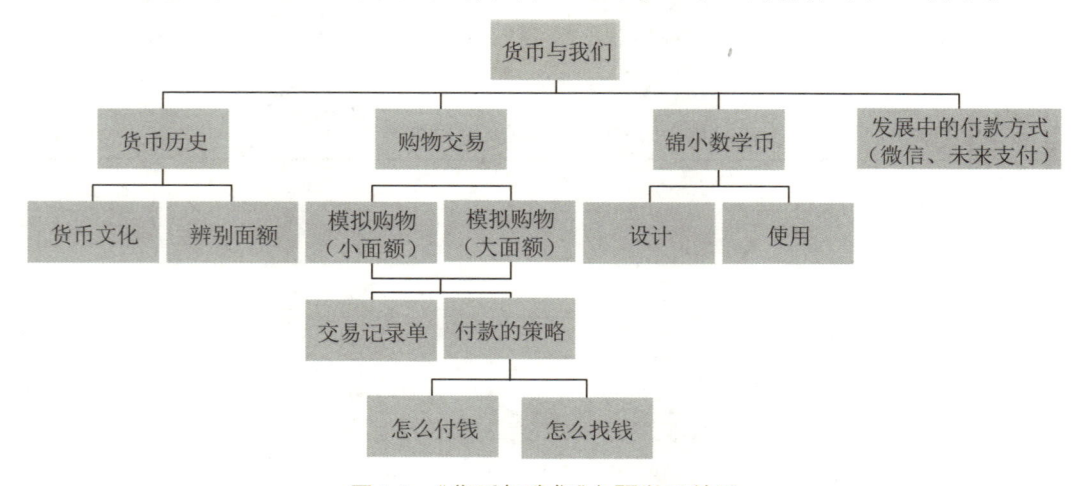

图3-9 "货币与我们"主题学习单元

2."数学+阅读"课程实施

所谓"数学+阅读"课程,是以教材中某一课时的教学内容或与教材同步的数学课外阅读材料为载体,在教师的指导下,让学生领会并理解其中的数学知识和数学方法,体会其中蕴含的数学思想,体验数学文化和欣赏数学美,发展数学思维,形成数学自学能力和探究能力的数学课。

"数学+阅读"课程旨在培养学生阅读的能力,其中主要包括对文字、表格、图像、实际背景及数学背景的理解。通过数学阅读,培养学生的思维能力,丰富学生的数学语言体系,培养学生的解题能力。

下面以数学绘本阅读课为例,谈谈学校数学绘本阅读课的实施措施。

(1)以教材为依据,引进阅读书目

学校以数学教材中的知识点为依据,整理了各年级相关的阅读书目,通过当地新华书店、网络等渠道搜索、找寻与知识点相关的绘本,购买引进。如配合一年级"数的认识"教学,学校引进了《饥饿的蚂蚁》《时钟的书》《十个人快乐大搬家》《都到我这里来》等绘本,为数学绘本与数学教材知识相融合的教学做足准备。

(2)以学生为根本,加强阅读指导

学校教师以学生的思维水平、阅读能力为根本,梳理各类绘本的阅读方法,加强阅读指导。有的绘本浅显易懂,可以让学生在课前阅读,在课中有意识地提升学生对思想方法的领悟;有的绘本与教材内容较为贴近,可以结合教材安排学生在课中阅读并进行点拨;有的绘本故事情节跌宕起伏,故事结局出人意料,可以将绘本进行适当分解,课前和课中结合着读;有的绘本是对教材内容的拓展延伸,学生独立阅读要领悟书中的数学知识和方法有一定的难度,可先在课中进行指导后再安排学生阅读。如绘本《数是怎么来的?》相对来说文字比较多,但整本书脉络清晰,学生通过自己课前独立阅读,完全可以读懂两层含义:数产生的缘由和意义、数发展的五个阶段。教师在此基础之上进行阅读指导,揭示其中的数学思想。

(3)以兴趣为起点,尝试绘本创作

学校开设了绘本四连画、绘本创作课程,让学生通过绘本创作体验数学化的过程,感受数学的魅力,享受数学学习的乐趣。通过绘本创作,让学生拥有一双用数学观察世界的眼睛,拥有一个用数学思维认识世界的头脑,去发现,去创新。

3."数学+活动"课程实施

一年级"七巧板拼图"注重图形直观,让学生了解抽象图形的基本特征;二年级"神机妙算"借助直观模型的使用(数形结合)抽象出算式,使学生理解算理;三年级"华容道"、四年级"数独游戏"、五年级"神奇魔方"通过游戏活动培养学生的逻辑推理能力、抽象概括能力等;六年级"快乐二十四点"提高学生的运算能力和解决问题的能力。学生可以根据自己的兴趣爱好选课走班。我们还根据学生的思维水平设计了A、B、C三个等级,学生可以自主选择参与的难易程度,为学生提供了选择学习的机会。如一年级的活动课程是"七巧板拼图",其中分设三个子课程"神奇七巧板""七巧板拼图""七巧板制作",学生可以自主选择;又如四年级的"数独游戏",我们根据学生的思维水平,按空格数、数独形状、解法不同设置了A、B、C三个等级,方便更多的学生选择适合自己的学习内容。

4."数学+生活"课程实施

挖掘教材中与生活息息相关的内容,引领学生用数学的眼光去观察、读懂生活中的数学,并学会运用所学的数学知识解决实际问题,培养学生解决实际问题的能力,感受数学来源于生活又服务于生活,体验数学的价值与魅力。

5."数学+主题"课程实施

"数学+主题"课程强调跨学科融合,以学生感兴趣的事物、学生生活经验、社会热门话题、时令节日等为教育主题,在保留数学学科界限的前提下,用其他多个学科的视角和方法,探究同一主题、不同专题,按照"确立知识目标—梳理经验要素—整合知识体系—设计活动方案—组织学生参与—开展活动评估"流程组织实施,培养学生多学科理解能力,为实施跨学科学习打下基础。如三年级开展"垃圾分类"主题活动,垃圾分类是当今的一个社会问题,什么是垃圾分类、垃圾分类的好处有哪些、垃圾如何分类等都是学生需要了解并掌握的知识。垃圾分类中数学问题的解决是一个多学科融合参与的活动,能培养学生收集信息、处理信息的能力,同学间的合作与交流也能更好地激发学生的应用和创新意识。

四、课程评价

(一)评价目标

依据课程目标和内容标准,学校小学数学课程评价主要从以下几个目标出发:

(1)落实国家义务教育阶段培养目标,依据"有理想、有本领、有担当"时代新人培养要求,落实学科育人的教育理念;

(2)评价学生在基础课程与拓展课程两个方面的学习情况,其中基础课程从数与代数、图形与几何、统计与概率三个方面进行;拓展课程从"智趣数学"课程中的"数学+"课程中体现的综合实践及解决问题两方面进行;

(3)在锦城小学"乐群教育"育人理念下培养"悦身心·会合作·善思辨"的乐群品质。

(二)评价内容

在"教学决策链"中,教师根据课堂评价的情况来推论学生达到的目标程度,从而制定下一步教学决策,因此评价是促进教与学的关键因素。在新课标背景下,教学评价从聚焦知识与技能的测试文化向聚焦学生核心素养发展的评价文化转型,从重分数的评价向重学生全面发展的评价转型。依据课程目标和内容标准,结合学校"乐群教育"评价体系,我们建立了"数学学科素养评价表",从学习习惯、学习能力、乐群品质三个维度对学生进行多元化评价,通过自评、互评、家长评、教师评,以及"过程性评价+总结性评价"等多种方式,丰富课堂学习评价(如表3-10所示)。

表3-10 数学学科素养评价表

评价项目及权重	学习习惯(25%)			学习能力(50%)					乐群品质(25%)		
^	课前(5★)	课中(10★)	课后(10★)	基础课程(40★)				拓展课程(10★)	悦身心(5★)	会合作(10★)	善思辨(10★)
^	^	^	^	数与代数	图形与几何	统计与概率	综合与实践	解决问题	^	^	^
评价内容											
评价方式	自我评价:★;同伴评价:★;老师评价:★	自我评价:★;同伴评价:★;老师评价:★	自我评价:★;同伴评价:★;老师评价:★						自我评价:★;同伴评价:★;老师评价:★	自我评价:★;同伴评价:★;老师评价:★	自我评价:★;同伴评价:★;老师评价:★
评价实施											
评价标准											
学期总评											
综合等级											

因为各年级学习要点不同,为使每个年级的学生每学期都能获得相应发展,学校评价内容分年级制定,其中拓展课程为学校"智趣数学"课程内容中的"数学+"课程,评价项目为在过程中体现和培养的综合与实践应用及解决问题两方面的能力。

(三)评价实施

小学数学教育已逐渐脱离分数至上的限制,进而转向以培养学生核心素养为目标,评价也是如此。在教学中应用过程性评价可以促使学生形成良好的数学思维,有效提高数学教学质量。为促进培养目标的最终达成,学校强化过程性评价与终结性评价的整合,按年级制定对应的"数学学科素养评价表",对学生课前、课中、课后三个时间段的学习习惯、作业质量、阶段表现、拓展课程活动表现及乐群品质进行综合评价,从而实现对学生在日常学习中的核心素养达成情况进行阶段性评价,为终结性评价提供诊断信息,形成多元互补的评价体系(见表3-11)。

表3-11　三年级下册数学学科素养评价表

评价项目及权重	学习习惯(25%)			学习能力(50%)					乐群品质(25%)		
^	课前(5★)	课中(10★)	课后(10★)	基础课程(40★)				拓展课程(10★)		悦身心(5★)	会合作(10★)	善思辨(10★)
^	^	^	^	数与代数	图形与几何	统计与概率	综合与实践	解决问题	^	^	^
评价内容	1.自觉准备好数学书、练习本、学习用具；2.预备铃响，科代表组织听算	1.认真聆听，专注老师、同学的演示，能通过聆听和观察产生思维上的互动；2.能用自己的语言有条理地解释和表述所学知识；3.积极举手发表自己的想法，提出不同的意见或问题，能主动进行分享、质疑、补充	1.能及时对当天的作业或试卷进行改错，分析错因；2.有效、认真地完成作业，正确率高	1.分数的初步认识；2.同分母(分母小于10)分数比较大小；3.一位数除两、三位数；4.两位数乘两位数；5.同分母(分母小于10)分数的加减运算	1.面积的认识；2.面积单位的认识；3.计算长方形、正方形的面积；4.直观认识平移、旋转现象；5.直观认识轴对称图形	再次积累收集、整理数据的活动经验，用自己的方式(文字、图画、表格等)呈现整理数据的结果	1.小小设计师；2.我们一起去游园；3.有趣的推理；4."数学周"快乐二十四点比赛、数学节目展示等	思维拓展题(小题单)	1.悦己：自己成就自己，会适应，会调节；2.悦人：在学习与交往活动中能够成就他人，诚恳地帮助同伴获得幸福感	自主地在群体中合作，主动地承担，密切地协作，机智地应变	思维有活度：辩证统一、求异创新
评价方式	自我评价：★；同伴评价：★；老师评价：★	自我评价：★；同伴评价：★；老师评价：★	自我评价：★；同伴评价：★；老师评价：★	期末学业水平测试				根据活动、比赛得★情况，评选前25%的同学为"智慧之星"	自我评价：★；同伴评价：★；老师评价：★	自我评价：★；同伴评价：★；老师评价：★	自我评价：★；同伴评价：★；老师评价：★
评价实施	准备好课前登记册，科代表每节课检查并登记在册	1.班级优化大师；2.印章、小红花等的数量	教师在批改作业时进行台账记录，如全部记录★，需要订正记录○				教师在活动情况登记台账上记录学生的得★情况		教师按月定期组织乐群品质成长见证会，引导学生回顾自己及同伴当月乐群品质表现情况，并总结、评分		

续表

评价项目及权重	学习习惯(25%)			学习能力(50%)				乐群品质(25%)		
^	课前(5★)	课中(10★)	课后(10★)	基础课程(40★)			拓展课程(10★)	悦身心(5★)	会合作(10★)	善思辨(10★)
^	^	^	^	数与代数	图形与几何	统计与概率	综合与实践 / 解决问题	^	^	^
评价标准	5★：5次以内未按要求做好；4★：6~10次未按要求做好；3★：11次及以上未按要求做好	以班级内最高得分为标准，低于最高分5分及以内得10★；低于最高分20分及以内得8★；低于最高分20分以上得6★	以班级内最高得分为标准，低于最高分5分及以内得10★；低于最高分20分及以内得8★；低于最高分20分以上得6★	40★：100~95分；38★：94~90分；36★：89~85分；34★：84~75分；32★：74~70分；30★：69~60分；28★：60以下			以班级得★情况排名：10★：前25%；9★：中前25%；8★：中后25%；7★：后25%	5★：尊重他人，学习中自信、敢表达；4★：较之前有进步；3★：总是不愿开口表达或经常对同伴表现出不礼貌	5★：积极主动合作，认真倾听，礼貌，清晰表达；4★：能有意识地改正倾听时注意力不集中等问题，较之前有进步；3★：在小组合作交流或其他时候经常打断同伴，倾听不专注	5★：思维灵活，能够举一反三，经常上台分享自己的思考；4★：在小组内针对某个较难问题积极讨论、思考并解决问题；3★：对于经常讨论的难点仍有困难，需要再学习理解
学期总评	自评、他评、师评★相加总数/3								自评、他评、师评★相加总数/3	
综合等级	优秀：90★及以上；良好：80~89★；合格：60~79★；不合格：60以下									

成都高新区锦城小学智悦英语学科课程方案

"智悦英语"课程"以智为基，以悦为主"，引导学生在掌握基础知识的基础上，培养学生的兴趣与情感。"智悦英语"课程围绕核心素养，体现课程性质，反映课程理念，确立课程目标。为把学生培养为有理想、有本领、有担当并具备"悦身心·会合作·善思辨"乐群品质的社会主义事业建设者和接班人,我们以"乐群教育"为指引,制定锦城小学英语学科课程方案。

一、课程目标

(一)国家义务教育阶段培养目标

英语课程要培养的学生核心素养包括语言能力、文化意识、思维品质和学习能力四个主要方面。

1.语言能力

语言能力指运用语言和非语言知识以及各种策略,参与特定情境下相关主题的语言活动时表现出来的语言理解和表达能力。学生应学习和掌握语音、词汇、语法和功能意念等语言基础知识。

2.文化意识

文化意识指对中外文化的理解和对优秀文化的鉴赏,是学生在新时代表现出的跨文化认知、态度和行为选择。学生应了解和尊重西方文化,具备全球化意识,提高对中外文化异同的敏感性和鉴别能力。

3.思维品质

思维品质指人的思维个性特征,反映学生在理解、分析、比较、推断、批判、评价、创造等方面的层次和水平。学生应通过大量的语言实践,包括听、说、读、写等训练,提高思维能力,提高对英语学习的思维技能。

4.学习能力

学习能力指积极运用和主动调适英语学习策略、拓展英语学习渠道、努力提升英语学习效率的意识和能力。学生应掌握一定的学习策略,包括如何正确地学习、记忆、理解和使用英语。

(二)英语学科课程总目标

学生应通过本课程的学习,达到如下目标:

1.发展语言能力

能够在感知、体验、积累和运用等语言实践活动中,认识英语与汉语的异同,逐步形成语言意识,积累语言经验,进行有意义的沟通与交流。

2.培育文化意识

能够了解不同国家的优秀文明成果,比较中外文化的异同,发展跨文化沟通与交流的能力,形成积极向上的审美情趣和正确的价值观;加深对中华文化的理解和认同,树立国际视野,坚定文化自信。

3. 提升思维品质

能够在语言学习中发展思维，在思维发展中推进语言学习；初步从多角度观察和认识世界、看待事物，有理有据、有条理地表达观点；逐步发展逻辑思维、辩证思维和创新思维，使思维体现一定的敏捷性、灵活性、批判性和深刻性。

4. 提高学习能力

能够树立正确的英语学习目标，保持学习兴趣，主动参与语言实践活动；在学习中注意倾听、乐于交流、大胆尝试；学会自主探究，合作互助；学会反思和评价学习进展，调整学习方式；学会自我管理，提高学习效率，做到乐学善学。

（三）锦城小学"乐群教育"育人目标

义务教育英语课程小学阶段目标分为两个学段目标，即一级建议为三至四年级学段应达到的目标，二级建议为五至六年级学段应达到的目标。在新课标背景下，基于核心素养，结合学校学生"悦身心·会合作·善思辨"的乐群品质的英语课程学段目标如表3-12至表3-15所示。

表3-12　语言能力学段目标

表现	一级	二级
感知与积累	悦身心： 能感知单词、短语及简单句的重音和升降调等；能大声跟读音视频材料；能感知语言信息，积累表达个人喜好和个人基本信息的简单句式；能正确书写字母、单词和句子	悦身心： 能听懂日常学习和生活中简单的指令、对话、独白和小故事等
	善思辨： 能有意识地通过模仿学习发音；能借助图片读懂语言简单的小故事，理解基本信息	善思辨： 能领悟基本语调表达的意义；能理解常见词语的意思，理解基本句式和常用时态表达的意义；能读懂语言简单、主题相关的简短语篇
习得与建构	悦身心： 能根据简单指令作出反应；体会英语发音与汉语发音的不同	悦身心： 在听或看音视频材料时，能获取有关人物、时间、地点、事件等基本信息；能根据图片，口头描述其中的人或事物；能关注生活中或媒体上的语言使用

续表

表现	一级	二级
习得与建构	善思辨： 在听或看音视频材料时，能识别有关个人、家庭，以及熟悉事物的图片或实物、单词、短语；能借助语音、语调等判断说话者的情绪和态度；能在语境中理解简单句的表意功能	善思辨： 能识别常见语篇类型及其结构；能理解交流个人喜好、情感的表达方式
	会合作： 能围绕相关主题，运用所学语言，进行简单的交流，介绍自己和身边熟悉的人或事物，表达情感和喜好等，语言达意	会合作： 能围绕相关主题，运用所学语言，与他人进行简单的交流，语音、语调基本正确

表3-13 文化意识学段目标

表现	一级	二级
比较与判断	悦身心： 有主动了解中外文化的愿望；能在教师指导下，通过图片、配图故事、歌曲、韵文等获取简单的中外文化信息	悦身心： 对学习、探索中外文化有兴趣；能在教师引导下，通过故事、介绍、对话、动画等获取中外文化的简单信息
	善思辨： 观察、辨识中外典型文化标志物、饮食及重大节日；初步具有观察、识别、比较中外文化的意识	善思辨： 感知与体验文化多样性，能在理解的基础上进行初步的比较；能用简短的句子描述所学的与中外文化有关的具体事物
调适与沟通	悦身心： 有与人交流沟通的愿望；能在教师指导下，学习和感知人际交往中英语独特的表达方式	悦身心： 对开展跨文化沟通与交流有兴趣；能在教师引导下，了解不同文化背景下人们待人接物的礼仪
	会合作： 能大方地与人接触，主动问候	会合作： 能与他人友好相处；能在人际交往中，尝试理解对方的感受，适当调整表达方式，体现出礼貌、得体与友善
	善思辨： 能理解基本的问候、感谢用语，并作出简单回应	善思辨： 能注意到跨文化沟通与交流中彼此的文化差异
感悟与内化	悦身心： 有观察、感知真善美的愿望；热爱自己的国家和文化；感知英语歌曲、韵文的音韵节奏；能识别图片、短文中体现中外文化和正确价值观的具体现象与事物；具有国家认同感，对中华优秀传统文化感到骄傲	悦身心： 对了解中外文化有兴趣；能理解与中外优秀文化有关的图片、短文，发现和感悟其中蕴含的人生哲理；有将语言学习与做人、做事相结合的意识和行动；体现爱国主义情怀和文化自信

表3-14 思维品质学段目标

表现	一级	二级
观察与辨析	**悦身心：** 能通过对图片、具体现象和事物的观察获取信息，了解不同事物的特点，辅助对语篇意义的理解	**会合作：** 学会换位思考
	善思辨： 能注意到不同的人看待问题是有差异的；能从不同角度观察周围的人与事	**善思辨：** 能对获取的语篇信息进行简单的分类和对比，加深对语篇意义的理解；能比较语篇中的人物、行为、事物或观点间的相似性和差异性，并作出正确的价值判断；能从不同角度辩证地看待事物
归纳与推断	**善思辨：** 能根据图片或关键词归纳语篇的重要信息；能就语篇信息或观点初步形成自己的想法和意见；能根据标题、图片、语篇信息或个人经验等进行预测	**善思辨：** 能识别、提炼、概括语篇的关键信息、主要内容、主题意义和观点；能就语篇的主题意义和观点作出正确的理解和判断；能根据语篇推断作者的态度和观点
批判与创新	**善思辨：** 能根据个人经历对语篇内容、人物或事件等表达自己的喜恶；初步具有问题意识，知晓一问可有多解	**善思辨：** 能就作者的观点或意图发表看法，说明理由，交流感受；能对语篇内容进行简单的续编或改编等；具有问题意识，能初步进行独立思考

表3-15 学习能力学段目标

表现	一级	二级
乐学与善学	**悦身心：** 对英语学习感兴趣、有积极性；乐于学习和模仿	**悦身心：** 对英语学习有较浓厚的兴趣和自信心
	会合作： 喜欢和别人用英语交流；注意倾听，敢于表达，不怕出错；乐于参与课堂活动，遇到困难能大胆求助	**会合作：** 能积极参与课堂活动，注意倾听，大胆尝试用英语进行交流；乐于参与英语实践活动，遇到问题积极请教，不畏困难
选择与调整	**善思辨：** 能在教师帮助和指导下，制订简单的英语学习计划；能意识到自己英语学习中的进步与不足，并作出适当调整；能尝试借助多种渠道学习英语	**善思辨：** 能在教师指导下，制订并完成简单的英语学习计划，及时预习和复习所学内容；能在教师指导下，初步找到适合自己的英语学习方法；尝试根据学习进展调整学习计划和策略

续表

表现	一级	二级
合作与探究	会合作： 能在学习活动中尝试与他人合作，共同完成学习任务；能在学习过程中积极思考，发现并尝试解决语言学习中的问题	会合作： 能在学习活动中与他人合作，共同完成学习任务；能在学习过程中认真思考，主动探究，尝试通过多种方式发现并解决语言学习中的问题

二、课程内容

（一）义务教育英语课程内容

《义务教育英语课程标准（2022年版）》（以下简称"英语新课标"）中明确指出：英语课程内容由主题、语篇、语言知识、文化知识、语言技能和学习策略等要素构成。围绕这些要素，通过学习理解、应用实践、迁移创新等活动，推动学生核心素养在义务教育全程中持续发展（见图3-10）。图3-10的内圈是课程内容的六要素，外圈是组织和学习这些内容的方式，即学习要围绕课程内容六要素，通过学习理解、应用实践和迁移创新等一系列相互关联、循序渐进的活动进行。

图3-10　义务教育英语课程内容结构示意图

（二）校本课程内容

"智悦英语"课程以乐群教育为指引，旨在促进学生的全面发展与个性发展，培养学生的创新精神与实践能力，所以除了英语基础课程外，我们还设置了以"学科+"为内容的基本样态，以学科内容为基础，以"学科+"的方式对学习内容进行链接和融合，丰富课堂学习内容。

锦城小学英语"学科+"课程实施方法如下：

1. 英语+音乐

音乐是人类进行交际的途径之一,我们在英语教学过程中将英语与歌谣、chant、rap、dance 等与音乐相关的项目结合起来,从而增加英语学习的韵律感。

2. 英语+美术

语言不仅是交流的工具,也是思维的工具,为了将抽象认知具体化,我们将英语与美术结合起来,通过绘画的形式将英语学习内容,如单词、句子、对话、自我介绍等与美术相结合。

3. 英语+语文

有研究表明,对于非母语者而言,给予适当的母语提示有助于提高其学习效率。因此,我们在英语教学中,会适当地加入一些中文内容,比如中文古诗词、名人名言,这对学生的英语学习是非常有益的,同时也可以陶冶学生的情操,提升学生的道德品质。

4. 英语+信息技术

在信息技术飞速发展的背景下,我们也更新了教学工具,比如一体机的应用,这对于学情分析和调查统计、趣味小游戏的制作和趣味课堂的实现有极大促进作用。

三、课程实施

小学英语教学工作要继续以课程改革为发展契机,以英语新课标为教研导向,紧紧围绕课程实施中的问题而展开,不断研究、总结、推广教学经验,探索英语教学规律。锦城小学的"智悦英语"以"悦身心·会合作·善思辨"课程宗旨为核心,在课程实施方面牢牢把握以下原则。

(一)将"育人为本"的教育理念实践化

教师要把落实立德树人作为英语教学的根本任务,准确理解核心素养的内涵,全面把握英语课程的育人价值。教师要坚持面向全体学生,充分尊重每一个学生,将锦城小学乐群学堂"悦身心·会合作·善思辨"的精神融入小学英语课程,让学生在学习的过程中感受到学习的乐趣,让每一位学生健康、自信、阳光地成长。

(二)加强单元教学的整体性

教师要强化素养立意,围绕单元主题,深入解读和分析单元内语篇及相关教学资源,引导学生进行各语篇内容的学习和主题意义的探究。

1. 紧扣单元主题,确立分课话题

英语是语言,语言知识学习不是孤立的,而是基于语篇、情境的。话题的提出,让我们进行语篇再构与语言训练有了完整的语言环境。教师在进行单元整体设计时,首先要做到解读单元主题,确立分课话题。

2. 围绕单元话题,优化板块组合

教材每个单元都围绕某一主题进行编排,教师要以话题为导向,将单元各个板块串联起来,优化板块组合,形成单元整体教学。

3. 制订单元目标,细化分课目标

教师要在充分解读教材与剖析学情的基础上,进行单元教学目标整体设计,在单元整体目标引领下制订分课课时目标,使各课时目标呈螺旋式上升的走势。

4. 针对不同课型,选择合适的教学方法

在单元整体教学中,主要有"词汇课""语篇课""综合课""课外知识补充课"四种课型。针对不同课型与教学内容,教师需要选择适宜的教学方法。

5. 设计主题作业,关注作业衔接

单元主题作业设计应遵循以下原则:整体设计,关注分课作业衔接;分层设计,使每个层次的学生都能有质量地完成练习作业;趣味设计,让学生快乐地完成作业。单元主题作业类型可分为"自助餐"式作业、创编式作业、实践型作业等。

(三)秉持英语学习活动观组织和实施教学

活动观主要分为三类:学习理解活动类、应用实践活动类、迁移创新活动类。教师要充分认识到学生是语言学习活动的主体,要引导学生围绕主题情境激活旧知,积极参与到主题活动中以获取新知、探究意义、解决问题,逐步从基于语篇的学习走向深入语篇和超越语篇的学习。

(四)引导学生乐学善学

英语教学不仅要重视学什么,更要关注学生是否喜欢学,以及是否知道如何学,让学生体会到乐群学堂的教育理念。教师要根据学生的认知特点,设计多感官参与的语言实践活动,让学生在丰富有趣的情境中,围绕主题意义,感受学习英语的乐趣。

(五)推动"教—学—评"一体化设计与实施

教师要树立"教—学—评"的整体育人观念。教师要注重设计并实施目标、活动、评价相统一的教学,建立相互间的关联。

(六)提升信息技术使用效益

教师要充分认识到现代信息技术不仅为英语教学提供了多模态的手段、平台和空间,还为英语教学提供了丰富的资源与跨时空的语言学习和使用机会,对创设良好学习情境、促进教育理念更新和教学方式变革具有重要的支撑作用。

四、课程评价

锦城小学英语教学紧紧围绕"新课程核心素养",站在育人的角度不断完善评价体系,结合乐群教育的学校特色,建立多样化和可选择性的、能体现以人为本的学业评价体系来助力乐群学堂的推动与实施,以培养未来高素质人才。

(一)评价目标

学生应通过本课程的学习,达到如下目标,成为有理想、有本领、有担当的社会主义事业建设者和接班人:

第一,发展语言能力;
第二,培育文化意识;
第三,提升思维品质;
第四,提高学习能力。

(二)评价内容

第一,培养"三有新人":有理想、有本领、有担当。
第二,提升英语学科核心素养:语言能力、文化意识、思维品质、学习能力。
第三,提升"乐群品质":悦身心、会合作、善思辨。

锦城小学英语组始终以培养学生英语素养为核心,全面布局评价体系,创新评价方式,优化评价项目,精准实施评价(如图3-11所示)。

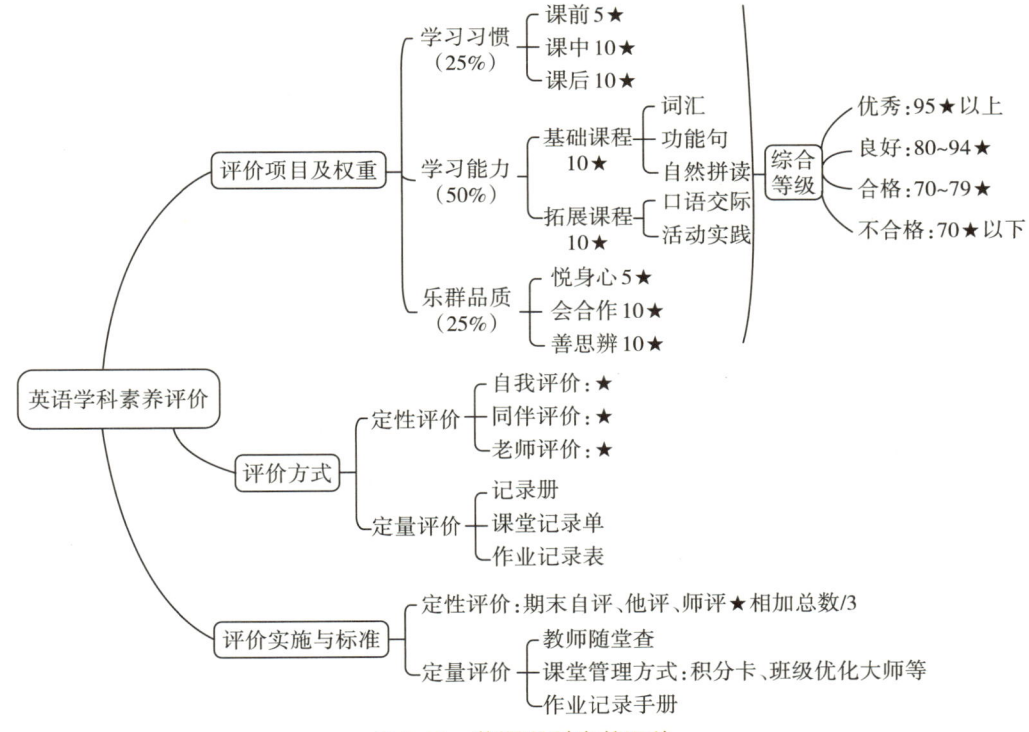

英语学科素养评价
- 评价项目及权重
  - 学习习惯(25%)
    - 课前5★
    - 课中10★
    - 课后10★
  - 学习能力(50%)
    - 基础课程10★:词汇、功能句、自然拼读
    - 拓展课程10★:口语交际、活动实践
  - 乐群品质(25%)
    - 悦身心5★
    - 会合作10★
    - 善思辨10★
  - 综合等级
    - 优秀:95★以上
    - 良好:80~94★
    - 合格:70~79★
    - 不合格:70★以下
- 评价方式
  - 定性评价
    - 自我评价:★
    - 同伴评价:★
    - 老师评价:★
  - 定量评价
    - 记录册
    - 课堂记录单
    - 作业记录表
- 评价实施与标准
  - 定性评价:期末自评、他评、师评★相加总数/3
  - 定量评价
    - 教师随堂查
    - 课堂管理方式:积分卡、班级优化大师等
    - 作业记录手册

图3-11 英语学科素养评价

(三)评价实施

英语新课标中明确提出:通过形成性评价与终结性评价相结合的多元评价方式,检测和衡量学生在相关学段的学业成就。以英语新课标为本,结合乐群教育,锦城小学制定了小学英语学业评价体系表(见表3-16)。

表3-16 小学英语学业评价体系表

小学英语学业评价分类	形成性评价	课堂评价
		作业评价
	阶段性评价	英语绘本阅读赛
		英语趣配音
		英语银杏舞台展示活动
	终结性评价	乐考(一至二年级)
		纸笔测验(三至六年级)

1.形成性评价

(1)课堂评价

①悦身心:个人荣誉激励性评价

根据小学生的身心特点,学校英语组实施个人荣誉激励性评价。例如,制定学生评价表,通过荣誉奖励,充分激发学生的学习积极性。

②会合作:团队比拼综合性评价

课堂中常开展小组比赛,每节课评选出优胜组,培养学生的团队精神和合作能力。

③善思辨:根据任务难度分层评价

兼顾学情,实施分层教学和分层评价。课堂教学中,教师设计不同难度的问题(What/Where/Who—Why—How)和活动(Read with a book/without a book—Act out),学生可自由选择。同时,教师制定不同难度的评价标准,给予学生最适合个人学习情况的课堂评价。

(2)作业评价

作业评价是教学过程的重要组成部分。学校根据不同学段学生的认知特点和学习需求,从整体精心设计单元作业和课时作业(见表3-17)。

表3-17 小学英语作业设计示例

作业名称	我是礼貌小标兵&我是小小数学家
作业目标	1.通过作业活动,唤起旧知,复习巩固之前所学关于生活方面的语言知识; 2.通过作业活动,能够关注自己的生活习惯,与即将学习的话题产生关联,产生对本单元的学习兴趣

续表

作业类型	基础巩固型、学科实践型、学科探究型、能力拓展型、跨学科综合型、个性化分层作业
活动类型	学习理解、应用实践、迁移创新
认知类型	识记、理解、应用、分析、综合、评价
核心素养	语言能力、学习能力、思维品质、文化意识
作业形式	听、说、读、看、写、画、演
完成方式	独立完成、合作完成
完成时间	10分钟
作业难度	简单、中等、较难

2.阶段性评价

为了激发学生对英语学习的兴趣，学校定期举办各种各样的英语活动，如英语趣配音、英语绘本阅读赛和英语银杏舞台展示活动等。丰富的课外活动，既锻炼了学生的英语实践运用能力，又开阔了学生的视野，丰富了学生的校园生活。

图3-12 戏剧表演：匹诺曹的故事

3.终结性评价

（1）乐考（一至二年级）

根据一、二年级学生的学习情况，学校在学期末举行乐考。试题以情景对话为主，提高综合性、探究性、开放性试题的比例，合理调整并逐步加大听力测试题和口语测试题的比例（如表3-18所示）。

表3-18　一年级上册英语学科素养评价实施细则

活动内容			活动实施		活动评价
领域	活动主题	内容参考	活动要求	活动准备	
英语听、做和说领域（英语学科活动）	老师的话我明白	Bill上学了,他来到学校,老师想考考他,看他是否能听懂老师的指令。小朋友们,你们能听懂吗?咱们一起来做一做吧! Listen and do and say. 听指令做动作	教师发出指令,学生根据指令做动作: Put your book on the desk. 教师让学生选择一件自己喜欢的衣服去描述。 I like my orange T-shirt.	相应物品:一本书、桌子,还有学生穿的衣服	10★（A）:能迅速对常用指令和要求作出适当的反应; 9★（B）:能听懂简短的课堂指令并作出相应的反应; 8★（C）:在老师的提示下作出相应的反应

（2）纸笔测试（三至六年级）

三至六年级学生以语言知识、文化知识、语言技能、学习策略为基本考核内容,选择适合的纸笔测评形式,命制合适难度、区分度和效度的试题,设定三个学业质量基本水平,即优秀、良好和合格。

基于以上要求,锦城小学在实践探索中制定出"锦城小学英语学科课程评价表",对课前、课中、课后三个时间段中的学生学习、作业质量、阶段表现和特色活动表现进行综合评价,从而实现对学生在日常生活、文学体验、跨学科学习三类语言文字运用情境下的核心素养应达到的水平进行阶段性评价。表3-19为评价表示例。

表3-19　三年级下册英语学科素养评价表

评价项目及权重		学习习惯(25%)			学习能力(50%)				乐群品质(25%)			综合等级
					基础课程(40★)		拓展课程(10★)					
			课前(5★)	课中(10★)	课后(10★)	词汇	功能句	自然拼读	口语交际	活动实践	悦身心(5★)	会合作(10★)	善思辨(10★)	
评价内容													优秀:95★及以上;良好:80~94★;合格:70~79★;不合格:70★以下
评价方式	定性评价	自我评价:★;同伴评价:★;老师评价:★	自我评价:★;同伴评价:★;老师评价:★	自我评价:★;同伴评价:★;老师评价:★						自我评价:★;同伴评价:★;老师评价:★	自我评价:★;同伴评价:★;老师评价:★	自我评价:★;同伴评价:★;老师评价:★	

续表

评价项目及权重		学习习惯(25%)			学习能力(50%)				乐群品质(25%)			综合等级
		课前(5★)	课中(10★)	课后(10★)	基础课程(40★)			拓展课程(10★)	悦身心(5★)	会合作(10★)	善思辨(10★)	
					词汇	功能句	自然拼读	口语交际	活动实践				
评价方式	定量评价(可选：作为师评的依据)	记录册	课堂记录单（班级优化大师、积分卡、点赞卡等）	作业记录表									
	定性评价	期末自评、他评、师评★相加总数/3											优秀：95★及以上；良好：80~94★；合格：70~79★；不合格：70★以下
评价实施	定量评价(可选：作为师评的依据)	科代表每节课前检查或教师每周随机检查，并将结果记录在册	1.学生的积分卡（点赞卡统计）；2.班级优化大师或小组学生得分情况	1.以教师教学中的作业记录手册为准则；2.手册中以全对标★、纠错过关打△等形式记录学生作业完成情况						期末自评、他评、师评★相加总数/3			
评价标准	定性评价	期末自评、他评、师评★相加总数/3								期末自评、他评、师评★相加总数/3			

表3-19所示为锦城小学英语学科课程评价表，此表贯穿学生的学习过程，从课前、课中、课后三个时间段对学生的学习习惯进行评价；以词汇、功能句、自然拼读三个方面对学生在基础课程学习方面进行考核，同时关注学生在口语交际、活动实践这两门拓展课程方面的表现，"基础+拓展"的课程构成模式，全面评价学生的学习能力。此外，义务教育英语课程围绕立德树人根本任务，充分发挥其独特的育人功能，在课程育人功能的理念引领下，我们根据"三有"育人目标对学生进行成长足迹上的评语评价，对体现锦城小学"优美和乐"育人目标的乐群品质在英语学科学习中的渗透进行评价，将国家育人目标、英语课程理念和学校育人追求融为一体，让评价立体可见。

在此基础上,各年级根据学业质量目标,细化指标,精准定位,确定评价细则。以三年级英语学科素养评价为例,我们的评价内容可以这样完善(见表3-20)。

表3-20　三年级下册英语学科素养评价实施细则

评价项目及权重		学习习惯(25%)			学习能力(50%)					乐群品质(25%)			综合等级
^		课前(5★)	课中(10★)	课后(10★)	基础课程(40★)				拓展课程(10★)	悦身心(5★)	会合作(10★)	善思辨(10★)	^
^ || ^	^	^	词汇	功能句	自然拼读	口语交际	活动实践	^	^	^	^
评价内容 || 1.会通过观察图片、听录音的形式预习英语；2.准备好英语书本和学习文具；3.预备铃响,安静地等待老师上课	1.认真聆听老师的讲解和同学的发言,能合作探究课文难点；2.能及时回顾当堂课的学习内容,解决难点；3.能根据课文主题,与同伴进行简单的话题交流和重点复述	1.坚持每周至少4次听读英语；2.能及时回顾当堂课的学习内容,解决难点；3.能独立完成老师布置的相应作业	1. Unit1学科类的词汇；2. Unit2校园场所的词汇及序数词；3. Unit3描述课后活动类的词组；4. Unit4家庭成员类的词；5. Unit5描述家庭活动类的词组；6. Unit6关于家里各房间的表达	Unit 1: What classes do you have on...? Unit 2: Do you have a...? Unit 3: What are you going to do? I'm going to... Unit 4: Is she your aunt? Unit 5: What are you doing? I'm... Unit 6: He/She is in the dining room.	1.元音字母a, i, o, u与末尾不发音的字母e的组合发音：ae, ie, ue, oe及相关的单词拼读；2.字母e在单词中的发音	1.以单元为主设置情境表演,如介绍自己的家并录制视频；2.绘本故事表演；3.歌曲、拼读绕口令表演	1.制作一张课程表(表上学科用英文书写)；2.制作单元为主题的海报,如My Family My Home等	1.悦己：自己喜欢自己,面对成功,不骄傲；面对失败,不气馁。2.悦人：能赞赏他人,能真诚地欣赏同伴,能真诚地赞美同伴	自主地在小组中合作,充分地探究,不断地完善,合理地调控	思维有深度：条理清晰、严谨缜密	优秀：95★及以上；良好：80~94★；合格：70~79★；不合格：70★以下
评价方式	定性评价	自我评价：★；同伴评价：★；老师评价：★	自我评价：★；同伴评价：★；老师评价：★	自我评价：★；同伴评价：★；老师评价：★	期末纸质测试				记录册	自我评价：★；同伴评价：★；老师评价：★	自我评价：★；同伴评价：★；老师评价：★	自我评价：★；同伴评价：★；老师评价：★	^

续表

评价项目及权重		学习习惯(25%)			学习能力(50%)					乐群品质(25%)			综合等级
		课前(5★)	课中(10★)	课后(10★)	基础课程(40★)				拓展课程(10★)	悦身心(5★)	会合作(10★)	善思辨(10★)	
					词汇	功能句	自然拼读	口语交际	活动实践				
评价方式	定量评价(可选:作为师评的依据)	记录册	课堂记录单(班级优化大师、积分卡、点赞卡等)	作业记录表									优秀:95★及以上;良好:80~94★;合格:70~79★;不合格:70★以下
	定性评价	期末自评、他评、师评★相加总数/3											
评价实施	定量评价(可选:作为师评的依据)	科代表每节课前检查或教师每周随机检查,并将结果记录在册	1.学生的积分卡(点赞卡统计);2.班级优化大师或小组学生得分情况	以教师教学中的作业记录手册为准则;手册中全对标★、纠错打△等形式记录学生作业完成情况						1.口语小测;2.以单元为节点的相关主题的个人展示(歌曲、绕口令、绘本表演等),以标★的形式记录				

续表

评价项目及权重	学习习惯(25%)			学习能力(50%)					乐群品质(25%)			综合等级
	课前(5★)	课中(10★)	课后(10★)	基础课程(40★)				拓展课程(10★)	悦身心(5★)	会合作(10★)	善思辨(10★)	
				词汇	功能句	自然拼读	口语交际	活动实践					
定性评价	期末自评、他评、师评★相加总数/3									期末自评、他评、师评★相加总数/3			
评价标准 定量评价(可选：作为师评的依据)	以班级得分最高同学为标准：10★：低于最高0~5分；9★：低于最高5~10分；8★：低于最高11~15分；7★：低于最高16分及以上	5★：5次以内未按要求做好；4★：6~10次未按要求做好；3★：11次及以上未按要求做好	以班级内得★最高同学为标准：10★：低于最高0~5颗；9★：低于最高5~10颗；8★：低于最高11~15颗；7★：低于最高16颗及以上	40★：100~95分；38★：94~90分；36★：89~85分；34★：84~75分；32★：74分及以下					以班级得★情况排名：10★：前25%；9★：中前25%；8★：中后25%；7★：后25%				优秀：95★及以上；良好：80~94★；合格：70~79★；不合格：70★以下
备注	对学习习惯进行定性评价,鼓励老师采用台账的方式进行定量评价,以此作为依据,评价标准可根据班级情况适当变化(考试成绩除外)												

(四)评价结果反馈

通过以上评价,我们形成了"一册一单一袋"的反馈机制:"一册"为英语成长手册,让学生在一学期结束后通过自评、同学互评、师评整体把握他们本学期的学习情况;"一单"为乐考单,让学生通过考试了解他们对知识的掌握情况,了解他们的优点与不足;"一袋"为成长记录袋,老师将学生本学期的阶段性成果放入资料袋,让学生清晰认识到他们一学期的成长与进步。

成都高新区锦城小学乐趣美术学科课程方案

一、课程目标

(一)美术学科目标

艺术课程围绕审美感知、艺术表现、创意实践、文化理解四大核心素养,体现课程性质,反映课程理念,确立课程目标。

审美感知是对自然世界、社会生活和艺术作品中美的特征及其意义与作用的发现、感受、认识和反应能力。艺术表现是在艺术活动中创造艺术形象、表达思想感情、展现艺术美感的实践能力。创意实践是综合运用多学科知识,紧密联系现实生活,进行艺术创新和实际应用的能力。文化理解是对特定文化情境中艺术作品人文内涵的感悟、领会、阐释能力。

通过义务教育艺术课程的学习,学生应达到以下目标:

第一,感知、发现、体验和欣赏艺术美、自然美、生活美、社会美,提升审美感知能力。

第二,丰富想象力,运用媒介、技术和独特的艺术语言进行表达与交流,运用形象思维创作情景生动、意蕴健康的艺术作品,提高艺术表现能力。

第三,发展创新思维,积极参与创作、表演、展示、制作等艺术实践活动,学会发现并解决问题,提升创意实践能力。

第四,感受和理解我国深厚的文化底蕴和党的百年奋斗重大成就,传承和弘扬中华优秀传统文化、革命文化、社会主义先进文化,坚定文化自信,铸牢中华民族共同体意识。

第五,了解不同地区、民族和国家的历史与文化传统,理解文化与构建人类命运共同体的关系,学会尊重、理解和包容。

(二)义务教育课程方案培养目标

义务教育要在坚定理想信念、厚植爱国主义情怀、加强品德修养、增长知识见识、培养奋斗精神、增强综合素质上下功夫,使学生有理想、有本领、有担当,培养德智体美劳全面发展的社会主义建设者和接班人。

1. 有理想

热爱祖国，热爱人民，热爱中国共产党，学习伟大建党精神。努力学习和弘扬社会主义先进文化、革命文化和中华优秀传统文化，理解和践行社会主义核心价值观，逐步领会改革创新的时代精神。懂得坚持走中国特色社会主义道路的道理，初步树立共产主义远大理想和中国特色社会主义共同理想。明确人生发展方向，追求美好生活，能够将个人追求融入国家富强、民族复兴、人民幸福的伟大梦想之中。

2. 有本领

乐学善学，勤于思考，保持好奇心与求知欲，形成良好的学习习惯，初步掌握适应现代化社会所需要的知识与技能，具有学会学习的能力。乐于提问，敢于质疑，学会在真实情境中发现问题、解决问题，具有探究能力和创新精神。自理自立，热爱劳动，掌握基本的生活技能，具有良好的生活习惯。强身健体，健全人格，养成体育运动的习惯，掌握基本的健康知识和适合自身的运动技能，树立生命安全与健康意识，形成积极的心理品质，具有抗挫折能力与自我保护能力。向善尚美，富于想象，具有健康的审美情趣和初步的艺术鉴赏、表现能力。学会交往，善于沟通，具有基本的合作能力、团队精神。

3. 有担当

坚毅勇敢，自信自强，勤劳节俭，保持奋斗进取的精神状态。诚实守信，明辨是非，遵纪守法，具有社会主义民主观念与法治意识。孝亲敬长，团结友爱，热心公益，具有集体主义精神，积极为社会做力所能及的贡献。热爱自然，保护环境，爱护动物，珍爱生命，树立公共卫生意识与生态文明观念。具有维护民族团结，捍卫国家主权、尊严和利益的意识。关心时事，热爱和平，尊重和理解文化的多样性，初步具有国际视野和人类命运共同体意识。

（三）学校育人目标

锦城小学秉承"儿童是教育的唯一中心"的教育思想，以"悦身心·会合作·善思辨"为育人目标，让学生在活动中学习，有品质地成长。

1. 悦身心

悦身心包含悦己与悦人两方面。悦己指学生敢表达，相信自己；悦人是指学生能发现他人的闪光点，肯定他人。

2. 会合作

会合作指学生在学习中能够积极主动地与同伴进行合作、倾听、表达、交流。

3. 善思辨

善思辨指学生通过学习生成多元的、举一反三的、有广度的思维能力。

二、课程内容

（一）义务教育美术课程内容

义务教育阶段的艺术课程，注重发挥艺术教育在促进学生全面发展中的积极作用，坚持以美育人，以落实核心素养为主线，让学生学习和领会中华民族艺术精髓，增强中华民族自信心与自豪感；重视艺术体验，使学生在欣赏、表现、创造、联系、融合的过程中形成丰富、健康的审美情趣，使学生在以艺术体验为核心的多样化实践中，提高艺术素养和创造能力；突出课程综合，以各艺术学科为主体，加强学科融合，注重艺术与自然、生活、社会、科技的关联，汲取丰富的审美教育元素，传递人与自然和谐共生的理念，促进学生身心健康全面发展。

根据《义务教育艺术课程标准（2022年版）》（以下简称"艺术新课标"），美术学科内容包括"欣赏·评述""造型·表现""设计·应用"和"综合·探索"4类艺术实践，涵盖16项具体学习内容，分学段设置不同的学习任务，并将学习内容嵌入学习任务中（如图3-13所示）。

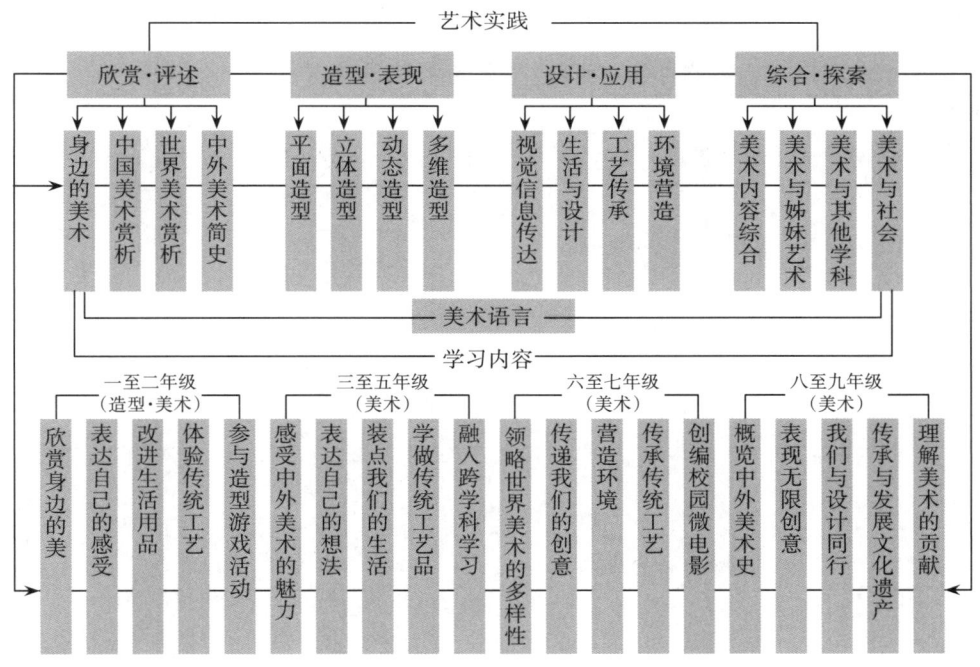

图3-13 美术学科课程内容框架

通过"欣赏·评述"，学生学会解读美术作品，理解美术及其发展概况。通过"造型·表现"，学生掌握美术知识、技能和思维方式，围绕题材，提炼主题，采用平面、立体或动态等多种表现形式表达思想和情感。通过"设计·应用"，学生结合生活和社会情境，运用设计与工艺的知识、技能和思维方式，开展基于问题的学习、基于项目的学习，进行传承和创造。通过"综合·探索"，学生将所掌握的美术知识、技能和思维方式,与自然、社会、科技、人文相结合,进行综合探索与学习迁移,提升核心素养。

每一段均设置5项学习任务,将美术语言(造型元素和形式原理)贯穿其中。5项学习任务既各有侧重,又相互联系。每一学段均以注重发展学生审美感知和文化理解素养的"欣赏·评述"为起点,到以强调发展学生艺术表现和创意实践素养的"造型·表现"和"设计·应用",再到加强课程内容、社会生活与学生经验之间联系的"综合·探索"。义务教育阶段共设置20项学习任务。

(二)学校特色课程

1.青铜融合课程

(1)课程背景

锦城小学基于美术新课标中的美术学科课程内容框架体系,以"综合融通"的形式对其进行延伸、补充、拓展和整合,建构多元立体的美术课堂。为了继承和弘扬中华优秀传统文化,学校以青铜艺术教育为突破口,深入推进融合课程,每学期都开展以"青铜文化进课堂"为主题的课程活动,以此来丰富与建设学校美术课程内容。

(2)课程具体安排

表3-21 锦城小学青铜融合课程安排表

年级	课程内容	活动设置
一、二年级	低段青铜融合课程	1.漂亮的瓶子; 2.画自己; 3.捏泥巴; 4.我的收藏卡
三、四年级	中段青铜融合课程	1.威武的盾牌; 2.泥玩具
五、六年级	高段青铜融合课程	1.青铜小相框; 2.青铜纹饰——包罗万象; 3.小学那些事儿之青铜篇; 4.故事里的人——青铜结界兽; 5.锦城小学青铜博物馆参观券的设计

(3)课程表现及作用

①学习兴趣是学生主动学习的动力

兴趣是连接学生与知识的桥梁,教师运用各种手段和方法激发学生的学习兴趣,调动学生学习的积极性和主动性,让学生快乐地学习。以"乐群品质"为导向,围绕"悦身心·会合作·善思辨",以"故事里的人——青铜结界兽"为例,让学生欣赏、认识《哪吒之魔童降世》里的结界兽,让学生了解结界兽的原型来自三星堆出土的青铜器。教师利用想象,激发学生的学习兴趣;融入游戏活动,构建愉悦课堂氛围;运用情境表演,丰富课堂教学形式。

②合作能够促进学生自主能力的发挥,能够充分挖掘学生的学习潜能

合作是指两个或两个以上的学生或群体,为了达到共同的目的而在行动上相互配合的过程。以"小学那些事儿之青铜篇"为例,学生在课堂中围绕青铜与同学合作创作一本绘本,各小组成员主动合作,发挥群体的积极功能,提高个体的学习动力和能力,达到完成青铜绘本的目的。这种做法改变了教师垄断课堂的信息源而学生处于被动地位的局面,从而激发了学生的主动性、创造性。

③以学生为中心,围绕学生营造良好的教学环境,能最大限度地发挥学生的特长

以"锦城小学青铜博物馆参观券的设计"一课为例,通过让学生设计锦城小学博物馆的参观券,了解青铜文化。"以学生为中心"体现在教育过程,它要求教师应考虑学生的个性特征,使每个学生都能发挥他们的特长,尊重学生在教育活动中的主体地位。

2. 青铜综合实践活动课程

(1)课程背景

《关于全面加强和改进新时代学校美育工作的意见》要求整合校内、校外资源开展美育实践活动。艺术新课标强调遵循教育教学规律,落实立德树人根本任务,发展素质教育。构建艺术课程体系,要求坚持德育为先,提升智育水平,加强体育美育,落实劳动教育。因此,探索新时代美育与社会实践结合的实践育人方式成为当下学校教育发展的重要命题。

锦城小学综合实践课程全面深化学校美育综合改革,坚持德智体美劳五育并举,加强各学科有机融合,整合美育资源,补齐发展短板,强化实践体验,完善评价机制,全员全过程全方位育人,形成充满活力、多方协作、开放高效的学校美育新格局。2022年,学校充分利用三星堆博物馆丰富的古蜀青铜文化资源,设计实施"博物馆探秘之古蜀青铜文化之旅"主题活动,以及独具特色的"我是厨艺小明星"课程,引导学生在实践中体验家乡文化,在探究中学习,体验工匠精神,在活动中学习,实现有品质地成长。

(2)课程具体安排

锦城小学始终践行"儿童是教育的唯一中心"的教育思想,坚守学生立场,以学生兴趣为导向,让学生在活动中学习,实现有品质地成长。自2010年起,学校持续探究综合实践课程,形成了综合实践课程体系(见表3-22)。

表3-22　锦城小学青铜综合实践活动课程安排表

年级	课程内容	活动设置
三、四年级	我是厨艺小明星	1.活动准备：吃货大发现(4课时)； 2.艺术创想：美食我来画(6课时)； 3.活动实施：厨艺大比拼(8课时)； 4.总结反思：小小美食家(4课时)
五、六年级	博物馆探秘之古蜀青铜文化之旅	1.活动准备：读·古蜀青铜文化(4课时)； 2.艺术创想：寻·古蜀青铜文化(8课时)； 3.活动实施：秀·古蜀青铜文化(6课时)

(3)青铜文化素质提升课程

青铜文化素质提升课程是以青铜艺术为主题内容，引导学生从文化背景、历史故事、美学等方面分析、欣赏艺术作品，对其形式、内涵进行全面了解，并根据自己的兴趣爱好、个人特长选择自己喜欢的课程。为此，我们构建了青铜定格动画课程、青铜刻印课程、青铜综合实践课程、青铜数位板绘画课程以及墨客书法课程。青铜文化素质提升课程的教学案例见表3-23。

表3-23　青铜文化素质提升课程教学案例表

青铜文化素质提升课程名称	青铜文化素质提升课程内容	青铜文化素质提升课程照片
青铜定格动画课程	本课程主要针对小学中高段的学生。引导学生了解定格动画的艺术特色，学会发现、运用生活中的各种肌理纸，通过剪贴的形式创作定格动画中所需要的道具；搜集青铜时代的传说故事，初步了解故事内容，以小组合作的形式编写剧本、制作道具，再以定格动画的艺术表现形式进行创作；感受定格动画创作的乐趣，认识青铜文化对人类文明发展的重要性，培养创新精神和综合实践能力	图3-14　王倩老师指导定格动画社团学生绘制动画分镜 图3-15　吴优老师指导定格动画社团学生拍摄动画

续表

青铜文化素质提升课程名称	青铜文化素质提升课程内容	青铜文化素质提升课程照片
青铜刻印课程	本课程主要针对小学中高段三至六年级的学生。引导学生认识版画的基本工具与材料、版画语言及表现方式,让学生逐渐发现版画的刻印之美,结合青铜纹饰,把精美的图案转刻到橡皮章上,印刷出漂亮的图案。为了使活动更加丰富多彩,激发学生的学习兴趣,将青铜纹饰印制成精美的明信片、徽章、抱枕等文创产品,让学生在活动中收获成功的喜悦	图3-16 青铜天府刻印班的学生在刻印青铜纹饰 图3-17 青铜天府刻印社团学生完成的文创作品
青铜综合实践课程	本课程主要针对小学低段的学生设计"大自然"系列课程和"青铜文化"系列课程,学生在课堂中接触各种质感的材料,通过硬度不同的植物、纸张、吹塑板,与墨汁、水性颜料和油性颜料组合使用,从形式到内容都有不同的视觉效果。打破传统拓印中色彩单一的局限性,拓宽学生的艺术视野,让学生在活动中成长	图3-18 青铜综合实践社团作品展 图3-19 青铜综合实践社团学生拓印作品

续表

青铜文化素质提升课程名称	青铜文化素质提升课程内容	青铜文化素质提升课程照片
青铜数位板绘画课程	本课程属于"综合·探索"学习领域，主要针对小学中高段的学生，旨在借助电脑美术软件，既让学生掌握传统绘画技能与知识，又利用信息技术等手段，让学生感受与触碰博大精深的三星堆青铜文化，从而帮助学生体会电脑美术带来的乐趣和意想不到的效果，感受艺术作品的不同风格和特点，激起学生对四川本土地域文化的热爱之情	图3-20 张舒月老师指导青铜数位板社团学生绘制动态表情包 图3-21 青铜数位板社团学生学习创作卡通青铜娃娃
墨客书法课程	本课程主要指向小学三至六年级的学生，致力于让学生传承和体会天府文化。学生通过书写甲骨文"成都""郫""鬼"等字，对天府文化有更清晰的认知，促进智力发展，提高文化素养，提升审美能力，培养良好的道德情操	图3-22 张升老师指导青铜软笔书法社团书写 图3-23 张升老师指导青铜软笔书法社团书写天府文化"成都"

三、课程实施

（一）基础课程：基于审美感知、艺术表现、创意实践、文化理解等艺术核心素养

基础课程根据艺术新课标将课程目标细化到不同学段，联系具体的课程内容、教学行为、学生艺术学习特征，面向全体学生并以人美版《美术》教材为教学媒介实施。在基础课程的各学段中，分别设计了四大领域课程内容，即"造型·表现""设计·应用""欣赏·评述""综合·探索"。

（二）青铜文化特色课程：优化课程内容，设立跨学科主题学习活动

青铜文化特色课程以国家基础课程为中心，聚焦四个艺术核心素养与四类艺术实践活动，围绕学生艺术学习的实践性、体验性、创造性等特点，将青铜文化融入学生的课程学习与实践活动中，挖掘其蕴含的中华美育精神与民族审美特质，吸收、借鉴人类文明优秀文化成果，引导学生树立正确的价值观。

青铜文化素质提升课程分为传统课程与创新课程，强调学科间的相互关联，带动课程综合化实施，强化实践性要求，并以任务驱动的方式遴选和组织课程内容。

（三）天府文化青铜数字美术课程：发挥美术在服务经济社会发展中的重要作用

锦城小学教学团队在积极思考基础教育在天府文化精神的建设中如何发挥时效性作用的同时，努力筹备并开发"天府文化青铜数字美术课程"。对比传统美术课程，数字美术课程有着独特的表现能力。在课程展示上，传统美术依赖于物理空间来展示作品，师生需要亲身到场才能欣赏作品，而数字美术课程利用数字图像化和三维虚拟技术，将学生作品以数字形式展示于网络空间，观众可以通过互联网在任何时间、地点欣赏艺术作品。数字美术突破了时间和空间的限制，使学生的作品得以广泛展示和传播，同时也为师生提供了更加灵活的体验方式。

（四）美术学科综合实践活动课程：在活动中学习，有品质地成长

艺术新课标要求艺术课程注重活动化学习设计，以审美感知、艺术表现、创意实践、文化理解为核心素养，引导学生学习和领会中华民族艺术精髓，增强中华民族自信心与自豪感；突出课程综合，以各艺术学科为主体，加强与其他艺术的融合，重视艺术与其他学科的联系，促进学生身心健康全面发展。

项目式学习是一种以学生为中心的学习模式，与锦城小学始终践行的"儿童是教育的唯一中心"这一教育思想一致。

四、课程评价

(一)评价内容

艺术新课标中指出:"评价涉及学习态度、过程表现、学业成就等多方面,贯穿艺术学习的全过程和艺术教学的各个环节。"在艺术新课标的指引下,锦城小学将学生美育质量评价内容划分为三大板块、十二个维度。三大板块包括:学习习惯,重在评价学生的学习态度;学习能力,重在评价学生的过程表现和学业成就;乐群品质,重在评价学生自我发展和社会参与的能力。我们从课程目标出发,在"三维评价"中创新评价方式,以"自评+他评""过程性评价+终结性评价"的方式,进行"定量评价+定性评价"。

(二)评价实施

锦城小学以《义务教育课程方案(2022年版)》为依据,坚持以素养为导向,坚持以评促学,重视表现性评价,坚持多主体评价,以此建构美术学业质量提升与评价体系。

学业评价包含课堂评价、作业评价和期末评价。

1.课堂评价

艺术新课标中指出:"课堂评价是教学的有机组成部分。"教师应面向全体学生进行评价,评价内容包括学生在学习过程中的行为表现、学习态度、课堂学习阶段目标的达成情况等方面。

关于课堂评价,艺术新课标中还指出:"通过观察、提问、交流、记录等方式,了解学生在欣赏、表现和创意实践等过程中的学习进程、行为表现,分析、把握学生的学习态度、学习体验、学习困难,给予必要的指导。"教师可通过学生的课堂学习行为、课堂学习态度、课堂学习阶段目标的达成情况,运用观察、提问、交流、记录等方式,对学生进行学习评估(见表3-24)。

表3-24为锦城小学美术学科素养评价实施细则示例。此表贯穿学生的学习全过程,从课前、课中、课后三个时间段对学生的学习习惯进行评价;从造型表现、设计应用、欣赏评述、综合探索四个方面对学生在基础课程学习方面进行考核,同时关注学生在拓展课程(青铜文化特色课程)方面的表现,根据"基础+特色"的课程构成模式,全面评价学生的学习能力。此外,义务教育美术课程围绕立德树人根本任务,充分发挥其独特的育人功能。在课程育人功能的理念引领下,我们根据"三有"育人目标对学生进行成长足迹上的评语评价,对体现锦城小学"优美和乐"育人目标的乐群品质在美术学科学习中的渗透进行评价,将国家育人目标、学科核心素养和学校育人追求融为一体,让评价立体可见。

表3-24 六年级下册美术学科素养评价实施细则

评价项目及权重		学习习惯(25%)			学习能力(50%)					乐群品质(25%)			综合等级
			课前(5★)	课中(10★)	课后(10★)	基础课程(40★)				拓展课程(10★)		悦身心(5★)	会合作(10★)	善思辨(10★)	
						造型表现	设计应用	欣赏评述	综合探索	综合与实践	解决问题					
评价内容 || 1.课前预习；2.能按要求提前准备好本堂课所需要的美术用具；3.预备铃响，静息并安静等候老师上课	1.遵守课堂纪律，有良好的听课、发言、作业习惯；2.能主动学习，并有自己的学习方法和风格表现；3.尊重并理解他人的观点与处境，乐于与他人合作完成任务	1.能及时回顾当堂课的学习内容，解决重难点；2.按时完成课堂布置的美术作业；3.能有效积累并进行拓展练习	1.装饰色彩；2.装饰画；3.用各种材料来制版；4.戏剧人物；5.画故事；6.拟人化的动漫形象；7.留给母校的纪念；8.我的成长记；9.滚灯；10.四川青花瓷	1.彩球的设计；2.城市雕塑；3.装饰柱	1.追寻文明的足迹；2.探访自然的奇观；3.动画片的今昔	1.精彩的戏曲；2.剪纸中的古老记忆；3.绣在服装上的故事；4.复制与传播；5.成都宽窄巷子	1.锦城小学校园艺术节；2.青铜特色文化综合实践展演	"我的锦小成长记录"毕业画展系列图片，编写简单的故事	1.悦己：自己成就自己，会适应，会调节；2.悦人：能用短语或句子描述自己的故事	自主地在群体中合作，主动地承担，密切地协作，机智地应变	思维有深度：辩证统一、求异创新	优秀：95★及以上；良好：80~94★；合格：70~79★；不合格：70★以下
评价方式	定性评价	自我评价：★；同伴评价：★；老师评价：★	自我评价：★；同伴评价：★；老师评价：★	自我评价：★；同伴评价：★；老师评价：★	1.主题绘画创作，可采用各种方式进行表现；2.手工制作，综合运用不同材料表现形象；3.综合探索实践，如给出具体问题，以小报、手账、画册等方式进行表现				记录册		自我评价：★；同伴评价：★；老师评价：★	自我评价：★；同伴评价：★；老师评价：★	自我评价：★；同伴评价：★；老师评价：★	
	定量评价(可选：作为师评的依据)	记录册	课堂记录单(班级优化大师、积分卡、点赞卡等)	作业记录表										

续表

评价项目及权重		学习习惯(25%)			学习能力(50%)						乐群品质(25%)			综合等级
		课前(5★)	课中(10★)	课后(10★)	基础课程(40★)				拓展课程(10★)		悦身心(5★)	会合作(10★)	善思辨(10★)	
					造型表现	设计应用	欣赏评述	综合探索	综合与实践	解决问题				
评价实施(可选:作为师评的依据)	定性评价	期末自评、他评、师评★相加总数/3												优秀:95★及以上;良好:80~94★;合格:70~79★;不合格:70★以下
	定量评价	科代表每节课前检查或教师每周随机检查,并将结果记录在册	1.学生的积分卡统计;2.班级优化大师或小组学生得分情况	以教师教学中的作业记录手册为准则;手册中以认真完成美术作业打★、态度不端正打△的形式记录学生作业完成情况	期末纸笔测试				1.主题创作(绘画手工制作);2."艺术节活动"个人比赛、个人展示……以标★的形式记录		期末自评、他评、师评★相加总数/3			
评价标准	定性评价	期末自评、他评、师评★相加总数/3			40★:100~95分;38★:94~90分;36★:89~85分;34★:84~75分;32★:74分及以下				以班级得★排名:10★:前25%;9★:中前25%;8★:中后25%;7★:后25%		期末自评、他评、师评★相加总数/3			

续表

评价项目及权重	学习习惯(25%)			学习能力(50%)							乐群品质(25%)			综合等级
^	课前(5★)	课中(10★)	课后(10★)	基础课程(40★)				拓展课程(10★)		悦身心(5★)	会合作(10★)	善思辨(10★)	^
^	^	^	^	造型表现	设计应用	欣赏评述	综合探索	综合与实践	解决问题	^	^	^	^
评价标准(定量评价(可选)作为师评的依据)	5★:5次及以内未做好;4★:6~10次未做好;3★:11次及以上未做好	以班级得分最高同学为标准:10★:低于最高10分及以内;9★:低于最高11~20分;8★:低于最高21分及以上	以班级内得★最高同学为标准:10★:低于最高0~5颗;9★:低于最高5~10颗;8★:低于最高11~15颗;7★:低于最高16颗及以上	40★:100~95分;38★:94~90分;36★:89~85分;34★:84~75分;32★:74分及以下				以班级得★排名:10★:前25%;9★:中前25%;8★:中后25%;7★:后25%		期末自评、他评、师评相加总数/3			优秀:95★及以上;良好:80~94★;合格:70~79★;不合格:70★以下
备注	对学习习惯进行定性评价,鼓励老师采用台账的方式进行定量评价,以此作为依据,评价标准可根据班级情况适当变化(考试成绩除外)												

2. 作业评价

作业评价作为课堂教学的有效延伸与补充,是促进学生学习发展的手段之一,是学习评价的重要组成部分。作业设计应注重学生素养,体现开放性、情境性、整合性,难度合理,类型多样,可包括独立完成型与团队合作型、书面型与活动实践型、巩固练习型与创意实践型,也包括共性化作业与个性化作业。

3. 期末评价

期末评价应立足于对学生艺术素养发展状况进行全面评定,应包括课堂评价、作业评价和期末考核的结果。其中,期末考核要依据本学期的课程目标、课程内容、教学组织实施,注重采用具有综合性的题目或任务,可运用表演、展示、纸笔测试、档案袋等方式。

成都高新区锦城小学美趣音乐学科课程方案

一、课程目标

（一）学科课程目标

在义务教育阶段，音乐课的课程目标严格紧扣审美感知、艺术表现、创意实践、文化理解。审美感知是对自然世界、社会生活和艺术作品中美的特征及其意义与作用的发现、感受、认识和反应能力。每一位儿童都有自己独特的审美感知体验，例如：风吹树叶的声响，筷子敲击盛有水的碗的声音，小动物的叫声，等等，对于儿童来说都是独特的声音，而小学阶段的音乐课的目标就是帮助孩子建立对美的感知能力。由于儿童的身心成长状态，他们没有分辨糟粕和精华的能力，所以，小学音乐课的第一要务和目标就是根据低、中、高段不同的儿童的身心变化，采用适宜的教学手段和方法，培养儿童的审美感知能力。其次，音乐是听觉的艺术，在儿童善于分辨和理解音乐美的同时，利用多样化的教学媒介和手段促使孩子去表现音乐，这个媒介和手段可以是舞蹈，或者是小打击乐器（音响创编）、美术（视觉表现）等。在艺术表现的过程中，孩子能加以实践，更加明确地体验美，并在这个过程中不断地分辨和实践，形成自己独特的艺术感知和表现。例如，不同的孩子演唱同一首歌或者利用小乐器创编一首歌曲的声音和音响效果是不同的，这是儿童的不同艺术表现。最后，创意实践与文化理解，重点在"创"与"理解"，其中创意实践的基础是审美感知和艺术表现的结合与运用，在音乐课堂中不同的孩子对音乐有不同的理解和想法。

（二）国家课程方案总目标

通过《义务教育艺术课程标准（2022年版）》的颁布，教育部明确提出了以下要求：

（1）利用感知、发现、体验、欣赏一系列的方式方法，在义务教育音乐课程中，使不同教育阶段的学生能够领略自然、生活、社会的美，有感知美的能力，并提升音乐审美的能力。

（2）通过不同的信息技术等媒介手段，创设丰富的情景，提升学生的想象力，运用形象思维创作更丰富、有意蕴的艺术作品。

（3）多种能力的多维结合利用，全方位地训练、锻炼学生的综合艺术能力，比如，通过积极合作、创编、表演、展示、制作等不同形式的艺术实践，提升学生之间的合作能力、独立解决问题和创造的能力，最终达到提升学生实践能力的效果。

（4）感受、理解我国作为一个历史源远流长、有深厚文化底蕴的统一的多民族国家的深刻文化背景。此外，在学习过程中，理解并且感受我国丰富的音乐文化内涵的同时，增强学生的民族文化自信和归属感。

（5）理解文化与构建人类命运共同体的关系，学会尊重、理解和包容不同的文化。

(三)学校育人目标

锦城小学是位于成都高新区的百年老校,文化底蕴深厚。教师默默耕耘、静待花开,扎实耕耘于课堂教育教学改革。乐群学堂就在这样的环境中诞生。学校长期坚持并形成了教学特色——培养"悦身心·会合作·善思辨"的锦小学子,给每位孩子一个五彩缤纷的童年。首先是营造一个"悦身心"的学习氛围,教师要切实做到让课堂有笑声、有趣味。例如,用幽默的语言、精巧的设计、鼓励的评价语言营造一个轻松的学习环境。其次是培养孩子"会合作"的能力。在学习的道路上,有教师的指导与帮助,也有同伴的协助。在这个过程中,生生之间互相沟通交流,为了同一个目标学习。最后是训练学生"善思辨"的思维品质。教师在课堂上根据不同课型、不同内容,灵活选择学生思维培养方式,以归纳推理为主、演绎推理为辅。学生依靠知识的共同性、差异性、相似性完成知识建构和迁移。

二、课程内容

(一)国家基础课程

音乐学科课程内容包括"欣赏""表现""创造"和"联系"4类艺术实践,涵盖14项具体学习内容,分学段设置不同的学习任务,并将学习内容嵌入学习任务中。根据不同学段学生的年龄特点,设置不同的学习任务。第一学段(一、二年级)以歌唱为主,融入演奏、声势、律动、表演等多种表现形式;第二学段(三、四年级)和第三学段(五、六年级)追求多方面协同发展,从听赏、独唱(奏)、合唱(奏)、表演等多方面出发,丰富学生的情感体验,提高学生的审美感知能力和文化理解能力。

1. **第一学段(一、二年级)**

(1)趣味唱游

趣味唱游是以歌唱为主,融合了演奏、声势、律动、即兴表演、舞蹈表演等多种表现形式及其活动内容,以趣味化游戏方式开展的音乐活动。丰富有趣的唱游活动可以培养学生的节奏感、韵律感和初步的艺术表现能力,对激发学生的音乐学习兴趣、促进学生身心健康成长具有积极的作用。

(2)聆听音乐

聆听是音乐学习的基础,是培养学生核心素养的重要途径。良好的音乐听觉和欣赏能力对学生丰富情感体验、积累音乐听觉经验、感受音乐的美好、身心健康成长具有重要意义。

(3)情境表演

第一学段学生的情境表演活动应体现生活化、趣味性等特点,以音乐表现形式为主,有机融入其他艺术表现形式,开展简单的综合性表演。

2. 第二学段（三、四年级）

（1）听赏

要求学生在听的过程中能主动思考和评判，对音乐的分析有个性化的独立思考和见解，真正发挥学生在音乐审美过程中的主观能动性，体现学生对音乐的真实体验、真正理解，实现音乐教学自主、探究、交流的过程，促进学生音乐审美能力的发展，培养学生的批判性思维和交流沟通能力。

（2）音乐情绪与情感

主要要求学生能听辨音乐情绪和情感的变化，并且判断哪些音乐要素引起了这些变化，能够将音乐的情绪情感与音乐要素建立关联。

（3）音乐表现要素

主要要求此阶段的学生能听辨歌曲中的女高、女低、男高、男低音色，听辨常见的中国民族乐器与西洋乐器的音色。

（4）演唱

演唱在形式上可分为独唱与合唱，本学段的主要任务是让学生在完成各种形式的演唱中，学习演唱的姿势、方法，掌握演唱的基础知识和基本技能，积累演唱的实践经验，学会用歌声表达自己的思想感情，并在演唱表现过程中培养和提升艺术表现核心素养。

3. 第三学段（五、六年级）

（1）听赏与评述

听赏具有鲜明主题思想和文化内涵的民族民间音乐及其他结构稍复杂的经典音乐作品，能辨别音乐中的情绪和情感变化，并分析其形成的原因；能听辨不同类型的人声，了解其音色特点；能认识更多的中外乐器，知道乐器的名称，了解其音色、结构；能区分歌曲的类别、演唱形式和体裁，并简述其特征。

（2）独唱与合唱

学唱富有中国特色的民歌、较完整的戏曲唱段、反映革命文化和社会主义先进文化的经典作品以及中外优秀的创作歌曲等，用独唱或合唱的方式去完成歌曲的演唱，在演唱过程中注意歌唱技巧的运用以及情感的把握；了解变声期，学习变声期的科学用嗓和保护嗓音的方法；熟记音乐记号，在演唱过程中正确表现，能唱谱，能用声势、律动、语言、动作等准确表现音乐。

（3）独奏与合奏

学习课堂乐器的演奏方法，能用适合的乐器为歌曲、乐曲伴奏；掌握竖笛的吹奏方法，每学年能完成1~2首乐曲的吹奏。

（4）编创与展示

根据音乐的情绪或特点，创编恰当的节奏、旋律、声势或舞蹈为其伴奏；能即兴演唱、演奏、律动或舞蹈，能为旋律创编歌词，还可以根据音乐情景创编音乐剧、舞台剧。

(5)探索生活中的音乐

收集记录生活中的声音,探究其特点和规律,能用身体、人声、乐器去表现这些声音;利用身边的材料制作小乐器,参与生活中的音乐活动,了解更多表现音乐的方法。

(二)特色课程

在新课改的背景下,锦城小学对国家课程进行再加工、再创造,使之更加符合学生、学校的特点和需要,形成具有学校特色的课程。结合学校"悦身心·会合作·善思辨"的办学特色,我们设立了音乐特色课程——合唱,主要从班级合唱和合唱社团课两方面来开展。

1.班级合唱

以班级为单位,巧用游戏激发学生学习合唱的积极性,改善学生对音乐课不感兴趣的现状,帮助学生克服畏难心理。培养学生对多声的感觉,在学习过程中加入声势、律动、节奏、小乐器等,让学生先感受多声部,再去完成多声部的演唱。在课堂教学中注重对合唱概念的渗透,教师可适当改编课堂上所学歌曲,或学生自主编创节奏、旋律、声势来为歌曲伴奏,从而达到二声部乃至多声部的训练。以顺序性教学贯穿始终,每一个阶段完成不同的目标,这样学生到第三学段才能更好地完成歌曲的演唱。

2.合唱社团

合唱学习除了要把握好歌曲的音准、节奏,有敏锐的听力以外,歌唱的气息、状态、方法等也是唱好合唱的必要技能。根据不同学段学生的年龄特点以及音乐素养,我们将学生分为两个班级。启蒙班级以多样化训练为主,提高学生的合唱技能,让学生养成良好的歌唱姿势,了解正确的歌唱气息并运用,用自然、科学的声音歌唱,在歌唱时保持歌唱的状态。表演班在启蒙班级的基础上,让学生能够将这些技巧自如地运用到歌唱中并保持,学会相互倾听,在合唱时及时调整自己的状态,控制自己的声音,并能仔细聆听自己及他人的演唱,寻求合唱声音的融合。除此之外,还应让学生注重情感的表达,以情带声,赋予歌声情感的魅力,感化人心。学生对音乐风格的准确把握是表达情感的基础,要激发学生的积极性和主动性,让其主动地在情感的熏陶中富有感情地歌唱,达到"以情带声"的目的。

三、课程实施

在课程实施之前,首先要明确从哪些方面入手。艺术新课标发布后,我国基础教育突出了对学生审美情趣的要求。

审美情趣的发展要求:具有艺术知识、技能与方法的积累,能够理解和尊重文化的多样性;具有发现、感知、欣赏、评价美的意识和基本能力;具有健康的审美价值取向;具有艺术表达和创意表现的兴趣和意识,能在生活中拓展和升华审美。

在具体学科内容以及与具体学科内容相关的知识、技能中,我们要思考"教什么、学什么、学到什么程度",而在更加深层次的范围,我们要思考"用这些知识、技能能干什么"。比如,通过学习唱歌的过程培养学生具有良好的感知音乐要素、理解歌曲文化内涵的能力,让学生学会识读乐谱,具备良好的音乐表现能力。

(一)突出学生主体,构建生本课堂

面向全体学生,以兴趣爱好为动力是音乐课程长期坚持的基本理念。基础教育的音乐课堂应该面向全体学生,以提高未来社会公民的审美素养与人文素养以及参与音乐活动的能力为根本目的。因此,在教学中一方面要思考如何让学习内容和学习活动更加吸引学生兴趣;另一方面要关注每一位学生,充分发挥学生的主体作用,促进学生主动学习。同时,还要坚持以学生发展为本的教育理念。

在教学中,我们应该做到并坚持以下几点:

第一,在课堂教学中建立平等的师生关系,创造一种平等民主、相互交流的课堂气氛,让学生成为课堂的主角;

第二,发挥学生在音乐欣赏或体验中的独特感受与创造性;

第三,善用多种媒材,有机结合继承与创新。

(二)立足表现特征,丰富审美体验

有了良好的审美感知能力,我们才能从音乐中获得审美体验。音乐审美体验包含两个必要的组成部分:对富有表现力的审美要素的感知和对这些审美要素的反应。感知与反应两者密不可分。

在教学中,教师要善于从音乐艺术的表现特征出发,利用各种可感可知的音乐体验通道培育学生的审美感知。

第一,从作品所表现的题材切入,认知音乐表现的对象、情感和内容;

第二,从音乐表现要素的形态和变化切入,体验音乐美感,领悟作品表现意图;

第三,从音乐表达的情绪、情感切入,感知作品的思想、意念,与音乐产生共鸣;

第四,从音乐营造的意境切入,引发联想与想象,探究音乐表现的内涵。

(三)联系文化语境,增进文化理解

文化理解是对特定文化情境中艺术作品人文内涵的感悟、领会、阐释能力。文化理解的培育,有助于学生在艺术活动中形成正确的历史观、民族观、文化观,尊重文化多样性,增强文化自信。

音乐文化理解包含对音乐所蕴含的物质文化、精神文化,以及音乐活动形式、行为方式、形态特征所体现或蕴含的文化内涵的感悟与理解。在课堂教学中,学生应切实做到以下几点:

第一,从感知和表现的具体作品中,理解音乐是人类文化的重要构成,从文化角度关注音乐作品和音乐现象,认知作品产生的历史背景和风格特征;

第二,熟悉和热爱中华民族的音乐创造成果,探究其独特的风格和文化内涵,增强民族自豪感,坚定文化自信,培养爱国主义情怀;

第三,以开阔的视野体验、学习、理解世界其他国家和民族的优秀音乐文化,树立平等的文化价值观,拥有尊重文化多样性的人文情怀。

(四)开发创造潜能,自主创意实践

创意实践是综合运用多学科知识,紧密联系现实生活,进行艺术创新和实际应用的能力。创造是发挥学生想象力和思维潜能的音乐学习领域,是学生进行音乐创作实践和发掘创造性思维能力的过程和手段。创造对于培养创新人才具有十分重要的意义。音乐创造教学的内容需要精心设计,要为学生的创造搭建合适的"支架"。

第一,以探究声音的规律、自制乐器等活动来培养学生的探究精神和探究实践能力;

第二,用即兴伴奏、即兴舞蹈、即兴律动等方式来开发学生的创造潜能;

第三,运用音乐材料和手段进行音乐创作和编创;

第四,更多地放手让学生自主创造,让学生勇敢地表达自己的想法;

第五,在音乐创造教学中尽可能多地提供时间让学生进行充分的探索、酝酿、想象、选择、尝试。

四、课程评价

(一)评价目标

评价是检验、提升教学质量的重要方式和手段。要充分发挥评价的诊断、激励和改善功能,促进学生发展。音乐学科评价要以艺术新课标为主体,贯彻艺术新课标精神,全面推进素质教育,着眼于音乐教学的活动性、开放性,激发学生音乐学习的兴趣,提高学生音乐学习的积极性,通过学生实践活动,完成科学的、开放的教学评价,有效地促进学生音乐素质的全面发展。

(二)评价内容

1. 育人层面

(1)国家层面:有理想、有本领、有担当

义务教育要培养有理想、有本领、有担当,德智体美劳全面发展的社会主义建设者和接班人。在艺术教育中,坚持以美育人、以美化人、以美润心、以美培元,引领学生在健康向上的审美实践中感知、体验与理解艺术,逐步提高感受美、欣赏美、表现美、创造美的能力,抵制低俗、庸俗、媚俗倾向;引导学生树立正确的历史观、民族观、国家观、文化观,增强爱党、爱国、爱社会主义的情感,坚定文化自信,提升人文素养,树立人类命运共同体意识,为实现中华民族伟大复兴而不懈奋斗。

(2)学校层面：悦身心·会合作·善思辨

锦城小学坚持以培养"悦身心·会合作·善思辨"的锦小儿童为教育目标。"悦身心"指通过音乐表达自己的内心感受，培养良好的生活习惯、对生活的积极乐观态度和对美好未来的向往与追求。"会合作"指在音乐实践活动中，自主地在群体中互相尊重、互相合作的集体意识和集体主义精神。"善思辨"指思维有活度，能够从多方面、多角度理解、体验、创造音乐。

2. 学科层面

艺术新课标一个重要的理念就是聚焦核心素养。艺术学科提炼了审美感知、艺术表现、创意实践和文化理解四个学科核心素养。音乐学科的评价内容要与这四个学科核心素养紧密联系。如音乐学业质量描述中，对第一学段（一至二年级）的要求为："聆听音乐，对音乐情绪的反应及对音乐的联想和想象符合音乐基本特征并体现个性化；能基本正确地对部分音乐要素及简单的音乐体裁和形式做出适当的反应；能用自己的话简单描述不同音乐的特色。"此词条对应的是审美感知、文化理解。"跟随录音或与同伴一起演唱，姿势正确，声音自然，词曲基本完整、正确，音色、音量、速度、表情初步做到与歌曲情感相符。唱游活动中能配合音乐进行简单声势、律动、舞蹈或歌唱表演等，做到身体动作与音乐情绪、节奏和韵律特点基本吻合，能根据音乐及自己的想法变化动作。"此条对应的是艺术表现、创意实践。

(三)评价实施

1. 终结性评价

音乐学科各学段的终结性评价是在每学期期末以等级呈现的。我们采用聆听、演唱、演奏等方式，结合过程性评价对学生进行综合评价。

2. 过程性评价

(1)课堂评价

课堂评价是教学的有机组成部分。教师应面向全体学生进行评价，评价内容包括学生在学习过程中的行为表现、学习态度、课堂学习阶段目标的达成情况等方面。在音乐课堂教学中，评价包含课前、课中、课后三个方面。如第二学段（三至四年级）学生课前应做到：桌面整洁，静息等候老师；准备好课堂所需教具。课中应做到：坐姿端正，保持积极的歌唱状态，用自然的声音歌唱；积极回答问题，积极参与课堂活动。课后做到：积极主动完成老师布置的课后任务；复习学习过的歌曲。

(2)作业评价

作业评价作为课堂教学的有效延伸与补充，是促进学生学习发展的手段之一，是学习评价的重要组成部分。作业设计应注重素养立意，体现开放性、情境性、整合性，难度合理，类型多样，可包括独立完成型与团队合作型、书面型与活动实践型、巩固练习型与创意实践型，也包括共性化作业与个性化作业。基于音乐学科的核心素养要求，我们的作业分为体验类作业、创造类作业、练习类作业、活动类作业等多种形式。作业评价既要关注结果,如学生的歌唱表演、编创表现等,也要关注过程,如学生在学习过程中的表现。作业评价的方式包括师评、自评、他评等多种评价方式,体现了多主体评价的基本原则,形成了多方共同激励的机制。

(3)阶段性评价

各个阶段具有不同的评价内容及评价指标。如一年级下学期的评价,分为四个月份进行,每一个月份侧重的评价内容与指标皆不相同。3月的评价内容为感受与鉴赏,评价指标为:能够认真仔细聆听音乐(★);能够充分感受音乐情绪(★★);能够充分感受音乐情绪并进行表现(★★★)。4月的评价内容为演唱与表现,评价指标为:能用自然的声音熟练演唱所学歌曲(★);能熟练演唱并正确表现歌曲的情绪(★★);能用自然的声音有感情地演唱并用律动正确表现歌曲的情绪(★★★)。5月的评价内容为编创与表现,评价指标为:能对歌曲的歌词、节奏进行简单的编创(★);能为歌曲加入乐器并演奏(★★);能对歌曲的歌词、节奏、乐器进行编创并表演(★★★)。6月的评价内容为音乐与相关文化,评价指标为:能积极参与音乐活动,遵守音乐课堂纪律(★);能熟练演唱并表现所学歌曲(★★);能对音乐知识与相关文化进行延伸与思考(★★★)。通过阶段性的评价,可以及时掌握学生学习的情况,并有针对性地对教学目标和教学重难点进行反思与调整。

3. 学业水平测试

学业水平测试旨在检测和衡量学生在义务教育阶段结束时的学业成就,为判断学生是否达到国家规定的毕业要求提供主要依据。音乐学科的学业水平测试采用两种方式:一至二年级主要采用乐考的方式,三至六年级则采用纸笔测试。

(1)乐考(一、二年级)

以2021—2022学年度上学期为例,详见表3-25、3-26。

表3-25　2021—2022学年度上学期一年级乐考

音乐	动物叫叫叫	100★:能够正确、清晰且完整地表达节奏; 90★:能够较准确地表达节奏; 80★:老师提醒后能准确地表达节奏

表3-26　2021—2022学年度上学期二年级乐考

音乐	音乐魔术师	100★:能够正确、清晰且完整地演唱并用动作表现歌曲; 90★:能够较准确地演唱歌曲并表达歌曲的情绪; 80★:能够准确地演唱歌曲

锦城小学的乐考是以表现性评价为抓手,推进"双减"政策落地,探索"双减"背景下素养导向的小学第一学段学业水平测评。在音乐学科的乐考中,通过以学生参与表现为主,知识技能为辅,让学生在玩中考、考中学,是学评一体化的乐考体验。如一年级乐考,我们设置的主题为"动物叫叫叫",评级指标为:100★ 能够正确、清晰且完整地表达节奏;90★ 能够较准确地表达节奏;80★ 老师提醒后能准确地表达节奏。通过游戏的方式让学生参与测评,充分体现了音乐学科的核心素养要求,也实现了乐考目标。

（2）纸笔测试（三至六年级）

纸笔测试也是评价学生的重要方式，音乐学科纸笔测试面对的主要是三至六年级的学生。以四年级音乐为例，四年级音乐任课教师在筹备与策划中先确定大纲中的重要知识点，然后确定重点歌曲以及知识与技能，布置课后的聆听作业进行巩固。其中，课堂上先由教师带领复习，再到生生合作研讨，最后进行听辨小测试或者采用其他学生汇报的形式。

（3）学科素养评价

音乐学科的素养评价除了区分高低段的评价形式外，还有精确到教师对每个学生的过程性评价的形式，其中重点考查学生在音乐课堂学习过程中表现出来的学习态度、参与程度和核心素养的发展水平，既要依据各学段的学习内容和学业质量要求，也要综合运用多种评价方法，体现多元主体、多种方式的特点，因此，过程性评价贯穿音乐学科学习全过程。

基于以上要求，锦城小学在实践探索中制定了"锦城小学音乐学科课程评价表"，对课前、课中、课后三个时间段中的学生学习、作业质量、阶段表现和特色活动表现进行综合评价，从而实现对学生核心素养应达到的水平进行阶段性评价，表3-27为音乐学科素养评价实施细则示例。

表3-27 四年级下册音乐学科素养评价实施细则

评价项目及权重	学习习惯(25%)			学习能力(50%)						乐群品质(25%)			综合等级
^	课前(5★)	课中(10★)	课后(10★)	基础课程(40★)					拓展课程(10★)	悦身心(5★)	会合作(10★)	善思辨(10★)	^
^	^	^	^	演唱	聆听	欣赏	表现	乐理	创造	^	^	^	^
评价内容	1.自觉准备好音乐书、学习用具；2.音乐科代表打开多媒体软件；3.预备铃响，安静等候老师上课	1.认真聆听，积极参与音乐实践活动，通过探究、体验、感悟与老师、同学产生思维上的互动；2.能放能收，有良好的演唱、演奏、表演习惯；3.积极分享、表达自己的审美体验	1.回顾当天所学的知识，完成老师布置的作业；2.培养自己的艺术兴趣和特长，丰富课余生活	1.巩固发声方法；2.用正确的发声方法演唱、背唱教材中的齐唱歌曲	1.用多种方式参与欣赏曲目；2.了解唢呐、笛子、笙，可辨别露在外面的部分；3.人声分类，通过聆听辨别人声	1.能够从音乐的五要素（音高、节奏、音强等）感受分析乐曲；2.能视觉的图画画出音乐的旋律线；3.能聆听区分乐器的类型	1.能够用肢体表达音乐的律动	每节课乐理小知识的背记	1.编创节奏型；2.编创歌词	自主地在群体中合作：加强集体与个人的配合，互相帮助	1.悦己：自己成就自己，会适应，会调节；2.悦人：在学习与交往活动中，能够成就他人，诚恳地帮助同伴获得幸福感	思维有活度、有深度：活跃思维，积极应变，主动创造	优秀：95★及以上；良好：80~94★；合格：70~79★；不合格：70★以下

续表

评价项目及权重		学习习惯(25%)			学习能力(50%)						乐群品质(25%)			综合等级
		课前(5★)	课中(10★)	课后(10★)	基础课程(40★)				拓展课程(10★)		悦身心(5★)	会合作(10★)	善思辨(10★)	
					演唱	聆听	欣赏	表现	乐理	创造				
评价方式	定性评价	自我评价:★;同伴评价:★;老师评价:★	自我评价:★;同伴评价:★;老师评价:★	自我评价:★;同伴评价:★;老师评价:★	记录册				记录册		自我评价:★;同伴评价:★;老师评价:★	自我评价:★;同伴评价:★;老师评价:★	自我评价:★;同伴评价:★;老师评价:★	优秀:95★及以上;良好:80~94★;合格:70~79★;不合格:70★以下
	定量评价（可选：作为师评的依据）	点名册	平时成绩记录册	音乐笔记本										
评价实施	定性评价			期末自评、他评、师评★相加总数/3										
	定量评价（可选：作为师评的依据）	科代表每节课前集合清点人数并将结果记录在册	根据学生的课堂表现情况在平时成绩记录册上进行加分或者减分	以教师教学中的教学练习视频为参考，每月进行成绩考核，根据成绩打分	平时表现和期末测试成绩				平时表现和期末测试成绩		期末自评、他评、师评★相加总数/3			

101

续表

评价项目及权重		学习习惯(25%)			学习能力(50%)						乐群品质(25%)			综合等级
		课前(5★)	课中(10★)	课后(10★)	基础课程(40★)				拓展课程(10★)		悦身心(5★)	会合作(10★)	善思辨(10★)	
					演唱	聆听	欣赏	表现	乐理	创造				
评价标准	定性评价	期末自评、他评、师评★相加总数/3												
	定量评价(可选：作为师评的依据)	5★：做好课前准备	以班级得分最高同学为标准：10★：低于最高5分及以内；9★：低于最高6~10分；8★：低于最高11分及以上		以班级得分最高同学为标准：40★：100分~95分；38★：94分~90分；36★：89分~85分；34★：84分~75分；32★：74分及以下				以班级得★排名：10★：前25%；9★：中前25%；8★：中后25%；7★：后25%		期末自评、他评、师评★相加总数/3			优秀：95★及以上；良好：80~94★；合格：70~79★；不合格：70★以下
备注	对学习习惯进行定性评价，鼓励老师采用台账的方式进行定量评价，以此作为依据；评价标准可根据班级情况适当变化(考试成绩除外)													

多种评价方式也呈现了多种评价结果，既有分项等级制，也有评语；既避免了单纯以分数评价学生，又便于学生准确了解自己的表现和成绩，表3-27为音乐学科素养评价示例。

表3-28　四年级下册音乐学科素养评价表

评价项目及权重	学习习惯(25%)			学习能力(50%)					乐群品质(25%)		
^	课前(5★)	课中(10★)	课后(10★)	基础课程(40★)				拓展课程(10★)		悦身心(5★)	会合作(10★)	善思辨(10★)
^	^	^	^	演唱	聆听	知识与技能	综合与实践	解决问题	^	^	^
评价内容	1.自觉准备好音乐书、学习用具；2.预备铃响，安静等候老师上课，自觉静息	1.认真聆听，积极回答老师提出的问题，积极参与音乐实践活动，通过探究、体验、感悟与老师、同学产生思维活动和合作；2.有良好的演奏、演唱、表演习惯	1.回顾当天所学知识，完成老师布置的作业；2.培养自己的艺术兴趣和特长，丰富课余生活	1.巩固发声方法；2.用正确的发声方法演唱、背唱教材中的齐唱歌曲；3.分高低声部，用均衡和谐的声音完成《愉快的梦》《月亮月光光》等合唱歌曲的演唱	1.用多种方式参与欣赏曲目聆听，并完成声势配合和图谱表达；2.了解乐器的分类，如打击乐器、弹拨乐器、键盘乐器、弦乐器等乐器的分类；3.人声分类，通过聆听辨别人声	1.延长记号；2.反复跳跃记号；3.跳音、顿音；4.十六分音符、八分休止符；5.音符识听：低音5、6、7，高音2、3	1.节奏律动创编；2.打击乐器编配；3.音乐表演活动；4.艺术特长、兴趣课程学习	艺术实践能力培养，陶冶情操，提升审美体验，提高艺术素养	1.悦己：自己成就自己，会适应，会调节；2.悦人：在学习与交往活动中，能够成就他人，诚恳地帮助同伴获得幸福感	自主地在群体中合作：主动地承担，密切地协作，机智地应变	思维有活度：辩证统一、求异创新
评价方式及等级	A	A	A	A				A		A⁺	A	A
学期总评	A⁺										
备注											

表3-28为锦城小学音乐学科素养评价表，此表从学习习惯、学习能力、乐群品质三个方面对学生进行评价，每一方面有多个维度，全方面关注学生在音乐课程方面的表现，通过"基础+特色"的课程构成模式全面评价学生的学习能力。

成都高新区锦城小学悦动体育课程方案

体育与健康教育是实现儿童青少年全面发展的重要途径,对于促进学生积极参与体育运动、养成健康生活方式、健全人格品质,提升国民综合素质,推动社会文明进步,建设健康中国和体育强国,实现中华民族伟大复兴具有重要的现实和长远意义。锦城小学体育组在学校"优美和乐·共同协作"的办学理念指引下,结合《义务教育体育与健康课程标准(2022年版)》(以下简称"体育新课标")精神,深化教学改革,落实课程内容,达成课程目标,发展学生核心素养,增进学生身心健康。

一、课程目标

(一)义务教育阶段培养目标

体育与健康课程要培养的核心素养包括运动能力、健康行为和体育品德。课程的总目标包括:掌握与运用体能和运动技能,提高运动能力;学会运用健康与安全的知识和技能,形成健康的生活方式;积极参与体育活动,养成良好的体育品德。课程内容主要包括基本运动技能、体能、健康教育、专项运动技能和跨学科主题学习五大板块。

(二)体育学科课程总目标

体育与健康课程要培养的核心素养,主要是指学生通过体育与健康课程学习而逐步形成的正确价值观、必备品格和关键能力,包括运动能力、健康行为和体育品德等方面。

体育与健康课程围绕核心素养,体现课程性质,反映课程理念,确立课程目标。具体目标如下:

1.运动能力

运动能力是指学生在参与体育运动过程中所表现出来的综合能力。运动能力包括体能状况、运动认知与技战术运用、体育展示或比赛三个维度,主要体现在基本运动技能、体能、专项运动技能的掌握与运用。

2.健康行为

健康行为是指学生增进身心健康和积极适应外部环境的综合表现。健康行为包括体育锻炼意识与习惯、健康知识与技能的掌握和运用、情绪调控、环境适应四个维度,主要体现在养成良好的锻炼、饮食、用眼、作息和卫生习惯,树立安全意识,控制体重,远离不良嗜好,预防运动损伤和疾病,消除运动疲劳,保持良好心态,适应自然和社会环境等。

3.体育品德

体育品德是指学生在体育运动中应当遵循的行为规范和体育伦理,以及形成的价值追求和精神风貌。体育品德包括体育精神、体育道德和体育品格三个维度。体育精神主要体现在积极进取、勇敢顽强、不怕困难、坚持到底、团队精神等;体育道德主要体现在遵守规则、尊重裁判、尊重对手、诚信自律、公平竞争等;体育品格主要体现在自尊自信、文明礼貌、责任意识、正确的胜负观等。

核心素养的上述三个方面密切联系、相互影响,在体育与健康教育教学过程中得以全面发展,并在解决复杂情境的实际问题过程中整体发挥作用。

(三)锦城小学"乐群教育"育人目标

锦城小学"乐群教育"的目标是让学生在课堂中"悦身心·会合作·善思辨"。在这样的理念指引下,锦城小学体育组教师多次进行组内教学研讨和教研课,构建学校乐群教育文化体系体育课程框架(如图3-24)。由教导处牵头,以乐群学堂的深化和推广为抓手,以教研活动为载体,融合国际理解教育和天府文化教育,促进国家课程校本化的落实,培养锦小少年具有"悦身心·会合作·善思辨"的乐群品质。

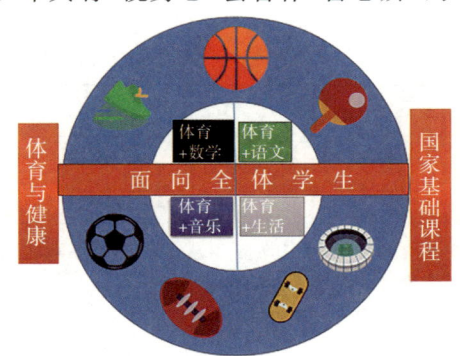

图3-24 乐群教育文化体系体育课程框架

二、课程内容

跨学科主题学习指的是打破学科边界,在学科属性相通、学习规律及学习方式相融的情况下,提取综合性或者复杂性主题,将不同学科的概念、内容和活动等整合在一起的学习。

学校体育组采用"1+4"模式,构建"体育+"课程,落实跨学科主题学习。其中"1"指的是基础课程,"4"指的四类"体育+"拓展课程,以基础课程为中心,从数学、音乐、语文、生活四个方向延伸。两者共同建构多元立体的体育学科课程。

(一)基础课程

基础课程是面向全体学生并以人教版《体育与健康》教材为教学媒介实施的国家课程。在基础课程的各学段中,根据体育新课标要求落实"学、练、赛、评"一体化,安排了四个部分的课程内容：体育知识、体能、游戏、比赛。

基础课程的实施以具体的教学内容为依据，以多样性身体练习为手段，全面提高学生的身体素质，助力学生运动能力的提升；以多样性体育游戏为载体，激发学生的运动学习兴趣，培养学生的锻炼习惯；以多种形式的比赛，促进学生人格发展完善。

学校针对基础课程进行理论知识、技能知识、体能练习、技能掌握的模块重组、内容合并与增删以及专家评估，为学生接受拓展课程提供保障。

（二）拓展课程

目前，学校"体育+"课程开展了四大类拓展课程，包括"体育+数学""体育+音乐""体育+语文""体育+生活"，共24门。这些课程分层分类，学生可以根据不同的学习水平和不同的学习兴趣选择参加，激发运动兴趣，提升身体素质。

1. 体育+数学

"体育+数学"课程以活动为主要形式，主要培养学生在体育锻炼中的思维能力，通过对图形、数字、数学符号等的认识，运用教学手段，使学生在锻炼身体的同时拓展思维能力。课程主题如表3-29所示。

表3-29 "体育+数学"跨学科主题示例

水平	学习主题	说明
水平一	神机妙算	将数学计算知识贯穿整节课，采取数字抱团、21点翻分接力、数字王国寻宝记等练习，提高学生的身体素质
水平二	争分夺秒	通过接力口算比赛、校园定向越野等练习，增强学生的反应能力和敏捷性，发展学生的下肢力量
水平三	点、线、面	通过定向越野测绘操场、体育馆、篮球场等场地，由点、线到面，增强学生的空间感，并对学校相关的体育场地面积有初步认识

2. 体育+音乐

"体育+音乐"课程指体育老师在组织教学活动时，合理地融入音乐学科内容，以此为载体改善课堂氛围，创新教学方式，增强课堂的艺术性，让学生在良好的氛围中感受到体育学科的趣味性。课程主题如表3-30所示。

表3-30 "体育+音乐"跨学科主题示例

水平	学习主题	说明
水平一	数鸭子	课程以情境代入，用音乐配合，最后起到完成课堂目标，即锻炼身体的效果。根据音乐课课文"数鸭子"，设置环形走、小踏板、软垫等障碍，让学生模仿小鸭子走路穿过障碍物，以此发展学生的下肢力量

续表

水平	学习主题	说明
水平二	我们大家动起来	将"我们大家动起来"改编成韵律操,让学生在整首歌曲中,以兴趣为激发点,提高身体素质
水平三	永远是朋友	在即将毕业的年级,让学生以合作的形式进行热身,根据音乐自编韵律操,自由组合完成比赛。在整个课程中,学生根据老师提供的音乐,创设更多的锻炼形式,充分体现以学生为主体的教育理念

3. 体育+语文

"体育+语文"课程以体育项目为基础,通过丰富的动作让学生体会、感受到语言的美,利用体育游戏和体育操让古诗背诵不再是难点;通过创编体育故事,让学生加深对体育和语文学科的理解。课程主题如表3-31所示。

表3-31 "体育+语文"跨学科主题示例

水平	学习主题	说明
水平一	动物模仿秀	通过模仿动物的动作加深学生对课文的理解,发展学生的协调能力
水平二	古人的运动方式	通过观看远古时期人们生活的视频,从古人运动的特征、特点入手,发挥学生的观察能力,提高学生的模仿能力
水平三	奥运故事	通过了解奥运会的起源、背景、发展历程等知识,拓宽学生的知识面;通过奥运人物故事,增强学生的运动兴趣,让学生主动参与到运动中

4. 体育+生活

"体育+生活"课程是教师根据每个年级的生活体育单元课,通过情境创设,将生活中的所见所闻运用到体育课中,让学生相互合作,培养学生综合运用所学知识的能力。课程主题如表3-32所示。

表3-32 "体育+生活"跨学科主题示例

水平	学习主题	说明
水平一	我是小交警	通过观察执勤的交警叔叔的站姿、四面转法等动作,提高学生队列队形的标准度
水平二	丛林穿越	通过"8"字绕长绳观察并理解合适的时机,与队友的配合,体验通过全队合作完成任务带来的喜悦
水平三	我是中华小少年	通过在课余时间观看和中国功夫相关的影片,激发学生爱国热情,通过教授"少年拳"让学生进一步体会到武术的魅力,让学生明白武术不仅可以强身健体,还可以保家卫国

三、课程实施

(一)基本形态

课程的重心在于国家基础课程的校本化实施,关键在于落实课程改革的理念和课程标准的要求,锦城小学在实践中逐步探索形成了"乐群学堂"基本教学范式。

在实施方式上,学校坚持以个体独学、小组合学、师生共学、总结拓学四环节为基础样态。在充分实践的基础上,我们总结提炼了乐群学堂四环节的实施策略,即教师指导策略和学生学习策略,共同促进学生"悦身心·会合作·善思辨"的乐群品质的达成。

(二)创新样态

学校以四环节为基本样态,鼓励教师根据不同年级、不同课型、不同教学科目细化创新,形成小学乐群学堂基本样态下的创新样式。

1. 增添式

根据课程内容的需要,可以在基本操作模式上进行增添和循环,并将学习时间从课堂向课前、课后增添。

2. 结合式

每节课的流程不必都按照基本操作模式,不必分得过于清楚,可以有机结合地进行。如小组合学与师生共学这两个环节,有可能就是融合在一起的,教师参加到学生合学中,在合学中把需要讲解的内容穿插进来,形成师生、生生间的一种互动模式。

学校以四环节为基本教学样态,鼓励体育教师根据不同年级、不同课程类型,结合"体育+"的跨学科课程融合特点,把体育学科与其他学科组合起来,创建有利于提高学生上课积极性和教学时效性的教学形式。创新过程中强调学生的亲历、参与和体会,培养学生良好的综合素养,在立德树人中体现学科价值。

四、课程评价体系

体育与健康课程学习的评价与考试是通过系统收集学生的课内体育学习态度与表现、课外体育锻炼情况与成效、健康行为等信息,依据学业质量对所反映的核心素养水平及学生的体育与健康课程学习情况进行判断和评估的,是不断完善课程建设的重要环节和途径。通过多样化的学习评价,促进学生达成课程目标,发展核心素养。

(一)评价目标

锦城小学的课程评价从以下三个目标出发:

(1)运动能力的发展,包括基本运动技能、体能、专项运动技能的提高程度,运用所学体育知识与技能解决实际问题的能力,在展示或比赛中的表现等。

(2)健康行为的形成,包括体育锻炼情况、所学健康知识与方法的掌握程度、运用所学健康知识与技能解决实际问题的能力、情绪调控与环境适应能力、健康意识与行为习惯的养成等。

(3)体育品德的养成,包括学练、展示或比赛中表现出的体育精神、体育道德和体育品格等。

(二)评价内容

结合课程设置和实施的要求,学校以发展性评价的理念,根据"悦身心·会合作·善思辨"的培养目标,构建了综合素质评价指标体系。综合素质评价采取定性评价与定量评价相结合、形成性评价与终结性评价相结合、个体评价与集体评价相结合的多元评价方式进行(见表3-33)。

表3-33　综合素质评价表

学习习惯(25%)	学习能力(50%)	乐群品质(25%)	综合等级
课前(5★)	基础课程(40★)	悦身心(5★)	优秀:95★及以上;
课中(10★)	拓展课程(10★)	会合作(10★)	良好:80~94★;
			合格:70~79★;
课后(10★)		善思辨(10★)	不合格:70以下

评价采取过程评价与结果评价相结合的方式,呈现方式为每日课堂记录单、期末综合测评、学生成长手册等。重点关注学生的学习习惯、学科学习情况和乐群品质养成情况。结合学科的课程标准和教学内容,细化为不同年段和学期的评价标准。评价由学生自评、教师评价和同伴评价等共同组成,评价结果呈现为等级制。

(三)评价实施

依据评价目的、评价内容、评价主体、评价情境等实际情况,学校注重形成性评价与终结性评价、定性评价与定量评价、相对性评价与绝对性评价、教师评价与学生评价相结合,积极探索增值评价,健全综合评价。

1. 注重评价方法多样化

教师可根据学生实际,综合运用清单式评价、观察评价、等级评价、展示或比赛评价、书面测评、口头测验、成长档案袋等方法,充分发挥不同方法的特点和优势,多角度评定学生的核心素养水平。

2. 重视过程评价

教师应将评价贯穿于学生学习的整个过程,不仅要关注学生学习的结果,更要关注学生成长和发展的过程。教师应结合具体的内容,选择适宜的方法,记录学生的课内外表现与进步情况,并及时向学生提供个人学习情况信息,帮助学生反思和改进学习方法,有效评价学生核心素养的提升过程和程度。

3. 运用现代信息技术开展实时和精准的评价

教师可以充分利用信息技术跟踪学生的学习过程，采集数据并基于数据分析结果，及时反馈和评估学生的学习情况，如利用运动监测设备记录学生的课堂行为表现和运动负荷，准确分析和评价学生的运动能力等。

基于以上要求，锦城小学在实践探索中制定了"锦城小学体育学科课程评价表"，对学生学习习惯、学习能力、乐群品质进行综合评价，表3-34为评价表范式。

表3-34 一年级下期体育学科素养评价实施细则

评价项目及权重	学习习惯(25%)			学习能力(50%)				乐群品质(25%)			综合等级
^	课前(5★)	课中(10★)	课后(10★)	基础课程(40★)			拓展课程(10★)		悦身心(5★)	会合作(10★)	善思辨(10★)	^
^	^	^	^	坐位体前屈	1分钟跳绳	50米跑	颠网兜球	韵律操(加油歌)	^	^	^	^
评价内容	1.学生着运动装、运动鞋；2.集合有序；3.师生问好	1.认真聆听和观察老师所讲解的技术动作；2.跟着老师口令一起练习；3.根据老师所讲内容积极思考以及主动练习；4.同伴之间相互纠错；5.注意安全	1.能及时对当天所学内容进行练习；2.积极思考如何才能更高效地完成所学动作；3.做到及时放松	1.掌握正确的坐位体前屈的练习方法；2.能推到对应的数值上；3.展现出不怕苦和累、勇敢完成任务的良好品质	1.掌握正确的双脚并腿跳的动作技术和练习方法；2.在规定时间内完成一定的个数；3.展现出在学练与游戏过程中表现出主动积极参与、遵守规则、与同伴友好合作、积极进取等学习行为	1.能够结合快速跑学练说出50米跑的有关动作术语，如站立式起跑等，知道50米跑的基本健身价值。2.做到起跑时前脚异侧臂在前，快速冲过终点。3.在学练与游戏过程中表现出主动积极参与、遵守规则、与同伴友好合作、积极进取等学习行为	1.掌握正确的足球颠网兜球的动作技术和练习方法。2.在规定时间内能够颠到一定的个数；3.展现出勇于克服困难的优秀品质；4.在班级足球联赛中勇于表现	动作熟练、规范、准确、身体协调，体态优美，动作节奏与音乐节奏配合一致，一致性高	1.悦己：自己相信自己，敢表达、敢质疑；2.悦人：在学习与交往活动中，能够尊重他人，有礼貌地对待老师和同伴	自信地与同桌合作：认真地倾听，清晰地表达，礼貌地交流	思维有广度：生成多元、举一反三	优秀:95★及以上；良好:80~94★；合格:70~79★；不合格:70★以下

续表

评价项目及权重		学习习惯(25%)			学习能力(50%)					乐群品质(25%)			综合等级
^		课前(5★)	课中(10★)	课后(10★)	基础课程(40★)			拓展课程(10★)		悦身心(5★)	会合作(10★)	善思辨(10★)	^
^		^	^	^	坐位体前屈	1分钟跳绳	50米跑	颠网兜球	韵律操(加油歌)	^	^	^	^
评价方式	定性评价	自我评价:★;同伴评价:★;老师评价:★	自我评价:★;同伴评价:★;老师评价:★	自我评价:★;同伴评价:★;老师评价:★	1~2年级以乐考星数为准			1~2年级以乐考星数为准		自我评价:★;同伴评价:★;老师评价:★	自我评价:★;同伴评价:★;老师评价:★	自我评价:★;同伴评价:★;老师评价:★	优秀:95★及以上;良好:80~94★;合格:70~79★;不合格:70★以下
^	定量评价(可选:作为师评的依据)	点名册	平时成绩记录册	自主练习视频或照片打卡									^
评价实施	定性评价	期末自评、他评、师评★相加总数/3			期末测试成绩			期末测试成绩		期末自评、他评、师评★相加总数/3			^
^	定量评价(可选:作为师评的依据)	科代表每节课前检查或教师每周随机检查,并将结果记录在册	1.学生的积分卡(点赞卡)统计;2.班级优化大师或小组学生得分情况	以教师教学中的作业记录手册为准则;手册中以全对标★、纠错过关打△等形式记录学生作业完成情况									^

续表

评价项目及权重	学习习惯(25%)			学习能力(50%)					乐群品质(25%)			综合等级
^	课前(5★)	课中(10★)	课后(10★)	基础课程(40★)			拓展课程(10★)		悦身心(5★)	会合作(10★)	善思辨(10★)	^
^	^	^	^	坐位体前屈	1分钟跳绳	50米跑	颠网兜球	韵律操(加油歌)	^	^	^	^
评价标准 定性评价	期末自评、他评、师评★相加总数/3											
评价标准 定量评价(可选;作为师评的依据)	以班级内得分最高同学为标准: 5★:5次及以内未做好; 4★:6~10次未做好; 3★:11次及以上未做好	以班级内得分最高同学为标准: 10★:低于最高0~5颗; 9★:低于最高5~10颗; 8★:低于最高11~15颗; 7★:低于最高16颗及以上	以班级内得★最高同学为标准: 10★:低于最高0~5颗; 9★:低于最高5~10颗; 8★:低于最高11~20分; 7★:低于最高21分及以上	40★:100~95分; 38★:94~90分; 36★:89~85分; 34★:84~75分; 32★:74分及以下			以班级得★排名: 10★:前25%; 9★:中前25%; 8★:中后25%; 7★:后25%		期末自评、他评、师评★相加总数/3			优秀:95★及以上; 良好:80~94★; 合格:70~79★; 不合格:70★以下
备注	对学习习惯进行定性评价,鼓励老师采用台账的方式进行定量评价,以此作为依据;评价标准可根据班级情况适当变化(考试成绩除外)											

(四)评价分析与反馈

教师应充分发挥评价的反馈、导向、激励和改进功能,采用口头评价、记录表呈现等不同方式,及时将评价结果反馈给学生,帮助学生改进学习。

义务教育体育与健康学业水平考试是以学业质量标准、课程内容为依据,由省级教育行政部门统筹,地方教育行政部门组织实施的考试,旨在检测和衡量学生在义务教育阶段结束时的学业成就,反映学生核心素养的发展状况,为判断学生是否达到国家规定的毕业要求提供主要依据。在具体命题设计过程中应注意以下四个方面。

1. 以专查核心素养水平为测试目的

学业水平考试命题应基于核心素养内涵,以四个水平的学习内容和学业质量合格标准为依据,从学业质量描述中提炼出具体的测试指标,为命题设计做准备。

2. 创设贴近生活、具有较强应用性的情境

学业水平考试命题离不开情境和学科知识。在具体情境中,学生利用已学的知识与技能分析问题和解决问题,反映出学生核心素养的发展水平及学业质量的达成情况。考试情境可以由考核内容、应用场所和参与方式组合而成。其中,考核内容主要包括体能与运动技能的学习情况、展示或比赛中的表现、日常锻炼的行为、体育欣赏与评价能力等。

3. 以结构化的知识与技能为主要命题内容

基于核心素养的命题设计重在评估学生在特定情境中解决问题的能力,应主要关注学生在具体情境中如何处理自己与他人、环境的关系,以及在此互动过程中如何更好地完成具体任务。因此,要注重设计结构化的知识与技能内容,引导学生关注知识的完整性、结构性和关联性,重视评价学生对知识与技能的运用能力,尽量避免对单一知识或技能的考查,避免从孤立的、过细的知识点角度命题。

4. 命题形式以实践测试为主

学业水平考试主要包含实践测试和纸笔测试两种类型,以实践测试为主。纸笔测试侧重健康教育、体育文化和体育精神的有关内容。

第三节

特色课程　争奇斗艳

成都高新区中小学特色课程设置方案

课程名称	创意科学+（创意科学家）		
开发学校	成都高新区锦城小学	开发教师	李雪梅、苏语晨、朱德伶、李雪竹
适合学段	小学全学段	开发时间	2021年
课时总数	24课时	涵盖学科	科学、信息技术、语文、数学、美术等
获奖情况	无		

一、课程背景

为实现"教育、科技、人才"三位一体的战略布局,锦城小学结合国家人才培养要求和学校"悦身心·会合作·善思辨"的育人目标,积极建设"花儿课程"。其中,想象创造类课程以想象、动手实践、创新为核心特征,真正落实到学生的创新思维培养上。课程主要分为"基础课程""拓展课程"和"综合课程"三个层级。通过实施想象创造类课程,全面提升学生的感知力、想象力、创造力,进而促进学生的全面发展,提高学生的综合素质,提高学生的社会竞争力。

"创意科学+"融合了科学、信息技术、语文、数学、美术等多个学科,为不同学段、不同领域设置了不同的探索活动。

二、课程性质

"创意科学+"是对基础课程的拓展和延伸,是一门体现科学本质的具有综合性、实践性的课程。本课程以学生为主体,以问题为导向,以探索为核心,以研究项目为载体,注重学习过程与成果的科学性、可行性和创新性,使教学集科学知识学习和动手实践于一体,最终实现培养学生创新精神和实践能力的目标。

三、课程理念

（一）课程内容分阶段

"创意科学+"考虑到每个学段学生的学习习惯、学习风格、知识储备等不同,设计符合各学段学生身心发展特点的课程,充分发挥课程的育人功能,使每个孩子各展其能、学有所得。

（二）学生是学习的主体

学生是学习的主体,在科学学习中要充分体现学生的主动性,发挥他们的能动作用。从发挥学生的主体性角度出发设计教案,并创设各种条件与机会,调动学生学习的积极性、主动性和创造性,使学生最大限度地参与教学过程,实现学生在课堂中主动学习的目标,发挥学生的主体作用。

（三）加强探究实践

科学以探究活动为主,教师应组织学生参与其中,亲历过程,自主、充分地开展活动,不仅使学生学会知识与技能,同时还培养学生的智能、情感态度与价值观,促进学生的科学素养的形成。

（四）重视综合评价

评价内容应全面化,包含学习习惯、学习能力和乐群品质等;评价主体应多元化,包括教师、学生、家长等;评价时机应全程化,贯穿在整个教学过程;评价既要关注学生的学习结果,更要关注学生的学习过程。

四、课程目标

（一）总目标

锦城小学的科学学科主要培养学生的科学兴趣和科学观念；启发学生的科学思维，提升学生发现美、创造美的能力；充分挖掘学生的内在潜力，展示学生的特长，发展学生的个性，培养学生的探究动手能力和创新实践能力；不断提高学生爱科学、用科学的意识，培养学生正确的价值观和社会责任感。

（二）具体目标

1. 科学观念目标

(1) 认识事物的基本特征和性能；

(2) 知道活动中事物的基本原理；

(3) 了解事物会发生的变化。

2. 科学思维目标

(1) 能在教师指导下，观察并描述具体事物的构成要素；

(2) 能分析事物的特征及结构，建立事实与观念之间的关系；

(3) 初步掌握重组思维、发散思维、突破定式等创造性思维的基本方法。

3. 探究实践目标

(1) 能根据问题和猜想，制订合理的探究实践计划；

(2) 能使用感官和常见工具，收集有关的事实资料和数据；

(3) 能根据收集的资料和数据进行加工整理，得到自己的解释和结论。

4. 态度责任目标

(1) 在好奇心的驱使下，乐于动手操作感兴趣的事物；

(2) 分析问题尊重事实和证据，严格严谨；

(3) 能利用所学的科学知识提高生活质量。

五、课程内容

本课程以培养学生科学素养为宗旨，总体可分为生命科学、物质科学、地球和宇宙科学、技术与工程四个板块，每个板块包含低、中、高三个学段，每个学段共两个主题，共计24个主题。主题选择原则：一是重点培养学生跨学科知识运用和生活实践相结合解决问题的能力；二是关注学生身心和智能发展；三是便于运用主题式学习或项目式学习。

表3-35 "创意科学+"课程内容表

涉及板块	学段	主题	涉及学科
生命科学	低段	创意叶画	科学、生物、美术
		指纹侦查	科学、信息科技、美术
	中段	植物拓染	科学、生物、美术
		肺呼吸演示器	科学、美术
	高段	提线人偶模型	科学、生物、工程、美术
		"化石"考古	科学、化学、工程

续表

涉及板块	学段	主题	涉及学科
物质科学	低段	浮水印	科学、美术
		小黄和小蓝	科学、美术、信息科技
	中段	空气炮	科学、物理、美术
		天气生态瓶	科学、语文、化学、美术
	高段	自制酸碱指示剂	科学、化学
		自制碳酸饮料	科学、化学
地球与宇宙科学	低段	做一个地球仪	科学、地理、美术
		制作日晷	科学、数学、美术
	中段	安全着陆器	科学、数学、工程
		海洋石油泄漏	科学、数学、环境、工程
	高段	火星探测器	科学、信息科技、美术、工程
		污水处理器	科学、工程
技术与工程	低段	掌上指南针	科学、美术、工程
		帽子设计师	科学、工程、美术
	中段	简易风向标	科学、数学、美术
		光影祝福	科学、工程、美术、信息科技
	高段	比赛高塔	科学、工程、数学
		桥梁承重	科学、工程、美术、数学

六、课程实施

（一）教学安排

锦城小学确立了"乐于群、群中乐、成于乐"的乐群学堂主张，以培养"全面发展的人"为核心，紧密协调人文底蕴、科学精神、学会学习、健康生活、责任担当、实践创新六大素养，搭建了以国家学科课程为主干、学校特色课程为枝叶的课程体系。

本"创科"社团课于每周二、周五定期开展，由多名校内教师承担开展"创科"教育教学活动的任务，学生和教师双向选择，学生根据自己的兴趣报名，教师再进行能力测试精简筛选，从中选拔。

基于社团自主开放的特点，以学生需求为先，以学生年龄及心理特点为依托，从单一学科到多学科有机整合，聚焦真实的问题和学习过程，有序设置模块项目，激发学生真正的学习欲望，促进项目学习内生性融合，达成进阶性学习。

(二)教学建议

1. 立足基础课程

小学科学基础课程是以培养学生科学素养为宗旨的科学启蒙课程,总体可分为四大部分:物质科学、生命科学、地球与宇宙科学、技术与工程。它面向全体学生,以探究式学习为主要的学习方式,保护学生的好奇心,激发学生学习科学的兴趣。在这个过程中,学生是主动的学习者,教师是学习过程的组织者和引导者,对学生学习的评价将采用有利于促进学生发展和科学素养形成的评价体系。

因此,在课程设计方面,当以科学学科内容为基础,以"科学+"的方式对学习内容进行链接和融合,注重知识体系与社会生活紧密联系。

2. 拓展"科学+"课程

目前,锦城小学"科学+"课程开展了四大类拓展课程,即"科学+创造""科学+活动""科学+生活""科学+特色"课程,是对基础课程的拓展和延伸,学生分层分段参加活动,通过动手动脑的活动,提高学生的探究能力、创造能力以及分析和解决问题的能力。

由此,开设低、中、高段"科学+"课程,旨在让学生通过对提供的材料进行实验或组装制作,体验和感悟科学的魅力,将课本上的科学知识形象化、生动化,有利于发展学生的智力和动手能力,培养学生对科学的兴趣;通过团体科学实验,使学生具备创造性思维、沟通交际能力、团队合作精神、自主学习能力等,让学生具备新时代人才的潜质。

3. 创设真实情景

科学教育应当生活化,密切联系学生的实际生活进行,将身边的事物、现象作为科学探索的对象。在日常学习中,学生的科学知识和生活实际总是容易脱节,不能和生活中的实际问题相结合。我们以学科知识为理论依据,设计了一系列丰富有趣、与生活息息相关的课程,引导学生认识到科学源于生活,并学会用生活实践来理解科学的本质和精神,同时提高解决生活中实际问题的能力。比如,在"指纹侦查"课程中,让学生知道生物学家可以根据雪地上、泥土上的脚印来追踪动物的行踪;警察也可以通过指纹来调查、抓捕犯罪嫌疑人,从而延伸到生活中我们也可以运用指纹来解锁手机。以学生平时阅读、观影等亲身经历为切入点,让学生思考为什么别人的指纹不能解开自己的手机,从而认识到指纹的特殊性,加强对自己身体的观察和认识,从而达到了解自己、爱护自己的效果。

4. 利用现代化教育技术

在教学中充分利用好课件、影像、动画等现代化教学手段,使抽象的概念具体化、枯燥的知识趣味化,给学生带来多重感官刺激,使学生更容易理解和记忆相关知识。比如"小黄和小蓝"课程,运用色块重合演示两种颜色混在一起会变成绿色的特点,给学生带来色彩变化的感官刺激,并且根据同一种颜色的"深浅"不同,混在一起后绿色的"深浅"也会不同这一特点揭示"比例"一词,从而加深学生对科学知识的记忆和认识。

七、课程评价

(一)评价量规

表3-36 "创意科学+"课程评价量表

学习习惯				
评价内容		评价方式		
^	^	自评	互评	师评
课前	(1)课前准备好学习用品,有序摆放; (2)认真准备老师要求的材料; (3)课前认真预习,初步了解所要学习的知识内容	★★★	★★★	★★★

续表

学习习惯					
评价内容		评价方式		
^^	^^	自评	互评	师评
课中	(1)虚心听讲,当别人提出与自己不同的意见时,要虚心接受,边听边修正自己的观点; (2)发言时要讲究秩序,组内交流时注意音量不要太大,以免影响其他小组,全班交流时声音响亮; (3)善于总结与交流,交流时善于发现别人的亮点,敢于质疑,勇于发表自己的意见	★★★	★★★	★★★
课后	(1)能认真总结自己在活动中的优点与不足; (2)养成自觉整理器材的习惯,保持桌面整洁; (3)养成关注社会热点、关心科技发展、关注技术应用带来社会进步的习惯	★★★	★★★	★★★

四维目标					
评价项目	评价标准	评价结果		
^^	^^	自评	组评	师评
科学观念	(1)认识事物的基本特征和性能; (2)知道活动中事物的基本原理; (3)了解事物会发生的变化	★★★	★★★	★★★
科学思维	(1)能在教师指导下,观察并描述具体事物的构成要素; (2)能分析事物的特征及结构,建立事实与观念之间的关系; (3)初步掌握重组思维、发散思维、突破定式等创造性思维的基本方法	★★★	★★★	★★★
探究实践	(1)能根据问题和猜想,制订合理的探究实践计划; (2)能使用感官和常见工具收集有关的事实资料和数据; (3)能对收集的资料和数据进行加工整理,得到自己的解释和结论	★★★	★★★	★★★
态度责任	(1)在好奇心的驱使下,乐于动手操作感兴趣的事物; (2)分析问题尊重事实和证据,严格严谨; (3)能利用所学的科学知识提高生活质量	★★★	★★★	★★★

乐群品质					
评价内容	评价指标	自评	组评	师评
悦身心	(1)能适应:能够适应各种新情况; (2)会调节:能根据情况主动调整自身	★★★	★★★	★★★
会合作	(1)能诚恳地帮助同伴; (2)能主动地承担任务,密切地协作,机智地应变	★★★	★★★	★★★
善思辨	(1)能看到知识之间的区别与联系,能全面看问题; (2)能尊重并吸收他人观点的正确之处,主动融入自己的观点,得出自己特有的见解	★★★	★★★	★★★
本节课共得星数				_____ ★

(二)评价办法

"创意科学+"科技创新特色课程评价由过程性评价和总结性评价两种评价方式组成。评价注重动手操作、作品展示、表达交流等多种方式的综合运用。综合性评价中,从学习习惯、四维目标、乐群品质三个方面评价学生的学习成果,着力于提升学生的综合素质。

评价主体多元化,鼓励学生、同伴、教师共同参与评价,营造开放、宽松的评价氛围,帮助学生在自我评价、互相评价等多种评价中不断反思、认识自我,从而实现自主学习和发展。

八、课程资源

(一)课程资源开发建议

1. 充分利用已有的材料和仪器等学习资源,遵循环保、易得、可持续使用的原则;
2. 注重校园环境、设施设备的开发和利用,使其成为实施课程的有效资源;
3. 注重社会资源,如科技馆、博物馆等的开发和利用,补充校内资源的不足;
4. 充分利用网络资源开展特色课程教学。

(二)已有课程资源列表

教学设计、课件与学习单:"创意叶画""指纹侦查""浮水印""小黄和小蓝""做一个地球仪""制作日晷""掌上指南针""帽子设计师""植物拓染""肺呼吸演示器""空气炮""天气生态瓶""安全着陆器""海洋石油泄漏""简易风向标""光影祝福""提线人偶模型""'化石'考古""自制酸碱指示剂""自制碳酸饮料""火星探测器""污水处理器""比赛高塔""桥梁承重"。

成都高新区中小学特色课程设置方案

课程名称	国际理解课程		
开发学校	成都高新区锦城小学	开发教师	江凌、唐欢、周婧、周亚奇、李雅婕、钟群、张升、胡皓然、周璇、朱泓颖、蔡丽
适合学段	小学全学段	开发时间	2019年11月25日
课时总数	72课时(每课时1小时)	涵盖学科	英语、书法、语文、美术、音乐、科学
获奖情况	无		

一、课程背景

伴随着全球化浪潮的日益推进,不同文化的差异容易产生冲突。针对这种差异,需要在有差异的国家文化中追求一种和谐共生的教育,国际理解教育课程应运而生。

课程是教育的重要表现方式,国际理解意识是素质教育的有机组成部分,我们要培养学生的国际视野,增进民族、国家、地区之间的相互理解与宽容,培养儿童认同与弘扬中华优秀文化,尊重、了解其他国家、民族、地区文化的基本精神及风俗习惯,初步学习、掌握与其他国家、民族、地区人民平等交往、和睦相处的修养与技能,探讨全人类共同价值观念。

锦城小学国际理解课程是在成都高新区关于开展国际理解教育项目倡导下研发的课程,立足我校"乐群教育"办学理念,培养"悦身心·会合作·善思辨"的儿童。学校教师致力于培养学生初步形成正确的世界观、人生观、价值观;热爱祖国、热爱中国共产党,自觉维护国家尊严和利益,继承中华民族优秀传统,弘扬民族精神;正确认识自己,尊重他人,学会交流与合作,具有团队精神,理解文化的多样性,具有全球视野和人类命运共同体意识,为"世界的中国"培养能在世界范围内交往、竞争、创新的高素质人才。

二、课程性质

国际理解课程是校本特色课程,既有全员参与的必修课程,又有尊重差异的选修课程,呈现出"人文类综合实践活动课程"的属性。本课程以"国家认同""世界各民族文化理解""全球责任"为核心,通过系统知识模块学习,让学生了解多元文化、全球问题等国际背景知识,在探究与体验的基础上,初步培养学生运用国际语言交流的能力,培育学生的国际视野与中国意识,为他们将来参与国际竞争与合作打下扎实的基础。

三、课程理念

课程小组基于"胸怀祖国、面向世界、和谐共生"的课程理念,从"全球之一员、国家之一员、社会之一员、自然之一员"四个角度来构架课程体系。

(一)突出国际理解课程的育人价值

充分发挥国际理解课程的育人功能,"以学生的发展为本"是本课程的出发点。培养学生成为既认同本民族传统文化,又尊重世界文化多样性,具有国际视野,了解国际规则并能参与国际事务和竞争的国际化人才。

(二)连接中国与世界的课程内容

开放型的国际理解课程是建构现代化课程体系的必然选择。本课程选择了"国家认同""世界各民族文化理解""全球责任"三大领域,系统的模块知识学习是学生学会与世界沟通的重要途径。

(三)开展探究和实践为主的学习

回归生活自然是国际理解课程的必然归属,倡导以探究和实践为主的多样化学习方式,让学生主动参与、动手动脑、积极体验,经历学校世博会和美食节全过程。立足生活实践,培养学生的社会责任感,使学生关注全球气候变化等,具有人类命运共同体意识。

四、课程目标

(一)总目标

锦城小学开展国际理解教育的目标是让学生了解多元文化、全球问题等国际背景知识,在探究与体验的基础上,初步培养学生运用国际语言交流的能力,培育学生的国际视野与中国意识,为他们将来参与国际竞争与合作打下扎实的基础。

(二)具体目标

表3-37 国际理解课程各学段课程目标

年级	课程目标
低段 (一、二年级)	(1)通过收集资料以及观看视频,了解不同国家人民的衣食住行等日常生活情况。 (2)通过对影像资料的观摩,了解世界上的不同语言环境,感受不同语言的魅力,培养对非母语语言的兴趣;学会并使用一些简单的词汇进行交流,如打招呼、告别、致歉、感谢等,提高国际化的交际能力。 (3)通过图片、视频、模型等资料,体会大自然的美好,形成爱护地球、热爱环境、热爱生命的概念
中段 (三、四年级)	(1)了解不同国家的地理概况、文化习俗、珍贵遗产等;通过中外文化的比较,进一步感受世界多元文化的差异,理解并尊重传统的中国文化。 (2)通过新闻资料,了解国际问题,关注国际社会的和平与发展,从中理解世界各国的相互关联与相互依存,扩大国际视野和胸怀。 (3)通过小报制作、图片搜集、民间工艺制作等介绍中外文化
高段 (五、六年级)	(1)了解世界环境、信息技术、科技与人类的关系;了解联合国组织机构及其为世界和平发展所作的努力;了解世界遗产保护情况以及中国世界遗产等相关知识;培养民族责任感和自豪感。 (2)进一步提高搜集信息的能力,能通过电视、网络、书籍等媒体主动了解国际社会的热点问题,关注国际社会的和平与发展。 (3)能形成对国际社会热点问题的思辨能力、价值判断并能在深度讨论的基础上形成自己的独特见解。 (4)在与他人交往的过程中形成乐于交往、积极向上的观念,逐步增强民族自尊心和自豪感。 (5)形成乐学、好学、善学的学习价值观,并在学习交往的过程中形成积极向上的成就价值观

五、课程内容

在成都高新区国际理解教育项目实施背景下,锦城小学国际理解教育项目小组精心研发了锦城小学国际理解教育校本课程。基于"胸怀祖国、面向世界、和谐共生"的总目标,从"全球之一员、国家之一员、社会之一员、自然之一员"四个角度来构架课程体系,在国际理解教育课程众多领域中,选择了"国家认同""世界各民族文化理解""全球责任"三大领域,旨在立足本国,培养学生作为社会、国家、自然、全球之一员的责任感,培养关注人类面临的全球性挑战,理解人类命运共同体内涵,既认同本民族文化传统,有强烈的民族自豪感,又尊重世界文化多样性,具有国际视野和国际理解能力,了解国际规则并能参与国际事务和竞争的国际化人才。

经过对学校教师和学生的访谈、观察,结合学校师生特点,我们确定了"国家认同""世界各民族文化理解""全球责任"课程单元,从一年级到六年级层层递进、螺旋上升,确保课程的连贯性和发展性。

表3-38 国际理解课程内容

年段	年级	题目	内容
低段	一年级	全球责任	1. 水污染知多少 2. 我们一起来解决（项目式综合实践课）
		国家认同	1. 中国的节日——春节 2. 让世界了解春节，我是小小中国文化使者
		世界多样文化理解	1. 走进东南亚饮食文化 2. 文化综合实践课（表演、情景剧、绘画、电影赏析等）
	二年级	全球责任	1. 空气污染知多少 2. 我们一起来解决（项目式综合实践课）
		国家认同	1. 中国的节日——端午节 2. 让世界了解端午节，我是小小中国文化使者
		世界多样文化理解	1. 走进东南亚节日文化 2. 文化综合实践课（表演、情景剧、绘画、电影赏析等）
中段	三年级	全球责任	1. 夏季奥运会知识知多少 2. 我们一起来了解（项目式综合实践课）
		国家认同	1. 中国的节日——中秋节 2. 让世界了解中秋节，我是小小中国文化使者
		世界多样文化理解	1. 走进中西服饰文化 2. 文化综合实践课（表演、情景剧、绘画、电影赏析等）
	四年级	全球责任	1. 冬季奥运会知识知多少？ 2. 我们一起来了解（项目式综合实践课）
		国家认同	1. 中国的节日——重阳节 2. 让世界了解重阳节，我是小小中国文化使者
		世界多样文化理解	1. 走进东南亚艺术文化 2. 文化综合实践课（表演、情景剧、绘画、电影赏析等）
高段	五年级	全球责任	1. 全球疫情讨论 2. 我们一起来辩论（项目式综合实践课）
		国家认同	1. 中国的青铜文化 2. 走向世界的青铜文化
		世界多样文化理解	1. 走进欧洲饮食礼仪文化 2. 欧洲饮食礼仪文化综合实践课（烹饪、情景剧、绘画、电影赏析等）

续表

年段	年级	题目	内容
高段	六年级	全球责任	1.世界动物保护协会知多少 2.我们一起来了解(项目式综合实践课)
		国家认同	1.中国的书法,世界的书法 2.让外国友人了解了解中国书法吧(语言综合实践课)
		世界多样文化理解	1.走进欧洲节日文化 2.欧洲节日文化综合实践课(圣诞节装扮、情景剧、绘画、电影赏析等)

六、课程实施

国际理解教育研究通过实践帮助教师掌握基本方法,学校采取在课堂中渗透、在活动中学习和在项目中升华的教学组织方式。教师逐步提高整体规划教学、灵活组织课堂的能力,充分调动学生的主动性和积极性,逐步培养学生的人文精神,提高学生的探究能力,让学生获得丰富而完整的学习经历。教学的场域除了教室还有操场、活动室等。每年的美食节是6月1日开展,世博会是每年12月31日开展。教学策略采用的是认知发展策略:儿童从实践中获得知识,教育活动以儿童为中心。

国际理解教育以"国际理解"为教育理念,旨在增进不同文化背景和不同国家、地区之间的相互了解和宽容,变冲突为互相合作,以便共同应对全球社会的重大问题,构建人类命运共同体。但是,国际理解教育的核心内容如何构成、教材如何编写、教师如何教学、学生怎样学习以及如何评价得失,这些依然是疑难问题。《论语·子罕》中说:"子绝四:毋意,毋必,毋固,毋我。"借古鉴今,孔子的"四毋"原则,对确定国际理解教育的教学理念以及操作实施规则皆大有裨益。

锦城小学的国际理解教育教学方法和模式在课堂上主要采用讲授法和LBL教学模式(Lecture-Based Learning,LBL),即传统的讲授式教学模式。在活动中(如学校的世博会和国际美食节)采用的是参观教学法、自主学习法和TBL教学模式(Team-based Learning,TBL),即以学生为主体,以团队为基础,提倡学生自主学习,让学生去自主探索活动中的国际理解的方法。

下面就主要的三种实施方式进行说明:

(一)在课堂中渗透

学校通过外教进课堂和国家课程校本化两条路径,在课堂教学中渗透国际理解教育,让学生了解本民族的文化内涵,同时用正确的价值观对待异质国家和民族文化,增强国际交流对话,拓宽学生的国际视野。各学科教师结合本学科教学目标,寻求并建立与国际理解教育相关联的内容。在实施中,我们强调突破学科界限,加强学科整合,实现多点渗透。

(二)在活动中学习

学校通过一年一度的世博会和国际美食节,让学生了解各个国家、各个民族的文化,将合作、理解、包容等精神融入德育活动中,增强学生的国际理解。让学生在主动参与和主动探究的过程中,比较全面地了解世界多元文化,树立全球概念。通过师生们喜欢的方式拓宽他们的视野,弘扬民族精神,培育理解意识,促进共同发展。

(三)在项目中升华

学校国际理解教育校本课程在日常教学渗透的基础上,通过社团活动和网络学习的方式开展。每周下午延时服务第三节课,是全班统一的社团活动时间,学生通过自主选择,参与国际理解教育社团。社团由专门老师授课,通过精选的内容,让学生了解和体验世界文化,放眼看世界,培养国际视野。

通过这些课程实施方式,学生可以了解丰富多彩的世界先进文化,了解各国政治、经济、科技和文化等方面的情况,特别是近代以来西方科技的飞速发展对人类生活的影响,西方文化的历史、发展和变迁,各民族的习俗特点,各种社会制度的不同和联系,全球生态状况,等等。

七、课程评价

（一）评价量规

表3-39　国际理解课程学习评价表

学习习惯					
评价内容		评价方式		
^		自评	互评	师评
课前	(1)能主动预习,并对所学内容有自己的批注,敢于提出自己的质疑； (2)读通读顺相应内容,能主动联系上下文理解文本中难理解的内容	★★★	★★★	★★★
课中	(1)能积极主动参与到课堂的讨论、探究、合作和交流中； (2)认真倾听,能张扬个性,敢于质疑,有自己独特的见解和观点	★★★	★★★	★★★
课后	(1)保质保量完成老师布置的任务； (2)能有效积累与复习	★★★	★★★	★★★

国际理解能力				
评价内容	评价指标	自评	组评	师评
国家认同	(1)低段:文化认同感增强,热爱祖国的大好河山,热爱自己的骨肉同胞,热爱祖国的灿烂文化。 (2)中段:政治认同感提升,认可国家基本制度,拥护社会发展道路,支持国家方针政策。 (3)高段:民族认同感强化,了解我国是有56个民族的统一的多民族国家,中华人民共和国是所有中华儿女的共同家园,铸牢中华民族共同体意识,反分裂,倡交融,促进民族团结	★★★	★★★	★★★
世界各民族文化理解	(1)低段:了解不同国家人民的衣食住行等日常生活情况。 (2)中段:了解世界上的不同语言环境,了解不同国家的地理概况、文化习俗、珍贵遗产等。 (3)高段:感受世界多元文化的差异	★★★	★★★	★★★
全球责任	(1)低段:了解世界环境、信息技术、科技与人类的关系,了解联合国组织机构及其为世界和平发展所作的努力。 (2)中段:关注国际社会的和平与发展,从中理解世界各国的相互关联与相互依存,扩大国际视野和胸怀。 (3)高段:形成对国际社会热点问题的思辨能力、价值判断并能在深度讨论的基础上形成自己的独特见解;体会大自然的美好,形成爱护地球、热爱环境、热爱生命的概念;树立人类命运共同体的观念	★★★	★★★	★★★

续表

乐群品质					
评价内容	评价指标	自评	组评	师评
悦身心	(1)悦己:自己成就自己,会适应,会调节。 (2)悦人:在学习与交往活动中,能够成就他人,诚恳地帮助同伴获得幸福感	★★★	★★★	★★★
会合作	自主地在群体中合作:主动地承担,密切地协作,机智地应变	★★★	★★★	★★★
善思辨	思维有活度:辩证统一、求异创新	★★★	★★★	★★★

(二)评价办法

1. 课堂评价

课堂评价是教学的有机组成部分。教师应面向全体学生进行评价,评价内容包括学生在学习过程中的行为表现、学习态度、课堂学习阶段目标的达成情况等方面。教师通过观察学生的各种表现,主要是在自然生活中留心观察,也可以根据需要创设的具体情境进行有意识的观察,并及时记录。教师的记录方式需多样,可以面向集体的基本情况,也可以选择不同的观察内容作重点专项记录。

2. 作业评价

作业评价作为课堂教学的有效延伸与补充,是促进学生学习发展的手段之一,是学习评价的重要组成部分。作业设计应注重素养意识,体现开放性、情境性、整合性,难度合理,类型多样,包括独立完成型与团队合作型、书面型与活动实践型、巩固练习型与创意实践型,以及共性化作业与个性化作业。

3. 典型表现评价

定期组织学生完成各种相关作品并展示,教师给出一定程度上的评价。

4. 学生档案袋评价

收集学生作品以及相关学习资料、教师及同伴对学生的评价以及学生的自我评价,形成学生自己独有的档案袋,教师和学生可以据此定期观察学生的学习动态。

八、课程资源

(一)课程资源开发建议

1. 在进行教学设计时,教师应遵循学生身心发展规律,为学生的发展创造条件,既要使学生感知国际,又要增强学生的爱国情怀。

2. 教科书仍是重要的学科课程资源,教师根据教科书进行课程开发与创造。

(二)已有课程资源列表

1. 典型教学设计、课件等:国际理解课程资源包含教学设计和PPT课件,分为低、中、高三个学段,共有三个模块共18个课时:"水污染知多少""过年啦""东南亚饮食文化""空气污染知多少""走进端午节""走进东南亚节日文化""夏季奥运会""中国的节日——中秋节""冬季奥运会""中国的节日——重阳节""走进东南亚艺术文化""谁动了我的疫苗?""世界动物保护协会""书联迎春""走进欧洲节日文化""走进欧洲礼仪文化""云彩落在你肩上""给国宝穿新衣"。

2. 其他资源:国际理解之学生读本《童眼看世界》。

成都高新区中小学特色课程设置方案

课程名称	天府文化青铜数字美术特色课程		
开发学校	成都高新区锦城小学	开发教师	邵红清、王倩、吴优、瞿涵
适合学段	小学全学段	开发时间	2021—2022年
课时总数	14课时	涵盖学科	语文、音乐、科学、信息技术
获奖情况	无		

一、课程背景

"双减"背景下,锦城小学以"儿童是教育的唯一中心"为办学理念,以培养"悦身心·会合作·善思辨"儿童为目标,打造学校美育特色课程。2015年,四川省教育科研资金项目重点课题"创建中小学艺术馆及艺术馆教育的设想和研究策略"更促使学校以天府青铜文化为载体设计美育课程。2018年,学校"青铜美术工作坊"代表高新区取得成都市第十三届中小学生艺术节一等奖的优异成绩。

艺术新课标中提出:艺术教学应与时俱进,运用现代媒介和数字媒体技术再现与表现世界,在艺术的世界中求真、崇善、尚美。锦城小学以此为转折点,结合办学理念和培养目标,整合资源,倾力打造天府文化青铜数字美术特色课程,形成符合锦城小学艺术特点的品质课程,同时解决以下问题:青铜文化在学生生活中并不常见,多数孩子对其比较陌生,让学生接受从内涵到形式较为传统的艺术和文化较为困难;二是学生缺少围绕青铜文化主题的正式体验,造成对青铜文化的理解容易流于表面;三是数字美术课堂的学习时间与空间的限制,以及如何提升课程创新性。

二、课程性质

天府文化青铜数字美术特色课程属于校本选修课程。本课程以传承与创新天府青铜文化为核心,旨在让学生认真挖掘其优秀而健康的文化,通过在课上或课外欣赏其精美的青铜文物,感受青铜文化神秘的文化底蕴,提升审美素养,发挥想象,尝试运用泥塑、综合材料以及电脑绘画等多种方式来塑造它们,激发对青铜文化的兴趣和热爱,继承和发扬本土文化的优良传统,并在此基础上进行创新,赋予其时代特色。

三、课程理念

艺术新课标中的课程理念所体现的基础教育阶段艺术课程的追求为教师的课程教学指明了方向。古蜀青铜文化是中华传统文化的代表,青铜制品不仅造型庄重古朴,而且蕴含了浓厚的神秘色彩,一直滋养着天府的文化命脉。三星堆遗址出土的青铜器令世界赞叹,记录了西南古蜀国的经济、文化、政治情况,向人们展现了波澜壮阔的历史画卷。青铜神韵展现了古代蜀国的文化自信,而这正是学校美术教育的核心。将青铜文化作为当代美术教学载体,通过使用现代科学技术,运用电脑媒介展现青铜文化作品,让学生在学习传统绘画技能与美术知识的同时,还可以运用信息科技手段,让学生感受、触碰到博大精深的三星堆青铜文化,体验电脑美术带来的乐趣与意想不到的效果,并体会青铜文化作品的不同风格与特点,激发学生对四川本土文化的热爱,这是天府文化青铜数字美术特色课程的基本理念。

四、课程目标

（一）总目标

基于深厚的天府青铜文化背景，围绕立德树人的根本任务，拓宽学生的艺术视野，通过对天府青铜文化的体验和研究，激发学生对青铜文化的兴趣和热爱，提升学生的创意实践和合作探究能力，帮助学生感知青铜文化蕴藏的美术知识与艺术魅力，增强学生的文化自信，增强学生自觉传承与创新优秀文化的责任心和使命感，铸牢中华民族共同体意识。

（二）具体目标

作为一所百年老校，锦城小学秉承"儿童是教育的唯一中心"的教育思想，以"悦身心·会合作·善思辨"为育人目标，提倡让学生在活动中学习，有品质地成长。

1. 学习了解天府青铜文化

通过校本活动课程，学习天府青铜文化的起源与历史，了解青铜器的工艺程序，感受青铜文化的艺术魅力，收集整理与天府青铜文化有关的典故和神话传说，合作探究天府青铜文化的各个方面，培养学生的团队合作意识和探究能力；欣赏古蜀青铜工艺之美，弘扬古蜀文明，传承天府文化。

2. 在活动中体验天府青铜文化

组织成立天府文化青铜数字美术工作坊，研究天府青铜文化特色课程，让学生在活动中体验学习。通过博物馆研学，走访青铜手工艺人，了解基本的青铜手工技法，运用传统工艺与数字媒体重塑经典，增强学生对古蜀文化的热爱。

3. 丰富审美体验，提升审美情趣

巧夺天工的古蜀青铜吸引了世人的目光，这是人民劳动和智慧的结晶。让学生观察这些精美的艺术精品，在感受它们外观美的同时欣赏不同艺术家创作的平面、立体与3D空间青铜主题作品，培养学生从文字到平面，再到立体造型，最后到数字媒介传播这一过程的认知能力、技能操作和审美能力。

4. 增强文化自信，激发传承与创新青铜文化的使命与责任感

天府青铜文化是我国重要的物质文化遗产，它沉淀和凝聚了大量的优秀文化内容。通过校内与校外的青铜特色活动，从准备、实施、总结与反思、拓展与延伸四阶段以学生的视角来分解学习任务，设计有针对性的学习活动，以亲身体验为问题解决提供支持，让学生在活动中养成探索历史人文知识的习惯，激发学生对天府青铜文化的兴趣和热爱，增强学生的文化自信，唤醒学生自觉传承与创新优秀传统文化的责任心和使命感。

五、课程内容

本课程适用于小学二至六年级学生，包含拓展课程、研究课程和资源课程，共设置了五个主题篇章——电脑绘画、定格动画、绘本插画、设计课程、综合材料（见表3-40）。结合小学生好奇心较强的特点，本课程以学生体验、感知天府青铜文化为核心，循序渐进，让学生在一个延续的、有专业教师指导的青铜文化特色课程中，通过课前主动探究学习掌握天府青铜文化知识，课中有目的地亲身体验、验证应用知识技能，课后汇报反思、感悟天府青铜文化内涵，从而掌握自主学习、合作探究和体验式学习的方法；让学生在天府青铜文化的学习环境中，养成热爱家乡、热爱家乡文化的意识，实现天府青铜文化特色课程的有效开展。

表3-40　五个主题篇章课程设置

主题	内容
电脑绘画	青铜人面笑哈哈
定格动画	铜眼看历史
绘本插画	梦里古蜀
设计课程	参观券的设计
	青铜纹饰"包罗万象"
	我的收藏卡
综合材料	给国宝穿新衣
	古蜀三星堆
	古蜀娃娃
	千年文明,上古传奇
	青铜猫头鹰
	青铜面具之刻印之美
	青铜书签
	人面仿铜工艺盘

六、课程实施

（一）拓展课程：以"美术+"建设的思路为学生提供合适的课程

"美术+"采用美术学科课程与青铜特色课程有机结合的模式,以美术学科课程为中心,从"欣赏·评述""造型·表现""设计·运用""综合·探索"四类艺术实践进行研究,分学段设置不同的学习任务,并将学习内容嵌入学习任务中。根据学习内容和学生的认知水平寻找切合点,将青铜文化渗透进美术学科,让学生在提升美术素养的基础上,拓宽眼界,增长见识。

（二）研究课程：以多样化建设思路满足学生个性发展的需求

研究课程注重鼓励学生个性化的发展。无论是综合实践主题活动还是特色社团课程,学校均为学生提供了丰富的选择,鼓励学生发扬个性,培养学习兴趣。

1.青铜特色综合实践活动

该类课程以儿童成长发展为重心,激发学生学习动力,让学生在活动中学习,有品质地成长。

依托校本课程,学校充分利用三星堆博物馆古蜀青铜文化资源,设计实施了系列主题活动。如以"博物馆探秘之古蜀青铜文化之旅"主题活动为例,活动以"读、寻、秀"为主线,分为准备、实施、总结与反思、拓展与延伸四个阶段,让学生在活动中养成探索历史人文知识的习惯,学会交往,善于沟通,具有基本的合作能力、团队精神,成为主动思考、积极行动的人。

2.青铜数字美术社团课程

该类课程将多样与优质相结合,成为学生素养培育的沃土。社团课程是学校品质课程研究的重要内容,从开设之初就注重学生自主选择和多样发展。从实质上培养学生的能力,提升学生的责任意识和担当能力,开阔学生的视野,并促进学生核心素养的培养。在构建天府文化青铜数字美术特色课程的过程中,锦城小学结合"双减"背景下的综合素质评价要求,进一步优化课程设置,一方面在已有的校本课程基础上鼓励学科特色课程研究和整合,另一方面采用多种评价方式确保课程质量的提升。现今,学校开设了青铜定格动画、青铜交互式数位板绘画、天府拓印以及墨客书院等社团。每周一到周五的下午,学生会自主选择社团参加活动。在评价方式上,社团课程根据课程特点分别采用学科档案袋、银杏舞台展示以及文创艺展等多种形式进行评价。每学期学校还会对优秀社团的教师和学生给予奖励,努力激发学生学习的主动性。

(三)资源课程:以动态化的课程为学生个性化发展开阔视野

1.利用多元资源,拓宽视野思维

学校充分利用各种资源,开阔学生的视野,丰富学生的人文艺术底蕴,鼓励学生对校园文化走廊进行美化创作,引导学生开展设计校园青铜博物馆的参观券、明信片以及100周年校庆文创纪念品等活动。

2.引进艺术资源,提升品牌内涵

学校资源课程秉着"引进来,走出去"的开放办学思路,开发了多个领域的课程,比如:三星堆文化走进校园——吉金铸史的特色课程,充分发挥三星堆博物馆的社会教育功能,从三星堆历史文化、青铜器铸造方法等方面使学生浸润在传统艺术的氛围中,让学生在耳濡目染、潜移默化中提升人文艺术素养。

此外,提升特色校园品牌,还需与大、中、小社会机构建立美育联动机制,开拓美术教学新途径。因此,学校与成都大学美术与设计学院共同申报的成都市中小学文创合作项目课题已经立项。学校可组织学生前往成都大学的青铜数字美术工作坊参观学习,双方将在美育课程开发、美育师资培训、美育活动展示等方面共享艺术资源。

七、课程评价

(一)评价量规

评价是检验提升教学质量的重要方式和手段,需要充分发挥评价的诊断、激励和改善功能,促进学生发展。本课程坚持以素养为导向,坚持以评促学,重视表现性评价,坚持多主体评价,从学生在整个艺术学习过程中的学习态度、过程表现、学业成就等方面进行评价。

(二)评价办法

1.课堂评价

关于课堂评价,艺术新课标中指出:"通过观察、提问、交流、记录等方式,了解学生在欣赏、表现和创意实践等过程中的学习进程、行为表现,分析、把握学生的学习态度、学习体验、学习困难,给予必要的指导。"教师可通过学生的课堂学习行为、课堂学习态度、课堂学习阶段目标的达成情况,运用观察、提问、交流、记录等方式,对学生进行学习评估,如表3-41所示。

3-41 青铜定格动画课堂学习评价表

学生姓名			班级			
学习习惯						
评价内容				评价方式		
				自评	互评	师评
课前	1.能做好课前准备,带齐本节课所需的工具材料; 2.提前到达社团教室,整理上节课未完成的作品并等待老师上课				★★★	★★★	★★★
课中	1.上课认真聆听,积极举手发言,不随意打断老师的讲解; 2.同学发言时,耐心倾听,积极思考,不做与本堂课无关的事情; 3.创作时,能积极主动地大胆尝试制作相关艺术作品				★★★	★★★	★★★
课后	1.能及时回顾当堂课的学习内容,解决重难点; 2.能够独立完成老师布置的艺术实践作业				★★★	★★★	★★★

综合实践能力				
评价内容	评价内容	评价指标		我的成绩
9月	青铜定格动画《三星记——龙的传说故事》剧本编写	能按要求独立完成剧本的编写任务,按照积分制排名。 1.能在老师的指导下搜集并整理三星堆关于龙的相关资料(★); 2.能根据资料提供的信息,进行故事编写(★★); 3.故事情节生动、有创意且符合时代特征,书写规范(★★★)		★★★
10月	调整剧本内容,并根据需要绘制剧本中的角色人物和分镜草图	能在老师的指导下对剧本进行二次修改,绘制主要角色人物并根据剧本需要画出分镜草图。按照积分制排名。 1.能独立完成剧本中主要角色的刻画,包含正面、侧面和背面(★); 2.角色刻画细致,设色美观(★★); 3.能根据剧本需要绘制出分镜草图(★★★)		★★★
11月	分镜绘制	能独立完成分镜头人物角色的制作,按照积分制排名。 1.色彩单薄,人物角色简单,无细节装饰(★); 2.分镜中人物角色有特点,有细节刻画(★★); 3.能在老师的指导下,基本完成分镜线稿(★★★)		★★★
12月	定格动画《三星记——龙的传说》第一章拍摄	能根据任务要求进行定格动画拍摄,以运动轨迹流畅为标准,按照积分制排名。 前30%为★★★,中间40%为★★,最后30%为★		★★★

2.作业评价

作业评价作为课堂教学的有效延伸与补充,是促进学生学习发展的手段之一,是学习评价的重要组成部分。作业设计应注重素养立意,体现开放性、情境性、整合性,难度合理,类型多样,可包括独立完成型与团队合作型、书面型与活动实践型、巩固练习型与创意实践型,也包括共性化作业与个性化作业。例如,锦城小学王倩老师设计实施的五年级课程"青铜纹饰——包罗万象",就布置了一个开放性的课后作业,通过一份学习单来完成。

图3-25 五年级下册"青铜纹饰——包罗万象"实践作业单

3.期末评价

期末评价应立足于学生艺术素养的发展状况进行,包括课堂评价、作业评价和期末考核的结果。其中,期末考核要依据本学期的课程目标、内容、教学实际组织实施,注重采用具有综合性的题目或任务,可运用表演、展示、纸笔测试、档案袋等方式进行考核。

(1)运用学习单开展评价;
(2)运用成长档案袋开展评价;
(3)运用成长手册开展评价。

八、课程资源

(一)课程资源开发建议

(1)学校美术课程深入学习艺术新课标的框架体系,深入构建艺术新课标下美术课程的内容体系。以"综合融通"的形式对课程进行延伸、补充、拓展和整合,建构多元立体的美术课堂。为了继承和弘扬中华优秀传统文化,学校以青铜艺术教育为突破口,深入推进融合课程,每学期学校都开展以"青铜文化进课堂"为主题的课程活动,以此来丰富与建设学校美术课程内容。

(2)开发天府青铜文化研学资源,借用成都金沙、三星堆青铜文化资源,通过多种措施,创设优美的学校美育环境,在共享社会美育环境的同时,也分享给社会大量的美育资源。

(3)对于学习资源的准备,教师要充分运用资源,实现教学创新。针对天府青铜文化主题,教师首先要了解青铜文化的内涵,提升信息技术运用能力,尝试将数字媒体与天府青铜文化相结合,通过青铜数字交互式体验、成立定格动画兴趣小组、电脑数位板绘画等活动营造浓厚的天府青铜文化学习氛围。

(二)已有课程资源列表

天府文化青铜数字美术特色课程包括十四个主题活动的课程教学设计、课件。

成都高新区中小学特色课程设置方案

课程名称	"我是小小志愿者"综合实践活动课程		
开发学校	成都高新区锦城小学	开发教师	刘青霞
适合学段	五至六年级	开发时间	2022年4月
课时总数	13学时	涵盖学科	语文、数学、英语、劳动、美术、音乐、科学、心理
获奖情况	无		

一、课程背景

教育部印发的《中小学综合实践活动课程指导纲要》要求学生能从社会生活中获得丰富的实践经验，形成并逐步提升对社会和自我之内在联系的整体认识。志愿服务是综合实践活动形式——社会服务的重要内容之一，强调学生在满足被服务者需要的过程中，获得自身发展，促进相关知识技能的学习，提升实践能力，成为履职尽责、敢于担当的人。《中小学德育工作指南》强调要广泛开展与学生年龄、智力相适应的志愿服务活动。《中国学生发展核心素养》强调学生的社会责任意识培养，要求学生热心公益和志愿服务。

锦城小学秉持"学生是教育的唯一中心"的教育思想，以立德树人为根本任务，以培养担当民族复兴大任的时代新人为方向，着力培养"悦身心·会合作·善思辨"的锦小儿童。本着实践育人和服务社会的原则，充分尊重学生的主体性，学校设置了"我是小小志愿者"综合实践活动课程，引导学生获得必要的志愿服务相关知识，为学生参与志愿服务提供支持和保障，调动学生参与志愿服务的积极性，增强与提高学生志愿服务意识和能力，让学生在志愿服务学习、实践活动中树立主人翁的意识和责任感，为更好地服务祖国、服务社会打下基础。

本课程定位：了解服务岗位的要求，学习做好志愿服务的相关知识，开阔视野；在志愿服务中增强实践能力和合作分享交流能力，丰富生活体验，获得自我价值的肯定，培养责任意识和公益心。

二、课程性质

"我是小小志愿者"综合实践活动课程是校本特色选修课程，属于综合实践活动课程。在坚持自愿原则和力所能及、重在参与的基础上，让学生通过课程学习，了解志愿服务，掌握志愿服务的知识和能力，倡导学生通过一定方式成为志愿者，在校期间参加一定时间的志愿服务，使参与志愿服务逐步融入校园文化并成为学校育人的重要环节，推动学生志愿服务学习常态化，让参与志愿服务成为小学生的自觉行动。

三、课程理念

（一）突出志愿服务活动的育人价值

锦城小学志愿服务活动是学生德育的重要载体，围绕"立德树人"的根本任务，本课程旨在培养学生健康人格与心理品质，通过课程学习，促进学生树立正确的世界观、人生观、价值观，具备强烈的社会责任感，为学生提供丰富体验，让学生在志愿服务学习、实践活动中重新完成知识建构、表达创新，提升实践能力、合作沟通能力、组织能力等，培育学生积极的心理，塑造学生良好的意志品质，帮助学生树立坚定的理想信念。

(二)尊重学生的主体性

综合实践活动是充分发挥学生主体性的课程,它要求学生积极参与并独立实践,教师相应地进行指导和引导。"儿童是教育的唯一中心",本课程强调以学生为中心,根据小学生的心理认知、能力发展特点,基于学生的现实生活,体现学生的利益,促进学生综合素养的发展。在学生自愿、主动的志愿服务学习、实践活动中,满足学生更深层次的"体验"需求,让学生积累知识、启迪思想、锻炼能力,激发学生小主人翁的责任感和使命感,自觉将美好品德内化于心,付诸行动,达到知行合一。

(三)侧重学习和体验

本课程定位为培养具有奉献精神、责任感和志愿者精神的人,重点在于引导小学生"学做志愿者",根据小学生的心理、认知发展规律,以志愿服务体验活动为重要学习方式,搭建多元志愿服务平台,强化志愿服务感知,让学生在实践中亲身体验、主动体验、快乐体验,在志愿服务活动中传递文明、完善自我,提升学生对志愿服务的认知,培养学生的奉献精神和责任意识,增强学生的实践能力。

四、课程目标

(一)总目标

"我是小小志愿者"综合实践活动课程的目标主要从志愿服务活动的学习功能、服务功能、发展功能三个维度出发,确定为促进学生志愿服务知识技能的学习、提高学生志愿服务综合能力的水平、培养学生志愿服务的精神。

(二)具体目标

1. 价值体认

通过志愿服务学习、体验活动,让学生了解志愿服务的基本内涵、志愿服务的基础知识和技能,认识志愿服务的主要内容及重要意义,唤醒学生的服务意识,在参加志愿服务的具体行动实践中,获得成功、快乐的情感体验,对自我价值、对志愿服务的情感认同,形成积极主动的志愿服务意识,培养学生的志愿服务精神。在志愿团队合作中,促进学生组织观念和集体思维的形成,激发学生的主人翁意识和责任感,使学生以更加积极的态度投身到志愿服务的学习和实践中。

2. 责任担当

通过学习志愿服务知识技能,体验志愿服务实践活动,让学生对学校、社会、他人有更多的了解和认知,在服务他人的过程中,关注社会、关照生态环境、关爱他人,不断完善提升自己的知识能力,传播文明美德,自觉践行社会主义核心价值观。在团队合作中,培养学生主动作为、主动承担、乐于分享的意识,提升学生的志愿服务意愿。

3. 问题解决

本课程强调引导学生综合运用各学科知识,认识、分析和解决在学习和志愿服务实践活动中的现实问题,如学习研究如何组织活动、人际交流、资源整合等问题,引导学生学会收集、记录、整理资料,培养学生的分析和综合能力,提升学生的综合素质,着力发展学生的核心素养,特别是实践能力。

4. 创意物化

"我是小小志愿者"综合实践活动课程引导学生综合使用学科知识,依据志愿服务活动的需求,鼓励学生大胆创想,激发学生解决问题的兴趣、热情和学习技能的意愿,培养学生的动手能力和创新能力,从而进一步激发学生更加积极主动参与志愿服务行动。如学生在志愿服务中形成的志愿服务日记和心得,制作的公益宣传小报、宣传标语、公益短视频等。

五、课程内容

"我是小小志愿者"综合实践活动课程适用于五、六年级的学生,课程内容主要包含三个篇章,即"认识志愿者""学做志愿者""体验志愿者的快乐"(见表3-42)。第一篇章为"认识志愿者",引导学生初步认识志愿服务的内涵、重要意义、精神、内容等,6个教学点,共6个学时;第二篇为"学做志愿者",引导学生怎样做一名志愿者,如何进行志愿服务,小学生可以做什么志愿服务,以及志愿服务中应注意的安全等事项,帮助学生从心理状态、知识储备、服务技能方面做好践行志愿服务行动的准备,3个教学点,共3个学时;第三个篇章为"体验志愿者的快乐",有2个教学点,每个教学点都分为计划制订、志愿服务活动开展、总结反思三个环节,共4个学时,通过指导学生开展具体的志愿服务活动,引导学生主动参与志愿服务实践行动,在志愿服务活动中促进学生运用所学知识,调查发现问题,制订志愿服务活动计划,团队合作解决遇到的困难和问题,以主人翁的责任感,发挥志愿服务精神,在服务他人的同时,实现自身的价值,获得精神上的收获感。在志愿服务行动中,使学生不断完善提升自身的综合能力,并在反思总结中,更加全面深入地认识志愿服务,更加积极主动地将志愿服务融入自己的精神生活和日常生活。

表3-42 "我是小小志愿者"课程设置

课程主题	课程内容	设计学科
认识志愿者	1.你好,志愿者!	语文、英语、计算机
	2.志愿者的意义	语文、英语、心理
	3.志愿者的精神	语文、英语、心理
	4.志愿者的组织	语文、英语、心理
	5.志愿者的素养	语文、英语、心理
	6.志愿者的榜样	语文、计算机
学做志愿者	1.怎样做一名志愿者	语文、计算机
	2.怎样进行志愿服务	语文、计算机、数学、科学、心理、音乐、美术、舞蹈
	3.志愿服务中的重要事儿	语文、计算机、劳动、安全、心理、科学
体验志愿者的快乐	1.我是校园小小志愿者	语文、数学、劳动、美术、心理、科学
	2.我是环保小小志愿者	语文、劳动、计算机、美术、音乐、心理、科学

六、课程实施

(一)教学安排

"我是小小志愿者"综合实践活动课程由学生发展中心统一部署实施,以学校大队部志愿服务部为学习基地,每学期开展一期课程。春季学期从4月第一周的周一开始,每周一午课时间组织授课,共计13周完成一期课程;秋季学期从10月第二周的周一开始课程。授课教师队伍由大队辅导员和五、六年级的心理、科学、美术、音乐学科教师组成,每两名教师负责一个教学点的授课指导。志愿服务部在大队辅导员的指导下,于3月、9月在全校通过红领巾广播站进行课程宣传,五、六年级学生自主报名,班额为60人一期,报满截止。授课教师在大队辅导员的指导下,记录学生的学习过程,指导学生自主开展志愿服务活动,充分发掘校内、校外志愿服务活动资源,拓宽学生志愿服务体验空间,并收集学生的学习、实践成果,通过学校公众号"乐·J城"板块进行宣传。课程实施效果纳入学生发展中心教师德育考核。

(二)教学建议

1. 充分发挥学生的主体性

本课程尊重学生主体，充分认识五、六年级学生认知发展的特点，无论是在知识讲授方面，还是在指导学生组织志愿服务活动方面，都及时关照学生对志愿服务的理解和感受，引导学生主动思考，发现问题，探讨解决问题。信任学生，调动学生的主观能动性，培养学生合作探究、解决问题的能力。同时，教师从知识、技能、心理等方面给予学生全面支持，做好学生志愿服务行动的顾问。

2. 多样化教学方式激励学生主动参与志愿服务

在"我是小小志愿者"课程中，对于志愿服务知识性的内容学习，教师采用丰富的教学形式，充分调动学生学习的积极性，如观看志愿服务视频案例，讲志愿服务故事，组织小组内、小组间分享汇报，邀请志愿者讲一讲志愿服务经历等，让学生对志愿者、志愿服务有全面的认识，把主动奉献、志愿服务精神的种子深植在学生心里，激励学生主动参与志愿服务。

3. 在实践中培养学生的志愿服务精神

从小学生的认识、能力水平出发，组织学生设计、开展志愿服务实践活动，让学生在真实的服务活动中，深入了解校园、社区，关爱他人、关注社区、接触社会，理解人与人、人与社会之间的关系，让学生运用自己所学的知识和技能，服务他人，服务社会，得到服务对象的认可，得到鼓励和称赞，从中获得被认可、被需要的满足感和快乐，获得作为志愿者的成就感，从而更加深入全面地认识志愿服务，理解志愿精神的真谛。

4. 在解决真实问题中提升学生的志愿服务能力

引导学生在做中学，在服务中学，是"我是小小志愿者"综合实践活动课程的重要特点，通过志愿服务基础知识、技能的教授，为学生的志愿服务实践做好准备，引导学生在志愿服务活动中运用所学知识和技能，团队合作解决遇到的难题，在问题解决中锻炼团队协作能力、与人沟通的能力、组织能力、创新能力、知识迁移能力等，提升自身综合能力素养。

七、课程评价

(一)评价量规

"我是小小志愿者"综合实践活动课程关注学生在整个学习、活动过程中的表现，重视学生参与活动的过程以及实践体验，将评价贯穿始终，凸显过程性。指向促进学生发展，关注学生的成长过程，注重学生自觉主动意识、责任担当意识、服务他人的意识、沟通协作能力、情感体验方面的成长提升；尊重个体差异，让每个学生都做更好的自己。以质性评价为主，量化评价为辅，主要采用过程性评价量表，为学生的成长发展提供纵向自我对比、横向群体对比的参考依据，采用档案袋评价方式来记录学生开展社会服务活动的过程，让每个学生都能得到属于自己的评价(如表3-43所示)。

表3-43 "我是小小志愿者"综合实践活动课程过程性评价量表

学生姓名			自己评	小组评	老师评
评价内容	评价项目	评价标准			
志愿服务知识学习	主动学习意识(10★)	积极主动参与志愿服务知识学习			
	志愿服务知识掌握(10★)	通过学习，知道志愿服务精神、志愿服务组织及标志，认识到志愿服务的重大意义			
	志愿服务技能掌握(10★)	掌握基本的志愿服务文明礼仪、安全技能，具有团队合作、人际交往、分析解决问题的能力			
	积极参与小组学习讨论(10★)	在学习中，主动积极参与小组讨论，完成组内学习任务			

续表

评价内容	评价项目	评价标准	自己评	小组评	老师评
志愿服务体验实践	志愿服务意识(10★)	积极主动参与志愿服务活动			
	志愿服务精神(10★)	团结友爱,主动奉献,关爱他人,关心社会			
	志愿服务质量(10★)	在志愿服务中,清楚被服务者的真实需求并提供优质的服务			
	团队协作(10★)	主动承担团队任务,遇到问题积极主动沟通,关心团队成员			
	问题解决(10★)	遇到问题,能够主动分析问题,提出可行的解决策略			
	志愿服务反思总结(10★)	能够对自己的志愿服务进行反思,总结优点与不足,提出改进提升措施			
学生自评	总结进步:				
	反思:				
教师评语	优点:				
	不足:				
家长评语	你的优秀表现:				
	鼓励:				
被服务者评语	我想对你说:				

(二)评价办法

1.评定星级志愿者

对学生志愿服务学习、实践活动的全过程,根据"我是小小志愿者"综合实践活动课程过程性评价量表,采用积星制,凭累积星星数,以及志愿服务记录表中的服务时长,可以参与星级志愿者评定,并在学校进行公开表彰,激发学生主动参与志愿服务活动课程的意愿(如表3-44所示)。

表3-44 星级志愿者评定表

集星数>100★ 志愿服务累计时长>1小时	授予一星级志愿者
集星数100★~150★ 志愿服务累计时长>3小时	授予二星级志愿者
集星数150★~200★ 志愿服务累计时长>6小时	授予三星级志愿者
集星数200★~250★ 志愿服务累计时长>10小时	授予四星级志愿者
集星数250★~300★ 志愿服务累计时长>12小时	授予五星级志愿者

2.指导建立学生活动课程成长档案袋

教师指导学生选择在志愿服务学习、实践活动课程中形成的、有代表性和教育意义的资料,放入自己的活动成长档案袋。在统一的标准下进行个性化指导,帮助学生收集整理活动记录、典型事实材料以及其他有用材料,并指导其分类整理,形成学生的活动档案袋。如指导每个学生自建档案袋,档案袋的封面按照要求写清楚班级、姓名、课程主题,档案袋内放入学生的志愿服务知识学习笔记、志愿服务活动日记、有代表性的照片、活动感受、经验总结、活动物化资料等。

3.评价主体多元化

遵循评价主体多样性原则,本课程评价主体包括学生、教师、同伴、家长以及服务对象。全面客观地对学生的学习、活动过程进行评价。

4.注重学生的自我评价

本课程依据学生的活动实践、切身体验,引导学生对自己与同伴的活动过程、方法与结果进行反思性评价,注重增强学生的自我评价意识,注重对学生自我评价权利的保障。

八、课程资源

(一)课程资源开发建议

1.教材资源的开发

教师依据学生的认知特点,根据课程内容,明确教学目标,以促进学生的发展为导向,在教学过程中,从校园内、社区等学生熟悉的场域,发掘志愿服务的典型案例,通过具体案例分析,引导学生从中了解、学习志愿服务的基本知识和技能。根据学生在志愿实践体验活动中出现的问题,对课程资源及时进行更新迭代,不断丰富课程资源。

2.学习资源的准备

教师针对志愿服务教学的具体内容,除了通过网络搜集视频案例、志愿者服务活动、志愿者榜样信息外,还可以以自身的志愿服务经历,或者邀请具有志愿服务经历的学生、家长、社区工作人员进入课堂,对学生进行讲解引导,让志愿服务理论知识的学习鲜活生动。

3.建立志愿服务基地

在校内、社区建立志愿服务基地,为志愿服务课程的开设提供有力保障。教师根据学校各项活动开展的志愿服务需求,成立志愿服务社团组织,或者以大队部为依托,成立志愿服务部,开发适合学生知识能力水平的志愿服务项目。同时,学校与社区保持紧密联系,根据社区志愿服务需求,开发适合小学生开展的、固定的志愿服务项目,扩大学生志愿服务的范围,拓展志愿服务的空间,为学生的志愿服务提供支持。

4.完善安全保障机制

为了保证学生参与志愿服务的规范性,需要建立和完善学生志愿服务活动的安全保障机制,确保学生参与志愿服务的人身安全。教师要针对学生的志愿服务项目,进行相应的安全教育,提高学生应对突发事件的能力。做好安全预案,充分考虑学生在志愿服务过程中可能出现的问题,提前做好准备,避免不安全的状况出现。

(二)已有课程资源列表

三个篇章11个教学点的教学设计、课件:"你好,志愿者!""志愿者的意义""志愿者的精神""志愿者的组织""志愿者的素养""志愿者的榜样""怎样做一名志愿者""怎样进行志愿服务""志愿服务中的重要事儿""我是校园小小志愿者""我是公益小小志愿者",以及"小小志愿者志愿服务记录表"。

成都高新区中小学特色课程设置方案

课程名称	"阅·成长"全阅读特色课程		
开发学校	成都高新区锦城小学	开发教师	李雪梅、康涛霞、江凌、陈雨菡、田魏、梁维维、周婧、葛文瑾、袁梦希
适合学段	小学全学段	开发时间	2021—2022年
课时总数	24课时	涵盖学科	语文、数学、英语、科学、美术、心理等
获奖情况	我校曾就该课程在第十一届全国自主教育联盟北京论坛中作专题交流,获专家好评		

一、课程背景

(一)时代发展的新要求

2022年4月23日,首届全民阅读大会在北京开幕,习近平总书记发来贺信。他表示,阅读是人类获取知识、启迪增慧、培养道德的重要途径,可以让人得到思想启发,树立崇高理想,涵养浩然正气。希望孩子们养成阅读习惯,快乐阅读,健康成长;希望全社会都参与到阅读中来,形成爱读书、读好书、善读书的浓厚氛围。

(二)课程资源的有效开发利用

随着"双减"政策落实和新课标的发布,立德树人、"五育"并举已成为时代教育的新要求。在这些要求的指引下,课程资源的开发将有效促进学生综合能力的提升。其中,阅读课程的开发将具有重要的意义和价值,它将会提升学生的阅读素养,更加丰富和完善学生的知识结构,最终促进学生全面发展。新课标也把阅读提升到了空前重要的位置,凸显了阅读作为重要学习任务群的地位和作用。因此,如何实现有效阅读、如何让阅读成为学生自觉自主的行为,需要我们开发出适合学生的阅读课程资源,在课程的实施与评价中不断提升学生的阅读素养。

(三)开创综合立体的阅读模式

目前,阅读理论和实践都是基于语文学科的教学,但是在学生的阅读实践活动中,阅读是跨越语文学科的。数学、科学、音乐、美术、英语等学科都渗透着课内与课外的结合,科内与科外的整合,在学生的知识结构应综合化的背景下,我们必须从只关注单门学科阅读的狭隘观念中跳出来,形成小学生"全阅读"的意识,开创综合立体的阅读模式。

基于此,锦城小学坚持"五育"并举、立德树人,在"晓看红湿处,花重锦官城"的办学愿景下,以"儿童是教育的唯一中心"为教育思想,在"优美和乐、共同协作"的办学理念下,立足"让每个儿童经历多彩童年"的办学诉求,为打造书香校园,整体提升师生核心素养和自主发展能力,特实施全阅读特色课程。

二、课程性质

全阅读特色课程是学校特色校本课程,旨在促进学生养成阅读习惯,进行有方法的深度阅读,以及达到有收获的愉悦阅读。通过实施梯度化的全阅读课程、任务驱动化的整本书深度阅读,打造充满书香的阅读环境;通过开展丰富多彩的阅读活动等,以培养学生"悦身心·会合作·善思辨"的乐群品质为目标,充分体现学生的自主学习、深度阅读习惯,最终提高师生阅读核心素养,提高育人质量。

三、课程理念

"通过阅读"(工具论)和"为了阅读"(目的论)这两者的有机结合,即"全阅读"的真谛。基于此,我们认为:全阅读是以"阅读是生命存在的重要方式"为理念,以"良好阅读行为习惯的养成"为重点,以提升学生阅读素养为目标,通过强化学生自主阅读以实现身心全面发展的全科、全员、全域的阅读方式,即"三全阅读"。它既是一种阅读的理念,也是我们倡导的阅读方式。其中,全科阅读即包括所有学科的阅读,阅读的范围要广。全员阅读即学生及教师等所有人员都要参与到阅读活动中来,并倡导家长积极参与。全域阅读指阅读者在任何时间、任何地点都可以与书香为伴,进行充分的有效阅读,见图3-26。

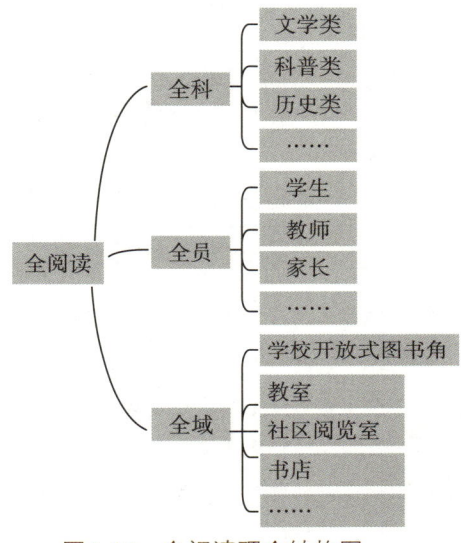

```
                    ┌── 文学类
            ┌─ 全科 ├── 科普类
            │       ├── 历史类
            │       └── ……
            │       ┌── 学生
   全阅读 ──┼─ 全员 ├── 教师
            │       ├── 家长
            │       └── ……
            │       ┌── 学校开放式图书角
            │       ├── 教室
            └─ 全域 ├── 社区阅览室
                    ├── 书店
                    └── ……
```

图3-26　全阅读理念结构图

四、课程目标

(一)总目标

在学校培养"悦身心·会合作·善思辨"的锦小少年为育人目标引领下,全阅读课程目标以学生阅读核心素养培养为取向,激发学生阅读兴趣,促进学生在自主与合作阅读中获取阅读的系列策略和方法,提升学生阅读理解、表达和思辨能力,促进学生阅读素养及综合能力提升,使学生养成终身阅读和终身学习的良好习惯。

(二)具体目标

1. 乐阅读

学生能养成自觉、主动、有计划阅读的习惯,能在阅读中体会到阅读的快乐并有所收获。

2. 敢表达

学生敢于就阅读的书籍发表自己的观点并对他人的观点进行分析。

3. 好质疑

在阅读的过程中,学生能合理运用恰当的阅读策略和方法,边阅读边思考,遇到与他人不同观点时,能有礼貌地对待老师和同学,敢于发表自己的观点并虚心接受他人的观点。

4. 巧倾听

在合作阅读与交流时,学生能看着对方,认真、专注、巧妙地倾听并与伙伴交流,边倾听边思考,有自己独特的见解和观点。

5. 善思辨

在个体阅读中,学生能通过广泛阅读,拓宽自己的知识面,增加自己的思维广度;在群体阅读与交流中,学生能将学科知识融合,将课程内容与生活实际相链接,整合融通,善于创新。

五、课程内容

本课程基于小学全学段，每个年级首先基于语文学科"快乐读书吧"的推荐阅读书目形成全阅读课程之一（如表3-45所示），同时根据学生年段特点，基于健康生活、人文底蕴、科学精神、学会学习、责任担当、实践创新等方面内容进行系列书目推荐，形成全阅读课程之二（如表3-46所示）。在这两类课程基础上进行整本书导读课、推进课和阅读分享课的设计和实施。在各学科的延时服务素质提升课程中，我们以"阅读+"的形式对各学科阅读进行延伸、补充、拓展和整合，分年级、分层级在各学科课程实施中开展"阅读+"课程，引领各学科教师落实"阅读+"课程（如表3-47所示），提升师生阅读素养，开阔学生阅读视野，丰富学生个性，共同构建多元立体的全阅读课程内容体系。具体到每本书则分为导读课、推进课和分享课来设计和实施，课内每课时40分钟，课外根据阅读规划和学生自身进度让学生进行自主阅读。教学原则：课上以激发学生阅读兴趣、教授学生有效阅读策略和方法以及通过丰富多样的活动分享学生阅读心得为主；课下让学生通过有计划、有步骤的充分阅读，全面提升阅读素养。

表3-45　部编版"快乐读书吧"推荐阅读书目

一年级推荐书目	《和大人一起读》《读读童谣和儿歌》
二年级推荐书目	《小鲤鱼跃龙门》《小狗的小房子》《一只想飞的猫》《七色花》《愿望的实现》《一起长大的玩具》《神笔马良》
三年级推荐书目	《安徒生童话》《格林童话》《草房子》《中国古代寓言》《伊索寓言》《克雷洛夫寓言》《拉·封丹寓言》
四年级推荐书目	《中国古代神话故事》《古希腊神话故事》《十万个为什么》《看看我们的地球》《灰尘的旅行》《人类起源的演化过程》
五年级推荐书目	《中国民间故事》《非洲民间故事》《三国演义》《水浒传》《西游记》《红楼梦》
六年级推荐书目	《童年》《小英雄雨来》《爱的教育》《鲁滨孙漂流记》《汤姆·索亚历险记》《尼尔斯骑鹅旅行记》《爱丽丝漫游仙境》

3-46　成都高新区锦城小学全阅读书目推荐

年级	主题	书目推荐
一年级	健康生活 ——做一个向上的小学生	《走进生命花园》《我的情绪小怪兽》《菲菲生气了》《山田家的气象报告》《花和蝴蝶》《跑得太快的斑马》
	人文底蕴 ——生活原来那么有趣	《紫色的路标》《小房子》《这就是二十四节气》《No,cat!（多维阅读第2级）》
	科学精神 ——我要弄个明白	《蚯蚓的日记》《一条聪明的鱼》《奇奇妙妙博物馆》《微生物——看不见的魔术师》《数学文化读本丛书（1年级）》

续表

年级	主题	书目推荐
一年级	学会学习 ——生活处处有问号	《弗洛拉和火烈鸟》《不是第一名没关系》《来喝水吧》《落叶跳舞》
	责任担当 ——做大家的小助手	《小黑鱼》《勇气》《三个和尚》
	实践创新 ——开动你的大脑	《看云的孩子》《不睡觉世界冠军》《爷爷一定有办法》《我绝对绝对不吃番茄》《大家来听音乐会》《一园青菜成了精》
二年级	健康生活 ——做一个向上的小学生	《大头儿子和小头爸爸》《小狐狸买手套》《我和小姐姐克拉拉》
	人文底蕴 ——生活原来那么有趣	《神笔马良》《吹牛大王历险记》《向着明亮那方》《汉字的故事》
	科学精神 ——我要弄个明白	《远走高飞》《一粒种子的旅行》《数学文化读本丛书(2年级)》
	学会学习 ——生活处处有问号	《愿望的实现》《一起长大的玩具》《兔儿爷》
	责任担当 ——做大家的小助手	《豆蔻镇的居民强盗》《笨狼的故事》
	实践创新 ——开动你的大脑	《从小爱科学·有趣的物理》《吵吵闹闹的甲虫班》《Meet Molly(牛津海豚阅读第1级)》
三年级	健康生活 ——做一个阳光少年	《绿野仙踪》《雷梦拉八岁》《狐狸列娜的故事》《勇气》《夏洛的网》《企鹅的故事》
	人文底蕴 ——寻找生活中的美好	《林汉达中国历史故事集》《成语故事》
	科学精神 ——奇妙的大自然	《昆虫记》《推开窗户看见你》《假如我是一个大人》《小小自然图书馆》《数学文化读本丛书(3年级)》
	学会学习 ——学无止境	《窗边的小豆豆》《伊索寓言》《克雷洛夫寓言》
	责任担当 ——默默感动我	《了不起的狐狸爸爸》《欧先生的大提琴》《Wow! Animals》
	实践创新 ——跟我一起去探险	《神奇飞书》《查理和巧克力工厂》《小小自然图书馆》
四年级	健康生活 ——做一个阳光少年	《一百条裙子》《亲爱的汉修先生》《Lazy Lily(多维阅读第7级)》
	人文底蕴 ——寻找生活中的美好	《十岁那年》《青鸟》《绿山墙的安妮》《秘密花园》《男生贾里全传》

续表

年级	主题	书目推荐
四年级	科学精神 ——奇妙的大自然	《我们为什么还没有死掉》《数学文化读本丛书(4年级)》
	学会学习 ——学无止境	《神奇的收费亭》《爱上读书的妖怪》《鼹鼠的月亮河》《中国的十万个为什么》《The Helper Bird(大猫分级阅读第3级)》
	责任担当 ——默默感动我	《莫吐儿》《狼王梦》《给孩子的身体书》
	实践创新 ——跟我一起去探险	《异想天开的科学游戏》《乔治的宇宙大爆炸》《森林报》《看看我们的地球——穿过地平线》
五年级	健康生活 ——健康的你,健康的心	《嗨!青春期》《思考世界的孩子》《失落的一角》《天蓝色的彼岸》《奇迹男孩》《假如给我三天光明》
	人文底蕴 ——那些人,那些事	《俗世奇人》《青铜葵花》
	科学精神 ——探索最奇妙的世界	《奇妙的数学王国》《诺贝尔奖获得者与儿童对话》《数学文化读本丛书(5年级)》《Wonderful Wild Animals(牛津海豚阅读第3级)》
	学会学习 ——幸福学习,幸福成长	《朦胧诗》《佐贺的超级阿嬷》《一百个孩子的中国梦(全四册)》
	责任担当 ——我与世界,我与他	《毛毛》《写给孩子的哲学启蒙书》《苏东坡传》《帕瓦娜的旅程》
	实践创新 ——改变自己,改变世界	《纳尼亚传奇》《非法智慧》《岛王》《寂静的春天》《The New Glasses(牛津阅读与想象第1级)》
六年级	健康生活 ——健康的你,健康的心	《永远讲不完的故事》《小王子》《动物成长故事第九辑(坚持与乐观)》《Wow! Animals》
	人文底蕴 ——那些人,那些事	《老人与海》《梦圆大地:袁隆平传》《城南旧事》《奥菲利亚的影子剧院》《朱自清散文集》
	科学精神 ——探索最奇妙的世界	《病毒星球》《影响世界的重大发明》《数学文化读本丛书(6年级)》
	学会学习 ——幸福学习,幸福成长	《爱丽丝漫游仙境》《少年音乐和美术故事》
	责任担当 ——我与世界,我与他	《鲁滨孙漂流记》《红岩》《战马》《追风筝的人》
	实践创新 ——改变自己,改变世界	《汤姆·索亚历险记》《尼尔斯骑鹅旅行记》《苏菲的世界》《讲给孩子的故宫:探秘建筑》

表 3-47 "阅读+"课程内容体系表

年级	阅读+数学	阅读+语文	阅读+英语	阅读+科学	阅读+美术	阅读+音乐
一年级	数学绘本	阅读与讲故事	绘本连连看	科普知识对对碰	艺术家的故事	阅读与聆听
二年级	绘本四连画	阅读与表演	英语趣阅读	科普阅读交流会	连环画	阅读与歌唱
三年级	数学绘本创作	阅读与朗诵	阅享英语绘本	科普小报创作	博物馆绘本故事	阅读与表演
四年级	数学家的故事	阅读与演讲	绘本演绎	科普故事演说	故事里的人物	阅读与创编
五年级	古题今探	阅读与习作	绘本思维导图	科普知识竞赛	故事里的水墨丹青	阅读与戏剧表演
六年级	数学文化	阅读与小古文	绘本剧场	科普论文创编	美术绘本创作	阅读与文化理解

六、课程实施

(一)教学安排

锦城小学每周每班延时第三节均有一节全阅读课程,面向全校学生,由各班语文教师担任全阅读课程教师。关于周末托管的全阅读课程实施,主要由全阅读项目课程教师在锦城小学公众号上发出课程邀请,由学生根据教学内容自主选择教师和教学班级,符合条件的学生均可报名参加课程,报满截止。学校全阅读项目组教师轮流开展全阅读课程教育教学活动,并记录活动过程,收集学生成果,将教学成果通过学校公众号发布,因此学生参与积极性非常高。

(二)教学建议

1.划分全阅读课程实施教学课型,形成系统课例

全阅读课程意在形成系统课例,教师在课堂上集中使用时间,进行阅读指导并总结阅读策略与方法,基于此,全阅读课程组设置了导读课、推进课、分享课课程体系。

(1)全阅读课程的导读指导

如何激发学生的阅读兴趣,引导学生知道刚开始阅读要注意什么、从哪方面入手,是我们阅读指导的目标。我们尝试通过阅读导读指导,引发学生的阅读期待,比如:可以从封面入手,引导学生观察书名、作者、插图等,通过观察精美的封面来获取信息,预测故事内容;可以引导学生学会看整本书的目录,知道大致内容和章节故事的安排;可以从书中的精彩片段入手,带领学生通过朗读来进入阅读情境;也可以设置悬念,先概括前面的情节,鼓励学生大胆猜测情节走向以及人物的最终关系,引导学生从书中寻找答案等。

(2)全阅读课程的推进指导

学生阅读到一定阶段,我们要对学生的阅读情况进行时时了解和跟进,帮助学生解决一些阅读过程中存在的问题和疑难,同时,要在教师的指导下,带领学生进行更深入的阅读,让阅读不止于表面。我们尝试通过自己的摸索,总结出一些在推进学生阅读过程中的指导方法。比如:引导学生巧妙运用选读、速读、跳读、精读、批注等方法;在阅读过程中,通过寻找和总结故事链概括内容;学会抓住人物描写,概括人物特点;善于提问,读思结合;品析好词好句,联系背景资料等。同时,我们从内容理解和语言表达的角度设计阅读学习单,比如:"本书的出版信息"(作者、画者、出版社、得过的奖)、"本书的主要人物"(姓名、特点、我认为写得最好的是……)、"本书情节的简要分析"等板块,以具体而多样化的任务,帮助学生进行梳理。

(3)全阅读课程的分享交流指导

在整本书阅读结束之时,我们希望通过各种各样的阅读交流与展示的方式,以不同形式呈现学生的阅读成果。比如:开展读书心得交流会,让学生分享读书体会;举行读书知识竞赛活动,体验读书带来的好处;用思维导图展示对情节和人物的分析,比如:用流程图梳理整本书的情节故事链,用气泡图对人物进行分析;根据所读书目内容设计与制作读书小报,边读边思;根据书本内容,对结局进行续写,或就情节、人物发表感悟,将读与写有机结合;关注阅读评价,及时地鼓励学生,比如评选"阅读小明星",让他们体验成功的喜悦。学生在获得成功后,会更坚持大量、广泛的阅读,良好的读书习惯也就随之形成。

2.进行综合阅读实践

(1)统筹安排课内与课外、个人与集体的阅读活动

课内阅读与课外阅读有机结合,在个人阅读的基础上进行集体的阅读讨论与分享。指导学生合理规划阅读时间,有目的、有计划地进行阅读。善于发现学生阅读整本书的成功经验,及时组织交流与分享。为学生学习他人经验提供参照,让学生能够从不同的阅读方法中思考定位自己的阅读方法,进而形成阅读策略,提高学生的阅读能力。开创综合立体的阅读实践,进行科内与科外的整合,让学生不仅仅在语文学科范畴内进行阅读,还在数学、科学、美术、英语、音乐等多种学科中进行跨学科阅读。教师要发现不同学生的个性化阅读方式,并能够为他们提供保护和支持,让学生在不同学科的阅读和讨论的过程中发现自己、发展自己。整本书阅读是在学生自读、同伴互助和不同学科的教师支持的相互作用下进行的。教师要根据这个特点,引导学生进行多学科的阅读策略整合。

(2)设计形式丰富、多样化的活动形式

小学阶段的整本书阅读以交流读书心得、分享读书经验为活动的组织原则。新课标再次强调了两点:交流读书心得和分享读书经验、由书的阅读到人的发展。这是设计整本书阅读活动的基本原则,二者要统筹兼顾、综合考虑。班级活动的主要形式为自主阅读、撰写笔记和交流讨论。自主阅读和撰写笔记是学生个人的学习活动,交流讨论为集体的学习活动。学校活动有师生共读、同伴共读、朗诵会、故事会、阅读节等。师生共读、同伴共读是整本书阅读的方式,朗诵会、故事会、阅读节是读书交流的方式。社会活动有"我的一本课外书"、课本剧诵读讲演活动等,在全校组织学生参加全区、全市、全省的多种阅读比赛,以比赛促进学生阅读活动多样化。

3.整合阅读资源,提供多样化阅读展示平台

全阅读的多样性取决于阅读材料的多样性,因此,应根据开展读书活动的实际需要,合理推荐和利用适宜的学习资源,如拓展阅读的书目、参考资料,以及相关音频、视频作品等。书目推荐是阅读的基础,根据统编版语文教材"快乐读书吧"的推荐书目对学生进行读书引导,指引学生选到好的图书进行阅读。选用适宜的参考资料能够帮助学生更好地理解作品,促进学生阅读水平的提升。音频、视频作品则因其表达的形象性,对突破理解的瓶颈具有不可替代的作用。"独学而无友,则孤陋而寡闻。"学生在自主阅读的基础上,需要进行阅读的交流,因此,我们还借助校刊、广播、网络等技术为学生拓展阅读展示空间,提供写作、展示、研讨和交流的平台。

4.形成"挖井式"阅读教学模式

在进行全阅读课程实施教学时,我们提炼了基于任务驱动式的"读、赏、析、辩、创"为一体的整本书"挖井式"阅读教学模式(见图3-27),各年段学生特点不同,其阅读模式也有所侧重。教师通过设计丰富多彩的整本书阅读任务,让学生在一个个有趣的阅读任务的完成过程中运用阅读策略与方法进行深度阅读、主动阅读(见表3-48)。

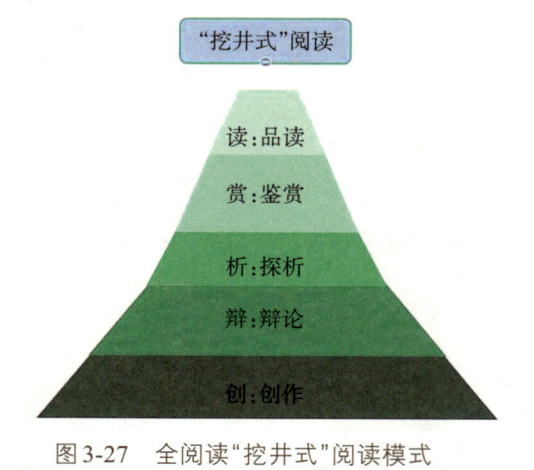

图3-27 全阅读"挖井式"阅读模式

表3-48　一至六年级全阅读教学模式设计

年级	活动模式	班级阅读活动形式
一年级	读、赏、创	吟诵、故事表演等
二年级	读、赏、析	阅读表演、阅读小报制作等
三年级	读、析、创	共读书目检测、阅读故事表演等
四年级	读、赏、辩	阅读小报制作、课前三分钟阅读分享等
五年级	读、析、创	思维导图的制作、深度阅读批注等
六年级	读、辩、创	阅读辩论与演讲、思维导图制作等

七、课程评价

（一）评价量规

全阅读课程的评价旨在让每一个学生都能在原有的阅读水平上有新的进步和发展，都能够获得激励和鼓舞，从而提升对阅读的兴趣，获取阅读的策略与方法，最终提升阅读素养。因此在评价中，我们遵循如下原则：一是过程性原则，即不仅要关注学生在阅读之后所获得的知识，更要重视学生在阅读这一动态过程中的具体表现。二是多元性原则，即在评价时，将阶段性评价与成果性评价相结合，将教师评和学生评相结合，将学生自评与互评相结合。不同的评价主体从不同的视角对课程进行多元化、多层次评价，以此获取较为全面的反馈信息。三是差异性原则，即每个学生都是独立的个体，在全阅读课程的实施过程中，我们要承认学生在个体发展上的差异性，表现在横向上，不同学生的发展情况具有一定的不均衡性；在纵向上，同一学生在不同阶段也有不一样的发展情况。在评价时，教师要遵循学生不同的发展需求和学习特点，对全阅读课程实施进行有针对性的效果评价，如表3-49所示。

表3-49　全阅读课程评价量表（以阅读与小古文为例）

评价内容		评价方式		
^	^	自评	互评	师评
课前	1.能主动阅读，并对所学内容有自己的批注，敢于提出自己的质疑； 2.读通读顺相应内容，能主动联系上下文理解文本中难理解的内容	★★★	★★★	★★★
课中	1.能积极主动参与到课堂的讨论、探究、合作和交流中； 2.认真倾听，能张扬个性，敢于质疑，有自己独特的见解和观点	★★★	★★★	★★★
课后	1.保质保量完成老师布置的任务； 2.能有效积累与复习	★★★	★★★	★★★

续表

综合实践能力			
评价时间	评价内容	评价指标	我的成绩
10月	小古文《世说新语》第四章:文学	1.能熟练朗读,并大致了解意思(★); 2.能基本背诵,并了解小古文意思(★★); 3.能熟练背诵,并了解小古文意思和其中的道理(★★★)	★★★
11月	小古文《世说新语》第五章:方正	1.能熟练朗读,并大致了解意思(★); 2.能基本背诵,并了解小古文意思(★★); 3.能熟练背诵,并了解小古文意思和其中的道理(★★★)	★★★
12月	小古文《世说新语》第六章:雅量	1.能熟练朗读,并大致了解意思(★); 2.能基本背诵,并了解小古文意思(★★); 3.能熟练背诵,并了解小古文意思和其中的道理(★★★)	★★★
1月	小古文学习展演:小古文学习达人秀	1.能熟练朗读所给篇目,并大致说出意思(★); 2.能较熟练地背诵所给篇目,并能大致说出意思和其中的道理(★★); 3.能熟练背诵所给篇目,并能准确说出意思和其中的道理(★★★)	★★★

乐群品质				
评价内容	评价指标	自评	组评	师评
悦身心	1.悦己:自己成就自己,会适应,会调节; 2.悦人:在学习与交往活动中,能够成就他人,诚恳地帮助同伴并从中获得幸福感	★★★	★★★	★★★
会合作	自主地在群体中合作:主动地承担,密切地协作,机智地应变	★★★	★★★	★★★
善思辨	思维有活度:辩证统一、求异创新	★★★	★★★	★★★

备注:评价结果为★★★、★★、★三个等级,请在评价栏将相应的★处打钩

(二)评价办法

1.观察法

在阅读过程中,教师观察学生的各种表现,既可以是全阅读课程实施上的表现,也可以是自主阅读时各种阅读方法的运用情况。除此之外,还可以针对学生的阅读成果进行观察。通过观察以及观察后的及时记录,对学生进行针对性的评价和差异化指导。

2.作品展示法

阅读课程和其他课程不同,在全阅读课程的实施过程中,学生的主体地位更加明确,主体作用更为明显,所以学生的作品展示法是一种可行度极高的有效评价方法。学生在进行阅读之后,教师可以通过学生针对阅读作品创作出的思维导图、阅读小报、故事情节表演等阅读成果进行评价,以此来判断学生的阅读理解水平和知识水平。

3.学生档案袋评价法

教师有意识地将学生有关全阅读课程的相关作业、作品,教师和同伴对学生的评价以及学生的自我评价等内容收集并整理进学生个人的阅读成长档案袋。档案袋可以反映出学生在全阅读课程中动态学习过程中的优势和不足,教师也能针对不同学生的成长进行具体的分析和指导,真正让学生的成长可见。

八、课程资源

(一)课程资源开发建议

1.对于教材资源的开发,首先基于"快乐读书吧"的阅读推荐书目进行课程开发和实施,并根据全科阅读要求对全阅读推荐书目课程不断进行丰富、完善和教学实施。其次,教师根据课程的丰富性和全面性,对更广泛的阅读书籍进行不断的教学实践,并通过学生的学习反馈,不断对课程资源进行迭代更新,从而更新多媒体资源包,丰富学生的学习资源。

2.对于学习资源的准备,针对全阅读课程学习资源,尽可能由学生自己购买书籍或者班级统一购买阅读书籍,方便班级课程的统一实施。

(二)已有课程资源列表

典型教学设计、课件与学习视频:《我的情绪小怪兽》《读读童谣和儿歌》《小狗的小房子》《小鲤鱼跳龙门》《安徒生童话》《伊索寓言》《古希腊神话》《中国古代神话》《西游记》《中国民间故事》《爱的教育》《童年》。

成都高新区中小学特色课程设置方案

课程名称	"悦心"心理健康特色课程		
开发学校	成都高新区锦城小学	开发教师	曾安会、杨秋菊
适合学段	小学全学段	开发时间	2021年
课时总数	19课时	涵盖学科	心理健康、安全、道德与法治
获奖情况	无		

一、课程背景

2012年,教育部印发了《中小学心理健康教育指导纲要(2012年修订)》(以下简称《纲要》),对各地中小学开展心理健康教育起到了指导和推动作用。

锦城小学秉承"儿童是教育的唯一中心"的教学理念,以乐群学堂为依托,旨在培养"悦身心·会合作·善思辨"的锦小学子。学校在教育部文件指导下,深入贯彻落实"育人为本"的心理健康教育目标,融合六育目标,以学校实际情况为基础,结合学生学情,探索与构建以"悦心"为主题的知识型、活动型和提升型心理健康课程。课程覆盖全校所有年级,涵盖心理健康专题教育,在心育方面实现"育人为本、心育保障"的理念与目标。在"悦心"心理健康课程框架下,学校组建专业教师团队,探索与建构了"悦心"心理健康课程。

二、课程性质

"悦心"心理健康课程是锦城小学校本特色课程,本课程以"悦心"为核心,目标是让学生保持积极健康的心理,明白认识自己、认识心理、认识生命是我们一生的课题,悦心、悦己、悦世界是为了更好地生活。此课程以课堂教学、心理活动为主要依托和形式,让学生在活动中学习,在学习中成长,在成长中培养积极思维和解决生活问题的能力。

三、课程理念

（一）展现悦心课程的育人功能

心理健康是个人健康的主要组成部分，本课程以心理健康知识建构为基础，以课堂活动和学生作品为主要形式，让学生在活动中学习，体会不同的心理健康主题与内容，感受自己，愉悦身心。本课程的育人更多聚焦于"生成性"上，主要包括学生的收获、体验、感受、反应、情感体验、价值观等。本课程充分地在体验中教书和育人，形成动态、创新和永生的模式。

（二）开展探索、实践和活动课堂学习模式

本课程是在学校基本情况和学生学情的基础之上进行课程活动设计与开展的，目的是让学生通过课堂活动的体验感、参与感、生成感，学习心理知识，了解心理规律，学习心理保健的基本方法，运用心理知识解决问题。本课程倡导合作、创新、探究和体验学习新模式，让学生在活动中学习、探索与成长，真正做到学有所用、知行合一。

（三）链接生活、解决实际问题和培养积极思维的课程内容

本课程主题选择与内容设计、实施均是以实际生活为基础，结合个体认识自我、悦纳自我、人际关系、情绪管理、学习心理等主题，方方面面与实际生活和问题进行链接，让学生认识问题、了解问题、分析问题和解决问题，通常由人到己，去体会、去生成、去认知、去悦纳自己，最大限度地让课堂与实际生活相联系，培养积极思维，发挥课堂的实际效用。

四、课程目标

（一）总目标

普及心理健康基本知识，让学生学习心理保健的基本方法；开发学生的心理潜能，提高学生的心理健康水平，促进学生形成健康的心理素质，引导学生正确看待心理健康；减少和避免各种不利因素对学生心理健康的影响，提高全体学生的心理素质，培养学生积极乐观、健康向上的心理品质，充分开发学生的心理潜能，促进学生身心和谐可持续发展，为学生健康成长和幸福生活奠定基础。

（二）具体目标

1. 三个层级

(1) 知识能力目标

学生了解、学习并掌握基础心理知识、心理小常识和心理保健方法，能够将知识与生活相联系，掌握与运用心理知识。

(2) 技能掌握与个性心理品质培养

学生学会学习和生活，正确认识自我，提高自主自助和自我教育能力，增强调控情绪、承受挫折、适应环境的能力，培养健全的人格和良好的个性心理品质。

(3) 情感态度与价值观培养，提升心理健康水平

对有心理困扰或心理问题的学生，进行科学有效的心理辅导，及时给予必要的危机干预，提高其心理健康水平。

2. 阶段目标

(1) 小学低年级主要包括：帮助学生认识班级、学校、日常学习生活环境和基本规则；让学生初步感受学习知识的乐趣，重点是学习习惯的培养与训练；培养学生礼貌友好的交往品质，使学生乐于与老师、同学交往，在谦让、友善的交往中感受友情；使学生有安全感和归属感，初步学会自我控制；帮助学生适应新环境、新集体和新的学习生活，树立纪律意识、时间意识和规则意识。

(2) 小学中年级主要包括：帮助学生了解自我，认识自我；初步培养学生的学习能力和探究精神，激发学生的学习兴趣，使学生树立自信，乐于学习；使学生树立集体意识，善于与同学、老师交往，培养自主参与各种活动的能力，以及开朗、合群、自立的健康人格；引导学生在学习生活中感受解决困难的快乐，学会体验情绪并表达自己的情绪；帮助学生建立正确的角色意识，培养学生对不同社会角色的适应能力；增强学生的时间管理意识，帮助学生正确处理学习与兴趣、娱乐之间的矛盾。

（3）小学高年级主要包括：帮助学生正确认识自己的优缺点和兴趣爱好,在各种活动中悦纳自己;着力培养学生的学习兴趣和学习能力,引导学生端正学习动机,调整学习心态,正确对待成绩,体验学习成功的乐趣;开展初步的青春期教育,引导学生进行恰当的异性交往,建立和维持良好的异性同伴关系,扩大人际交往的范围;帮助学生克服学习困难,正确面对厌学等负面情绪,学会恰当地、正确地体验情绪和表达情绪;积极促进学生的亲社会行为,引导学生逐步认识自己与社会、国家和世界的关系;培养学生分析问题和解决问题的能力,为初中阶段的学习生活做好准备。

五、课程内容

本课程小学低年级段（一、二年级）、中年级段（三、四年级）、高年级段（五、六年级）分别各设6、6、7个主题,共19节课程,每个主题课程时间为**45分钟**（见表3-50）。主题选择原则：一是贴合心理健康教育教学主题;二是尊重与遵循学生身心发展阶段规律;三是关注学生知识学习与能力提升。

表3-50 "悦心"心理健康课程各学段教学主题安排

学段	主题	涉及学科
低年级段	入学适应：小猪佩奇上学记	心理、安全
	人际交往：学会说对不起	心理、道德与法治
	情绪管理：小黑不坏	心理、安全
	生命教育：顽强的生命	心理、安全、美术
	学习心理：我的眼睛真亮	心理
	自我认识：我就是我,认识自己	心理、美术
中年级段	人际关系：我们都是好朋友	心理、道德与法治、安全
	情绪管理：身体里的小怪兽——嫉妒	心理、安全
	生命教育：生命万花筒	心理、安全、道德与法治
	学习心理：倾听的智慧	心理、语文
	自我认识：寻找我	心理、安全
	青春期教育：小裤子小裙子	心理、安全
高年级段	人际交往：绽放友谊之花	心理、安全
	情绪管理：情绪魔法师	心理、安全
	生命教育：生命——多热爱一点	心理、安全
	学习心理：学会掌握你的注意力	心理、语文
	自我认识：接纳自己的不完美就是完美	心理、安全、美术
	青春期教育：青春期的奥秘	心理、安全
	生涯教育：职业万花筒	心理、道德与法治

六、课程实施

（一）教学安排

心理健康教育课程已经进入常规课程，全校学生间隔一周在教室里开展"悦心"心理健康课程。课程框架及内容是由学校两位专职心理健康教师根据学生身心发展特点以及学生目前面临的现实问题来设置的。两位专职心理教师承担一年级部分班级和五六年级全部班级"悦心"心理健康课程，剩下的班级由兼职心理健康教师来负责。

（二）教学建议

1. 创设情境

课程主题根据学生身心发展特点和学生面临的问题或困难来设置。在开展每个主题内容时，我们会以游戏、故事、情景剧、问题等多种方式来吸引学生的兴趣以及引发学生的共鸣，让学生能够深入学习相关的内容，有时还会发现学生面临的问题是有共性的，是普遍存在的。

2. 重视内容设计

心理健康课程没有统一的教材或教参，其内容需要教师自己进行构思、设计，"悦心"心理健康课程的内容设计非常重要。当内容设计贴合学生实际或比较有趣的时候，学生的学习兴趣也会更加浓厚。在课程开始前，我们可以以有趣的游戏导入，尽量选择与本主题相关的游戏，比如在"同伴交往——绽放友谊之花"课程中导入游戏是数字传递，让最前面的学生拿一个数字，在不能说话的前提下，用手势、表情来传递数字，让学生知道同伴之间沟通的重要性。有些主题非常重要，单靠教师口头讲解太过生硬，因此可以借助一些视频来辅助讲解，这样学生会更容易理解，同时也增加了课堂的趣味性。比如，在五、六年级开设的生命教育"生命——多热爱一点"课程中，我们希望学生了解生命从受精卵发育成胎儿的过程，了解生命的神奇与顽强，可以通过动画视频更加直观地把过程呈现给学生看。此外，小组讨论也是必要的，学生需要形成并分享自己的观点，敢于表达自己的想法。

在"悦心"心理健康课堂中，除了讨论外，学生也需要动手去做一些东西。比如，在"情绪魔法师"课程中，学生需要去画自己的情绪，教师让学生用任何颜色、形状、文字等来表达自己近一周的情绪，让学生去感知自己的情绪。在课程最后时，引导一至四年级的学生分享自己的收获和感受；五、六年级的学生则需要完成自己"悦心"心理健康课堂的收获卡，把自己的感受、收获或者自己的情绪写在收获卡上，教师就能以此更加了解学生的上课状态或最近的情绪状态。

"悦心"心理健康课程是很有趣的课，课堂氛围比较轻松、活跃，学生可以分享自己的观点和看法，能够学到帮助自己解决问题的方法，也可以给同学提供一些自己觉得很有效的方法，课堂教学多以引导为主，引导学生去思考、去发现、去找到适合自己的方法。

3. 重视小组讨论

在"悦心"心理健康课程中，有些问题是普遍存在且难以解决的，所以可以通过小组讨论，一起想办法解决。小组讨论得出的解决方案可能会更贴近学生的实际，可操作性和实用性更强，更容易让学生留下深刻的印象。

七、课程评价

（一）评价量规

"悦心"心理健康课程的评价主要是过程性评价。"悦心"心理健康课程主要是以普及心理知识为主，让学生了解更多的心理知识，学会基本的心理保健方法，因此采用的评价方法是过程性评价，通过每堂课前学生的基本准备、课中表现及每个课程主题学生绘制的作品或五、六年级学生完成的收获卡等进行评价（见表3-51）。

表3-51 "悦心"心理健康课程评价表

评价项目	评价标准	评价结果 自我评价	评价结果 同伴评价	评价结果 教师评价
学习习惯	提前准备好学习用具,打预备铃后,安静坐好,等待老师上课			
学习习惯	自觉遵守课堂秩序,保持安静			
学习习惯	积极发言,认真倾听同学发言			
学习能力	认真听讲,参与课堂			
学习能力	认真完成课堂任务(绘画/分享等)			
学习能力	积极思考,分享上完课后的感受与收获(收获卡)			
乐群品质	悦己:自己会适应,会调节;悦人:在学习与交往活动中,能够真诚地帮助他人			
乐群品质	自主地在群体中合作:主动地承担自己的任务,学会与他人进行合作完成任务			
乐群品质	思维灵活,有自己的思考、观点和看法			

备注:评价结果分为A、B、C、D四个等级,请在评价结果栏标出(A很好、B较好、C一般、D差)

(二)评价办法

1.以过程性评价为主

"悦心"心理健康课程与其他课程不同,课程目标主要是普及心理健康基本知识,让学生学习一些心理保健的基本方法,当学生遇到问题和困难时,能够用平时学习的知识帮助自己。同时,让学生对自己的心理更加了解,学会重视自己的心理健康。为此,本课程通过学生的三个方面,即学生的学习习惯、学习能力和乐群品质来进行考核。

2.注重多元评价

在评价中通过几个方面来考核学生,不只由教师对学生进行评价,还加入了学生自评、同伴评价,这样对学生的评价更全面、客观、公正一些,也让评价增加了一些趣味性,有利于增进大家的了解。

八、课程资源

（一）课程资源开发建议

1. 对于"悦心"心理课程的主题和内容，可以通过学生的实际和身心发展进行拓展、延伸，让"悦心"心理课程资源更丰富。

2. 针对"悦心"心理健康课程非常重要的主题，教师也可以更深入地探索，让课程呈现的效果更好。

（二）已有课程资源列表

教学设计、课件："顽强的生命""我就是我，认识自己""身体里的小怪兽——嫉妒""倾听的智慧""生命——多热爱一点""接纳自己的不完美就是完美"。

第四章

乐群学堂

乐群教育的实现路径

第一节
理念导向　践行乐群

一、何为乐群

（一）乐群教育

乐，乐观、乐和、乐享。群，群学、群思、群长。"优美和乐·共同协作"是它的精神。尊重生命个体的多样性，充分发挥集群优势，以愉悦的学习氛围为基础，以合作的学习方式为载体，实现生命个体与群体共同发展是乐群教育的重要特点。

（二）乐群学堂

锦城小学以乐群教育理念为导向，以国家学科课程为主干，以学科课堂学习为基础，形成了以内容、形式、评价三位一体的课堂实践模式，这便是学校一直在积极探索并实践的"乐群学堂"。

"乐"，是较于"苦"而言的。《论语·雍也》提道："知之者不如好之者，好之者不如乐之者。"学习的最高境界就是乐。"乐"强调了学习是学生和教师共同成长的过程，让学生成为课堂的主人，在民主平等、自由愉悦的氛围中充分享受学习的快乐，真正做到乐且好学。

"群"，是较于"独"而言的。《礼记·学记》中说："独学而无友，则孤陋而寡闻。""乐群学堂"的"群"是一种综合视野下的思维方式，不仅是指学生根据学习任务建立的学习共同体，更是指以"群"的方式对学习内容进行链接和融合，同时以"群"的方式对评价方式进行补充和完善。

"乐群学堂"一切以学生为主，教师的角色转变为学习活动的设计者和学生有效学习的服务者，学生的学习方式转变为自主学习、合作学习及探究学习，教学过程成了生本互动（独学）、生生互动（合学）、师生互动（共学）、内外联动（拓学）的过程。

乐群学堂以"乐于群，群中乐，成于乐"为思想主张，致力于培养具有"悦身心·会合作·善思辨"的乐群品质的学生。在课堂实践中，以"情境化、结构化"为指导建构内容，以"四环节"为基本样态，构建主动参与、协作建构、深度互动、成功体验的学堂。总之，乐群学堂是主动参与与协作建构的学堂，乐群学堂是情感交融与思维碰撞的学堂，乐群学堂是分享成果与体验成功的学堂。

在乐群学堂的整体架构中，学校坚持"优美和乐·共同协作"的理念，坚持以儿童为中心，以学习为中心，打造具有"悦身心·会合作·善思辨"三个特征的课堂（见图4–1）。

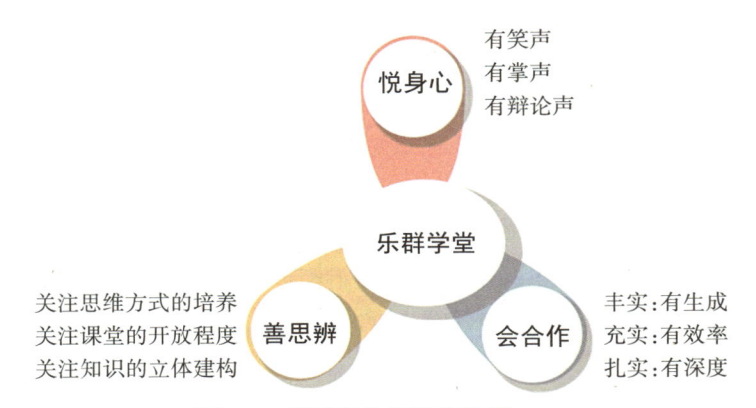

图4-1 乐群学堂的课堂特征

乐群学堂形成了以"个体独学、小组合学、师生共学、总结拓学"四环节为主的基本教学样态(见图4-2)：

(1)个体独学：没有充分独立的思考，就没有平等有效的交流。

(2)小组合学：没有和谐平等的对话，就没有灵动高效的生成。

(3)师生共学：主要表现在学生的"享学"和教师的"助学"上。

(4)总结拓学：既要做出画龙点睛、统领全课的总结，又要给学生留下余味悠长、无限的想象。

图4-2 乐群学堂的四个环节

乐群学堂的评价立足于学习目标、任务与情境、活动与推进、资源与支架、反馈与评价五个视角进行：立足于单元目标、课时目标、目标表述、目标自觉维度进行学习目标的设计与分析；设置真实的问题与适合的任务与情境，激发学生学习的兴趣，提高课堂目标的达成度；高度重视活动与任务的匹配度、活动内容的整合性、活动过程的递进性以及学生参与的主动性；关注所提供材料的有效性、适切性和丰富性；关注评价方式的多样性、评价主体的多元性以及评价效益的有效性。

乐群学堂在"互联网+"的启发下，以"学科+"的形式对基础课程进行延伸、补充、拓展和整合，构建多元立体的乐群学堂内容体系。未来，乐群学堂还将继续深耕前行，开发出符合新课改理念、促进课堂提质增效的N个课程，促进学生快速成长。

二、践行乐群

（一）乐群学堂的内容框架

1. 基础维度：思政课程内容框架

小学生处于身体和思想的迅速发展时期，这一时期的学生思想可塑性强，教师需要利用好课堂对学生进行正确引导，在各科课程教学过程中融入思想政治教育，让学生在学习中潜移默化地接受思想政治教育，从而培育出更多优秀的、全面发展的社会主义合格建设者和可靠接班人（见表4-1）。

在乐群学堂的推广和深化中，我们坚持"德智合一"学科育人模式，即教师在课堂教学中，结合学科知识教学，挖掘教材知识背后的思政教育因素，并将它有机渗透在学科知识的教学中，使学生在掌握学科知识、方法的同时，逐步形成正确的世界观、人生观和价值观。

表4-1　各学科课程和思政教育的有机融合点（节选）

学科	册次	学科内容	思政渗透点
语文	三上	一单元： 1.《大青树下的学校》； 2.《不懂就要问》	1.感受我国各民族儿童的团结友爱及幸福的学习生活，引导学生热爱学校、赞美学校； 2.理解孙中山先生对待学习的态度，学习他刻苦读书、勤学好问的精神
数学	一上	1.整理房间、一起来分类； 2.小明的一天	1.从整理房间把物品分类的案例过渡到生活中其他的整理案例，如整理书包、课桌，让学生养成良好的学习习惯、卫生习惯； 2.结合日常作息时间，在与他人交流中，知道珍惜时间，学会合理安排时间，养成良好的珍惜时间的习惯
英语	三下	五单元：Family Activities Story Time	明白每个人都是家庭成员中不可缺少的一部分，要相互关心爱护，共同承担，共建和谐家庭氛围
音乐	二上	《百鸟朝凤》	乐曲以热情欢快的旋律唤起人们对大自然的热爱和对劳动生活的回忆，展现了黑夜的消逝和朝阳升起的生动意境，表达了对美好生活的向往和对祖国的热爱
体育	五下	武术——少年拳	传承民族精神，增强民族自豪感
美术	六上	保护我们的精神家园	了解我国的非物质文化遗产，感悟劳动人民的智慧以及创造精神，培养热爱祖国传统文化的情感和保护身边非物质文化遗产的意识
		家乡的艺术	通过学习家乡的艺术了解家乡的文化，激发学生对家乡艺术的自豪感以及对家乡的热爱之情
科学	四上	认识食物中的营养	认识食物中各种各样的营养成分以及食物对人类的重要性，体会食物的来之不易，树立珍惜粮食、珍惜食物的意识

2. 发展维度：结构化教学内容框架

教育家布鲁纳在结构教学观中提出："不论我们教什么学科，务必使学生理解该学科的基本结构。"结构化就是将分散的、零碎的知识加以归纳整理，使其条理化、纲领化的过程。

《义务教育课程方案和课程标准（2022年版）》首次提出以学习任务群的方式组织呈现课程内容，按照各学段的学习任务，确定学习主题，设计具有内在逻辑关联的学习实践活动，指向学生核心素养的发展。基于此，我们在结构化教学理念的引导下，立足单元视域，确定学习内容，具体流程如图4-3所示。

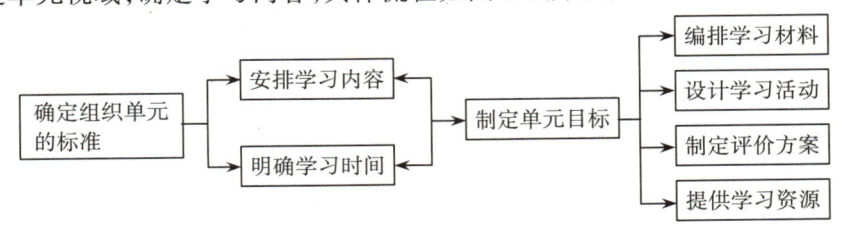

图4-3 单元规划流程图

3. 拓展维度："学科+"内容框架

乐群学堂在"互联网+"的启发下，以国家基础课程为基础，夯实学生知识，增强学生能力；以"学科+"的形式对基础课程进行延伸、补充、拓展和整合，打通学科间的壁垒，整合社会生活，开阔学生视野，丰富学生个性，建构多元立体的乐群学堂内容体系（见图4-4）。

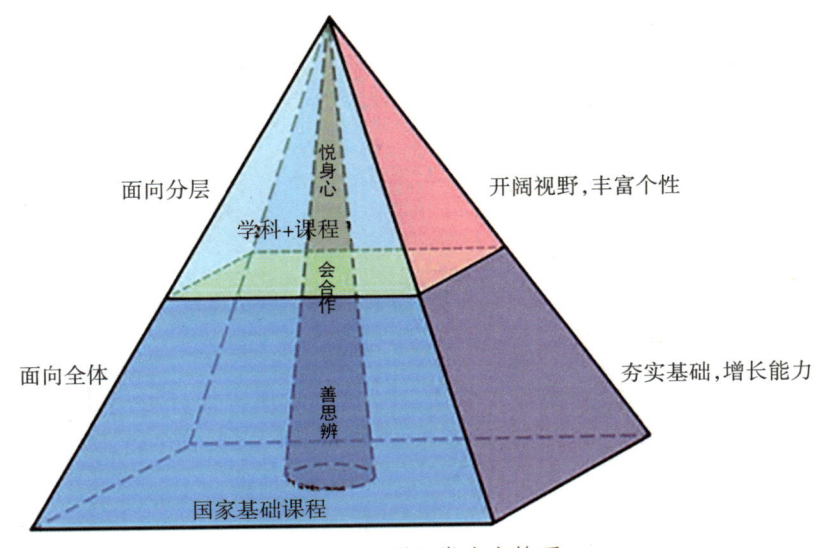

图4-4 乐群学堂内容体系

(二)乐群学堂的实施路径

1. 乐群学堂的基本样态

(1)形成以"个体独学、小组合学、师生共学、总结拓学"四环节为主的基本教学样态。

在个体独学的过程中,学生用自己喜欢的方式进行自主学习,及时将自己的所思、所得、所获记录下来,建构已有知识经验和学习内容之间的联系,初步形成具有个体特色的认知观点,为小组合学做好准备。

在学生个体独学的基础上,小学乐群学堂根据学生年段特征和内容目标,在"组内异质,组间同质"的前提下,引导学生自愿组成小组,指导学生进行合作学习。

乐群学堂的"共学"主要表现在学生的"享学"和教师的"助学"上。小组分享完后,学生将从学习效果、汇报形式、参与态度等方面对该学习"群落"进行"1+1"的评价,最后共同提高、全面提升。

作为课堂教学的压轴环节,总结拓学既要做出画龙点睛、统领全课的总结,又要给学生留下余味悠长、无限的想象。

(2)以"四环节"为基本样态,鼓励教师根据不同年级、不同课型、不同文体细化创新,形成小学乐群学堂基本样态下的创新策略。

①增添式:根据教学内容的需要,可以在基本操作模式上进行增添和循环,并将学习时间从课堂向课前、课后增添。如三年级习作片段指导课,在"四环节"的基础上,增添了时间,以课堂40分钟为基点,向课前、课后做了前置学习和拓展学习;增添了环节,将小组合学和师生共学在写法提炼和评价修改中进行了循环(见图4-5)。

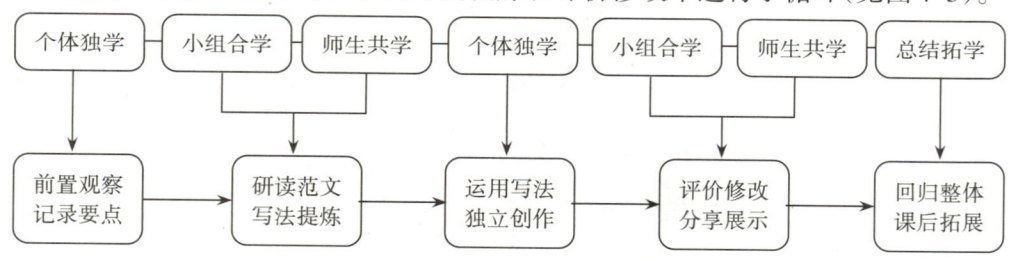

图4-5 高段语文习作片段指导课教学流程

②删减式:根据课型和教学内容的需要,在基本操作模式的基础上,可以做一些环节的删减,如低段数学课中的绘本教学,因为学生在课前已经自主进行了绘本阅读,课堂上个体独学环节可以取消,直接进行后面的环节(见图4-6)。

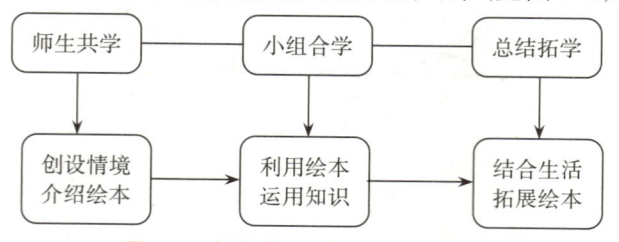

图4-6 低段数学绘本课教学流程

③结合式：每节课的流程不必都按照基本操作模式，不必分得过于清楚，可以有机结合地进行。比如，小组合学与师生共学这两个环节，有可能就是融合在一起的，教师参加到学生合学中来，在合学中把需要讲解的内容穿插进来，形成师生、生生间的一种互动。再比如，在低段音乐创编活动教学中，个体独学、师生共学可以整合在一起，这样做比较自然又灵活机动（见图4-7）。

个体独学 → 小组合学 → 师生共学 → 个体独学 → 师生共学

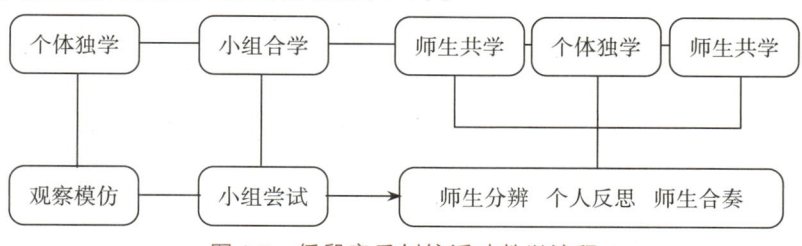

观察模仿 → 小组尝试 → 师生分辨 个人反思 师生合奏

图4-7 低段音乐创编活动教学流程

2. 乐群学堂的实施策略

乐群学堂紧跟时代步伐，关注儿童生活，针对不同学段、不同内容，采用不同路径，不断改进和提升课堂学习方式，将培养"悦身心·会合作·善思辨"的乐群品质落到实处。乐群学堂四环节实施策略如表4-2所示。

表4-2 乐群学堂四环节实施策略

四环节	教师指导策略	学生学习策略
个体独学	1. 找准学生学习的起点； 2. 关注学生学习的状态； 3. 重视学生学习的细节	1. 了解自己学习存在的问题； 2. 调整自己学习的状态； 3. 把握自己学习中的关键环节
小组合学	1. 给予学生恰当的任务； 2. 指导学生合理分组； 3. 指导小组成员进行有效分工； 4. 指导学生学会解决问题	1. 根据学习内容和个人意愿进行有效分组； 2. 按照教师要求，自主划分问题； 3. 根据自己的情况领取任务； 4. 从不同角度掌握解决问题的方法
师生共学	1. 懂得进退，将课堂交给学生； 2. 师生对话，引导学生对问题加以突破； 3. 引导学生找到知识的关键点	1. 主动参与学习，是课堂学习的主人； 2. 能够抓住教师解决问题的关键点； 3. 充分利用教师指导的方法解决问题
总结拓学	1. 运用简洁语言，对学习内容进行概括、归纳； 2. 通过启发性问题，加强学生课后的深度思考； 3. 把学习内容从课内向课外延伸，拓展学生视野	1. 将教师的归纳和总结积极消化吸收为自身知识； 2. 通过教师的启发提问，积极进行深度思考； 3. 根据教师的总结积极发散思维，拓展知识

（三）乐群学堂的评价诊断

乐群学堂的评价内容包含了学生评价和课堂诊断与改进。

学生评价直指乐群品质,即"悦身心·会合作·善思辨"的达成度。为了客观可测,基于低、中、高段学生不同的年段特点,我们特将乐群品质的目标进行细化,如表4-3所示。

表4-3 乐群品质评价细化表

评价项目		评价内容		
		一级指标	二级指标	三级指标
悦身心	低段	悦己	自己相信自己	敢表达:敢于发表自己的观点并对他人的观点进行分析; 敢质疑:遇到与他人不同观点时敢于发表自己的观点,并虚心接受他人的观点
		悦人	能够尊重他人	有礼貌地对待老师;有礼貌地对待同伴
	中段	悦己	自己喜欢自己	能成功:面对成功,不骄傲; 能失败:面对失败,不气馁
		悦人	能够赞赏他人	能真诚地欣赏同伴; 能真诚地赞美同伴
	高段	悦己	自己成就自己	能适应:能够适应各种新情况; 会调节:能根据情况主动调整自己
		悦人	能够成就他人	能诚恳地帮助同伴; 能诚恳地帮助同伴成功
会合作	低段	自信	自信地与同桌合作	认真地倾听,清晰地表达,礼貌地交流
	中段	自如	自如地在小组中合作	充分地探究,不断地完善,合理地调控
	高段	自主	自主地在群体中合作	主动地承担,密切地协作,机智地应变
善思辨	低段	有广度	生成多元、举一反三	能拓宽自己的知识面,增加思维广度; 能从一点知识推知其他知识,善于创新
	中段	有深度	条理清晰、严谨缜密	发表的观点有依据,逻辑性强,能进行深入挖掘; 心思缜密,想问题周全、细致
	高段	有活度	辩证统一、求异创新	能看到知识之间的区别与联系,能全面看问题; 能尊重并吸收他人观点的正确面,主动融合自己的观点,创造出自己独特的见解

基于乐群品质的评价细化,乐群学堂的课堂教学便通过"五三四法"进行诊断与改进。

"五"即为课堂诊断五视角。根据乐群学堂的课堂特征,采用了5个观察视角,分别为学习目标、任务与情境、活动与推进、资源与支架、反馈与评价(见表4-4)。

观察视角一,学习目标。目标在课堂观察中相当于脚手架,搭建起了观察一堂课的核心框架。通过这一框架,我们能够迅速厘清一堂课的脉络,这样,课堂中的零散片段才具有了归整的意义,才能在意义框架内加以探讨。

观察视角二,任务与情境。《义务教育课程方案和课程标准(2022年版)》中明确提出了学习任务群,学习任务群以任务为导向,以学习项目为载体,整合学习情境、学习内容、学习方法和学习资源,引导学生在运用过程中提升素养。"情境"是课程标准中的高频词,基于此,引导教师关注任务与情境,重视从任务与情境视角观察课堂教学的实施。

观察视角三,活动与推进。活动指的是学习活动,活动是形成学科核心素养的主要路径。学科学习的过程实质上就是活动推进的过程。活动由教师教的活动和学生学的活动组成,其中,又以学的活动为根本。

观察视角四,资源与支架。新的教学理念下,教师要转变为资源的提供者、开发者和学生学习的促进者。丰富多样的资源为满足学生多样化、个性化的学习提供了物质保证。支架则指为学生的学习提供适当的线索或提示。

观察视角五,反馈与评价。反馈与评价是课堂的重要组成部分,发挥着检查、诊断、激励、甄别、选拔等多重功能。反馈与评价的目的不仅是考查学生课堂学习的成就水平,更是为了让课堂教学更加有效。

表4-4 乐群品质课堂观察量表

课堂观察量表					
时间	年 月 日	班级		学科	
授课人		课型		听课人	
课题					
单元类型					
观察视角	观察点	课堂观察维度			得分
学习目标	单元目标	目标是否明晰、是否符合学生实际、是否体现主题与学科要素的"双线"要求(6分)			
	课时目标	本课时目标能否为单元目标服务(6分)			
	目标表述	目标体现了哪些规范,包括谁(行为主体)、做什么(行为动词)、做到什么程度(行为水平或行为标准)、在什么条件下(行为条件)等(5分)			
	目标自觉	在学习活动的推进中,观察教师和学生是否清楚学习目标(按课堂表现典型环节依次记录),是否自觉为实现目标而努力(5分)			
任务与情境	真实度	任务与情境的真实(或拟真)程度(4分)			
	适合度	任务与情境是否有利于解决问题(与学习目标的适合度)(5分)			

续表

任务与情境	兴趣指数	主要关注任务与情境能否激发并维持学生的学习兴趣(5分)	
	达成度	从学习活动的推进来看,师生能否充分利用情境达成学习目标(8分)	
活动与推进	匹配度	是否有助于分解学习任务和顺利完成任务;注重体现乐群学堂"悦身心·会合作·善思辨"的课堂特征,营造良好的互动交往氛围,注重自主、合作、探究的落实(6分)	
	整合性	活动是否注重独学与合学、表达与交流、梳理与探究三方面的整合,活动是否做到不琐碎、少而精、实而真(8分)	
	递进性	各项学习活动是否环环相扣,是否呈现一定的逻辑递进关系(6分)	
	主动性	从学习活动的推进来看,活动是否有序,学生积极性、参与度如何,活动质量如何;注重乐群学堂四环节的灵活实施,提供有结构的活动材料,保证学生的有效参与,节奏安排合理(7分)	
资源与支架	有效性	是否有效利用资源和支架为实现学习目标服务(8分)	
反馈与评价	评价方式	是否多样,如纸笔测试、现场观察、对话交流、小组分享、自我反思等(6分)	
	评价主体	评价主体是否多元,如学生自评、生生互评、组内评价、组间评价、班内评价、师生评价等(7分)	
	评价效益	从学习活动的推进来看,师生是否围绕教学目标来评价(着眼于核心素养的整体发展,关注外在学习结果及内在学习品质);评价语言是否对学生学习起正向反馈作用(8分)	
合计得分			
评价及建议(至少写一个优点、一个不足、一条建议):			

"三"即诊断过程三连环。在课堂观察后,将对课程进行诊断,课堂诊断由"个人反思、备课(教研)组内评议、专家指导"三个环节构成。

"四"即评课析理四步骤。对课堂进行诊断后,就要对课堂进行评课析理。在评课析理的过程中,主要按照"摆证据、说观点、析原因、提建议"四个步骤进行。

乐群学堂评价主要特点是评价主体多元化和评价方式多样化。评价主体不再是教师,而是将学生自我评价、生生互评、小组评价、家长评价和教师评价等结合起来,通过自评、互评、家长评、教师评,以及过程性评价和总结性评价相结合,丰富课堂学习评价。评价方式多样化则体现在不论是乐群品质的评价还是课堂的评价,主要的方式由过程性评价和终结性评价相结合、定量评价和定性评价相结合、即时评价与延时评价相结合。

第二节

乐群课例　深耕不辍

语言篇

习作"我和_____过一天"教学设计

表4-5　习作"我和_____过一天"教学设计表

执教者	杨杨	学科	语文
课题	我和_____过一天			
教材分析	"我和_____过一天"是部编版小学语文四年级上册第五单元的习作,本次习作是以"我和_____过一天"为题编写想象故事,通过练习编写想象故事来锻炼学生的想象力和书面表达能力。这是一篇想象作文,要求选择神话或者童话中的某一个你喜欢的人物,发挥想象,写一写你和他的故事,写清楚你们去了哪里、做了什么、发生了什么故事。写之前要明确人物形象的特点,如葫芦娃本领高强、爱憎分明;神笔马良机智聪明、惩恶扬善……要试着运用从课文中学到的方法,写清故事的起因、经过和结果;要展开丰富的想象和联想,表达对人物的喜爱之情。因此,写作时首先要明确所选角色的特点,他有哪些本领,然后设想自己和他在一起可能会发生的故事,并用通顺的语句记述下来。完成本次习作,关键是想象要大胆、合理,要能通过生动的情节表现角色的特点,以及自己的真切感受。			
学情分析	四年级的学生已经有了一定的写作基础,但是要围绕一个人物,根据人物特点来想象故事,并且还要创编一个完整且有意义的故事却是不容易的。想象故事时教师要有一定的引导,结合班级的写作水平指引方向,再放手让学生大胆想象,这样才不会偏离"航线"。此外,故事的创编也离不开方法的指导。			
教学目标	(1)能选择一个自己喜欢的神话或童话人物,围绕"我和_____过一天",展开想象,写一个故事; (2)根据人物特点合理想象,写出一天内有新意的故事。			
教学重点	能选择一个自己喜欢的神话或童话人物,围绕"我和_____过一天",展开想象,写一个故事。			
教学难点	根据人物特点合理想象,写出一天内有新意、有意义的故事。			
教学准备	PPT、人物泡泡图(课前)、想象设计单(课中)。			
教学设计	教学流程		学生活动	设计意图
	一、游戏导入,引入课题 师:今天,老师要和大家玩一个游戏,游戏的名字叫"猜猜他是谁"(猜一个神话或童话故事里的角色)。 (神秘语气)注意哦!他们要来了。你听—— 注意:可用多种形式(音频、漫画、文字、电影等)引入。		(1)学生积极参与游戏,根据提示猜人物。	(1)设置游戏,用音频、漫画、文字、电影等多种形式引入不同的神话或童话故事里的角色。

续表

	教学流程	学生活动	设计意图
教学设计	1. 第一关"看台词，猜人物" 出示时下热门电影台词："我命由我不由天！"播放音频《哪吒》。 2. 第二关"读古诗，猜人物" "云母屏风烛影深，长河渐落晓星沉。嫦娥应悔偷灵药，碧海青天夜夜心。"这首诗写的是谁？（嫦娥） 3. 第三关"听台词，猜人物" 出示气泡图，老师读台词。 "爷爷！还我爷爷！我打死你个蛇精。" 这句话是谁的口头禅？（葫芦娃） 4. 第四关"听歌曲，猜人物" 出示音频："妖怪哪里逃？吃俺老孙一棒！" 猴子不仅会开口说话，还会斩妖除魔，这是谁？（孙悟空） 师过渡语：看来同学们都很厉害，认识那么多神话、童话故事里的人物。那么你还有哪些喜欢的神话和童话人物呢？请同学们拿出课前完成的人物泡泡图，把你喜欢的人物名称、特点以及相关的故事情节分享给大家吧！ 人物名称　人物特点　故事情节 （词语概括）（一句话概括） 师小结：看来每位同学都有自己喜欢的神话或童话人物，了解他们的特点，而且还能用简练的语言写出相关的故事情节。 创设情境：同学们，今天杨老师带来了一扇穿越之门，只要打开这扇门，你就可以和你最喜欢的神话或童话人物过一天，来一场奇妙的大冒险，所以今天的习作内容是"我和_____过一天"。	（2）学生分享课前完成的人物泡泡图，把自己最喜欢的人物名称、特点以及相关的故事情节分享给大家。	（2）设计课前预习单——我喜欢的人物泡泡图。帮助学生打开记忆的闸门，选出自己喜欢的神话或童话人物，并用词语概括其特点，用简练的语言概括出让自己印象最深的故事情节。
	二、学法指导 1. 师生共学 师：同学们要想打开这扇穿越之门，可不是一件容易的事，咱们必须找到四把金钥匙。 第一把金钥匙：（齐读）认真审题，明确要求。 师：同学们看到这样一个习作题目，你们认为本次习作的关键是什么呢？ 预设： 生1：选定人物，把题目补充完整。（板书：人物） 生2：怎样过这一天。（这一天会发生什么事？）（板书：事件）	（1）出示习作题目，学生思考，本次习作的关键是什么？	（1）创设神奇的穿越情境，进一步激发学生的想象力，并提示四把金钥匙，为后面的学法指导作铺垫。

续表

	教学流程	学生活动	设计意图
教学设计	师：本次习作到底还有哪些具体的要求呢？请同学们快速翻到语文书第56页。仔细读一读，勾画出你认为本次习作的要点。 请生说，提炼要点：①选出人物；②选取事件。[注意，所有人物都行吗？(只能是童话、神话故事里的人物)怎样才能把事件写清楚？(去哪里，干什么，发生什么故事)] 师：书中的几个小朋友也爱读神话、童话，他们特别喜欢孙悟空。你瞧，他们和孙悟空一起去了哪里，做了些什么，又会发生什么故事呢？ (出示插图)来，从左到右读一读他们说了什么。(请班级朗读最棒的同学来读) 师：咦，坐在地上的同学没有说话，他好像有难题想请教大家。(我也想和孙悟空过一天，我可以写以下哪个故事呢？《减肥记》《卖火柴的一天》《花果山环保大作战》) 生：《花果山环保大作战》。 师：为什么只能写这个故事？其他两个不行吗？ 生：我们和孙悟空做的事，要符合人物的特点。 师：你真会思考，掌声送给他。所以你帮我们找到了第二把金钥匙。 第二把金钥匙：(齐读)紧扣特点，精心选材。 师：你们想想，《减肥记》的最佳人选是谁？(猪八戒)《卖火柴的一天》呢？ 那让我们的想象飞得更远一些，看看我们还可以和孙悟空去哪里吧！ 预设：①回到神话或童话世界，如花果山、水帘洞、火焰山、女儿国等；②神话或童话里的人物降临现实，如家里、学校、商场、科技馆、图书馆、游乐园；③"神话/童话世界"和"现实生活"之间来回穿梭。 师：我们去这些地方做什么才更有意义呢？ 预设：①帮助弱小战胜强大；②一起玩耍交朋友；③参与神话人物之间的战斗。 2. 小组合学 师：接下来请同学们以四人小组为单位，说一说我和孙悟空去了哪里、做了什么、具体发生了什么故事。(请生分享) 3. 个体独学—小组合学 师：同学们的想象真是丰富极了！看来和自己喜欢的人物过一天，可以去不同的地点，做不同的事，体验一次不寻常的经历。现在就请同学们乘着想象的翅膀，完成以下任务，找到第三把金钥匙吧！	(2)学生在教材中勾画习作的要点，明确要求，习得第一把金钥匙：认真审题，明确要求。 (3)学生读书中小朋友的对话，引发思考：我也想和孙悟空过一天，我可以写以下哪个故事《减肥记》《卖火柴的一天》《花果山环保大作战》），并说一说理由。学生进一步思考《减肥记》的主人公是谁，说一说为什么，通过思考明确选材要紧扣人物的特点。 (4)学生在教师的引导下思考：我们还可以和孙悟空去哪里、做什么、发生什么故事？	(2)从题目入手，让学生运用质疑的方法，初步推测习作的要求，让学生明确审题要从题目入手。 (3)学生该如何选材呢？这是本次习作的重点也是难点，借助教材插图，创设选择情境，通过选一选促进学生的思考，让学生明白不是所有的事例都可以选择，而要紧扣人物的特点来想象，从而习得第二把金钥匙：紧扣特点，精心选材。 (4)教师以孙悟空为例，引导学生围绕"去哪里、做什么、发生什么故事"三个方面展开丰富的想象，让学生感知可以从多角度大胆想象。

续表

	教学流程	学生活动	设计意图
教学设计	第三把金钥匙：巧妙构思，理清思路。请一个同学为大家读一读任务提示。 ①在想象设计单中写一写：你准备和你喜欢的人物去哪里、做什么、发生什么故事。 ②按照时间顺序，梳理出一天内发生的事情，在你最想详写的事情后画星。 ③写好的同学在小组内分享交流，在小组内选出最吸引你的想象设计单并请代表发言。 **想象设计单** 	时间顺序	活动地点	发生的事情	人物特点
			| 中心词：（　　）的一天 （学生上台分享，其他同学对照着习作要求评一评：你喜欢他想象的故事吗？为什么？） 4.拓展延学 师：同学们，创编神话真是有意思，不知不觉我们已经得到了三把金钥匙，那同学们知道我们为什么要写这样一次习作吗？如果用一个中心词来概括，这将是怎么样的一天？（愉快、刺激、惊险、神奇、难忘、不可思议……） 师：同学们再想想，神话、童话故事里的人物都有着神奇的力量，那我们是不是还可以去做更多有意义的事呢？ （PPT出示荒山、污染、动乱图片） 师：我们可以和谁一起垦荒造林？（甘于奉献的女娲）我们可以和谁一起治理水污染？（神通广大的哪吒）我们可以和谁一起除暴安良？（勇敢正义的孙悟空） 所以，老师要送给你们最后一把金钥匙。 第四把金钥匙：深化主题，表达情感。 师：希望在你们的笔下塑造出更多鲜活的人物，创编出更多有价值的想象故事。	（5）根据学习提示，学生借助想象设计单梳理写作思路，写一写和自己喜欢的人物在什么时间、去哪里、做什么、发生什么故事，再通过小组合学，在小组内分享交流，选出最吸引你的想象设计单，最后请小组代表发言。学生通过梳理，理清习作的思路，习得第三把金钥匙：巧妙构思，理清思路。 （6）让学生用一个关键词来概括本次习作的主旨，引发学生思考怎样才能让这一天过得有意义、有价值。学生习得最后一把金钥匙：深化主题，表达情感。	（5）通过想象设计单帮助学生理清习作的思路，由点到线，由想象精彩情节到想象一个完整的故事。从个体独学到小组合学，既能彰显个性想象，也能让学生在集群分享中碰撞出思维的火花，二次创新自己的习作思路。 （6）通过拓展延学的环节，让学生对自己的想象故事进行更深层次的思考，提升学生想象创作的思想高度。让学生从想写、会写、乐写到最后的深入写，循序渐进地对学生进行引导，使学生的想象能力得到螺旋式上升。

续表

	教学流程	学生活动	设计意图
教学设计	三、总结：感受神话或童话的美好 师：同学们，你们都觉得神话或童话故事很有意思、很神奇，故事里的人物很厉害，其实最厉害的人是编故事的那个人，而那个人今天就坐在我们的教室里，是你，是我，也是他。回家把属于你的精彩故事写完整，让我们也成为那个最厉害的编神话或童话的人吧！也许编着编着，你就会发现，(学生跟读)神话(童话)就像一个太阳，让整个世界充满了光亮。神话(童话)牵着你我的手，一起做一场有意思的梦。	（7）在优美的配乐中，学生跟读关于神话或童话的诗文，再一次感受创编想象故事的美妙。	（7）在优美的配乐中，教师引导学生跟读有关神话或童话的诗文，进一步激发学生创编故事的激情，感受想象的神奇与美好。
板书设计	我和____过一天 认真审题　明确要求 人物　事件 紧扣特点　精心选材 巧妙构思　理清思路 深化主题　表达情感		
教学反思	作文教学一直是语文教学中的难点，如何才能让学生写好一篇文章，这是值得深思的问题。在这节课的设计与教学中，我有如下一些收获和思考： 1.游戏导入，趣味盎然 导入的关键是激发学生情感，让学生产生强烈的学习愿望。为了更好地发散学生的思维，激发学生的学习兴趣，巧妙设计游戏"人物猜猜猜"，用音频、漫画、文字、电影等多种形式引入不同的神话或童话故事里的角色。 2.创设情境，激发想象 创设穿越的情境，打开学生想象的闸门，让学生敢于想、乐于想，为后面的学法指导做铺垫。 3.学法指导，会想乐想 四把金钥匙不仅能打开神奇的穿越之门，更能打开想象习作的智慧之门，学生通过本次习作习得的四个步骤，不仅"敢想""会想"，而且还能如鱼得水地"乐想"。这些方法也同样可以运用到其他的习作学习中。 4.乐群学堂，有声有色 本课通过设计"师生共学→小组合学→个体独学—小组合学→拓展延学"的乐群学堂四环节，循序渐进地对学生进行引导，使学生的想象能力、思维能力、习作水平得到了螺旋式上升。		

"五感写作——给世界涂上缤纷色彩"教学设计

表4-6 "五感写作——给世界涂上缤纷色彩"教学设计表

执教者	韦妙	学科	语文
年级	三年级	学期	秋季
课题	\multicolumn{3}{c}{五感写作——给世界涂上缤纷色彩}
教材分析	\multicolumn{3}{l}{在部编版三年级上册第五单元的单元习作"我们眼中的缤纷世界"中,要求学生写自己观察到的一种事物或一处场景,并向同学展示自己的观察所得。在本次习作中,引导学生细致观察是重点。学习五感写作法,有助于学生找到观察的方向,更细致地观察并描写事物。 "五感"是指人体的五种感觉:视觉、触觉、嗅觉、听觉、味觉。这五种感觉能让我们感受世界,让我们的生活丰富多彩。五感写作法是一种通过描述这五种感觉来写作文的方法,把这五种感觉运用在文章中,文章里的世界就能"活"起来。五感写作法与我们的生活紧密相连,首先要联系生活实际,然后引入"五感",再发挥想象写作。我们的作文都是以日常生活为背景,所以写作时,我们要充分调动这五种感觉来感受事物,然后发挥想象,把"五感"收集到的信息写入作文中。}
学情分析	\multicolumn{3}{l}{对于现阶段的学生来说,三年级是学生习作的起步阶段,观察是习作的基本方法之一。观察什么、怎么观察、如何将观察的收获有序地记录下来是学习重点。}
教学目标	\multicolumn{3}{l}{1.借助实物、学习单记录观察所得,感受观察的乐趣。 2.通过学习,掌握什么是五感写作法,运用五感写作法观察并描写事物。 3.培养主动观察的习惯,让学生乐于发现并记录生活中的美。}
教学重难点	\multicolumn{3}{l}{1.教学重点 感受观察的乐趣,知道五感写作法的含义,能运用五感写作法观察并描写事物。 2.教学难点 运用五感写作法多角度描写事物。}
教学准备	\multicolumn{3}{l}{课件"五感写作——给世界涂上缤纷色彩"、学习单、橙子一个。}

<table>
<tr><th colspan="2">教学设计</th></tr>
<tr><th>教学过程</th><th>设计意图</th></tr>
<tr>
<td>一、教材导入,回顾新知(出示教材插图)
师:在本单元的学习中,我们观察了不少身边的事物,如美丽的公园、热闹的街头、熟悉的教室等。在习作例文中,我们也学会了从不同方面观察故乡的杨梅,那怎样才能把事物观察得细致又写得生动呢?这就要用上五感写作法了。</td>
<td>回顾教材,体会本单元学习重点,加强本课知识点与教材的结合。</td>
</tr>
</table>

续表

教学过程	设计意图
二、学习五感的定义 师：五感就是人体的五种感觉，同学们知道是哪五感吗？ 预设：我知道，眼睛看一看，这是视觉；小手摸一摸，这是触觉；鼻子闻一闻，这是嗅觉；耳朵听一听，这是听觉；嘴巴尝一尝，这是味觉。 （五感思维导图：味觉、触觉、嗅觉、听觉、视觉） 根据学生回答，生成思维导图，展示定义。	通过师生共学，完成思维导图，以直观的形象学习五感的定义。
三、运用五感显身手 1. 视觉——眼睛看一看 (指导1)师：你观察到了什么？将你看到的特点填入表格。 橙子的特点 | 橙子 | 特点 | |---|---| | 颜色 | 金灿灿的 | | 形状 | 圆滚滚的 | | 大小 | 像一个大乒乓球 | | …… | …… | 预设：橙子的颜色是金灿灿的，形状是圆滚滚的，比乒乓球大一些。 (指导2)师：不错，你从颜色、形状、大小上进行了观察。现在将你观察到的特点写成一个连贯的句子吧！试着用上一些修辞手法，可以让笔下的事物活灵活现哦！ 预设：橙子穿着金灿灿的外衣，鼓着一个圆滚滚的大肚子，一眼看去，像一个大乒乓球。	（1）在习作教学中加入实物道具，使教学更直观形象，有利于激发学生学习兴趣。 （2）师生共学：在五感观察的指导时，以点带面。以视觉为例，对学生进行逐步指导，使学生在教师的指导下可以先连词成句，再写出优美好句，最后在此基础上进行更加细致的观察，使描写更形象。

续表

教学过程	设计意图
（指导3）师：拟人和比喻这两个小帮手让你笔下的橙子更生动啦！拿近点再瞧瞧，你还有新发现吗？ 橙子的特点 | 橙子	特点
颜色	金灿灿的
形状	圆滚滚的
大小	像一个大乒乓球
近看	布满密密麻麻的小点 | 预设：凑近一看，上面布满密密麻麻的小点儿。 师：是呀，观察事物要多角度，不仅可以看看它的颜色、形状、大小，还可以从远近等多个角度去观察。带上小锦囊，再写写你看到的吧！ 出示小锦囊：仔细多角度观察。可以从颜色、形状、大小、远近等多个角度观察事物。 预设：橙子穿着金灿灿的外衣，鼓着一个圆滚滚的大肚子，一眼看去，像一个大乒乓球，凑近一看，上面布满密密麻麻的小点儿。 2.触觉——小手摸一摸 预设：用手一摸，一阵冰凉送到指尖，表面上的小颗粒让人感觉有一丝粗糙。 3.嗅觉——鼻子闻一闻 预设：忍不住凑近一闻，一股清香传来，沁人心脾。 4.听觉——耳朵听一听 预设：我迫不及待地剥开果皮，"嗞"的一声，果汁喷涌而出，仿佛在说："快来吃我呀！我的味道好极了！" 5.味觉——嘴巴尝一尝 师：屏幕前的你，一定等不及尝尝美味的果肉了！快瓣下一瓣细细品味吧。请暂停视频，将你尝到的味道写在学习单上吧！ 预设：我瓣下一瓣果肉，送入口中，甜蜜蜜的香气顿时弥漫整个口腔，轻轻一咬，果肉绽开，混合着果汁朝喉咙你追我赶。这美味的橙子，真是让人回味无穷！ 6.展示成果，分享交流 出示学生完整的五感描写片段，展示学习成果。	（3）学生根据教师对视觉观察的指导，运用方法对触觉、嗅觉、听觉观察进行描写，加深印象。 （4）小组合学：学生运用课上学到的方法，合作完成知识的运用，在合作中体会学习的快乐。 （5）个体独学：最后一个感官——味觉——是学生最期待的，在此处进行留白处理，让学生参与其中，用上自己深刻的观察，随堂进行片段描写。

续表

教学过程	设计意图
四、知识总结，诵读口诀 　　师：通过学习，我们掌握了仔细观察的技巧——五感法，用眼睛看、小手摸、鼻子闻、耳朵听、嘴巴尝的方式去观察事物，还知道了观察事物要多角度，可以从颜色、形状、大小、远近等多个角度进行观察。 　　(温馨小提示：运用触觉和味觉观察时，要注意安全，并不是所有事物都可以用手摸、用嘴巴尝。) 　　带上这首顺口溜，去探索你眼中的缤纷世界吧！学生齐读： **五感观察顺口溜** 眼看耳听心要想，触觉嗅觉和味觉。 五感体验妙无穷，妙笔生花笔生风。	（1）每一个感官的描写都用思维导图的方式进行逐步展示，最终形成完整的五感片段描写，给学生整体感受，同时进行本堂课的知识总结，加深印象。 （2）运用记忆口诀，增加学习趣味性，帮助学生更好地理解、掌握知识。
五、作业设计 　　师：想必大家已经跃跃欲试了，课后，请大家运用五感写作法，观察身边的事物或场景，在学习单上完成一个观察小片段，写出你眼中的缤纷世界吧！ 　　写完后，对照评价表进行评价，看看谁是摘星小达人。	总结拓学：总结知识，设置学习单，让学生完成一个片段练习。通过思维导图的方式，对一个事物进行多感官的观察，并进行描写。
板书设计	五感写作——给世界涂上缤纷色彩 （思维导图：树形图，五感为树干，枝叶分别为：味觉、触觉、嗅觉、听觉、视觉） 仔细多角度观察：颜色、形状、大小、远近……

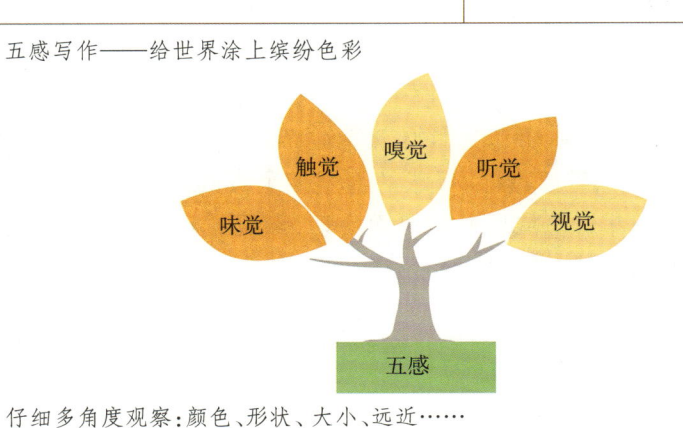

教学过程	设计意图
教学反思	本节课的教学设计紧紧围绕教学目标展开，通过多种课堂活动引导学生运用五感写作法，更细致地观察并描绘事物，培养学生主动观察的习惯，让学生乐于发现并记录生活中的美。 一、创设趣味情境 教师请同学们提前准备好本课道具——橙子，并在课前布置观察橙子的小任务，整堂课包括课前、课中、课后都将道具橙子贯穿始终。通过看一看、摸一摸、闻一闻、听一听、尝一尝的方式，调动学生全身感官仔细观察事物，真实感受生活中的事物，增加课堂趣味性，让学生在情境中激发学习热情，更加深刻地理解知识、学习知识。 二、充分发挥学生的主体作用 在教学中，充分发挥学生的主体作用，提前观察道具，启发学生的学习兴趣。在学习过程中，先让学生感知事物、表达感受，教师再循循善诱，进行方法指导，总结提炼，锻炼学生的主动思考能力。在味觉描写处，进行留白处理，使微课也有互动感、参与感，让学生在课堂上活学活用。 三、层层递进，难度分层 在学习过程中，教师以点带面，将五感的教学巧妙处理，详细指导学生视觉的观察及描写。首先，让学生写下观察所得，学生只能呈现出零散词语。接着，指导学生将词语组成连贯句子，再加入修辞手法，美化语言。最后，引导学生多角度观察，从颜色、形状、大小、远近等不同角度观察事物。学生通过系统的学习，进行能力的迁移，用同样的方法进行其他感官的练习，加深印象。 生活中不是缺少美，而是缺少发现美的眼睛。作为语文老师，我们首先要有一双慧眼，发现美、传递美，做学生的榜样；鼓励学生通过本课的学习，点燃生活的热情，养成主动观察的习惯，乐于发现并记录生活中的美。

研学归来·再探苏轼

成都高新区锦城小学　唐欢

一、学情分析

学生在小学阶段学过苏轼的诗：《冬景》《饮湖上初晴后雨》《题西林壁》《六月二十七日望湖楼醉书》《惠崇春江晓景》等；背诵过苏轼的词：《江城子·乙卯正月二十日夜记梦》《水调歌头·明月几时有》《念奴娇·赤壁怀古》《江城子·密州出猎》《定风波·莫听穿林打叶声》等；在六年级的上学期全班共读林语堂的《苏东坡传》；在六年级下期到苏轼故里——眉山开展研学活动，参观了三苏祠和三苏纪念馆。学生积累了一定量的苏轼诗词，对苏轼的生平有一定的了解，研学活动更是激发了学生对苏轼深入了解的兴趣。

二、研学时间

2019年4月11日。

三、研学准备

（1）学生重温已学的苏轼诗词。
（2）教师设计研学单（见附件1）。
（3）课外读物《苏东坡传》。

四、研学作业

（1）完成研学单。
（2）围绕苏轼，就最感兴趣的一点或几点绘制思维导图。

五、教学目标

（1）将学生所学、所见、所感融合，从"文学造诣、亲朋好友、宦海沉浮"等多角度进一步了解苏轼，切实感受其人格魅力。
（2）激发学生对苏轼深入了解的兴趣，化研学为延学。

六、教学设计

（一）引入课题

回顾研学活动，谈话导入课题。

（二）个体独学——一探苏轼：文学造诣

1. 诗词接龙

（1）以小组为单位在组内进行诗词接龙，学生轮流当考官，成绩最佳的小组能得到一枚苏轼诗词书签。
（2）随机抽组，老师当考官，同学们作判断，若挑战成功再得一枚书签。
（3）增加难度，加试一轮。

2. 艺术史成就补充

学生根据所查资料，对苏轼的艺术史成就进行补充。

（三）小组合学——二探苏轼：亲朋好友

1. 关系图谱

随机抽取学生完成图谱。理清人物关系之后，进入小组答题环节。

2. 小组合作答题活动规则

（1）各小组浏览题单上的所有题目，初步选择准备作答的题目。

(2)各小组派一名同学用抢答器参加题目选择"秒杀"活动,确定作答题目。
(3)没抢到题目的小组在补充环节有优先发言权。
(4)组内讨论。

(四)师生共学——三探苏轼:宦海沉浮

(1)学生分享研学归来所作的思维导图。
(2)师生点评。
(3)你对苏轼的仕途起伏还有哪些问题?学生先在组内讨论,每个小组整合出最有价值的问题,全班探讨。
(4)相机板书。
(5)教师小结。

(五)总结拓学

(1)总结苏轼的人格魅力。
(2)拓展诗词。
(3)书签写诗词。

附件1:教学实录

一、引入课题

师:苏轼乃中国文学史上大名鼎鼎的人物。谁能为大家简单介绍一下苏轼?

关于苏轼,我们从二年级开始学习他的诗,从五年级开始接触他的词;在去年的冬天共读林语堂所著的《苏东坡传》;在这个月的中旬去了苏轼的故里——眉山,参观了三苏祠和三苏纪念馆。研学之旅的点点滴滴你还记得吗?

(1)三苏祠飨殿的三尊雕像中谁是苏轼?

(2)研学当天中午我们享用了一顿丰盛的午餐。大家都知道苏轼是个美食家,你还记得我们吃的哪道菜是他发明的吗?

第四章
乐群学堂：乐群教育的实现路径

（3）再来欣赏一段视频。同学们唱的是苏轼的哪一首词？（《水调歌头·明月几时有》）如果苏轼听到千年之后他的诗词还能被后人传唱，你们猜猜他会做什么？（作诗）看来研学归来，大家对苏轼又多了几分了解。

（4）为什么苏轼会成为四川人、中国人的文化骄傲？他的身上到底蕴藏着怎样巨大的人格魅力？研学归来，让我们再探苏轼。请同学们齐读课题。

二、一探苏轼：文学造诣

（一）诗词接龙

先从我们最熟悉的苏轼诗词开始吧！请同学们以小组为单位在组内进行诗词接龙，大家轮流当考官，状态最佳的小组能得到一枚书签。各小组举起你们的积分篮，为小组荣誉而战！2分钟，计时开始。

评价：这个小组将苏轼的诗词读出了韵味。

师：现在随机抽一个组来完成诗词接龙，选一位考官，其他同学作出判断，若挑战成功再得一枚书签。掌声恭喜该组，再得一分（送书签）！从你们的诵读中我感受到了你们对苏东坡的崇拜。（PPT出示诗句，举手最快者抢答）对于咱们学过的诗词和文章，大家倒背如流，各小组不分伯仲，那就增加点难度，加试一轮。（答案正确，请加分）

（1）日啖荔枝三百颗，不辞长作岭南人。——《惠州一绝》

（2）竹杖芒鞋轻胜马，谁怕？一蓑烟雨任平生。——《定风波·莫听穿林打叶声》

（3）寄蜉蝣于天地，渺沧海之一粟。——《赤壁赋》（权当作提前领略苏轼文章的魅力）

（4）枝上柳绵吹又少，天涯何处无芳草。——《蝶恋花·春景》

（5）何夜无月？何处无竹柏？但少闲人如吾两人者耳。——《记承天寺夜游》

师：全班齐读经典。苏轼在诗、词、文三方面都有着极高的造诣，我们刚才品读的只是其中的冰山一角。请同学们继续。

175

（二）艺术史成就补充（答对者自行加分）

（1）（出示图片）三苏祠中有这样一副对联：一门父子三词客，千古文章四大家。（生读）

其中的"四大家"指的是？（全班作答）（韩愈、柳宗元、欧阳修、苏轼）

（2）在三苏纪念馆，我们了解到了很多与苏轼有关的成语，请问下列哪个成语与苏轼无关？

　　A.河东狮吼　　B.胸有成竹　　C.觥筹交错

觥筹交错：出自欧阳修的《醉翁亭记》，觥是酒器，筹是行酒令的筹码，形容许多人聚会喝酒时的热闹场景。

河东狮吼：河东狮吼是在苏东坡和挚友开玩笑的一首诗里提到的，因为陈季常怕老婆，用四川话来讲就是"耙耳朵"。

胸有成竹：这个典故出自苏轼的一篇散文，讲的是他的挚友文与可画墨竹。其实苏轼也很擅长画墨竹。

（3）请欣赏苏东坡的书法作品《黄州寒食帖》，他创立了"尚意"书风，史称"苏字"。他与黄庭坚、米芾、蔡襄合称为"宋四家"。（这是苏轼在书法方面的成就，苏轼居"宋四家"之首）（抢答）

师：中国古代赞誉文人有三绝之说，三绝者，诗、书、画也。苏轼可以说至少达到了五绝：诗、书、画、文、词。请你用一个词来形容他的文学造诣。（才高八斗、全面、巅峰、天才……）那么这样一位天才是在什么样的家庭中诞生的呢？他又有哪些朋友？让我们一起二探苏轼：亲朋好友。

三、二探苏轼：亲朋好友

（一）关系图谱

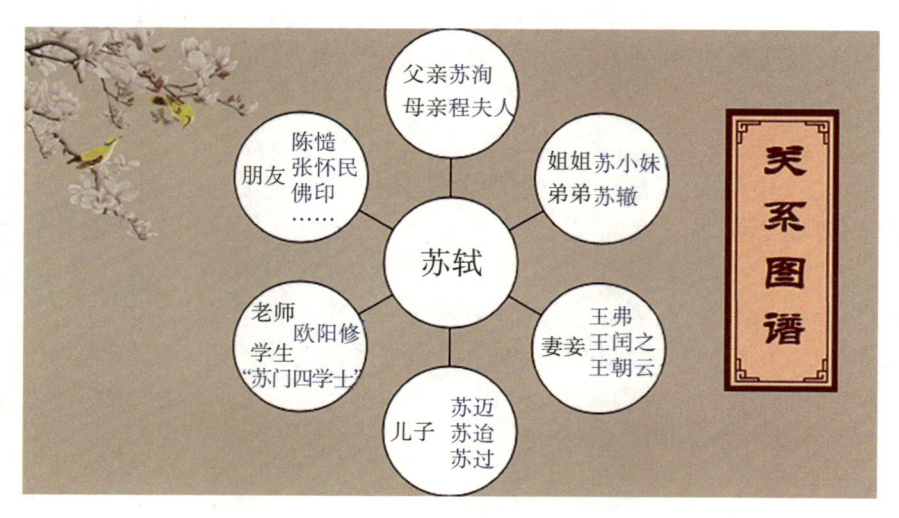

师：如图所示，这是一个以苏轼为中心的关系图谱。（随机抽取6位同学完成图谱）理清人物关系之后，我们一起进入小组答题环节。

(二)小组合作答题

师：请一名同学来读答题规则：[各小组浏览题单上所有题目，初选准备作答的题目（1分钟）。各小组派一名同学用抢答器参加"秒杀"，确定作答题目。只有4道题，没抢到题目的小组在补充环节有优先权。组内讨论评分标准（2分钟）：正确作答+1分，讲解精彩+2分。]请各小组组长打开信封，1分钟计时开始。秒杀结束，有2分钟时间准备答题，计时开始。

有请小组上台汇报。其他同学有补充吗？请同学们为他们小组打分。说出你的理由。

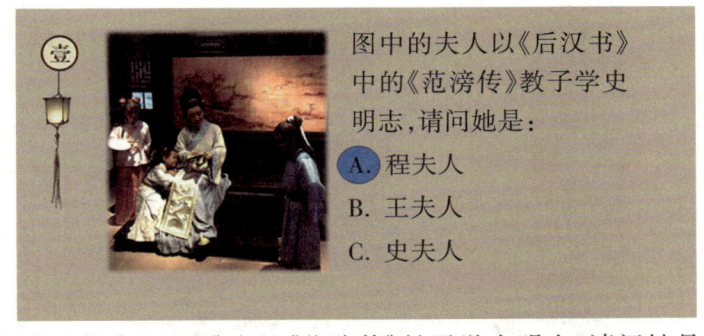

图中的夫人以《后汉书》中的《范滂传》教子学史明志，请问她是：
A. 程夫人
B. 王夫人
C. 史夫人

(1)图中的夫人以《后汉书》中的《范滂传》教子学史明志，请问她是：
　　A.程夫人　B.王夫人　C.史夫人
严父游学期间都是程夫人在家管教孩子，程夫人对苏轼的影响很大。遗憾的是，在苏轼中进士那年，程夫人就去世了。

(2)"十年生死两茫茫，不思量，自难忘。"这首悼亡词是在悼念苏轼的哪位亲人？
　　A.妻王弗　B.妻王闰之　C.妾王朝云
王弗26岁病逝，10年后苏轼写下了这首悼亡词。
①《苏东坡传》中提到王弗是一位精明的贤妻，妻子的忠言劝谏对苏轼来说非常重要。
②王弗、王闰之、王朝云在苏轼生命中的意义不同。

(3)判断下列说法的正误。
苏轼因反对王安石变法而被贬，因此，王安石是他一生的宿敌。（　　）
两人政见不一，确实是政敌，但是除了政治上的交往，两人也有文学交往和君子交往。乌台诗案中王安石曾为苏轼求情。一个被贬，一个辞官回乡，两人多次相聚。

(4)大家都知道苏轼和弟弟苏辙的感情特别深厚，下列与苏辙无关的是：
　　A.《水调歌头·明月几时有》的小序：丙辰中秋，欢饮达旦，大醉，作此篇，兼怀子由。
　　B.元祐四年，苏辙以翰林学士的身份出使契丹，贺辽主生辰，契丹盛传三苏文。
　　C.这节选自郭沫若先生为李可染《东坡夜游赤壁图》做的题跋，刻在三苏纪念馆的墙壁上:吾乡苏长公,俊逸才无敌。脍炙在人口,前后游赤壁。

师:对于这道题,该小组不仅知其然,还知其所以然,讲出了弟弟苏辙对苏轼的影响,老师为你们点赞,同学们说给他们加多少分?

严父慈母、兄弟情深、妻妾相辅、师友相携成就了苏轼这个旷世奇才。21岁的苏轼就名扬天下,进士及第,从此踏上了漫漫仕途。让我们一起三探苏轼:宦海沉浮。

四、三探苏轼:宦海沉浮

师:关于这个问题,我们班的惠同学在研学归来之后还作了一番深入的研究,化研学为延学。这张照片是我在他妈妈的朋友圈里发现的。现在有请惠同学根据他画的思维导图,给大家讲讲苏轼的宦海沉浮。

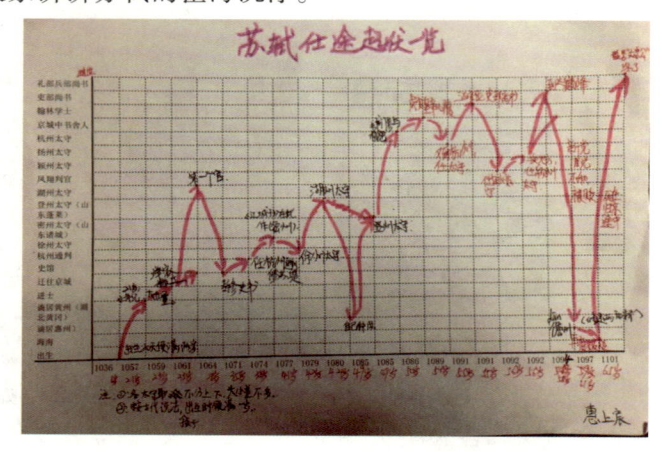

问题预设:

(1)苏轼为官期间,为老百姓做了哪些事?

(2)经历了乌台诗案被贬黄州之后,他为什么不"吃一堑长一智",没有学会在官场做一个圆滑的人?

(3)结合苏轼的仕途起伏图,试画苏轼的心情曲线图。

(4)是什么力量支持着他在宦海沉浮中克服重重困难?

在学生汇报的过程中,老师相机板书:心系百姓、潇洒豪迈、乐观豁达、能屈能伸。

五、拓展积累

在开课的时候我曾提出一个问题,苏轼身上到底蕴藏着怎样的人格魅力?我想这就是答案。这就是苏轼——我行我素,泰然处之。他把别人眼中的苟且,活成了自己的潇洒人生;把心中的悲欢都化作诗稿,洒在大宋江山的蒙蒙细雨中。他乘舟饮酒,将余生寄予江海,于是他写道:"小舟从此逝,江海寄余生。"

他苦中作乐,吃着野菜也能品出别样滋味,于是他吟道:"人间有味是清欢。"

他遭遇贬谪,在一蓑烟雨中徜徉人生,于是他唱道:"回首向来萧瑟处,归去,也无风雨也无晴。"

这就是苏轼,他心系百姓,他潇洒豪迈,他乐观豁达,他能屈能伸。苏轼的一生值得我们用一生去研读。

知人论世,再探苏轼之后,相信你一定会有新的理解与收获。

附件2:研学单

研学归来·再探苏轼

苏轼名片						
年代		出生地				
字		号		谥号		
特长						
成就						
代表作品						

★一探苏轼:文学造诣

列举会背的苏轼诗词:

_____

_____

你还知道苏轼在文学史和艺术史上有哪些成就?

_____

_____

★二探苏轼:亲朋好友

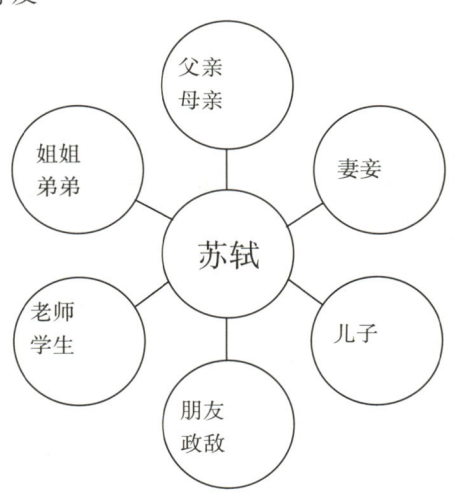

以"苏轼"为中心,周围分布:父亲母亲、妻妾、儿子、朋友政敌、老师学生、姐姐弟弟。

★三探苏轼：宦海沉浮

时间	地点	具体官职

围绕"宦海沉浮"，我想提问：

_____

_____

风霜雨雪　山川日月　缘为描摹你
——单元视域下"小说中环境描写突显人物形象的作用探究"

✎ 成都高新区锦城小学　谢淑

一、议题确定：基于单元视域的目标确立——由传统议题下的群文阅读走向单元中的群文阅读

单元视域下，单元语文要素是单元的核心任务，是关系到本单元的整体结构的核心概念，只有把握住单元语文要素，才能把握核心的知识，才能克服零碎，走向知识的联系，形成结构，才能产生全局性的理解并产生洞见。

单元视域下的群文阅读教学就是立足于学生的学科课程核心素养，从单元视域下的观念、任务、问题等角度出发，聚焦单元语文要素，确定议题。

《义务教育语文课程标准(2022年版)》的课程目标中,明确提出第三学段(五六年级)"阅读与鉴赏"板块的要求:"阅读叙事性作品,了解事件梗概,能简单描述印象最深的场景、人物、细节,说出自己的喜爱、憎恶、崇敬、向往、同情等感受。"

小学语文部编版六年级上册四单元的语文要素是"读小说,关注情节、环境,感受人物形象。发挥想象,创编生活故事"。根据语文要素和教材内容,确定单元教学目标,如表4-7所示。

表4-7 小学语文部编版六年级上册四单元教学目标

识字与写字	会写22个字,会写29个词语
阅读与鉴赏	(1)有感情地朗读课文,整体把握小说的主要情节; (2)紧扣文章中人物的语言动作心理描写,感受人物形象; (3)留意环境描写,体会其对表现人物的作用; (4)感受小说情节对塑造人物形象所起的作用,并通过朗读体会人物形象; (5)朗读并背诵《回乡偶书》,大致了解古诗的意思
表达与交流	(1)根据对象把说服别人的具体理由讲清楚; (2)设想对方可能的反应,恰当应对,获得对方支持; (3)展开想象,根据提供的环境和人物创编生活环境; (4)把故事情节写完整,通过环境或心理描写体现人物形象; (5)通过阅读片段体会人物复杂的内心世界,并仿照事例,试着写出自己忐忑不安或犹豫不决时的心理活动
梳理与探究	(1)回顾、交流塑造小说人物形象的方法; (2)能产生阅读《童年》《小英雄雨来》《爱的教育》的兴趣,自主规划阅读三本小说,了解小说内容; (3)与同学交流阅读心得,体会成长的快乐

根据单元教学目标,确定群文阅读《风霜雨雪 山川日月 缘为描摹你——单元视域下"小说中环境描写突显人物形象的作用探究"》一课的教学目标,旨在对单元目标的落实与应用,对语文要素的习得进行延展与深入。

二、文本组织:基于结构化的文本组合——由单课时下的群文阅读走向连续课时下的群文阅读

在本单元教学框架的整体构建中,我们将"任务一:漫游小说王国"中的"活动二:人物形象我来品"细分为四个课时:

课时一:初步学习《桥》《穷人》《金色的鱼钩》三篇课文,识字学词,知道小说的主要人物,初步了解小说的故事梗概。

课时二:以单篇阅读的方式,细读小说《桥》,初步学习通过关注情节、环境,感受人物形象的方法。

课时三：以群文阅读"1+X"的方式，研读课内小说《金色的鱼钩》，补充课外小说《小茨冈之死》（选自"快乐读书吧"推荐书目《童年》）和《关云长温酒斩华雄》，深入学习情节架构塑造人物形象的方法。

　　课时四：以群文阅读"1+X"的方式，研读课内小说《穷人》，补充课外小说《像八路军那样爱自己的同志》（选自快乐读书吧推荐书目《小英雄雨来》）和《长津湖》，深入学习环境描写突显人物形象的方法。

　　本次群文阅读作为"活动二：人物形象我来品"的第四课时，重点突破环境描写突显人物形象这一难点。在文本组织上，以"1+X"的方式，聚焦议题，注重课内篇目和课外篇目相结合，中国经典作品和国外优秀作品相结合，塑造个体形象和塑造群体形象相结合，多维度、多视角深入探寻环境描写在人物塑造上的作用（如表4-8所示）。

表4-8　环境描写在人物塑造上的作用

小说篇目	来源	国家	人物	形象	环境	环境描写的作用
《穷人》	课内	俄国	桑娜、西蒙、渔夫（个体）	善良、勤劳	贫困、悲惨	(1)表现人物品质 (2)衬托人物心情 (3)暗示人物命运 (4)交代人物身份
《像八路军那样爱自己的同志》	课外	中国	雨来、小伙伴们（个体、群体）	勇敢、机智、爱国、友爱	静谧	(1)衬托人物心情 (2)表现人物品质
《长津湖》	课外	中国	志愿军、美军（群体）	爱国、无畏	寒冷	(1)表现人物品质 (2)暗示人物命运

三、学情分析

　　从学习兴趣上来说，六年级学生对于阅读扣人心弦的小说故事的主动性和积极性很高。从学习能力上来说，通过前期的接触和积淀，学生已经具备一定的朗读能力、语言感悟能力，能够通过人物的语言、动作、神态分析人物的心理活动和性格特征，也能通过情节感受人物形象，但是通过环境描写突显人物形象，学生没有进行过系统的学习，对环境描写塑造人物形象比较陌生，缺少方法。

四、教学设计

表4-9 "风霜雨雪 山川日月 缘为描摹你——单元视域下'小说中环境描写突显人物形象的作用探究'"教学设计表

课题	风霜雨雪 山川日月 缘为描摹你 ——单元视域下"小说中环境描写突显人物形象的作用探究"	课时	1
教学目标	目标一:激发学生阅读兴趣,从一篇到多篇,从一文到多文,以"1+X+N"的思路增加学生阅读量,拓宽学生的阅读面,提高学生的阅读质量,培养学生良好的阅读习惯; 目标二:引导学生通过对比阅读、情境阅读关注小说的环境描写,发现环境描写与人物形象的关系,探寻环境描写突显人物形象的不同作用,感受普通人物在面对困境时的人性光辉; 目标三:带领学生提炼学法,总结出寻找环境描写突显人物形象作用的"四步法",并迁移运用,培养学生的阅读能力和思辨能力。			
教学重难点	重点:目标二。 难点:目标三。			
教具学具	PPT、Hi Teach智慧教室。			
课时安排	第四课时。			
教学流程	教师活动	学生活动	设计意图	
一、个体独学:回顾要素,引入课题	1.课前热身小游戏 回顾上节课"小说中情节塑造人物形象的作用": (1)小说三要素是:_____。 A.人物、意向、情节 B.人物、情节、环境 C.情节、环境、高潮 (2)《金色的鱼钩》情节图排序:_____。 ①钓鱼补给;②发现秘密;③喝下鱼汤;④壮烈牺牲;⑤接受任务 (3)《小茨冈之死》中你印象最深刻的情节是_____。 (4)根据故事情节猜小说作品名称。(播放《关云长温酒斩华雄》视频) 2.出示副板书(PPT) 小说三要素总结:不同人物的出场能够推动小说情节的发展;跌宕起伏的情节能够塑造各种各样的人物形象,情节和人物密不可分。作为三要素之一的环境,对突显人物形象又有什么作用呢?这节课,我们一起来探寻。	(1)反馈器作答、讨论交流。 (2)初步思考。	(1)回顾小说三要素之情节,深化结构式学习。 (2)通过小说三要素揭示环境描写对人物形象突显的重要性,引发学生对小说中环境描写的探究欲,引入课题。	

续表

教学流程	教师活动	学生活动	设计意图
二、师生共学,发现规律	学习选文一《穷人》 1.找环境 请默读《穷人》,用"＿＿"勾画环境描写的句子,并用关键词批注自己的感受。 预设:穷苦、可怜、悲惨…… 2.抓人物 在这样穷苦、悲惨的环境中,出现了哪些人物呢? 预设:桑娜、西蒙、渔夫…… 3.品形象,析作用 (1)情境阅读,学习环境描写突显桑娜形象。 ①学习第1自然段,引导学生通过视频、音频、教师的朗诵来到桑娜家。 ②说一说通过环境描写,桑娜给你留下了怎样的印象?为什么? 预设:勤劳、善良…… ③感受环境描写突显人物形象的作用:表现人物品质,衬托人物心情。 (2)对比阅读,学习环境描写突显西蒙形象。 ①学习第7自然段,引导学生找出西蒙家环境描写的关键词。 ②感受环境描写突显人物形象的作用:交代人物身份。 ③对比桑娜和西蒙家的环境描写的不同,引导学生体会其暗示着不同的人物命运。 ④感受环境描写突显人物形象的作用:暗示人物命运。 4.小结规律 在《穷人》这篇小说中,环境描写能够突显人物形象。不同的环境描写作用不同,有的能表现人物品质,有的能衬托人物心情,有的能暗示人物命运,有的能交代人物身份。(板书)我们通过四个步骤探究了环境描写对人物形象的具体作用:找环境—抓人物—品形象—析作用。在其他小说中,环境描写有何作用呢?我们运用"四步法"继续探索其他文本。	(1)默读、勾画环境描写的句子,并批注自己的感受。 (2)找出人物。 (3)自主表达在特定的环境描写中,人物给读者留下的印象,并能通过抓住关键词的方法,找到相关依据,体会环境描写的作用。	以《穷人》为媒介,通过情境创设、对比阅读、师生共同探究,品味环境描写对人物形象的突显作用。

续表

教学流程	教师活动	学生活动	设计意图
三、个体独学+小组合学：学法迁移，品味作用	引入：在其他小说中，环境描写又是怎样突显人物形象的呢？运用探究环境与人物关系"四步法"分组阅读选文二、三：《像八路军那样爱自己的同志》《长津湖》，完成学习单。 1. 出示合作学习要求（探究环境与人物关系"四步法"） （1）找环境：用"____"勾画出环境描写的语句，并用关键词批注自己的感受。 （2）抓人物：在小说的特定环境中出现了哪些人物，请用"○"圈出来。 （3）品形象：在典型的环境中感受人物形象。 （4）析作用：分析环境描写对突显人物形象的具体作用。 （时间：5分钟） 2. 指导汇报 （1）指名汇报《像八路军那样爱自己的同志》的学习内容。 小说中的"环境描写与人物形象"探究单 	篇目	环境	人物	形象	环境描写的作用
---	---	---	---	---
《像八路军那样爱自己的同志》	优美	八路军	热爱家乡	①表现人物品质；②衬托人物心情 | （2）指名汇报《长津湖》的学习内容。 小说中的"环境描写与人物形象"探究单 | 篇目	环境	人物	形象	环境描写的作用
---	---	---	---	---
《长津湖》	寒冷	志愿军	热爱祖国 无畏生死	①表现人物品质；②暗示人物命运		（1）分组探究，运用"找环境、抓人物、品形象、析作用"四步法完成学习单。 （2）汇报学习内容，品味环境描写作用。 （3）交流、讨论发现小说的环境中有各种各样的人物，每一个人物的活动都离不开特定的环境。	（1）学法迁移、自主探寻、小组合学。 （2）对比学习，发现环境描写对人物形象塑造的广泛作用。

续表

教学流程	教师活动	学生活动	设计意图
三、个体独学+小组合学：学法迁移，品味作用	3.总结规律，寻找共性 小说中的"环境描写与人物形象"探究单 	篇目	环境	人物	形象	环境描写的作用
---	---	---	---	---
《穷人》	贫穷	桑娜、西蒙	勤劳、悲惨、贫穷	①表现人物品质；②衬托人物心情；③交代人物身份；④暗示人物命运
《像八路军那样爱自己的同志》	优美	孩子们	热爱家乡	①表现人物品质；②衬托人物心情
《长津湖》	寒冷	志愿军	热爱祖国、无畏生死	①表现人物品质；②暗示人物命运 | 以上我们已经通过"四步法"完成了对三个文本的探究，引导学生观察上面这个表，发现三篇小说中环境描写与人物形象的关系。 预设：环境描写和人物形象密不可分，人物活动离不开特定的环境，环境描写能够突显人物形象，使之更加丰满…… 4.深入探究，发现个性 小说中的"环境描写与人物形象"探究单 | 篇目	环境	人物	形象	环境描写的作用
---	---	---	---	---
《穷人》	贫穷	桑娜、西蒙	勤劳、悲惨、贫穷	①表现人物品质；②衬托人物心情；③交代人物身份；④暗示人物命运
《像八路军那样爱自己的同志》	优美	孩子们	热爱家乡	①表现人物品质；②衬托人物心情
《长津湖》	寒冷	志愿军	热爱祖国无畏生死	①表现人物品质；②暗示人物命运	 引导学生观察上表中绿色部分，并思考环境描写对人物形象的突显作用都相同吗？ 预设：环境描写突显人物形象的作用是不尽相同的，有的能表现人物品质，有的能衬托人物性格，有的能暗示人物命运，有的能交代人物身份…… 5.小结 我们通过探究环境与人物关系的"四步法"探究了环境描写对突显人物形象的不同作用。	（4）交流、讨论发现环境描写对人物形象的突显作用不尽相同。	（3）对比学习，发现环境描写对人物形象塑造的作用的不同。

续表

教学流程	教师活动	学生活动	设计意图
四、小组合学：迁移阅读，尝试运用	1.阅读闯关，出示闯关要求 (1)组内选题：4人小组成员每人从1~4号题中选择1道题进行闯关。 (2)组内分享：闯关成功后组内分享闯关经验。 (3)班级交流：1~4号题目分别抽取1人交流闯关经验，全班共同揭晓答案。 2.闯关内容 (1)猜猜她是谁： ①她出自四大名著之一； ②她的外貌、动作描写： 一月貌花容的女儿，说不尽那眉清目秀，齿白唇红，左手提着一个青砂罐儿，右手提着一个绿瓷瓶儿，翠袖轻摇笼玉笋，湘裙斜拽显金莲。汗流粉面花含露，尘拂峨眉柳带烟。体似燕藏柳，声如莺啭林。 第一次猜测她的身份：_____ ③她出场前的环境描写： 却说三藏师徒，次日天明，收拾前进。……早见一座高山。……峰岩重叠，涧壑湾环。虎狼成阵走，麂鹿作群行。无数獐豝钻簇簇，满山狐兔聚丛丛。千尺大蟒，万丈长蛇。大蟒喷愁雾，长蛇吐怪风…… 根据环境描写再次猜测她的身份：_____（《西游记》） (2)根据人物命运，选择环境描写，并说出自己选择的理由。 《红楼梦》林黛玉：为其选择居住地环境描写。 人物：林黛玉；命运：凄凉 居住地环境描写：_____ A.前面一带粉墙，里面几间房舍，千百杆翠竹掩映其间。一阵风吹来，凤尾森森；一场雨过后，龙吟细细；一阵凄寒，一片宁静。 B.临窗火炕上铺着猩红洋毯，正面设着大红金钱蟒靠背，石青金钱蟒引枕，秋香色金钱蟒大条褥。 （《红楼梦》） 3.根据环境描写，猜猜他的心情 主人公：刘备 环境描写： 时值隆冬，天气严寒，彤云密布。行无数里，忽然朔风凛凛，瑞雪霏霏；山如玉簇，林似银妆……回首遥望处，烂银堆满卧龙冈。 （《三国演义》中的三顾茅庐） 心情：_____	(1)分小组多篇章阅读实践。 (2)第一次猜测她的身份：美女。 (3)再次猜测她的身份：妖精、白骨精。 (4)根据人物命运，选择环境描写：A。 (5)根据人物命运，猜测人物心情(再次拜访卧龙先生而不得见时，刘备离开时看见的景色，环境描写衬托了刘备压抑的心情)。	运用规律，品味小说中环境描写的作用，尝试运用。 ①环境描写可以交代人物身份。 ②环境描写可以暗示人物命运。 ③环境描写可以衬托人物心情。

续表

教学流程	教师活动	学生活动	设计意图
四、小组合学:迁移阅读,尝试运用	4.根据人物居住地的环境描写,选择对应的人物品质。 玄德来到庄前,下马亲叩柴门,一童出问。玄德曰:"你只说刘备来访。"童子曰:"先生今早少出。"玄德曰:"何处去了?"童子曰:"踪迹不定,不知何处去了。"玄德曰:"几时归?"童子曰:"归期亦不定,或三五日,或十数日。"玄德惆怅不已,遂上马,行数里,勒马回观隆中景物,果然山不高而秀雅,水不深而澄清;地不广而平坦,林不大而茂盛;猿鹤相亲,松篁交翠。 A.诸葛亮——淡泊名利; B.曹操——狡诈多疑; C.周瑜——心胸狭窄。 选择:_____	(6)根据居住地的环境描写,选择对应的人物品质:诸葛亮——淡泊名利。	④环境可以表现人物品质。
五、总结拓学	1.总结 小说中,情节塑造人物,环境突显人物,情节、环境相互影响、渲染,三者密不可分。今天我们运用"找环境—抓人物—品形象—析作用"四步法探究了环境描写在突显人物形象上的作用,其实还有很多其他方法。 2.延伸 建议同学们课后继续运用四步法阅读其他类型的小说,如《小英雄雨来》《爱的教育》《童年》《呐喊》等。运用我们学习的方法,通过情节、环境,感受人物形象,感受多彩生活。	延伸阅读。	继续运用四步法,探究小说中环境描写对突显人物形象的不同作用。

五、板书设计

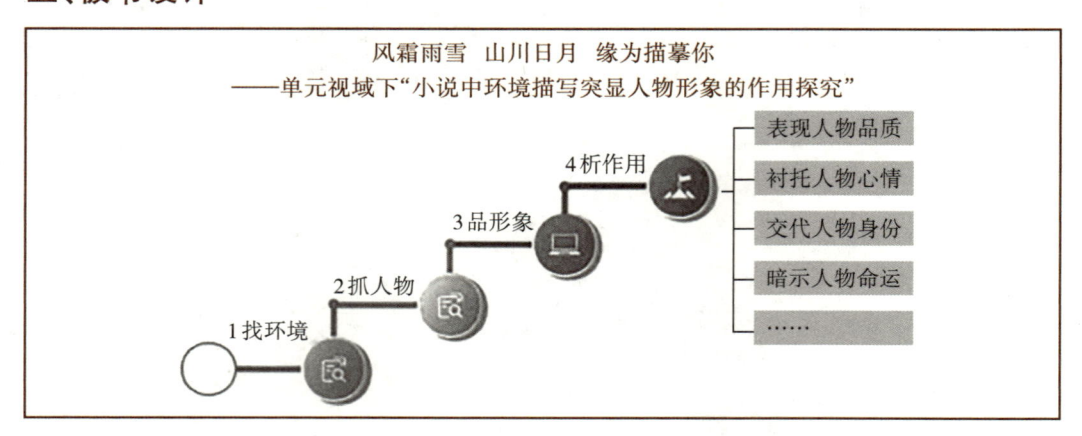

风霜雨雪　山川日月　缘为描摹你
——单元视域下"小说中环境描写突显人物形象的作用探究"

1找环境 → 2抓人物 → 3品形象 → 4析作用 →

- 表现人物品质
- 衬托人物心情
- 交代人物身份
- 暗示人物命运
- ……

六、教学反思

小学语文部编版六年级上册第四单元的语文要素是"读小说,关注情节、环境,感受人物形象",而单元视域下的群文阅读教学就是立足于学生的学科核心素养,因此我们从单元视域下的观念、任务、问题等角度出发,聚焦单元语文要素,确定议题,组织教学文本,并以乐群学堂四环节为载体实施教学,带领学生由独立自主的群文阅读走向关联下的群文阅读。

华东师范大学的崔允漷教授在解读新课标时提出三种学习逻辑:生活逻辑、学科逻辑和学习逻辑。学习逻辑是生活逻辑和学科逻辑相加,注重在实践中通过观察、分析和学习,认识事物的特点,并运用所获得的知识,提高相关的本领。在本次群文阅读的学习建构中,我们主要引导、指导学生在多文本的观察、分析过程中,习得、运用如下阅读方法,并迁移到更多阅读之中。

1. 对比阅读

我们对教学资源进行"1+X+N"的整合处理,使之形成结构化系统,以议题为线索,以任务为驱动,学生以自主、合作、探究的方式为依托,进行文本的对比阅读。

2. 情境阅读

通过图像、音频等多种手段创设情境,激发学生的阅读兴趣,增强其阅读感知力。

3. 认识作用

通过"找环境—抓人物—品形象—析作用"的学法引导,学生充分认识到环境描写在人物塑造上的作用。

4. 迁移运用

通过环境选择、环境创写等方式进行所学知识的迁移运用,以"1+X+N"的思路提高学生关注环境、感受人物形象的本领。

在想象中感受形象,在朗读中凸显情感
——《穷人》教学设计

成都高新区锦城小学　江凌

一、教材分析

《穷人》是俄国著名作家列夫·托尔斯泰所写的短篇小说。课文记叙了一个寒风呼啸的夜晚,桑娜与渔夫主动收养已故邻居西蒙的两个孤儿的故事,真实地反映了沙俄专制制度下渔民的悲惨生活,赞美了桑娜和渔夫宁可自己吃苦也要帮助别人的美好品质。

课文内容上有两个重点：一是表现沙俄时代穷人的穷困和悲惨；二是赞颂穷人富于同情、热心助人的美德。课文里没有一句直接赞美的话，然而穷人的高尚品质却被表现得感人肺腑。

课文在写作上特色鲜明，通过对环境和人物心理、对话的描写，刻画了栩栩如生的人物形象。环境描写有力地烘托出主人公勤劳、善良的品质。关于桑娜心理活动的描写真实地展现了桑娜的内心世界，刻画了一个充满爱心、乐于助人的穷苦劳动妇女的形象。渔夫与桑娜的对话，个性鲜明，恰如其分地表达了人物的真情实感。

二、教学目标

（1）学会12个生字，正确读写"舒适、搁板、勉强"等词语。

（2）默读课文，理解课文内容，感受桑娜和渔夫的勤劳、淳朴和善良，学习他们宁可自己受苦也要帮助他人的美德。

（3）学习作者通过环境和人物对话、心理的描写，表现人物品质的写法。

三、教学重难点

（1）感受桑娜和渔夫的勤劳、淳朴和善良，学习他们宁可自己受苦也要帮助他人的美德。

（2）学习作者通过环境和人物对话、心理的描写，表现人物品质的写法。

四、教学课时

两课时。

五、教学设计

第一课时

（一）介绍作者及文章的时代背景，引入课题

（二）学习生字词

（三）朗读课文，读正确、读流利

（四）给课文划分意义段

（五）介绍文章体裁，知道小说的三要素

（六）找"穷"字，学习感悟当时的环境

第二课时

（一）师生共学：谈话引入、梳理内容

1.引入

师：这节课，我们继续学习俄国著名作家列夫·托尔斯泰的短篇小说《穷人》。（齐读课题）

谁来说说,你认为应该带着怎样的感情来读课题?(板书:同情或怜悯)

通过上节课的学习,我们知道了这篇课文的体裁是小说(板书)。小说都有必不可少的三要素,分别是情节、人物、环境(板书)。

这篇短篇小说的人物是桑娜、渔夫、西蒙(板书),其中主要人物是桑娜和渔夫;故事的情节是等待丈夫、抱回孩子、不谋而合(板书);当时的环境是生活贫困、温暖而舒适(板书)。

2.过渡

师:今天,就让我们在扣人心弦的故事情节和细致的环境描写中,走近人物,去品味文中主要人物的性格特点。

(二)个体独学+师生共学:学习1~2段,体会桑娜对家人的爱

1.个体独学:体会心情

指名读1~2段,其他同学一边听,一边思考(出示自学提示)。

(1)桑娜在等待丈夫归来的时候,心情怎样？从哪里体会到的?

(2)文中有个词语反映了桑娜当时的心情,请找一找。

(3)"心惊肉跳"是什么意思？从哪些句子可以感受到桑娜"心惊肉跳"?(大屏幕出示:"桑娜听着波涛的轰鸣和狂风的怒吼,感到心惊肉跳。")

"桑娜倾听着风暴的声音,'他现在在哪儿？上帝啊,保佑他,救救他,开开恩吧!'她一面自言自语,一面画着十字。"

2.师生共学:交流感悟

(1)联系文中的环境描写,从这两个句子中,我们可以感受到桑娜在担心什么、害怕什么,渔夫丧生意味着什么。

(2)渔夫以捕鱼为生,每天都要出海捕鱼,桑娜为什么这样担心？在呼啸的寒风中,渔夫可能会怎样？在澎湃的海浪中,渔夫可能会遭遇什么?

3.师生共学:引读感悟

(1)想到自己的丈夫在呼啸的寒风中、在澎湃的海浪中可能出现的意外,桑娜感到——心惊肉跳!

(2)想到自己的孩子可能会失去可敬的父亲,想到他们可能失去完整而美满的家,桑娜怎能不——心惊肉跳!

(3)引读:桑娜的害怕、担心来源于她对丈夫、对孩子、对家深深的爱,因此,桑娜听着波涛的轰鸣和狂风的怒吼,感到心惊肉跳。

桑娜倾听着风暴的声音,她一面画着十字,一面自言自语:"他现在在哪儿？老天啊,保佑他,救救他,开开恩吧!"

多么虔诚的祷告啊,再读——"他现在在哪儿？老天啊,保佑他,救救他,开开恩吧!"

(4)在桑娜心惊肉跳地等待丈夫归来这一情节中,我们认识了一个怎样的桑娜?(板书:爱家人、善良)

(三)个体独学+小组合学:学习3~11段,体会桑娜的高尚

1.个体独学:感受心情

桑娜担心丈夫的安全,也没有忘记去探望邻居西蒙,却发现西蒙已经死了,便抱回了西蒙的两个孩子。在抱回孩子后,桑娜的内心又发生了什么变化?请同学们默读第3~11段,思考:哪个词语反映了桑娜抱回孩子后的心情?(板书:忐忑不安)

(1)"忐忑不安"是什么意思?

(2)桑娜忐忑不安地想了些什么?

2.小组合学:辨析理解

(1)合作探究。

师:老师把这些描写心情的句子分为了两部分,你知道这样划分的原因吗?

(第一部分大都是问句;第二部分大都是感叹句。)

(2)交流汇报,教师点拨。

①学习问句部分,体会矛盾。

师:我们先来看第一部分,抱回孩子后,桑娜在心中不停地问着自己——引读:

"他会说什么呢?这是闹着玩的吗?自己的五个孩子已经够他受的了……是他来啦?……不,还没来!……为什么把他们抱过来啊?……"

师:从这一个个问号中,我们仿佛听到了桑娜心中充满矛盾的两个声音(大屏幕出示:如果抱回西蒙的孩子,<u>会怎么样</u>。如果不抱回西蒙的孩子,<u>又会怎么样</u>。)

桑娜就是这样矛盾着、纠结着、为难着,她不停地问着自己,读——"他会说什么呢?这是闹着玩的吗?自己的五个孩子已经够他受的了……是他来啦?……不,还没来!……为什么把他们抱过来啊?……"

②交流汇报,教师点拨:学习感叹句部分,体会坚定。

出示第二部分:他会揍我的!那也活该,我自作自受……嗯,揍我一顿也好!

师:同学们看,与前半部分的矛盾、纠结相比,后三句的语气变得怎样?(肯定、坚定)

请同学们反复读这3句话,从这3句话中,我们知道了——(大屏幕出示:桑娜宁可____怎样____,也要____怎样____。)

师:从同学们的回答中,我们感受到了桑娜宁可自己受苦,也要帮助他人的想法,是那么坚定,读:

他会揍我的!那也活该,我自作自受……嗯,揍我一顿也好!

把西蒙的孩子抱回家,她自己也不知道——为什么要这样做,但是觉得——非这样做不可。

师:同学们看,从矛盾到肯定,从纠结到坚定,在这一部分的学习中,桑娜的形象丰满起来,她不仅是一个爱丈夫、爱家庭的小妇人,更是一个怎样的人?

这些美好的品质,用一个词概括,就是——高尚!(板书)

(四)师生共学:学习第12~24段,体会渔夫的善良

(1)和桑娜同样善良,同样高尚的人,还有一个,他就是——渔夫!

(2)让我们分角色朗读这一部分,把最能体现渔夫高尚品质的词句勾画下来。(第24段)

(3)在这一段的64个文字中,有一个字让我们深切地感受到了渔夫那金子般可贵的品质,你认为那个字是什么?(熬)

(4)这个字可以换成哪些字?(挺、挨、忍、撑……)

(5)配乐煽情,体会"熬":

同学们,桑娜和渔夫一家是当时沙俄统治时期最底层的劳动人民,他们终日辛苦,却生活贫困,就像文中所说——"丈夫不顾惜身体,冒着寒冷和风暴出去打鱼,她自己也从早到晚地干活,还只能勉强填饱肚子。孩子们没有鞋穿,不论冬夏都光着脚跑来跑去;吃的是黑面包,菜只有鱼。"

在这样的情况下,他们竟然决定收养西蒙的孩子……

(6)发挥你的想象,当渔夫和桑娜收养了西蒙的两个孩子后,他们未来的日子会有什么变化?

(学生回答,教师点评:更加辛苦,这就是熬!更加贫苦,这就是熬!更加操劳,这就是熬!……)

(7)引读:面对更加困难的生活,渔夫坚定地对自己说——哦,我们,我们总能熬过去的!

面对着更加艰辛的未来,渔夫坚定地对桑娜说——哦,我们,我们总能熬过去的!

(8)从这里,我们感受到,渔夫和桑娜一样,也是一个怎样的人?

(五)师生共学:体会环境描写的作用

(1)随着故事情节的推进,我们认识了——桑娜、渔夫,他们虽然生活贫困,但是——善良、高尚。他们宁可自己吃苦,也要帮助他人。

(2)回过头来看文中的环境描写,你认为有什么作用?(生答)

(3)小结:由此看出,小说的情节发展和环境描写都是为塑造人物形象服务的,这就是小说的特点。

(六)总结拓学:回扣课题,体会主旨

(1)引用海明威说过的一句话:"贫穷的人往往富于仁慈。"

(2)就像文中的桑娜、渔夫,他们虽然物质贫穷,但是精神却是富有的。像他们这样的人,在当时沙俄统治时期还有很多。

(3)现在请同学们再看课题,此时你认为我们应该带着怎样的情感来朗读?(赞美、尊敬……)

(4)是啊,像他们这样宁可自己受苦,也要帮助他人的人,值得我们尊敬,值得我们赞美,更值得我们歌颂!读——穷人!

六、板书设计

```
                    穷人
         同情、怜悯——尊敬、赞美
       情节：等待丈夫—抱回孩子—不谋而合
          （心惊肉跳）（忐忑不安）
             人物：桑娜、渔夫、西蒙
             （爱家人、善良、高尚）
          环境：生活贫困——温暖而舒适
```

七、教学反思

《穷人》是俄国著名作家列夫·托尔斯泰的名篇，篇幅较长。由于学生年龄和所生长的环境限制，对沙俄时代穷人悲惨的生活了解甚少，桑娜与渔夫决定收养西蒙的两个孩子将面对的巨大困难，是学生很难理解的。因此，在教学设计中，我以乐群学堂"四环节"为载体，通过朗读和想象，引导学生体会人物的性格特点和美好品质。

（一）从朗读中体会人物品质

"读"是语文课堂贯穿始终的一项重要活动。"书读百遍，其义自见。"整节课，我引导学生读课文的次数很多。从开课带着怜悯之情读课题，到指名读第1、2段，再到默读第3~11段，又到分角色朗读第12~27段，最后再带着敬佩之感读课题。其间还有无数次地让学生一句一句有感悟地读、引读、换词读、配乐读等。实践证明，这样可以激发学生的兴趣，使学生"乐读"，避免了单调枯燥的训练僵局。让学生在读中感悟，在不知不觉中实现了学生、教师与文本的思想交流和心灵沐浴，真正达到了突显语文教学实效的目的。

（二）在想象中感受人物光辉

想象的力量是无穷的，在本节课中，我抓住了"熬"这个字，先让学生通过换词来感受"熬"所代表的是艰辛，是艰难。然后通过音乐营造课堂氛围，营造学生的心理氛围。接着，透过"熬"这个字去想象渔夫和桑娜未来更贫苦、更操劳、更艰辛的生活。通过想象，将这个细节放大，使之形象化、具体化，使学生加深对渔夫的理解和体悟，让渔夫在学生心中的形象丰满起来、高大起来！让学生在想象中感受到人物的光辉形象。

数学篇

"包装的学问"教学设计

成都高新区锦城小学　刘翟

一、主题解读

"包装的学问"是五年级下册"数学好玩"的内容。本节课的难点是让学生利用表面积等已有知识，探索多个相同长方体叠放后使其表面积最小的最优策略。结合本节课的知识本质，为了更好地突破知识难点，在本节课设计中采用了如下策略。

（一）利用知识迁移，衔接知识要点

以旧引新，做到知识点的连贯和疏通，抓住学习知识的重难点。在本节课中首先设计一个问题：包装一盒饮料，至少需要多少包装纸呢？让学生回顾长方体表面积的计算方法，同时理解包装纸和表面积的关系。

（二）画一画，让思维外显

在探究包装2盒饮料时，怎样包装才能最节约包装纸，让学生独立探究，借助学具摆一摆，再通过画一画、写一写，由形象抽象成图形、文字或算式。

（三）恰当分类，使探究交流有序进行

如果不分类进行，学生在探究和交流时必然没有头绪，自然也无法做到不重复、不遗漏。在整节课教学中，以"请按顺序摆一摆"为导向，在分类中突破知识难点。

（四）有效对比，使本质得到彰显

包装4盒饮料时，包装方法共有6种，本节课有效地运用了对比的方法。首先对比重合相同面的3种，由于学生有了前面的基础，自然发现重合4个大面时，得到的长方体表面积最小；紧接着对比重合不同面的3种，得到重合4个大面、4个中面时，表面积最小；最后在讨论交流中明确重合4个大面、4个中面得到的长方体表面积大于重合4个大面。通过对比把握了数学问题的本质。

对知识本质的理解，突出重点、突破难点是小学数学教学成功的关键。突破重难点知识的学习方法，是教学进步、提高教学能力的关键因素，也是培养学生综合能力的有效手段。

二、教材分析

"包装的学问"是五年级下册"数学好玩"的内容，旨在通过本节课的学习让学生

利用表面积等已有知识,寻找多个相同长方体叠放后表面积最小的最优策略。在学习的过程中掌握解决问题的基本过程和方法,同时,通过解决包装问题,体验策略的多样化,发展优化的思想。

三、学情分析

在学习本课之前,学生已经掌握了长方体、正方体的特征,能准确、迅速地计算出单一物体的棱长、表面积、体积,能把几个相同的正方体组合成新的正方体。初步接触了由两个相同的正方体拼成一个长方体后表面积发生的变化。

四、学习目标和重难点

(一)学习目标

(1)利用表面积等有关知识,探索多个相同的长方体叠放的方法以及使其表面积最小的最优策略。

(2)体验解决问题的基本过程和方法,提高解决问题的能力。

(3)通过解决包装问题,体验策略的多样化,发展优化的思想。

(二)教学重点

应用表面积等知识来讨论如何节约包装纸。

(三)教学难点

通过观察、比较、交流、反思,得出节约包装纸的最佳策略。

五、学习过程

(一)引入

师:我们先来看一个视频。

师:看了视频后,你有什么感受?

生:过度包装,浪费现象严重。

师:在包装的时候,要考虑哪些因素?(美观、节约、方便携带……)

师:看来包装中的学问还真不少,今天我们就从"节约"的角度去研究包装中的学问。(板书课题)

(二)探究

活动一：包装1盒饮料（课件出示）

师：这是1盒饮料，包装1盒饮料至少需要多大面积的包装纸呢？

师：你打算怎么算？你准备算什么？

生：计算饮料盒的表面积。

师：要求它的表面积，需要知道什么数据？（长、宽、高）

师：长、宽、高分别是6cm、4cm、10cm。（课件出示数据，学生独立计算）

师：谁来说一说你列的算式？（课件出示）

说明小结：在实际生活中，很多包装纸都是有接口的（演示），为了便于研究，接口处的面积不计算，这样包装1盒饮料的包装纸就是求它的表面积。

活动二：包装2盒饮料

师：如果把这样的2盒饮料包装在一起，可以怎么包装？怎样包装最节约包装纸？个体独学要求：

画一画：共有几种不同的方案？请试着把它们画出来。

记一记：哪种方案最节约包装纸？请把你的想法记录下来。

（1）学生独立完成。（3分钟）

（2）小组内交流。（1分钟）

（3）学生全班汇报。

生：我有3种包装方案。

（学生在汇报时，贴出图，说明大、中、小面，并板书。）

师：看明白了吗？他是按照什么顺序摆的？先……然后……最后……

师：这3种包装方法，哪一种最节约包装纸呢？说说你的想法。

生：重叠的面积大小。

师：你听懂了吗？老师有一个问题：重叠的面和包装纸有什么关系？

生：重叠的面积越大，减少的包装纸就越多。

师：通过观察重叠面大小来判断表面积。你还有不同的方法吗？（板书：观察）

生：直接利用数据计算面积。（板书：计算）

师：通过刚才的探究，你有什么发现？

生：重叠的面积越大，表面积越小。（板书）

【设计意图】本环节分为两个层次进行：先研究包装的方案，即方法的多样化，再估一估、验一验，然后探究节省包装纸的问题即策略最优化，使部分学生初步意识到重叠的面积越大，包装的面积越小。通过思考和动手操作为不同层次的学生搭建解决问题的平台，使每一个学生都能找到解决问题的途径。

活动三：包装3盒饮料

师：如果是包装3盒饮料，又有几种包装方法？你能按顺序摆一摆吗？（学生上台演示）

师：谁能不计算就知道哪一种方法最节省包装纸？为什么？（重叠面积越大越节约包装纸）

师：3盒饮料重叠大面，最节约包装纸。

师：请同学们思考，是不是不论有多少个长方体，只要把大面重叠在一起，它的表面积一定是最小的呢？

活动四：包装4盒饮料

师：包装4盒饮料，至少需要多少包装纸？以小组合学形式探究。小组合学要求：

摆一摆：把4盒饮料包装在一起，有几种不同的方案？比一比：哪一种方案最节约包装纸？

师：摆的时候建议按顺序摆放。

（小组合作：时间4分钟）

师：同学们有结论了吗？请一位同学来按顺序说一说。

学生汇报：

问题一、摆时课件出示对应图形，并适时写出"6大"等。

问题二、生A：得出重叠6个大面最节约。

生B：重叠4大4中最节约。

引导学生在黑板上把过程分析完成，师适时补充。

师：是不是只要是4个长方体，都是重叠4大4中呢？

拓展：生活中还会不会有其他情况？

预设：1大大于2中。（磁带）

　　　1大等于2中。

小结：哪一种包装最节约，还要根据具体数据来分析，不能一概而论。

【设计意图】本环节分三部分进行。首先，探究有多少种包装方案，不同层次的学生都可以找到多种包装方案，但在方案的种类上有所差别，在总结方案的过程中，可以培养学生思维的有序性；其次，在学生汇报的过程中，通过学生列出的多种表达方式，发展学生的空间观念；最后，利用多种方法求出拼在一起的长方体的表面积，体现算法的多样化，并在先前学习的基础上更加深刻地体会重叠面积越大，表面积越小，越节约包装纸。

（三）回顾

师：看来包装中的学问还真不少，当然在包装中，我们不仅仅要考虑节约，在生活中包装是为了便于携带，还有这样的包装……（课件展示生活中各种各样的包装）

师：这节课你有什么收获？

六、板书设计

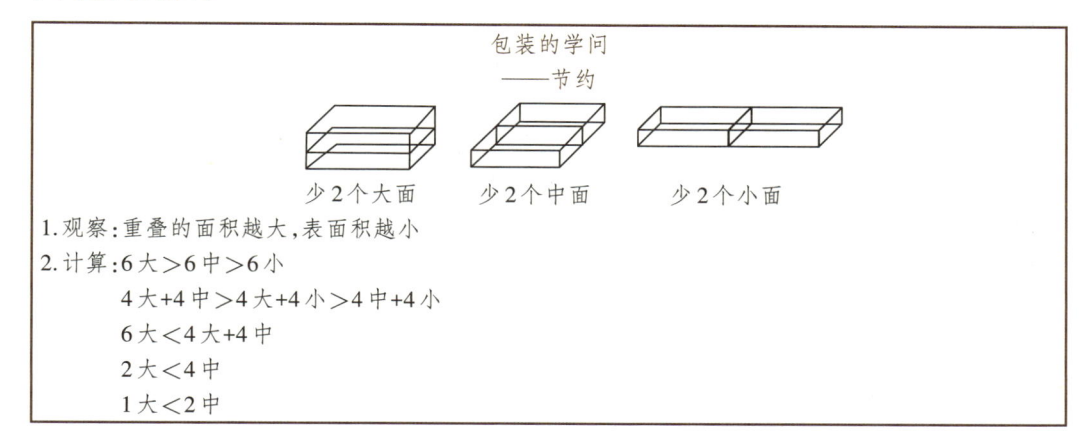

包装的学问
——节约

少2个大面　　少2个中面　　少2个小面

1. 观察：重叠的面积越大，表面积越小
2. 计算：6大＞6中＞6小

　　　　4大+4中＞4大+4小＞4大+4小
　　　　6大＜4大+4中
　　　　2大＜4中
　　　　1大＜2中

明晰概念理解，建构数量关系
——"路径、时间与速度"教学实录

⊘ 成都高新区锦城小学　曾杨

《义务教育数学课程标准（2022年版）》中，明确了"路程、时间与速度""总价、数量与单价"是小学阶段学习的两个基本数量关系，也是乘法的模型。这两个数量关系不仅仅在生活中有着广泛的应用，同时也为学生将来学习正、反比例等知识奠定基础。其中，"路程、时间与速度"这三个概念在日常生活中应用十分广泛，学生对"速度"这个词也不陌生，但其概念比较抽象，它既不像"路程"那么具体，也不像"时间"那么常见。因此，为了让学生深刻理解概念内涵，借助情境建立初步的模型化的数学思想方法，我结合学校乐群教育理念，做了以下思考与尝试。

一、创设情境，理解含义，体会关系

（一）激活经验，引出问题

师：同学们，看过电影《汽车总动员》吗？今天，老师请了三辆汽车来到我们课堂，不知怎么它们吵了起来，咱们赶紧去看看吧！它们在吵什么呀？

生：谁跑得快。

师：老师将这三辆汽车的信息放在了表格里，请你仔细观察表格，你知道了哪些数学信息？

生：汽车A 2小时跑了156千米，汽车B 3小时跑了156千米，汽车C 3小时跑了210千米。

师：在数学中我们把2小时、3小时称作时间，把156千米、210千米称作路程。

师：还有什么发现？

生：汽车A和汽车B跑的路程一样，时间不一样。

师：能得出什么结论？

生：谁用的时间少，谁就快；谁用的时间最多，谁就最慢。

师：也就是说比快慢时，当路程相同时，我们可以直接比时间。在生活中你遇到过这样的情况吗？

生：50米跑。

师：还有其他发现吗？

生：汽车B和汽车C的时间相同，汽车C跑得快。

师：也就是说比快慢时，时间相同的话，谁跑的路程远，谁就跑得快。在生活中你遇到过这种情况吗？

生：1分钟跳绳。

师：我们发现路程相同，可以直接比时间，汽车A比汽车B快；时间相同，可以直接比路程，汽车C也比汽车B快。

【设计意图】在"汽车总动员比赛表"中，通过巧妙设计数据，呈现了三辆汽车比赛成绩的情况。汽车A和汽车B行驶的路程相同但时间不同，汽车B和汽车C行驶的时间相同但路程不同，汽车A和汽车C行驶的路程和时间都不同。学生对于前两种情况有"比快慢"的生活经验，时间相同所行驶的路程多的跑得快，或者路程相同所花时间少的跑得快，第三种情况就是下一个要解决的问题。"个体独学"这一环节提供了比较快慢的多种策略，学生轻松自然地推出时间相同比较所行路程，路程相同比较所用时间，都能知道谁更快，同时体会到速度与时间和路程紧密相关。

（二）设置冲突，引发思考

师：那汽车A和汽车C谁快呢？现在这两辆汽车还能像刚才那样直接比吗？为什么？

生：不能，时间和路程都不一样。

师：那该怎么比呢？把你的思考过程简单写一写。

师：汽车A和汽车C到底谁快谁慢呢？老师非常想知道，谁来发表你的观点？

生：汽车A跑得快，可以算一算汽车A和汽车C一小时各跑多少千米就知道了。$156÷2=78$（千米），$210÷3=70$（千米），$78>70$。

师：你们听懂了吗？考考你们，刚才他说的这两个算式分别求的是什么？

生：求的是每小时跑多少千米。每小时跑的路程越长，说明这辆汽车跑得越快。

【设计意图】通过比较时间和路程都不相同的汽车A和汽车C，学生出现了认知冲突，这种情况是无法根据经验直接判断的。这就引发学生从多角度思考解决问题的方法——转化成相同路程再进行比较，转化成相同时间再进行比较，即求出平均每小时的路程再比较。于是大家的思路开始往"速度"的方向靠拢，初次感受速度的意义。

(三)合理猜想,构建关系

师:在数学上,像这样"每小时78千米""每小时70千米"有一个专门的名称,叫作"速度"(板书)。刚才我们比较汽车A和汽车C谁快谁慢,我们既没有比较两辆车的路程,也没有比较两辆车的时间,而是比较两辆车的速度。但是速度可不是一个独立的东西,根据前面获得的经验,大胆猜一猜速度与什么有关。

生:路程和时间。

师:刚才咱们是怎么求出汽车A的速度的?

生:速度=路程÷时间。(板书)

【设计意图】在初步认识速度的基础上,认识数量关系:速度=路程÷时间,并由老师直接告知的方式给出速度的意义,即"1小时"为单位时间,"78千米"是1小时的单位时间里汽车A所行驶的路程,"每小时78千米"就是汽车A的速度。由此类推,同样可以求出汽车B和汽车C的速度。有趣的问题情境和环环相扣的问题串,目的在于让学生对"速度"的理解逐渐从模糊到清晰。

二、结合情境,解读含义,体验速度

师:接下来,老师带领大家走出校园,到广阔的世界里边去。同学们想想看,除了汽车,谁还有速度?说得完吗?速度其实在咱们的生活中无处不在。

(一)对比张培萌和猎豹的速度

师:张培萌听说过吗?他于2013年8月在莫斯科世锦赛男子百米赛中跑出了10秒整的成绩,快速转动你的小脑瓜,那他1秒大约跑多少米?

生:10米。

师:对,看一看他的速度,快吗?这个速度创造了当时新的纪录,张培萌成为亚洲新飞人。

师:大家看,咱们这个教室大概长10米,嘀嗒一声,张培萌就从我们教室前面跑到哪里去了?

生:教室后面。哇,太快了!

师:不单单人有速度,动物也有速度。据你们所知,什么动物跑得特别快?

生:猎豹。

师:(出示猎豹速度:每分钟1800米。请学生来读一读)你感觉快吗?

生:很快,特别快,非常快。

师:如果让张培萌和猎豹比赛,你觉得谁更快?

生:猎豹。

师:同桌两人商量一下,为什么是猎豹快?

生:一个是600米/分钟,一个是1800米/分钟。

师:你有没听出来,他把谁的速度给改了?改成什么了?

师：原来的时间单位不一样，改成一样的就可以比了。还有别的比法吗？非得改张培萌的吗？

生：还可以改猎豹的速度。

师：我们从不同的角度帮助猎豹找到了制胜的法宝，学数学就要有这种敢于钻研的精神。

(二)解读蜗牛的速度

师：动物界里有跑得快的，也有跑得慢的，你们印象最深的跑得慢的动物有哪些？

生：乌龟、蜗牛。

师：一起读一读蜗牛的速度。看了这个速度你有什么感受？很慢吗？10米呢！怎么会慢？

生：可这是蜗牛花1小时才跑完的。

师：我还是没有什么感觉，想个办法说服我，比如说去和某人比一比。

生：张培萌和蜗牛一起站在教室前面，嘀嗒一声，张培萌都到了，蜗牛估计还在原地勤勤恳恳地爬。

师：对呀，我们通过两个事物的对比，很容易感受出一个速度是那么快，一个速度是那么慢。

(三)解读光速和声速

师：(出示光速和声速)读一读，比较一下哪个更快。

师：看到这两个速度，老师想到了一种自然现象，电闪雷鸣时，总是先看到闪电，后听到雷声。学习了今天的知识，你能解释这种现象吗？

生：光的速度比声音的速度快。

(四)概括速度的含义

师小结：(出示所有的速度)把刚才比较的这些速度整理一下，速度除了可以是每秒走的，也可以是每分走的、每时走的，还可以是……

生：每天、每月、每年走的。

师：你觉得速度到底是什么？你能用一句话来概括吗？

生：像这样，每秒、每分、每时等单位时间内行驶的路程就是速度。

【设计意图】"师生共学"环节为速度选取了丰富的实例，不仅使学生将数学概念与生活实际联系了起来，更进一步帮助学生充分认识和理解了"速度"的概念。通过对比速度的快慢，学生能感受、解释各种速度的实际意义。

三、自主探索,理解概念,沟通关系

(一)解决问题,认识概念

师:你会求速度吗?咱们一起来尝试一下。

	时间	路程	速度
卫星运行	10秒	40千米	
人步行	2小时	8千米	

〔学生独立完成,并抽取学生展示,学生可能出现不完整单位:40÷10=4(千米),8÷2=4(千米)。〕

师:(看着黑板,疑惑)两个答案都是4千米,你们有没有发现什么问题?难道卫星运行的速度和人步行的速度一样?它们分别表示什么意思?

生:分别表示每秒4千米、每时4千米。

师:但黑板上写的都是4千米,这个每秒、每时怎么体现?有什么办法区分开呢?

(学生独立思考,写出想法后全班交流)

生1:我把人步行的时间换算成秒,2小时=7200秒,再用8÷7200,这样就都是每秒行走的路程了,只是特别难算。

师:统一了时间单位来比较,是个好主意。不转换单位应该怎么区分?

生2:在4千米前面分别添加"每秒"和"每时"。

师:添上时间就能把两个4千米区分开了,是个好主意!不过数学追求简洁美,还能写得再简单点吗?

生3:在"千米"后面直接添上"/秒"和"/时"。

(教师根据学生的叙述分别写成:4千米/秒,4千米/时,并引导学生读)

师:对于这两种单位,你有什么想知道和想问的?

(小组合学:展开讨论)

生1:好特别啊!这不是两个单位吗?

生2:那条"/"除了把它们分开,还有什么意义吗?

师:速度单位与原来的一些单位不同,我们以前没见过,它是由长度单位和时间单位两部分合成的。到初中以后学习物理会遇到更多这样的复合单位。那条"/"其实相当于运算符号"÷"。

生:我想起来了,计算器上就有"/",代表"÷"。

……

(学生改写速度单位,相互检查)

(二)实际运用

师:明白了什么是速度和速度单位,那老师要考考你们,说说为什么。

(1)飞机飞行的速度大约是12(　　　)。
　A.厘米/分钟　　　　B.米/分钟　　　　C.千米/分钟
(2)人骑自行车的速度大约是每(　　　)16千米。
　A.秒　　　　　　　B.分钟　　　　　　C.时

【设计意图】随着学生将"比快慢"的经验与"速度"含义交融对接后,通过比较两个情境,找到其结果的不同点,进一步体会表达速度需要明确路程和时间。明确速度表示单位时间内的路程,速度单位一般写作"长度单位/时间单位"的形式,呈现出经验与概念相互支撑、共同生长的状态。

(三)基于概念,完善关系

师:这节课我们认识了速度,还知道了速度=路程÷时间,那速度与路程、时间除了我们发现的关系之外,还有别的关系吗? 我们通过这个问题,看看有没有新的发现。

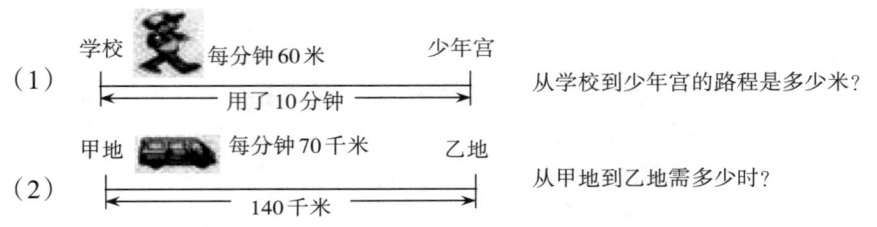

(1) 学校　每分钟60米　少年宫　　从学校到少年宫的路程是多少米?
　　　　　用了10分钟

(2) 甲地　每分钟70千米　乙地　　从甲地到乙地需多少时?
　　　　　140千米

(抽学生板演,集体订正)

师:(1)题为什么用乘法做?(2)题为什么用除法做?

生:(1)题是求10个60,速度×时间=路程;(2)题是求140中有几个70,路程÷速度=时间。

师:我让大家说理由,没想到大家居然还概括出了公式。嗯,多思考,理解会更深刻。

【设计意图】通过结合现实情境中解决简单实际问题,探索如何由两个量来求第三个量,从而加深对数量关系的理解,提升灵活运用关系解决实际问题的能力。既对三量关系有了比较完整的认识,同时还为高年级认识"正反比例"埋下伏笔。

四、回顾总结,整体建构,拓展延伸

师:课到这儿,是时候该总结一下了。孩子们闭上眼睛想一想:
　①这节课研究了什么问题?
　②你有什么收获?
　③还有哪些问题?

生:知道了什么是速度,怎样求速度。

生:还学习了路程、时间与速度的关系。

师:(完善板书:路程÷时间=速度)掌握了一个基本的数量关系式,你还能想到哪些类似的数量关系?

（小组展开讨论）

师小结：数学中很多知识是相通的，我们要用联系的眼光去学习数学，这样会让我们实现从解决一个问题到解决一类问题，让我们的学习越来越简单。

【设计意图】"总结拓学"环节让学生总结自己的收获，进一步夯实路程、时间与速度的数量关系等关键知识与技能，积累完善知识结构的方法与经验。

"铅笔有多长——长度单位换算"教学设计

成都高新区锦城小学　晏燕红

一、教育理念

本课通过小组合作探究学习，让小组内每位成员发挥自己的优势，从而尊重生命个体的多样性。让学生通过合作探究共同解决问题，获得成就感，在愉悦的学习氛围中，以合作的学习方式，培养学生的量感、推理意识，践行学校乐群教育的理念。

二、教学内容

北师大版小学二年级下册第4单元第1课"铅笔有多长"中长度单位换算部分。

三、教材分析

（一）知识本质分析

长度单位是丈量空间距离的基本单元，是人类为了规范长度而制定的基本单元。长度单位换算是长度换算的一种方式，单位的换算只是改变度量单位和度量单位的个数，其度量值本身没有发生变化，长度单位换算的方法本质是乘除法运算。

（二）教材文本分析

1. 知识联系

学生在二年级上册的学习中认识了长度单位"米"和"厘米"，对测量方法和长度单位的应用有了初步感受。在二年级下册第四单元第一课时的学习中又认识了长度单位"分米"和"毫米"，丰富了对长度单位的认识。

另外，二年级上册学习用乘法口诀计算除法算式结果时，学生感受到乘除法的互逆性，为本课学习长度单位换算方法打下了计算基础。

2. 方法联系

无论是认识长度单位"米""厘米"还是认识"分米""毫米"，都是以实际测量活动为载体,让学生在实际活动中充分感知,从而发展量感和空间观念。本课是通过对知识的整合让学生进一步认识"米""分米""厘米""毫米"四个长度单位的大小,认识相邻两个长度单位之间的进率,也在实际操作中让学生充分感悟,发展量感和推理意识。

四、学情分析

在小学阶段,单位换算是很常见的数学问题,也是小学数学教学的重点和难点。但无论是对于只学习了长度单位的二年级学生,还是对于已经学习了多种单位的中高年级学生,单位换算总令他们无从下手。究其原因,一方面是学生对单位间的进率记忆不牢固;另一方面是学生没有掌握换算的方法,且二年级学生对除法计算方面的知识还有一定局限性,因此小单位换算成大单位对二年级学生来说难度不小。

为突破难点,本课在探究长度单位换算方法前通过"在尺子上找一找"的实践活动让学生直观感受"米""分米""厘米""毫米"四个长度单位的大小,熟练记忆长度单位之间的进率;再通过数形结合的方式让学生理解单位换算的道理;最后归纳总结出算式,凝练出单位换算的方法。

五、教学目标

(1)进一步认识长度单位,感受单位换算的必要性,掌握长度单位间的换算方法。

(2)在动手实践操作的过程中感受长度单位的大小、进率及换算方法,培养学生的量感和推理意识。

(3)培养学生的合作意识和主动参与、认真思考、乐于分享的学习习惯。

六、教学重难点

(一)教学重点

掌握长度单位之间的关系,能进行长度单位换算。解决措施:

(1)通过"在尺子上找一找"的小组合作探究活动,让学生在积累活动经验的同时直观感受长度单位的大小和长度单位之间的进率。

(2)通过数形结合的方式帮助学生理解长度单位换算的道理。

(二)教学难点

掌握长度单位换算方法,能准确且快速地进行长度单位换算。解决措施:

(1)结合乘除法的意义引导学生将单位换算抽象出算式,总结出长度单位换算的方法。

(2)通过"我是小讲师"环节给学生提供表达和展示的舞台,让学生在展示中相互分享、学习,达到突破难点的目的。

七、教学方法与工具

（一）教学方法

小组合作探究式学习与情境教学法相结合。

（二）教学工具

米尺、学生用尺、导学单。

八、教学流程

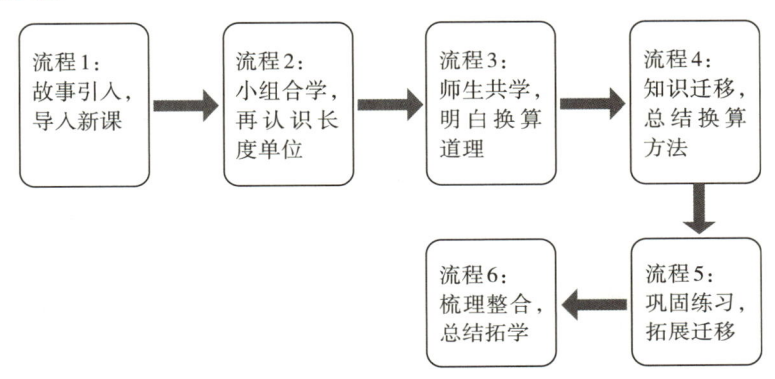

流程1：故事引入，导入新课 → 流程2：小组合学，再认识长度单位 → 流程3：师生共学，明白换算道理 → 流程4：知识迁移，总结换算方法 → 流程5：巩固练习，拓展迁移 → 流程6：梳理整合，总结拓学

图4-8 "铅笔有多长"教学流程图

表4-10 "铅笔有多长"教学流程表

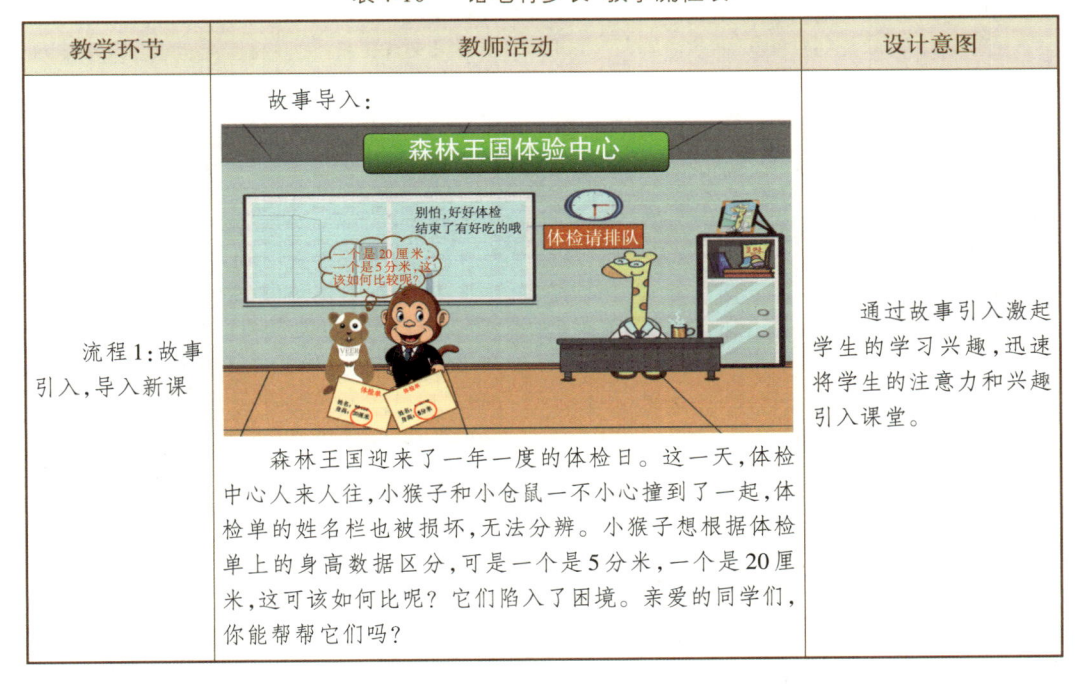

教学环节	教师活动	设计意图
流程1：故事引入，导入新课	故事导入： 森林王国迎来了一年一度的体检日。这一天，体检中心人来人往，小猴子和小仓鼠一不小心撞到了一起，体检单的姓名栏也被损坏，无法分辨。小猴子想根据体检单上的身高数据区分，可是一个是5分米，一个是20厘米，这可该如何比呢？它们陷入了困境。亲爱的同学们，你能帮帮它们吗？	通过故事引入激起学生的学习兴趣，迅速将学生的注意力和兴趣引入课堂。

续表

问题及活动任务	个体独学活动及预设	教师调控及重难点处理
问题1:想一想,要比较5分米和20厘米的大小,应该怎么做呢? 问题2:进行单位换算之前还需要知道什么呢?	预设1:身高单位不一样,要先统一单位,进行单位换算。 预设2:进行单位换算之前,要先知道长度单位之间的进率。	师引导:一个是5分米,一个是20厘米,数字和单位都不一样,能直接比较出大小吗? 师总结:看来当两个数的单位不一样时是不能直接比较大小的,统一单位很有必要。 师引导:进行单位换算还需要知道什么呢? 师总结:知识之间是有联系的,让我们一起先去探究米、分米、厘米、毫米之间的关系吧!

环节意图:单位换算是学生日常生活中必须掌握的基本数学技能,此环节让学生结合生活情境,充分独立思考后感受到单位换算的必要性,同时感受到知识间的联系。

教学环节	教师活动	学生活动	设计意图
流程2:小组合学,再认识长度单位	(1)确定小组合作任务:在尺子上找一找厘米和毫米、分米和厘米、米和分米之间的关系。 (2)组织小组合作探究,成果交流汇报。 (3)师生共学,总结长度单位间的关系。 1米等于10分米,1分米等于10厘米,1厘米等于10毫米。我们发现:米、分米、厘米、毫米这四个长度单位,每相邻两个单位之间的进率都是10。 板书: 　　10　　10　　10 　⌒　　⌒　　⌒ 米　　分米　　厘米　　毫米	(1)小组合作: ①组长分工,每两人负责一组长度单位的关系探究,填写导学单第1题。 ②组内结果交流。 ③方法及结果交流汇报。 (2)汇报展示: 预设1:尺子上的1大格中有10个小格,所以1厘米=10毫米。 预设2:1分米中有10个大格,所以1分米=10厘米。 预设3:在米尺上从0刻度到10刻度是1分米,从10刻度到20刻度是1分米,从20刻度到30刻度是1分米,从30刻度到40刻度是1分米,从40刻度到50刻度是1分米,从50刻度到60刻度是1分米,从60刻度到70刻度是1分米,从70刻度到80刻度是1分米,从80刻度到90刻度是1分米,从90刻度到100刻度是1分米,所以1米=10分米。 (3)共同总结。	让学生根据学习任务建立学习共同体,通过组内合作探究学习实现生生互动,积累活动经验,发挥学生的主体性。 在小组和谐平等的对话中促进课堂灵动高效的生成,把讲台交给学生,在展示交流过程中促使学生间互相倾听、共同学习,促进学生知识的建构。 通过共同总结及简洁的板书帮助学生记忆米、分米、厘米、毫米之间的进率,为长度单位换算打好基础,培养量感。

续表

教学环节	教师活动	学生活动	设计意图
流程3：师生共学，明白换算道理	创设情境，引导思考： 师：听了大家的讲解，小猴子和小仓鼠认真思考了起来。小猴子说："1分米=10厘米，5分米是50厘米，所以这张体检单是我的。"你觉得小猴子说得对吗？请帮它详细分析一下。 师：小仓鼠说："10厘米=1分米，20厘米是2分米，我比小猴子矮，这张是我的。"请你像刚才帮助小猴子一样，详细分析一下。	预设1：我觉得小猴子说得对。因为1分米=10厘米，5分米是5个1分米，也就是5个10厘米，是50厘米，所以5分米=50厘米。 预设2：10厘米=1分米，20厘米中有2个10厘米，也就是2个1分米，就是2分米，所以20厘米=2分米。	通过设置帮助小猴子和小仓鼠详细分析的问题，激起学生挑战和思考的积极性，通过数形结合的方式让学生对两个单位换算的过程有直观感受，从而明白单位换算的道理。
流程4：知识迁移，总结换算方法	通过问题引导学生思考。	根据老师的问题，积极思考并回答。	教师设置的问题由易到难，层层递进，为学生的思考提供脚手架。

问题及活动任务	学生活动及预设	教师调控及重难点处理
（1）引导学生将大单位换算成小单位的过程抽象出算式。 师：为了感谢大家的帮助，小猴子送来一根长3分米的香蕉，请你想一想：3分米=( )米？	预设1：1分米=10厘米，3分米里有3个1分米，也就是3个10厘米，3个10厘米是30厘米。 预设2：3个10厘米可以用算式3×10=30厘米表示。 预设3：大单位换算成小单位乘两个单位间的进率。	师引导：3个10厘米是多少？根据我们学过的知识，你能用一个算式表示吗？ 师板书：3分米=30厘米。3×10=30。 师引导：你能总结出大单位换算成小单位的换算方法吗？ 师板书：大单位换算成小单位乘进率。

续表

问题及活动任务	学生活动及预设	教师调控及重难点处理
（2）引导学生把小单位换算成大单位的过程抽象出算式。 师：10毫米=1厘米，40毫米等于几厘米呢？	预设1：这相当于求40里有几个10，可以用除法40÷10表示。 预设2：看到除法想乘法，（ ）×10=40，4乘10等于40，所以40÷10=4，40毫米等于4厘米。 预设3：10分别代表分米和厘米、厘米和毫米之间的进率。 预设4：小单位换算成大单位除以两个单位间的进率。	师引导：40÷10又该如何计算呢？ 乘法算式和除法算式中的10分别代表什么呢？ 师板书：40毫米=4厘米。40÷10=4。 想：4×10=40。 师评价：大家说得真好，运用所学知识解决新问题，真是不错的数学思想，为大家点赞。 师引导：你能总结出小单位换算成大单位的换算方法吗？ 师板书：小单位换算成大单位除以进率。

环节意图：经历探索大单位换算成小单位，以及小单位换算成大单位的过程，总结长度单位换算方法，突破难点，培养学生的推理意识。

教学环节	教师活动	学生活动	设计意图
流程5：巩固练习，拓展迁移	（1）巩固练习： **填一填** 7米=（ ）分米　　60厘米=（ ）分米 3厘米=（ ）毫米　　90分米=（ ）米 5分米=（ ）毫米　　70毫米=（ ）厘米 （2）游戏激趣： （3）拓展迁移： **做一做** 在括号里填上合适的长度单位，使等式成立 1（ ）-9（ ）=1（ ） 1（ ）-40（ ）=6（ ）	（1）先在计算纸上写一写、算一算。 （2）小讲师上讲台讲解。希沃PK游戏。	（1）帮助学生巩固单位换算方法的同时给学生创造表达和展示的机会。 （2）通过课堂游戏调节课堂氛围，以一种轻松的方式帮助学生巩固课堂所学知识，也让学生以一种轻松的状态迎接拓展迁移的挑战。 （3）新类型的挑战一方面能够激起学生的好奇心和对知识探索的欲望，另一方面能促进学生将课堂上学习到的知识灵活运用起来。

续表

教学环节	教师活动	学生活动	设计意图
流程6:梳理整合,总结拓学	(1)结合课堂环节引导学生一同回顾重难点知识。 (2)通过帮助小猴子和小仓鼠分辨体检单,我们明白了单位换算的必要性。 (3)通过合作探究知道了米、分米、厘米、毫米这四个长度单位,每相邻两个单位间的进率是10。 (4)总结出单位换算的方法,大单位换算成小单位乘进率,小单位换算成大单位除以进率。	回顾这节课的重要知识: 明白了单位换算的必要性。 米、分米、厘米、毫米这四个长度单位,每相邻两个长度单位间的进率是10。 大单位换算成小单位乘进率,小单位换算成大单位除以进率。	引导学生对本节课所学知识进行回顾和整理,帮助学生把零散孤立的知识串联起来,形成完整的知识结构。

九、板书设计

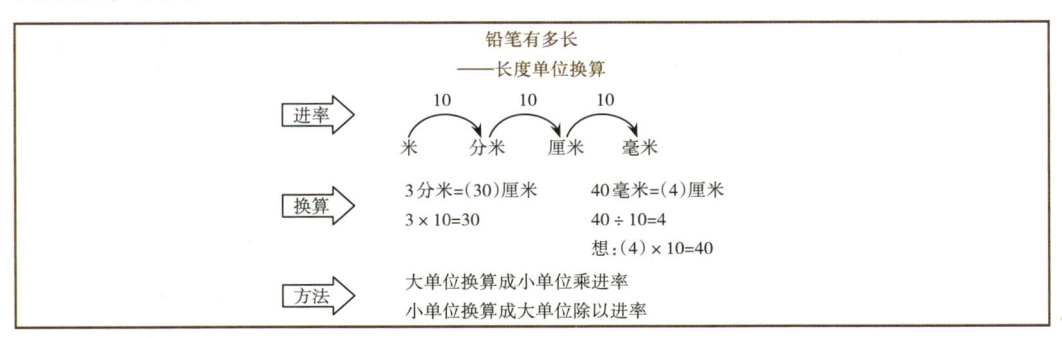

铅笔有多长
——长度单位换算

进率 ⇒ 米 →10→ 分米 →10→ 厘米 →10→ 毫米

换算 ⇒ 3分米=(30)厘米　　40毫米=(4)厘米
　　　　3×10=30　　　　　40÷10=4
　　　　　　　　　　　　　想:(4)×10=40

方法 ⇒ 大单位换算成小单位乘进率
　　　　小单位换算成大单位除以进率

十、教学反思

孔子说："知之者不如好之者,好之者不如乐之者。"学习的最高境界就是"乐","乐"就强调了学习是学生和教师共同幸福成长的发展过程,让学生成为课堂的主人,在民主平等、自由愉悦的氛围中充分享受学习的快乐,真正做到乐而好学。本课通过小组合作探究,根据学习任务建立学习共同体,重视学生的活动参与感和活动经验的积累。以学生为主体,在小组和谐平等的对话中促进课堂灵动高效的生成,把讲台交给学生,在展示交流过程中促使学生间互相倾听、共同学习,促进学生知识的建构。

二年级学生的注意力持久性不够,通过有趣的故事情景将课堂环节串联起来,有助于激发学生的好奇心和挑战心理,从而抓住学生的注意力。

为了帮助学生牢记米、分米、厘米、毫米间的进率,根据数轴的灵感设计了长度单位进率部分的板书,帮助学生记忆这四个长度单位相邻两个之间的进率是10。为了帮助学生掌握单位换算的方法,教学过程中先通过数形结合的方式直观感受,再通过知识迁移抽象出算式,最后归纳总结得到长度单位换算的方法。考虑到整十数除以整十数的除法对二年级学生有难度,引导学生通过想乘法算除法,利用所学知识解决新问题。

课后总结部分通过呈现主要板书的方法将本课所学的知识进行回顾和整理,帮助学生把零散孤立的知识串联起来,形成知识结构。

十一、导学单

小组合作探究记录:
分工情况:
(　　)和(　　)负责探究厘米和毫米之间的关系;
(　　)和(　　)负责探究分米和厘米之间的关系;
(　　)和(　　)负责探究米和分米之间的关系。
探究结果:
厘米和毫米之间的关系是:_____　分米和厘米之间的关系是:_____;
米和分米之间的关系是:_____。

巩固练习:
1.填一填
7米=(　　)分米　　60厘米=(　　)分米　　3厘米=(　　)毫米
90分米=(　　)米　　5分米=(　　)厘米　　70毫米=(　　)厘米
2.在括号里填上合适的长度单位,使等式成立。
1(　　)-9(　　)=1(　　)　　1(　　)-40(　　)=6(　　)

英语篇

I Dare You 教学设计

成都高新区锦城小学　程晓琳

表4-11　*I Dare You* 教学设计表

基本信息			
授课教师	程晓琳	学　　校	成都高新区锦城小学
授课年级	五年级	课程类型	绘本故事教学
教材版本	外研社版多维阅读系列	级　　别	第八级
课文标题	*I Dare You*	授课时长	50分钟
教学分析			
文本解读	<td colspan="3">本课选自由王蕾、Jill Eggleton主编的外研社版多维绘本阅读系列中的第八级，匹配到小学英语新课标，则适合小学四、五年级的孩子阅读。 *I Dare You* 是一个故事类绘本，讲述了猴子和老虎打赌的故事。 一、【What】主题意义和主要内容 　　故事的开端是老虎看到猴子在对面河边的一棵树上，树下的河中有鳄鱼出没。老虎便打赌猴子不敢悬挂在河流上方的树枝上。猴子不服气，并且自信地认为是小菜一碟，向老虎展示了自己轻而易举就可以做到。 　　老虎将挑战内容升级，打赌猴子不敢踩着石头过河。猴子不想让老虎赌赢，鼓足勇气，避开鳄鱼虎视眈眈的目光，踩着石头勉强过河，但仍向老虎炫耀自己的胆量，并向老虎提出挑战。他打赌老虎不敢踩着木头沿着河流漂流。 　　木头很小，老虎体积很大，况且他不会游泳，但是他不想认怂，逞强照做。当老虎踩着木块漂流，猴子在河岸跟着跑，才发现前方就是瀑布，危险就在眼前。幸运的是，大象出现了，它用力推倒了大树，倒落的大树拦住了即将掉下瀑布的老虎，老虎获救了！ 　　从此，老虎和猴子不再打赌，也明白了"打赌无赢家，做事需理智"的道理。 二、【Why】写作意图 　　作者通过讲述老虎和猴子从爱打赌，到硬着头皮打赌，再到决定不再打赌的转变过程，试图告诫读者不要因为争强好胜而和别人打赌或因逞一时之勇而接受打赌。联系实际生活经验，有些打赌的内容是毫无意义甚至会造成巨大危险的，但人们会因为争强好胜或虚荣心作祟而和别人打赌，并且在打赌时总希望自己赢。其实打赌并没有赢家，逞一时之勇还会带来不良后果。 三、【How】文体结构和语言修辞 　　本故事体裁是记叙文，借用动物讲述了一个生动、形象同时又发人深省的故事。全文分四部分展开情节。开端是老虎打赌猴子不敢悬挂在河流上方的树枝上，也不敢踩着石头过河；发展是猴子打赌老虎不敢踩着木头漂流，老虎硬着头皮上；高潮是大象推倒大树，救下了险些掉下瀑布的老虎；结局是猴子和老虎决定不再打赌。三个赌局是故事的明线，猴子先后的情绪变化则是暗线，第一个打赌自信满满，第二个打赌从略显恐惧到沾沾自喜，第三个打赌变得担忧、后悔。</td>

续表

教学分析	
文本解读	本书使用了一般过去时讲述故事，比如 saw, pushed, came, splashed, went, etc；也包含了一些与主题意义相关的语言：I dare you..., no one wins，以及描述打赌内容用到的：to hang on that branch over the river, to cross the river on those rocks, to float down the river on that log.
学情分析	五年级的孩子依然处于一个活泼、好动的阶段，他们从进入小学开始学习英语，已经有了较为扎实的语言基础和能力，能听懂老师的教学指令，在老师的引导下，容易调动已有的知识，参与到教学活动中，积极、开放地表达自己。 除此之外，他们已经具备了一定的自然拼读知识，能利用旧知过渡到新词汇的拼读、学习；积累了一定的学习策略，会读图预测、勾画关键信息、合作等。他们的思维也已经逐步由形象思维过渡到抽象思维，逐步从"只看热闹"过渡到批判性思维，因此他们既会在生动、有趣的故事之中徜徉，也会静下心来思考打赌的结局和故事背后蕴藏的智慧。 本故事虽然趣味性强，但是篇幅较长（共计310个词），生词量较大，并且出现了10多处过去式，也没有低、中段绘本中常见的复现型句式，因此对于五年级上册的孩子来说，50分钟课堂实现精读是不太现实的。
教学目标	一、语言能力目标 （1）能在图片和讲解的帮助下，理解 hang on that branch over the river, cross the river on those rocks, float down the river on that log, no one wins 等。 （2）能梳理出有关打赌的单词和句式，比如 dare, I dare you to do 等。 （3）能提取故事要素，梳理并概括老虎和猴子从爱打赌到不再打赌的过程。 （4）能根据故事脉络图复述故事，分析老虎和猴子不再打赌的原因。 二、学习能力目标 （1）能运用一定的学习策略，如借助图片、录音、教师的讲解、同伴合作等，读懂故事，理解故事的开端、发展、高潮和结局。 （2）在小组合作、教师引导下： ①能收集、总结阅读中新学的词汇； ②能体会并表现出角色情绪变化，能表演故事片段； ③部分学生能根据知识储备和故事理解创编故事情节。 三、情感态度目标 （1）能明白打赌无赢家、凡事不逞强、做事需谨慎的道理。 （2）能联系和反思实际生活，学会不因虚荣心而争强好胜的道理。
教学重点	（1）帮助学生理解故事。 （2）引导学生梳理出故事的开端、发展、高潮和结局，帮助学生能在本课内复述故事。 （3）学生能在教师的引导下、小组合作中，表演故事片段甚至创编情节，表达出故事寓意或者自己的收获。

续表

教学分析	
教学难点	(1)因为没有学过过去式,部分学生可能会在理解故事方面存在一定的难度。 (2)小组分工明确,相互帮助,完成阅读圈小组合学。 (3)学生在较为清晰地用英语表达出故事寓意或者自己的收获方面,可能需要适当的引导、帮助。
学资源	PPT 课件、video、头饰、任务卡、评价 stickers。

教学过程		
Stages	Teaching Activities & Interaction Patterns	Purpose
Ⅰ. Warming up (5mins)	**Activity 1:Greetings & Free talk** Eg: T: What's your favorite animal? **Activity 2: Play a game** T: I say you do (play basketball; climb a hill; fly a kite; run; jump; hop; swim; act like a monkey, a crocodile, an elephant, etc.) Let's do dares between teachers and Ss. I dare G6 will be the winner today. I dare you to eat the chilies. I dare you to float down the river. **Activity 3:Read the cover** T: What animals can you see from the picture? What do you know about them? T: What are they doing?Can you guess? Show them the title. **Presentation: dare** T: What else can you know from the cover? The title, series, the level, the press, the editor…	Use free talk and games to create an active atmosphere. Use dares to create an context and active atmosphere. Activate Ss' background knowledge and prepare for the language output. Help Ss to develop a good reading habit by reading the cover page first.
Ⅱ. Pre-reading (2mins)	**Activity 4:Discuss and lead into the topic** T: Can you guess what will happen in this story? A: Monkey falls into the river and is eaten by the crocodiles. B: Monkey is the winner in the dare. C: No one wins in the dare.	Predict what might happen after observing the characters and activate their interest.
Ⅲ. while-reading (13mins)	**Activity 5:Picture walking** P2-7: T: What did tiger ask monkey to do? T: What did tiger say? T:Why do you think Tiger asked Monkey to do this? T: What did Monkey say? Can you think about other words with the same meaning ? (play the video)	Help Ss to get to know the beginning of the story. Guide Ss to get information from pictures as much as possible, to guess, predict and analyze the plots.

续表

教学过程		
Stages	Teaching Activities & Interaction Patterns	Purpose
Ⅲ. while-reading (13mins)	T:What did Tiger dare Monkey to do then? T:What did Tiger say? P2-7: T:Look at the faces on the pictures. How did he feel in this picture? How does he feel now? Why? T:Why did Monkey say "I'm not looking at the crocodiles"? T: Did he do it? How did he feel? What did he say? P8-9: T:What did Monkey dare Tiger to do? Presentation: log; float down. T:Is it silly of Tiger to do this on a dare? Why? T:What might be the problem in Monkey's eyes? P10-11: T: How does the monkey feel? How do you know? T: What did Monkey mean by "that would be the end of him"? T: What will happen? Activity 6: Independent reading(Play the tape) T: Who is coming? T: What did he do? T: Lead Ss to focus on "splashed". T: Check your prediction. T: What's the meaning of "No one wins in the dare".	Guide Ss to pay more attention to story details and enhance the interaction between Ss and story. Analyze the reason and emotions of the characters. Lead Ss to guess the meaning of new words with the help of context and pictures. Try to read by themselves and find out more details about the climax part. Find out the ending, analyze the reasons and deeply experience the feelings of characters.
Ⅳ. post-reading (30mins)	Activity 7: Watch the video Activity 8: Group-work Try to finish the worksheet in groups. Activity 9: Reading-circles Word Master; Summarizer; Readers' Theater; Life Connector. Activity 10: Share & Show time Share their worksheet in class. Role play a part or the whole story. Activity 11: Talk about the characters T: What do you learn from the story? T: If someone dares you to do sth, what will you say or do?	Help Ss to understand the beginning, the development, the climax and the ending. Show Ss how to do or provide some tips. Lead Ss to summarize the useful words leant in this story, try to retell the story, try to role play and analyze the reasons why they didn't do any dares and connect the story to their own life. Lead Ss to think, to judge, to criticize.

续表

板书设计

I Dare You

| to hang on that branch
No problem!
confident | → | to cross the river not looking at the crocodiles
scaredt | → | to float down the river going over the waterfall
worried |

No one wins.

前置学习单

1. Word Master(单词大师)

branch(名词)树枝、分支

rock(名词)岩石,礁石

log(名词)圆木,圆材

waterfall(名词)瀑布

217

续表

前置学习单

hang(动词)悬挂,吊

float down(动词)漂流而下

2．Try to Match(试一试,连一连)

float down the river on that log

cross the river on those rocks

hang on that branch over the river

表4-12　课后任务单

Grade:_____　　Class:_____　　Group:_____

Ⅰ.Word Master(词汇大师)

Page_____　　From this book , I know_____.

Page_____　　From this book , I know_____.

Ⅱ.Summarizer(总结概括者)

I Dare You …

Ⅲ. Readers'Theater(读者剧场)

1. Work in groups.
2. You can choose any one part of the story.(你可以选择任一片段进行表演 P2-4;P5-7;P8-15;★★★)
3. Making up a new plot is welcome.(鼓励创编情节★★★)

Ⅳ. Life Connector(实际生活联结者)

1. What do you learn from the story?(你从这个故事中学到了什么?)

2. If someone dares you to do something, what will you say or do? (今后如果有人打赌让你做某事,你会怎么说或怎么做?)

Pandas' Hometown 教学设计

成都高新区锦城小学　陈瑜

表4-13　Pandas' Hometown 教学设计表

书名	《中国风·川渝篇》第一级 Pandas' Hometown	教学设计者	陈瑜
授课对象	四年级	单词总量	231个
对应课标主题	人与自然：自然生态			
教材分析	Pandas' Hometown 是《中国风·川渝篇》第一级的开篇读物，对引起学生兴趣、唤起学生学习热情起着重要影响。 一、【What】主题意义及主要内容 本书是含有科普性知识的故事性绘本，用对话型语言向读者传递了关于祖国川渝两地的地理知识，并用生动可爱的形象——熊猫，着重讲述了四川的相对地理位置、气候及国宝大熊猫的生活习性。 本书讲述了重庆小学生渝渝第一次来到四川成都，成都小女孩蓉蓉热情地迎接了他，给他讲述了川渝两地的地理知识，并带着他游览成都大熊猫基地的故事。在游览的过程中，通过渝渝的发问和蓉蓉的细致讲述，我们能学习和了解到大熊猫的生活习性及有趣的知识。 二、【Why】写作意图 作者给书中两位小主人公注入了生动又贴近生活的语言，一方面将四川与重庆作简单概述，突出两地的潜在关联；另一方面又细致描写了四川，让读者能够真切地体会到书中的事实，也为后续系列埋下了伏笔。本书向学生传达出四川的生态地理，唤醒读者的潜在知识，又让读者在阅读中学习，更进一步了解常识及自然知识，进一步了解川渝两地。 作者在本书中不仅传递了百科信息，还将这些信息与人们的真实生活紧密相连。让不管是在川渝两地生活的读者，还是其他地方的读者群体，都能在本书的阅读学习过程中领略不同的自然生态，让读者对中国广袤大地上的自然生态常识有了更深的理解。 三、【How】文体结构和语言修饰 从内容上看，本书分为两大部分。 第一部分描述蓉蓉在接到渝渝后，了解到渝渝从来没有来过四川成都，便通过高铁站的地图图示向渝渝概述了川渝两地的相对位置、地理关系、四川的气候特点等，引起了渝渝更强烈的了解及游览欲望。 第二部分描述了蓉蓉带领渝渝参观并游览成都大熊猫基地，在游览的过程中，好奇的渝渝不断发问，通过蓉蓉的解答及讲述，渝渝了解到大熊猫适宜生存的环境、生活习性、食物喜好、体貌特征等，最后还引申出了一个幽默有趣的事实——熊猫只能拍"黑白照片"。 整个故事文本结构为：事情的起因（小男孩渝渝初到成都，对目的地有好奇）、事情的经过（小女孩蓉蓉通过讲述过程，让渝渝了解了四川的地理知识及生态生物特性）、事情的结果（通过游览参观，小男孩渝渝逐步化解了心中疑惑并吸收了丰富的知识）。本书使用的词汇和句式丰富，以对话形式呈现，语言结构为非重复性语言。 在介绍四川省及省会成都时，书中用的表达方式为：Sichuan is in the southwest of...；There are...；It's a...。 在介绍大熊猫时，使用了 There's...；Pandas can...；There are...；They like...；They're...；If...not... 等句式结构。			

续表

学情分析	本节课的教学对象是四年级学生。从认知方面来说，他们的心智发展趋于成熟，对百科知识充满好奇。他们好奇心强，喜欢动物，对自然地理知识有一定的探索欲。从知识储备来说，他们经过前两年的英语学习，绝大部分学生能够通过观察图片，提取信息，推测或猜测故事发展、情节走向；或根据给出的上下文信息，找到关键的答案。本次绘本课的学习，教师应注重检测学生思考、观察和预测的学习能力，培养学生思辨能力，提升对四川、重庆两地的认知，对大熊猫的生活习性有所了解。	
教学目标	知识目标	(1)了解熊猫的生活习性，学习四川地貌和气候等知识； (2)理解绘本大意。
	能力目标	(1)能根据图片信息、文本信息对故事发展进行预测、推理，以及能根据图片中的人物表情推测人物的感受； (2)培养学生的合作学习能力。
	情感态度	热爱大自然，学会与大自然和谐相处，有保护大自然、保护大熊猫的意识及行为。
教学重、难点	(1)根据上下文提取关键信息； (2)根据图文理解抽象词汇； (3)理解故事大意。	
教学准备	(1)阅读材料：《中国风·川渝篇》第一级 Pandas' Hometown； (2)教具：任务单、评价表、相关图卡片； (3)PPT课件。	
环节与时间	教学过程	设计意图
热身导入 （2分钟）	(1)Greeting: Good morning, boys and girls. How are you ? (2)Lead in: Show a pictures about Bing Dwen Dwen and Rong bao. (由此将全班分为两组，冰墩墩组和蓉宝组)	通过简单的日常对话，以及大家熟知的冰墩墩和蓉宝的图片，激起兴趣，让学生快速地进入英语的学习氛围。
新课呈现 （5分钟）	(1)Introduce the characters.(Rongrong and Yuyu) 请学生根据小孩的名字猜测他们来自哪里，引出成都简称"蓉"，重庆简称"渝"。 (2)T: What are they going to do ? 通过放大镜观察图片，引导学生通过熊猫猜测出本课主题——Pandas' Hometown. (3)Observe the cover of the book. Q1: What's the tittle?(板书 Panda's Hometown) Q2: Where is Pandas' Hometown?	通过观察封面，让学生猜测接下来要学习的内容，带着好奇进入课文学习。

221

续表

环节与时间	教学过程	设计意图
课文学习（20分钟）	**Step 1:** (Page 2) （1）T: Yuyu is coming to Chengdu, Rongrong comes to pick up Yuyu. What will she say? Listen! (听音回答) （2）T: Yuyu says…（引导学生读渝渝的话，老师结合动作解释）Yuyu came to Chengdu for the first time. So Rongrong will be Yuyu's tour guide. **Step 2:** (Page 3) Watch, think and answer 通过动态图观看两个小孩离开火车站后去做了什么。 （1）T: What are they doing? 引导学生关注中国地图。 （2）通过渝渝提出问句：Where is Sichuan? 引导学生在图片中选出四川。再通过坐标图引导学生找出四川在全国的方位，并回答以下问题： 　　Sichuan is in the _____ of China. 　　The capital city of Sichuan is _____. 　　There are _____ around it. It's a basin. （3）用同样的方法学习重庆位置，再通过动画引出They are neighbor。 （4）PPT 呈现 Yuyu 坐高铁动图。 　　Q1: Who is on the high-speed railway? 　　Q2: Where is Yuyu going? 　　S: Yuyu is going to Chengdu.	学生在老师的引导下自主观察图片以及图中各种细节，听音回答，培养孩子阅读绘本的基本能力。 通过观看的方式学习，引导学生认真观察图片细节，回答问题。在已有知识的基础上敢于使用所学语言，培养英语思维及表达能力。 通过听看阅读和借助图片理解课文意思，并预测课文内容，培养学生的阅读理解能力。让学生在教师设问的引导下，运用已有知识回答问题。

续表

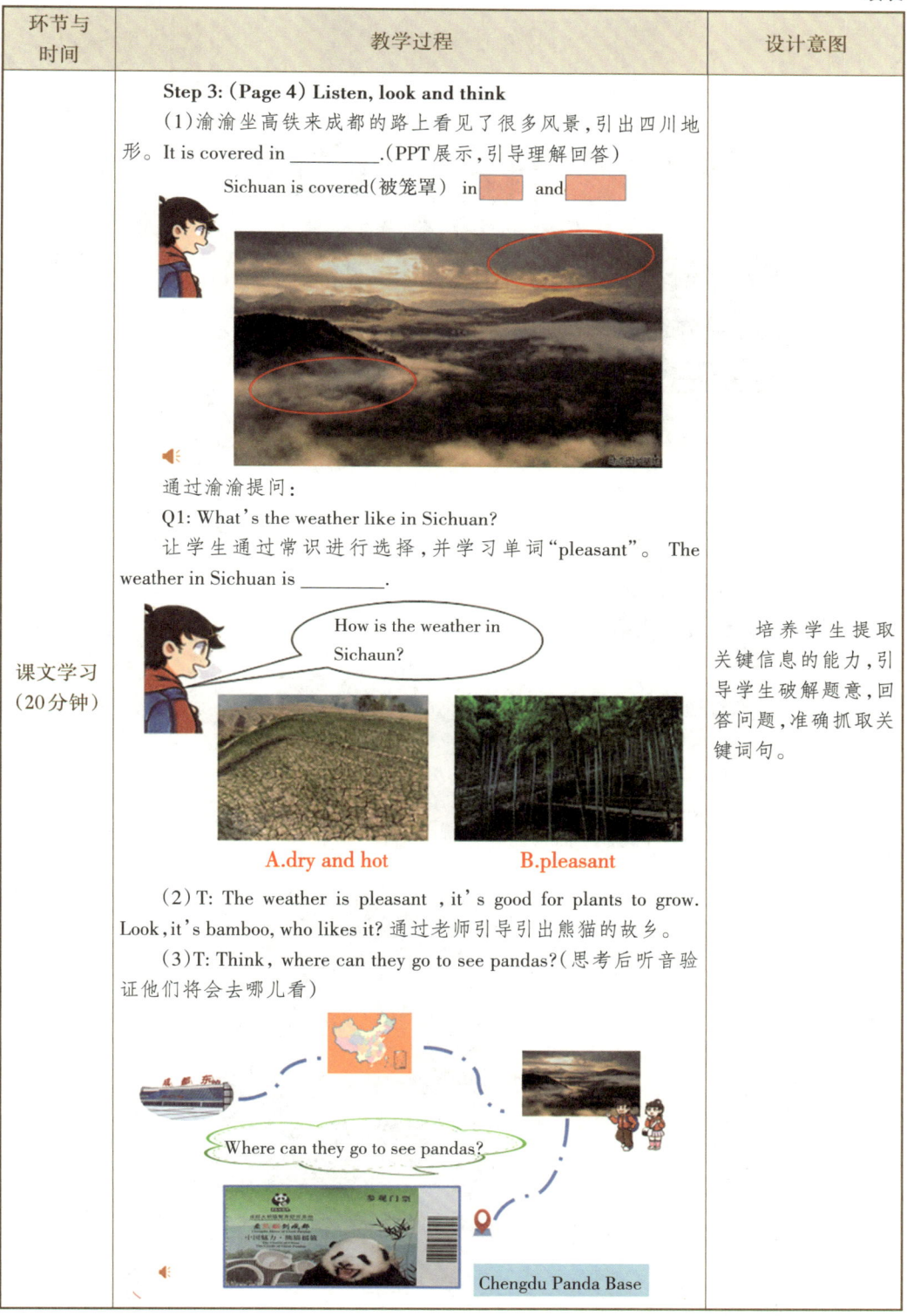

环节与时间	教学过程	设计意图
课文学习 （20分钟）	**Step 3: (Page 4) Listen, look and think** （1）渝渝坐高铁来成都的路上看见了很多风景，引出四川地形。It is covered in _____.（PPT展示，引导理解回答） Sichuan is covered（被笼罩） in ☐ and ☐ 通过渝渝提问： Q1: What's the weather like in Sichuan? 让学生通过常识进行选择，并学习单词"pleasant"。 The weather in Sichuan is _____. How is the weather in Sichaun? A.dry and hot　　B.pleasant （2）T: The weather is pleasant, it's good for plants to grow. Look, it's bamboo, who likes it? 通过老师引导引出熊猫的故乡。 （3）T: Think, where can they go to see pandas?（思考后听音验证他们将会去哪儿看） Where can they go to see pandas? Chengdu Panda Base	培养学生提取关键信息的能力，引导学生破解题意，回答问题，准确抓取关键词句。

续表

环节与时间	教学过程	设计意图
课文学习 (20分钟)	**Step 4:** (Page 5~6) Look, read and answer (1)齐读第5页句子,用图片辅助理解意思。 通过动图与声效显示两个小孩进了成都熊猫基地,坐上车看熊猫的画面,让学生感知熊猫的住所。 (2)Q1: Where do wild pandas live?(学生根据图片信息回答) (3)请同学们通过图片观察温度计温度,回答问题:What temperature do wild pandas like? Do pandas like the heat? **Step 5:** (Page 7~10) Group work (1)学生分小组找出问题答案:通过自学绘本的方式学习。 Pandas can _____ , _____ and _____ . Pandas eat _____ , _____ and _____ .	在老师设问的引导下,学生通过观图—猜测—得出信息的方式,理解文本。

续表

环节与时间	教学过程	设计意图
课文学习 （20分钟）	（2）学生通过观察图片，完成一日作息表饼状图。 Q1: How long do pandas eat a day？ Q2: What else do they like doing？ Read P7-9 Pandas { can _____, _____, and feed babies. eat _____, _____, and _____. There's plenty of bamboo and water here. Pandas can find spots to dig dens, hide, and feed their babies. It seems that pandas don't like the heat. Haha, that's quite a lot! What else do they eat besides bamboo? They also like other food such as fruit and honey. Pandas eat about 12 hours a day. Pandas eat about 12 hours a day. If they are not eating, most of the time they are sleeping. schedule（一日作息表） Step 6:（Page 11）Observe and guess 理解课文意思，并预测课文内容，培养学生阅读理解的能力。 Q1: What is on the tree? Q2: How does the pandas get to the top?（理解教学 treetop） Q3: Can pandas climb/run fast or slow?（猜后听音观看视频验证） Pandas can run faster than human.	通过分组合作阅读的方式降低阅读难度，培养学生自学自读并能展示自读成果的能力。

225

续表

环节与时间	教学过程	设计意图
课文学习 （20分钟）	**Step 7:（Page12）Look, guess and think** 老师引导学生：让我们一起和熊猫拍照吧！从而观察熊猫的表情特写，引出问题。 Q1: Is the panda happy? Q2: Why is the panda not happy? （根据 panda 的音频验证答案） 让孩子在老师设问的引导下，运用已有知识回答问题。 **Is the panda happy?** Q3: Why only two colors?（学生猜测后看图验证，普及知识） Why only two colors? black　　　white Cuch colors can help them hide in the snow or among the trees for safety（安全）	通过现场拍照的方式运用"cheese"等词，激发学生兴趣并以此引出为什么熊猫拍照不开心的问题，引发学生思考并回答，由此引发一个笑点活跃气氛。
操练 （10分钟）	（1）观看学生角色扮演视频。 Pandas' Hometown role play （2）四人小组合作自读课文，完成任务单。 （3）小组展示，扮演导游介绍熊猫。	回顾课文整体内容，再次巩固课文，普及相关知识，加深对绘本内容的理解记忆。

续表

环节与时间	教学过程	设计意图
布置作业（3分钟）	（1）Read the story by yourself.（自读绘本） （2）选择书中四川盆地或大熊猫的生活习性,尝试用英文告诉你的朋友。	巩固课文,促进知识运用。
板书设计	Pandas' Hometown bamboo　dig dens 　　　　hide fruit　　feed babies 12 hours　climb fast honey　southwest　pleasant eat　can	
任务单	Introduce panda's hometown 1.Sichuan is in the ____ of China. The weather in Sichuan is____. 2.Pandas live in the bamboo forest. They can ____,____,and ____. 3.Pandas cat ____,____,and ____. 小组合作 Tour guide 单词表：dig dens, southweso, honey, pleasant, fruit, hide, feed babies, bamboo	

安全篇

"尖利物品会伤人"教学设计

成都高新区锦城小学　陈雨菡

一、设计意图

（一）学校资源

结合国家、省、市、区相关文件要求，锦城小学建立了学生培养课程体系"花儿课程"。"花儿课程"细分出安全与健康课程，在学校课程结构设置中，每两周开设一节生命、生态与安全课程，从校园安全、生活安全、交通安全等方面，全面、系统地培养学生的安全意识。

（二）选题依据

《四川省义务教育地方课程〈生命·生态·安全〉指导纲要（2021年版）》指出：遵循教育规律和学生身心发展规律，有效实施生命教育、生态文明教育、安全教育……课程需要基于学生生活经验，让学生认识、理解日常生活中会遇到的各种安全隐患、危机，学习应对各类安全问题的技能和方法，提高自我保护、自我生存能力，树立良好的安全意识。"尖利物品会伤人"是四川省义务教育地方课程教材《生命·生态·安全》中的第7课，结合成都市安全教育平台一年级上期的课程设置，我们确定了本堂课的主题——尖利物品会伤人。

二、学情分析

一年级学生年龄较小，好奇心重，喜欢玩各种东西，包括家里和学校的尖利物品，比如：剪刀、铅笔、三角板、图钉等，这些物品用得好会对我们有帮助，但是如果不注意，也会带来危险。为了更好地保护学生的安全，提升学生的安全意识，需要引导学生认识尖利物品，了解尖利物品的危险性并学会正确使用尖利物品。

三、教学对象

小学一年级。

四、教学目标

（1）安全知识：认识生活中的常见尖利物品，知道尖利物品的特征。
（2）安全意识：知道尖利物品使用不当会对人造成伤害。
（3）安全技能：掌握正确使用尖利物品的方法，树立日常生活中的安全意识。

五、教学重难点

认识尖利物品,掌握正确使用尖利物品的方法,树立日常生活中的安全意识。

六、教学准备

(1)学生准备:削好的铅笔、儿童安全剪刀。

(2)教师准备:撰写教案,制作尖利物品学习任务单,制作课程PPT,准备教具(生活中常见的尖利物品、充好气的小气球、糖葫芦等)。

七、教学过程

本课设计为1课时,主要分为如图4-9所示五个活动环节。

课前游戏,激趣导入 2分钟 → 案例学习,了解危害 2分钟 → 情境贯穿,会找会认 8分钟 → 动手合作,正确使用 20分钟 → 趣味检测,拓展升华 3分钟

图4-9 "尖利物品会伤人"教学流程图

表4-14 "尖利物品会伤人"教学流程表

	具体过程	
一、课前游戏,激趣导入(2分钟)	(1)邀请两名学生参与课前游戏,手拿两只小气球扮演两位好朋友,教师念儿歌,学生跟着儿歌用气球做动作,教师先后用铅笔的两端戳气球。 师:两个好朋友,轻轻碰一碰;两个好朋友,一起摸一摸。来了一个新朋友(铅笔),左戳戳,有点疼;右戳戳,爆炸啦! (2)教师引导,学生观察发现铅笔的一头是尖尖的,所以会扎破气球。 引导、交流:请小朋友们拿出自己的铅笔,用手指轻轻触摸铅笔的两端,有什么不一样的感受?(请一位同学分享,有相同感受的小朋友举手) (3)课题导入。 师:除了铅笔,生活中还有一些东西,它们有的有着尖尖的头,有的有着锋利的边缘,它们有一个共同的名字——尖利物品。如果使用不当,这些物品有可能会伤到人。接下来,我们就一起走进这堂安全课——尖利物品会伤人。 出示课题,学生齐读课题。	【设计意图】通过小游戏与学生的体验交流,初步认识尖利物品,了解尖利物品可能会对我们造成伤害。导入课题,激发学生对本堂课的学习兴趣。

续表

具体过程				
过渡:这节课,老师给大家请来一位好朋友——皮皮猴,它想邀请孩子们一起来当小侦探,跟着它去发现生活中的尖利物品,我们一起去看看吧!				
二、情境贯穿,会找会认(8分钟)		场景一: 家里的尖利物品	课件出示:剪刀、水果刀、螺丝钉、螺丝刀、针、牙签。	【设计意图】皮皮猴的情境贯穿教学与游戏设置,符合低段学生的心理特点,既能大大激发学生的学习兴趣,又能通过三个场景,让学生尽可能多地发现生活中的尖利物品。 同时,通过游戏体验与学生的交流自评,教师也能及时收到学生的反馈,了解学情。
		场景二: 教室里的尖利物品	课件出示:铅笔、剪刀、工字钉、水彩笔、圆规、直尺。	
		场景三: 食堂里的尖锐物品	课件出示:筷子、叉子、吸管、打碎的杯子。	
	课堂练习与评价		(1)请学生在任务单上勾选尖利物品。 (2)出示课件游戏:尖利物品我会认。一位学生上台示范选择尖利物品,其他学生对照更正。 (3)学生自评:5个全部选出3颗星,选出2~4个2颗星,只选出1个1颗星。 教师调查学习情况:请拿到3颗星的小朋友举手,教师进行表扬。 学生总结尖利物品的特点:尖尖的头、锋利的边缘。	
三、案例学习,了解危害(2分钟)	案例学习		课件出示小朋友被尖利物品伤到的图片与文字。	【设计意图】通过图文并茂的方式让学生了解不正确使用尖利物品的真实案例。通过医生的话了解尖利物品对我们的身体造成的伤害有哪些,给学生造成强烈的心理冲击力,以加深课堂印象。
	医生有话说		播放医生的语音。 课件出示:外伤、感染、失明。	
过渡:孩子们,尖利物品这么危险,我们把它们全部藏起来好不好?(预设回答:不好,没有铅笔就不能写字了。) 师:是的,没有了铅笔,我们就不能写字;没有了剪刀,我们也没办法做出漂亮的手工作品。尖利物品本身没有错,只要我们正确使用它,就可以让危险远离我们。				

续表

		具体过程	
四、动手合作,正确使用(20分钟)	场景一:教室里的铅笔和剪刀怎么正确使用?	1.铅笔 (1)学生观看动画故事,师生共同总结铅笔这类尖利物品的使用方法。 (2)儿歌总结: 小铅笔,来写字, 笔头尖尖不对人, 课间玩耍不挥舞。 2.剪刀 (1)请学生找一找任务单上轮廓不一样的那一个尖利物品,用剪刀剪出来。 比一比:我们和"森林小学生",谁更能安全使用小剪刀? (2)谁来夸一夸?利用希沃白板工具,现场捕捉课堂上认真专注使用剪刀的学生照片,请其他学生表扬点评。 (3)谁来评一评?出示"森林小学生"错误使用剪刀的视频,请学生点评提醒。 交流过程中,紧扣板书。 (4)儿歌总结: 小剪刀,用处大, 剪纸窗花全靠它。 认真专注就不怕, 用完收好保安全。 学生自评:使用剪刀时能做到认真专注1颗星,不对人1颗星,用完收好1颗星。	【设计意图】 围绕"尖利物品我会认"中的三个场景:家里、教室、食堂,继续进行情境贯穿,框架清晰地带着学生进行"尖利物品我会用"的学习总结。 场景一伴随着视频学习、动手实操、对比学习等学习方法,由教师带领学生总结尖利物品的使用方法。
	场景二:家里的水果刀使用时应注意什么? 场景三:妈妈买的糖葫芦食用时应该注意些什么?	师:刚刚学习了教室里的尖利物品怎么正确使用,皮皮猴想再请大家帮个忙。 播放皮皮猴录音。 拓展学习:小组讨论,汇报分享。 (1)食堂里的尖利物品:交流过程中相机新增板书——及时扔、不含着跑。 (2)家里的尖利物品:交流过程中紧扣板书,对尖利物品的使用方法进行回顾与巩固,以此加深学生印象。 活动设计:汇报食用糖葫芦的注意事项时,请说得好的同学现场演示糖葫芦应该怎么吃。	场景二、三则放手让学生自己思考,自主学习,教学有收有放,充分发挥学生这一学习主体的课堂作用。 同时,还通过现场品尝糖葫芦等教学活动,极大地调动了学生的课堂参与主动性与学习积极性。

续表

具体过程				
过渡:相信这节课大家都认识了尖利物品,知道了尖利物品的危害,总结出了尖利物品的使用方法。现在老师想看看哪个组的孩子最棒,我准备了一些趣味测试题,你们敢挑战吗?				
五、趣味检测,拓展升华(3分钟)	希沃课堂游戏:森林运动会	(1)玩铅笔; (2)把小刀收好; (3)把叉子咬在嘴里玩; (4)用笔在脸上画画; (5)把钉子当玩具玩。		【设计意图】结合一年级学生识字量不多的学情特点,设置两个希沃白板的课堂小游戏进行学习效果检测,由易到难,充满童趣,能让一年级学生充分参与其中,达到检测的目的。 同时用一首儿歌总结,符合低龄儿童的学习特点,再次加深印象。
^^	终极大挑战:我是安全小卫士	(1)全全用尖尖的笔在别人脸上点墨水; (2)全全在家玩爸爸没放好的图钉; (3)全全一边看窗外一边剪纸; (4)妮妮将筷子对着别人说话。		^^
^^	儿歌总结	恭喜大家闯关成功!人人都是安全小卫士!爱写安全儿歌的皮皮猴把我们总结出的尖利物品使用方法全写进了这首儿歌里,会读的小朋友跟着皮皮猴一起来读一读吧! 不拿尖利物品跑,用完东西要放好。 学习用具不挥舞,使用过程要专注。 吸管喝完及时扔,注意安全最重要。		^^
^^	拓展延伸,主题总结	在大自然中也有不少尖利的物品,希望孩子们在碰到尖利物品的时候注意自身安全。尖利物品虽然有危险,但只要我们使用它时,不对着人、不挥舞、认真专注、用完收好、吃完东西及时扔、不含着危险物品跑,尖利物品就不会伤人。		【设计意图】拓展大自然中的尖利物品,让学生有细心留意身边其他尖利物品的意识。再次总结方法,加深印象,同时让学生明白,本节课的目的并非让我们远离尖利物品,重要的是如何正确使用它们,让尖利物品成为我们的好伙伴。

八、板书设计

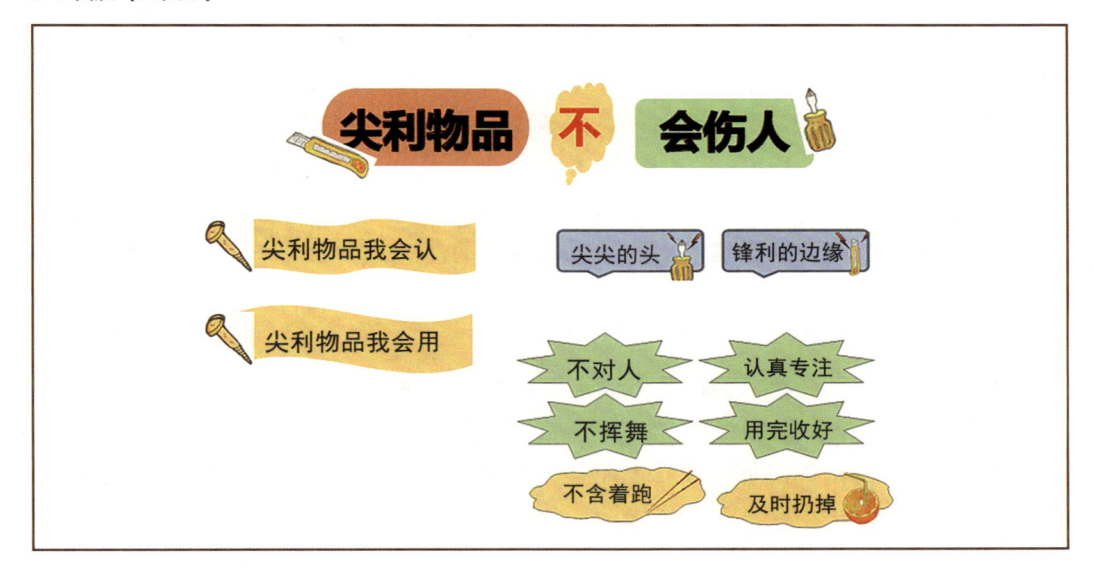

尖利物品 不 会伤人

- 尖利物品我会认
- 尖利物品我会用

- 尖尖的头
- 锋利的边缘

- 不对人
- 认真专注
- 不挥舞
- 用完收好
- 不含着跑
- 及时扔掉

九、教学反思

（一）遵循发展规律，对标

本节课的设计紧紧围绕《四川省义务教育地方课程〈生命·生态·安全〉指导纲要（2021年版）》和教材目标，立足于学生生活经验，让学生认识、理解日常生活中会遇到的各种安全隐患、危机，提高自我保护、自我生存能力，树立良好的安全意识。

（二）创设生活情境，启趣

本课根据低段学生的心理特点，用卡通人物皮皮猴的三个生活场景——"家里""教室里""食堂里"来认识尖利物品。在这三个场景中寻找尖利物品，以场景归类，学习总结尖利物品的使用方法。教学环节看似各自独立，实则前后有机整合，让学生能框架清晰地进行本堂课的学习。情境尽可能生活化、儿童化，语音、图文、视频等多种教学形式综合运用，旨在激发学生的学习热情，增强课堂趣味性。

（三）突出灌启结合，激能

在教学中发挥教师的主导作用和学生的主体作用，既有教师设计的问题情境，也有利用图片、视频、课堂游戏环节、学习任务单等搭建的支架，启发学生主动学习，有效发挥学生的学习积极性，激发学生的学习潜能。

（四）注重教学实践，促行

本课的教学难点是让学生认识尖利物品，掌握正确使用尖利物品的方法，树立日常生活中的安全意识。为了突破教学难点，在教学环节四"动手合作，正确使用"的活动探究中，场景一采用了视频学习、动手实操、对比学习等学习方法，由教师带领学生总结尖利物品的使用方法。场景二、三则放手让学生自己思考，自主学习，教学有收有放，充分发挥学生这一学习主体的课堂作用。同时，还通过现场品尝糖葫芦等教学活动，极大地调动了低段学生的课堂参与主动性。

（五）延伸课后反思，改进

在本课的教学中，教师根据课标要求顺应儿童心理发展规律，基本完成了课堂目标，教学效果良好，学生课堂参与度高。在本课的学生评价环节设置中，尽管师评和自评效果良好，但教师对低年级课堂学生互评环节的把控还有所欠缺。不足之处在于没有考虑到低年级学生的语言组织能力有限，评价语偏抽象、肤浅，学生互相交流、相互学习的氛围不够浓厚。

所以在今后的教学中，我将从以下两个方面对课堂上学生的互评环节做出改进：

第一，创设平等氛围，鼓励学生大胆质疑。"学起于思，思源于疑"，教学实质上就是设疑、质疑、解疑的过程，在今后的教学中，要鼓励学生质疑，鼓励学生主动发现问题。

第二，明确评价要求，引导学生准确评价。在教学活动中给予学生明确的评价标准，帮助低年级学生架构评价系统，组织评价语言。

第四章
乐群学堂：乐群教育的实现路径

附：学生任务单设计

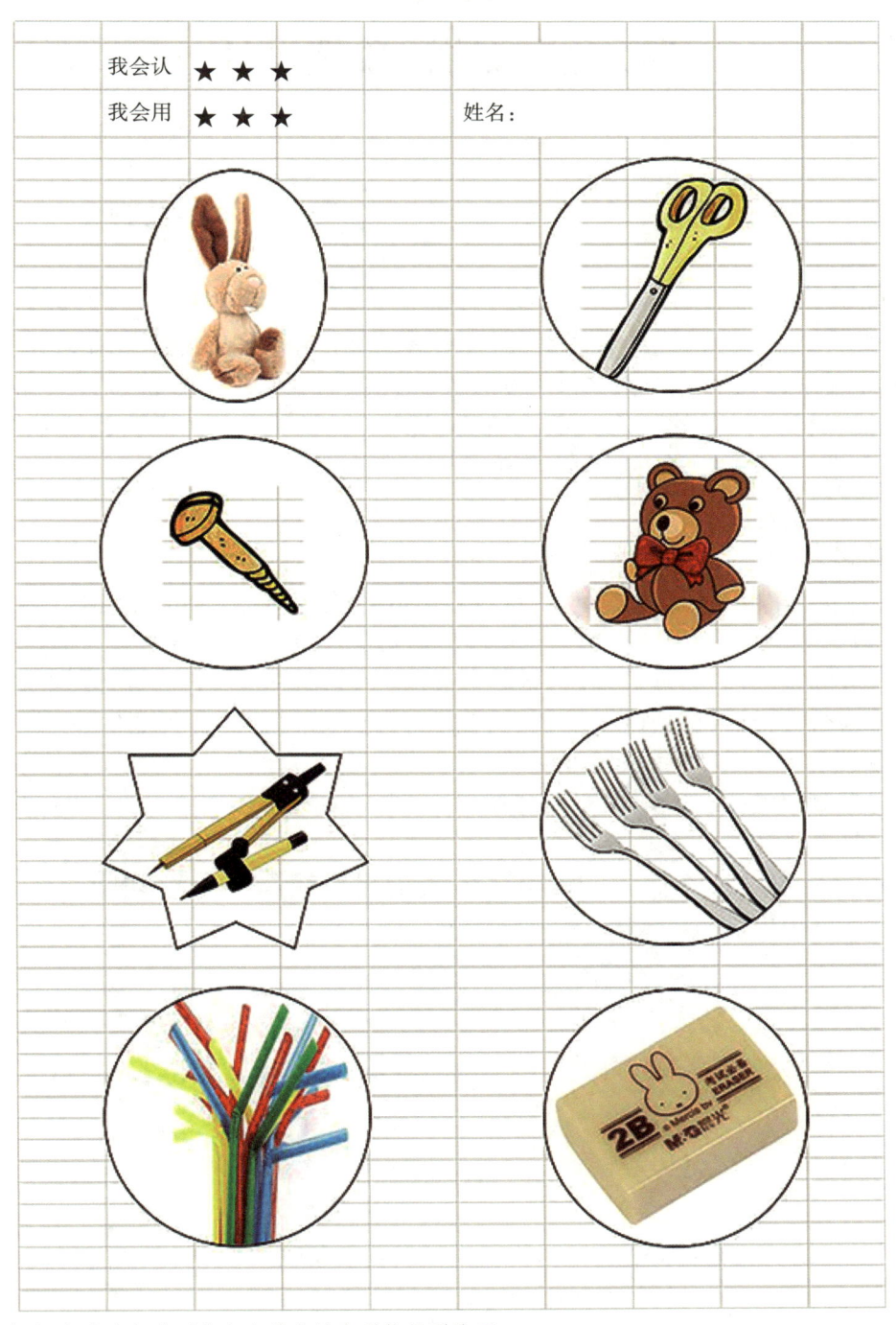

我会认	★ ★ ★	
我会用	★ ★ ★	姓名：

备注：每个小组拿到的任务单上的尖利物品形状不一。

235

劳动篇

"饭盒泡泡浴"教学设计

成都高新区锦城小学　邢金枝

劳动类别:日常生活劳动　年级:小学低段二年级　课时计划:1课时

一、背景分析

结合国家、省、市、区文件要求,锦城小学建立了学生培养课程"花儿课程","花儿课程"细分出校本化国家课程(劳动教育四季课程)。依托学校完善的劳动教育体系,劳动教育四季课程已比较成熟。每周一课时劳动教育课中设置有"我是洗涤小达人"系列课程,系统地、有层次地培养孩子的劳动意识。

二、教材分析

《大中小学劳动教育指导纲要(试行)》中指出:低年级以个人生活起居为主要内容,开展劳动教育,注重培养劳动意识和劳动安全意识,使学生懂得人人都要劳动,感知劳动乐趣,爱惜劳动成果;指导学生完成个人物品整理、清洗,进行简单的家庭清扫和垃圾分类等;树立自己的事情自己做的意识,提高生活自理能力……《义务教育劳动课程标准(2022年版)》中也强调小学第一学段目标包括:完成比较简单的个人物品整理与清洗。在劳动课程内容的"清洁与卫生"任务群中列出了"用合适的洗涤用品洗碗筷等餐具"的内容要求。

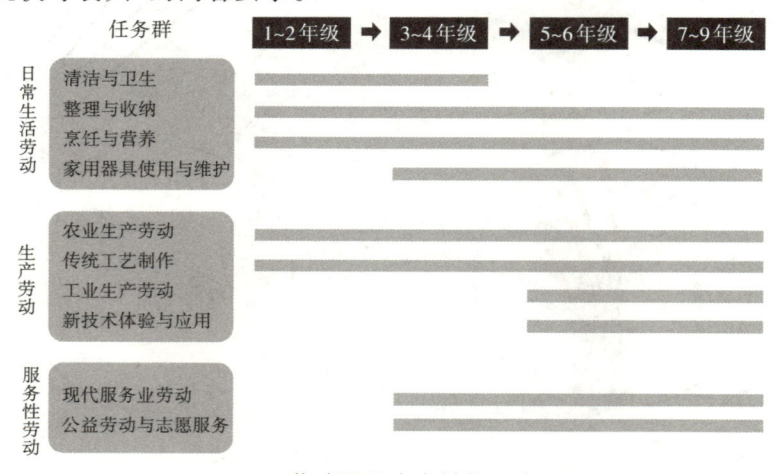

4-10　劳动课程内容结构示意图

> 第一学段（1~2年级）
>
> **任务群1：清洁与卫生**
>
> **内容要求**：开展简单的清洁劳动，用笤帚扫地，用拖把拖地，用抹布擦桌椅等，用合适的洗涤用品洗碗筷等餐具，用肥皂、洗衣液等洗红领巾。依据颜色或文字提示辨别不同类型垃圾桶，知道垃圾分类投放的要求。坚持用科学的方法洗手，独立完成与个人卫生相关的劳动。

图4-11　第一学段"清洁与卫生"任务群内容要求

三、学情分析

学校学生每天需要自己带饭盒到学校就餐。关于饭盒的清洁，有以下两种情况：大多数学生都没有自己洗过饭盒，仅仅是做简单处理然后带回家让家长帮忙洗涤，他们甚至会认为洗饭盒是家长的事，与自己无关。少部分学生在学校清洗饭盒，但因操作不当造成下水道堵塞，或未能将饭盒清洗干净，回家后仍需家长做二次清洗，这部分学生认为自己没有能力将饭盒清洗干净。基于以上学情，课堂中需要教师鼓励学生提高动手能力，只要掌握了正确的方法，学生也能让自己的饭盒在"泡泡浴"中焕然一新。

四、教学内容

清洗饭盒。

五、教学目标

（1）劳动知识：通过学习，知道洗饭盒的主要过程和注意事项。

（2）劳动技能：动手实践，小组合作掌握洗饭盒的流程和技能。

（3）情感态度与价值观：培养学生从事简单家务劳动的能力、热爱劳动的意识和习惯，争当家务劳动小能手。

以上三个目标，体现了《义务教育劳动课程标准（2022年版）》的三维要求，体现了劳动教育核心素养的内涵，也体现了劳动育人的价值。

六、教学重难点

（1）让学生了解洗饭盒的操作要领，掌握洗饭盒的方法。

（2）培养学生小组合作的意识、长期坚持家务劳动的责任感。

七、教学方法与准备

（一）教学方法

演示法、讨论法。

(二)教学准备

1. 教学场所

劳动课教室、室外水池。

2. 课前准备

(1)学生准备:思考清洗饭盒需要哪些材料;观看爸爸妈妈是如何清洗饭盒的,或在网上以及书籍中查阅资料,了解清洗饭盒的基本步骤。

(2)教师准备:撰写教案,制作课程PPT,录制清洗饭盒微课视频,准备清洗饭盒需要的工具和材料。

(3)工具和材料:洗洁精、脏饭盒、洗碗布、洗碗手套。

八、教学流程

本课分为四个环节,见图4-12。

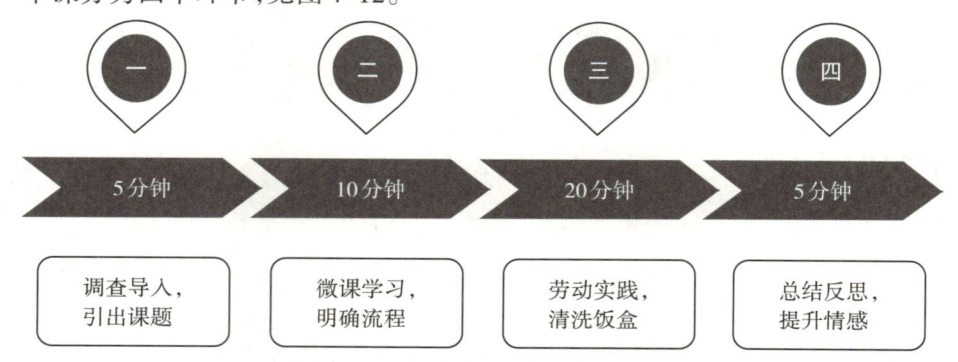

一	二	三	四
5分钟	10分钟	20分钟	5分钟
调查导入,引出课题	微课学习,明确流程	劳动实践,清洗饭盒	总结反思,提升情感

图4-12 "饭盒泡泡浴"教学流程图

表4-15 "饭盒泡泡浴"教学流程表

教学环节	教师活动	学生活动	师生互动	设计意图
调查导入,引出课题	小调查导入: (1)师:今天老师做一个小调查,你们每天在学校中午吃完午餐后的饭盒通常是由谁清洗的?(展示课前问卷调查结果) 在校吃完午餐后的饭盒是由谁洗的? 爸爸妈妈 58.70% 爷爷奶奶外公外婆 36.30% 学生自己 5% (2)师:爸爸妈妈既要工作又要做饭,每天很累,你们应该怎么做呢?	学生分享课前准备学习的内容,思考问卷调查结果,回答老师的问题。	了解是否有学生之前清洗过饭盒,请有经验的学生上台介绍自己清洗饭盒的步骤,过程中有哪些有趣的体验。出示课题:饭盒泡泡浴。	通过小调查了解学生清洗饭盒的情况,通过描述爸爸妈妈工作的辛苦,引导学生表达自己的观点,渗透感恩意识。

续表

教学环节	教师活动	学生活动	师生互动	设计意图
微课学习，明确流程	（1）教师播放"清洗饭盒"的微课，并作讲解，提醒学生观看视频的同时，将清洗过程以关键词的形式作简单记录。 （2）根据学生的回答点评，板书或粘贴词卡（清洗步骤）。 ①戴：手套（戴上手套，保护我们的小手）； ②倒：剩饭（清洗饭盒前，如果饭盒里面有食物残渣，一定要先倒进垃圾桶）； ③挤：洗洁精（打湿洗碗布，挤一指甲盖大小的洗洁精，揉搓出丰富的泡沫）； ④搓：饭盒（用洗碗布将饭盒的里面和外面搓干净）； ⑤冲：干净（二次清洗，用流水冲洗饭盒直至干净）； ⑥沥：水分（将饭盒上的水沥干）； ⑦洗：洗碗布（将洗碗布上的泡泡冲洗干净）。	学生观看微课，总结和提炼操作流程，回答老师提出的问题。（个体独学）	除了清洗步骤，在清洗饭盒过程中还有什么问题要引起我们的关注？ 怎样才能安全、有序地完成清洗过程？ 组织学生小组之间相互讨论，并确定小组分工。 除了明确清洗步骤，学生还应注重清洗饭盒的操作标准和注意事项。 老师根据学生的回答板书或粘贴磁卡"注意事项"的顺口溜。	通过微课视频的学习，让学生知道清洗饭盒的主要过程和注意事项；学会观察、学会倾听、学会从视频中提取重要信息。
劳动实践，清洗饭盒	（1）出示实践要求： ①指导学生分好劳动小组，学生7人为一组，组长统一管理清洗用品和组员的纪律。 ②组长带领组员清点自己的劳动工具和材料，每组1杯洗洁精，每人1双洗碗手套、1个饭盒、1张洗碗布。 ③各劳动小组按照操作步骤清洗饭盒。在本环节，老师设置对照实验组突破重难点：一组用流水进行清洗，一组用水盆静水清洗，学生通过对比发现用流水冲洗的饭盒更干净。 静水清洗组　　流水清洗组 （2）师：希望同学们谨记清洗饭盒的步骤和注意事项，明确分工，成功完成一次饭盒泡泡浴！	学生分组清洗饭盒。（小组合学）	老师巡视指导学生进行饭盒的清洗，纠正错误操作，提醒安全注意事项。（师生共学）	运用所学到的劳动知识，小组合作进行实践操作，完成劳动实践任务，学以致用，提升劳动技能，感受劳动带来的快乐。

续表

教学环节	教师活动	学生活动	师生互动	设计意图
总结反思,提升情感	教师展示各组清洗饭盒的照片,组织小组讨论发现的问题、分享经验。引导学生观察清洗饭盒过程中出现的变化,并分享。	学生说本节课的收获和反思,并进行自评和互评。(总结拓学)	根据学生的表现教师及时表扬,并评出劳动小能手。	通过图片展示引导学生感受劳动者的艰辛。通过评价的方式引导学生回顾劳动历程,帮助学生学会在劳动中思考。

饭盒泡泡浴劳动实践评价表

评价项目	评价要点	自评 优秀	自评 良好	自评 合格	自评 待合格	互评 优秀	互评 良好	互评 合格	互评 待合格
价值体认	1.善于提问,乐于研究,勤于动手								
	2.有求知的好奇心,探索的欲望								
	3.乐于合作,积极与他人交流								
责任担当	4.努力完成自己在小组内承担的任务								
	5.在活动中有责任心								
	6.实事求是,勇于克服困难								
问题解决	7.认真完成课前准备,做好资料收集								
	8.能运用自己已有的知识和经验解决问题								
	9.能够按照清洗步骤完成清洗流程								
创意物化	10.能够进行自我总结和反思								
	11.积极实践,能发现问题,解决问题								

九、实践拓展(课后实践)

教师可以建议学生在清洗饭盒的基础上增加难度,如回家后清洗多人饭后的碗筷并进行分类。通过"数学+劳动"进行学科融合实践。

学生参与社区服务性劳动,为社区的老人、志愿者等清洗碗筷,表达对他们的关怀、感恩之情,培养学生的劳动精神。

十、教学反思

在此次课堂教学的设计中,教师通过乐群学堂的四个环节"个体独学、小组合学、师生共学、总结拓学"来进行整节课的安排,从一开始让学生独立思考问卷调查内容、观看微课视频的个体独学,到小组合作实施清洗饭盒流程的小组合学,然后是教师辅助学生一起提炼清洗步骤和口诀的师生共学,最后是总结巩固课程的目标及其重难点的总结拓学。通过饭盒泡泡浴劳动实践评价表将学习过程可视化,而课后作业还将课程延伸到了家庭和社会之中,极大地提升了学生的劳动素养。

体育篇

"体育与健康理论知识"教学设计

成都高新区锦城小学　张倩

适用学段：水平二　建议学时数：16

一、教学设计

（一）指导思想

本课程在《义务教育体育与健康课程标准（2022年版）》（以下简称"体育新课标"）的教学理念指导下，坚持"健康第一"的指导思想，贯彻以学生发展为本和健身育人的理念，为学生营造主动体验、合作交流、探究拓展的学习氛围，将知识传授与技能、方法与学练有机结合，用过程评价、鼓励和激发学生的学习热情，使学生体验合作学习的乐趣，促进学生的身心健康发展。

（二）水平目标

（1）了解参加《国家学生体质健康标准》锻炼和测试的意义，知道其分组、分类、标准和要求以及等级评定的方法。

（2）初步掌握运动饮食卫生的基本知识和安全运动的常识，培养科学锻炼身体的态度，增强安全意识，养成经常锻炼身体的好习惯。

（3）认识保护眼睛的重要性，做到用眼卫生。

（4）知道如何预防呼吸道传染病和预防肥胖与营养不良的初步知识，学习和了解一些基本的保健知识和方法。

（三）学情分析

水平二的学生自我意识开始增强，具备一定的认知能力，但对体育的价值观知之甚少，容易被一些不正确的观念所影响。针对以上问题，应将理论知识的讲授和实践活动相结合、室内课和室外课相结合、课内和课外相结合，用游戏体验、小组讨论等多种教学方式，激发学生的学习兴趣，让学生在活动中学习与发展，重在领悟、体验与实践。

（四）教材分析

根据体育新课标的要求，水平二体育与健康基础知识内容包括：安全运动促健康、运动前后的饮食卫生、保持健康体重、《国家学生体质健康标准》的意义和要求、用眼卫生、呼吸道传染病的预防。体育与健康知识理论课旨在让学生树立"健康第一"的思想，认识身体健康的重要意义，学习科学锻炼身体的方法，逐步养成自觉参加体育锻炼的好习惯。

（五）单元计划

表4-16 "体育与健康理论知识"单元计划

课时	内容	重难点	教学目标
2	安全运动促健康	了解安全常识，知道安全运动的基本方法，认识体育锻炼的意义及坚持锻炼的益处。	知识目标：知道体育运动的好处，了解体育运动中的一些安全常识。 技能目标：知道并遵守安全运动的基本方法。 情感目标：愿意积极参加体育运动，促进身体健康。
3	运动前后的饮食卫生	运动前后的饮水卫生、运动前后的饮食卫生。	知识目标：让学生知道运动前后饮食卫生的重要性以及运动前后不当的饮食行为会引起身体的不良反应。 技能目标：初步掌握运动前后合理的饮食方法。 情感目标：培养关注自己健康的责任感，养成良好的卫生习惯，促进身体健康。
3	保持健康体重	合理饮食对健康体重的重要性；吃动平衡的方法。	知识目标：了解营养不良与肥胖的原因及危害。 技能目标：知道如何预防肥胖与营养不良，能够逐步养成合理饮食的好习惯。 情感目标：懂得身体健康的重要性，能够保持健康体重。
3	《国家学生体质健康标准》的意义和要求	让学生了解参加《国家学生体质健康标准》锻炼和测试的意义和要求；知道测试项目的等级评定标准。	知识目标：了解参加《国家学生体质健康标准》锻炼和测试的意义，知道三、四年级的测试项目和要求。 技能目标：熟悉本阶段测试的内容、等级和评定标准。 情感目标：积极参加《国家学生体质健康标准》的锻炼与测试。
3	用眼卫生	认识到保护眼睛的重要性；养成正确的读写姿势和良好的用眼卫生习惯。	知识目标：知道正确的读写姿势有利于保护视力、预防近视。 技能目标：知道预防眼外伤的基本方法，懂得看电视、用电脑的用眼卫生要求。 情感目标：养成正确的读写姿势和良好的用眼卫生习惯，认识到保护眼睛的重要性。
2	呼吸道传染病的预防	认识到呼吸道传染病及其对人体的危害，了解常见呼吸道传染病的预防方法。	知识目标：了解常见呼吸道传染病及其对人体的危害。 技能目标：掌握常见呼吸道传染病的预防方法。 情感目标：养成良好的个人卫生与生活习惯，具有预防意识。

二、教案设计

表4-17 "安全运动促健康——赢在体育课"教学设计表

教授年级	四年级
课时	第二课时
教学内容	安全运动促健康——赢在体育课
教学目标	(1)通过具体数据及实例让学生了解运动能促进大脑神经发育； (2)通过分析对比让学生认识到体育锻炼的重要性； (3)学生通过实践体验理解运动带来的益处。
教学重难点	重点：认识到体育锻炼的意义及坚持锻炼的益处。 难点：深化运动有益于健康的意识，树立正确的体育价值观。
教学内容	(1)个体独学：课前查阅资料了解脑科学和体育运动之间的联系。 (2)教学导入：教师提问，你是否认同运动者"四肢发达、头脑简单"的说法？学生举手各抒己见。 (3)师生共学：数据及实例验证法(引导学生树立正确的价值观)。教师出示脑科学研究成果及名人实例。 (4)小组合学：游戏体验法(引导学生找出体育给大脑带来的好处)。 ①教师组织游戏"一切行动听指挥"，规则：学生成立正姿势，当听到教师讲"老师说"做什么时，才能按指令行事，出现错误的坐下。直到最后剩下10名学生。采访学生获胜的秘诀是什么。 ②教师组织游戏"你追我逃"，规则：4人站成一个圈，左手张开手掌向下伸向左侧的人，右手伸向右侧的人，食指向上贴到对方掌心。 老师指挥学生原地踏步并发出"一、二、一"的口令，当口令变成"一、二、三"时，左手抓住对方，右手快速收回。 采访学生游戏时的心情如何。(引导学生找出运动能锻炼哪些心理品质) (5)集体体验：教师用一段话阐述经常参与体育运动有助于大脑发育并提升学习能力。学生认真听讲，当听到"运动"两字时左手抓住对方，右手快速收回。循环进行，直到老师讲完。抓住次数多者为胜。 (6)总结拓学：知道运动带给我们的好处后，根据上一次体质健康网的身体数据分析，小组合作制作一周运动计划表。 (7)教学小结：通过本节课，相信大家能够感受到体育不是纯粹的身体练习，就像一个人的身心不可分离，运动不仅能强健肌肉、增强心肺功能，也能强健我们的大脑、强大我们的内心。这些都是我们成为"完整的"人的必修课。希望大家不是赢在"起跑线"，而是赢在身体健康，赢在意志坚定，赢在团结协作，赢在坚持锻炼。 (8)课后作业：根据自身情况给自己制订一份一周运动计划表。

续表

	教学步骤	教学内容	教学方法	时间
教学过程	教学导入	问卷调查导入课题	教师提问:同学们,通过课前脑科学与体育运动的资料查阅,你是否认同运动者"四肢发达、头脑简单"的说法呢?(个体独学) 学生举手各抒己见。	3分钟
	新授课部分	举例验证法 (师生共学)	教师阐述所收集到的脑科学研究成果,学生认真聆听,积极思考。 教师提问:想一想,我们身边有没有既擅长运动,学习成绩也好的人呢? 学生找出身边榜样,列举擅长运动、学历也很高的名人;教师列举收集的名人事例;学生认真听讲,积极思考,积极发言。	32分钟
		游戏体验法 (小组合学)	(1)教师组织游戏"一切行动听指挥"; (2)教师组织游戏"你追我逃"; (3)教师点评,引导学生提炼要点(运动带来的好处)。	
		小组合作法 (总结拓学)	根据体质健康网的身体数据分析,学生分小组制订一周运动计划。教师巡视点评。	
	结束部分	教学小结	教师小结:通过本节课,相信大家能够感受到体育不是纯粹的身体练习,就像一个人的身心不可分离,运动不仅能强健肌肉、增强心肺功能,也强健我们的大脑、强大我们的内心。这些都是我们成为"完整的人"的必修课。希望大家不是赢在"起跑线",而是赢在身体健康,赢在意志坚定,赢在团结协作,赢在坚持锻炼。	5分钟
		课后作业布置	根据小组制订的一周运动计划表,制订自己的一周运动计划表。	
运动负荷预设			110~130次/分、个体密度50%、群体密度75%。	
场地、器材			PPT课件及电子白板一个、翻页笔一个、一周运动计划表。	
安全措施			(1)场地设置安全合理; (2)树立规则意识,遵守游戏规则。	

三、创新点阐释

随着教育改革的不断深入,锦城小学体育教学已经进入了一个崭新的发展阶段,教学手段不断更新,本课通过乐群学堂的四个环节(个体独学、师生共学、小组合学、总结拓学),创设和谐愉悦的教学氛围,培养"悦身心·会合作·善思辨"的学生,促进学生健康成长。利用成都高新区小学智慧体育平台,分析学生身体情况,以便于进行个性化教学及作业布置。在教学中,教育理念已经从单纯的生物观逐渐向培养学生的思想、意志、品质、智力和能力等人生观、价值观方面转变,学生时期是人生的花季,正是长身体、学知识的重要时期,应充分利用体育课的有利条件,在向学生传道、授业、解惑的同时,让学生树立正确的人生观、价值观。

四、教学反思

本课结合科研结果、科学分析,从认知分析、实例验证、游戏体验等环节,由理论到体验,由间接体验到直接体验,帮助学生深化体育有益健康的意识,树立正确的体育价值观。

武术专项运动技能大单元教学计划

成都高新区锦城小学　邓翔

表4-18　武术大单元教学设计表

项目	武术	班级	四年级6班	总课时数	18
设计思路	本单元是基于《义务教育体育与健康课程标准(2022年版)》中重视中华优秀传统体育、落实培养学生民族精神和文化自信的武术大单元教学设计,内容为武术基本功与少年拳教学。在以往的武术教学中,教师重视基本功和单纯的套路学练,对武术内涵和精髓提炼不够,忽视了武术的结构化知识与技能,体育新课标中要求落实"教会、勤练、常赛",培养学生养成终身运动的习惯。本课例在强调核心素养培养这一理念的指引下,通过"学、练、赛、评"一体化思想把套路与武术技击攻防融为一体,创设个人自主学练、双人配合学练、动作组合练习、展示与比赛等活动的情境,培养学生的武术学习兴趣,提高学生的竞争和对抗能力,使学生在学习和体验过程中增强对中华优秀传统体育文化的认同感,感悟民族文化的魅力和精神,增强民族自信心和自豪感。					
学情分析	学校本身就开设了武术社团,同时将传统武术纳入了课堂教学。问卷调查、前期考核的结果表明,四年级的学生对武术动作有一定的了解和掌握,能做出简单的组合动作,但大多数学生对动作的理解程度不够,对动作路线、攻防技击的含义理解不够深。喜欢评价别人也喜欢在别人的评价中发现自身的价值,对于传统被动式的学习不感兴趣,更喜欢新鲜事物,乐于尝试与创新。					

续表

教材分析	武术是中华民族传统文化中最具代表性的体育项目,通过武术动作的学练,能发展学生的身体素质,对传承中华优秀传统文化,形成良好武德,培养学生饱满的精气神,养成坚韧不拔、勇于进取的品质,都具有重要意义。
学习目标	1. 运动能力 通过本单元的学习,能说出五种武术动作名称和术语;了解武术的特点、发音的作用,并会运用武术礼仪,知道武术创编知识、图解知识、武术观赏与评价知识以及规则与裁判方法;合理运用武术抱拳礼,掌握武术基本动作和简单动作组合,发展身体协调、灵敏及柔韧性。 2. 健康行为 通过情境化、游戏化的课堂,营造和谐欢快的氛围,提升学生学练武术的兴趣,养成良好的武术锻炼习惯;能主动参与课外武术锻炼2~3次,提高体能水平及自我保护能力。 3. 体育品德 在学习过程中注重武德培养,帮助学生建立点到为止的战术思想,通过小组合作、探究学习等方式,培养学生积极进取、勇敢顽强的精神;演练过程中,能够精神振奋、意气昂扬,养成自觉遵守规则、公平竞争、相互尊重的素养;能够在实战演练中乐于展示自我,文明礼貌;增强学生的对抗能力和竞争意识,让学生树立正确的胜负观,表现出顽强果敢、追求卓越、坚韧不拔的优良品质。

学习内容要点与课时分配

内容分类	内容要点	建议课时 小计	建议课时 总计
基础知识与基本技能	1. 技能 武术基本手型、步型、冲拳、推掌、摆掌、武术步型转换、武术防守类动作、组合动作。 2. 知识 武术文化礼仪知识、武术健康知识、武术段位知识、武术攻防的含义、武术文化知识与分类、武术裁判评判规则、少年拳的套路知识。	14	14
技战术运用	创编武术组合动作、参加左右互搏挑战赛等。	14	14
体能	体能小游戏。	16	16
展示或比赛	武术擂台赛、左右互搏挑战赛、武林大会等。	18	18
规则与裁判方法	个人自评、同伴互评、教师点评。	18	18
观赏与评价	武术文化精神的学习及赏析知识,武术比赛的评价标准,测试的规则、方法等。	18	18

续表

课次	学习内容	教学策略	
		过程与方法	注意事项
1	(1)武术基本手型(拳掌勾)、步型(并步、马步、弓步); (2)冲拳、推掌、摆掌; (3)游戏:你攻我防; (4)身体素质及武术文化礼仪知识的学习。	(1)采用"请你跟我这样做"的小游戏练习基本手型、步型; (2)利用"发声练习法",原地进行冲拳、推掌、摆掌动作练习; (3)2名同学面对面完成20次"你攻我防"的游戏(一人冲拳/推掌/摆掌,另一人利用拳靶防守); (4)采用比赛方式进行往返接力跑身体素质训练; (5)练习过程中介绍武术文化礼仪、抱拳礼以及武术规则知识。	(1)课前根据天气情况合理选择和布置好平整场地、器材,询问学生身体状况; (2)强调安全意识,严格练习要求,做到令行禁止,保持合理的间隔距离; (3)做好充分的准备活动,特别是相关部位和关节; (4)动作的幅度和力度以及发力方法正确; (5)精神饱满,有效评价,技术动作可编口诀学习; (6)规范武术技术动作,避免长时间的动作耐久训练; (7)使用拳靶、道靶器材时注意方法; (8)踢腿时注意不要太猛,循序渐进,体会发力部位,注意示范位置、武德培养; (9)关注个例,及时解决出现的问题;优生可以帮助能力较弱的学生,分层教学。
2	(1)游戏; (2)武术步型转换; (3)喊口令练习; (4)游戏"我说你做"; (5)身体素质及武术健康知识的学习。	(1)"喊数抱团"热身活动; (2)进行"开合"小游戏,原地进行弓马步步型转换练习; (3)变化节奏与方向进行喊口令步型转换练习; (4)利用拳靶,结合冲拳、推掌动作进行"我说你做"的游戏; (5)分小组进行核心体能训练(俄罗斯转体、俯卧登山、俯撑交替摸肩); (6)发声在武术中的作用、武术手型与步型相关规则的知识讲解。	
3	(1)武术基本功(行进间步型转换); (2)步法(击步、垫步); (3)步法+基本步型+手法组合练习; (4)展示; (5)身体素质及健康教育知识学习。	(1)以游戏巩固武术基本功,进行行进间马步盖掌、弓步冲拳; (2)击步、垫步的学习; (3)两名学生间距2~3m,利用拳靶进行步法+步型+手法组合练习; (4)分小组展示组合练习; (5)利用绳梯进行身体灵敏素质练习; (6)练习过程中讲述武术的特点以及了解如何保护自己。	

续表

课次	学习内容	教学策略	
		过程与方法	注意事项
4	(1)游戏； (2)武术屈伸性腿法(蹬腿、弹腿)； (3)结合手法+腿法进行组合练习； (4)展示； (5)身体素质； (6)常见武术运动损伤的预防及处理方法； (7)课后作业。	(1)以游戏"剪刀石头布"巩固武术基本功； (2)利用"发声练习法"并结合口令"1屈2蹬/弹3收回"进行不同高度的标志点蹬/弹腿练习； (3)利用跆拳道道靶巩固手法+腿法组合练习； (4)分小组进行组合展示； (5)利用道靶进行冲拳、摆拳、勾拳等上肢力量训练； (6)简单介绍武术运动上的肌肉拉伤、挫伤和处理方法； (7)安排学生课后进行压腿及踢腿,观看传统体育类运动项目的比赛,并能对比赛作出简要评价。	
5	(1)武术腿法动作； (2)腿法+步型/手法组合练习； (3)比赛：武术擂台赛； (4)身体素质及武术段位知识学习。	(1)复习巩固武术腿法动作； (2)结合步型(并、马、弓)/手型(拳、掌、勾)变化,胜者守擂,负者到队伍最后做深蹲起5次等待挑战,如挑战成功则产生新的擂主继续迎接挑战,在规定的时间内,成功次数多者胜利； (3)俯撑登山跑、两头起、坐姿屈伸腿、俄罗斯转体； (4)学习武术段位制的相关知识。	
6	(1)花式跑； (2)搏击操； (3)体会架打、蹬踢动作攻防技击的含义； (4)少年拳第一套(1~2)动作：震脚架打、蹬踢架打； (5)展示； (6)体能小游戏。	(1)趣味热身跑(侠客行)。 (2)游戏"点到为止"。 (3)学练游戏—"格斗高手"。 ①集体教学震脚架打； ②蹬踢技术动作练习； ③借助神器强化蹬踢练习； ④集体教学蹬踢架打； ⑤完整动作集体练习、小组练习。 (4)比武擂台进行展示。 (5)武术攻防知识。 (6)武林大会。 ①争夺神器进行攻防练习； ②折返接力赛。	(1)强调安全意识,合理的间隔距离,利用器材进行攻防时禁止向头部、裆部等要害部位击打； (2)精神饱满,踢腿动作清晰,不要踮脚,不要弯腿； (3)自评、互评、师评三者结合； (4)教师示范时注意示范位置,加强武德教育； (5)合理安排学生练习队形、路线和方向； (6)合理安排运动负荷,注意上下肢活动内容搭配,观察学生生理反应,随时调整,尽量多鼓励、表扬学生,提高学生的积极性。

续表

课次	学习内容	教学策略	
		过程与方法	注意事项
7	(1)游戏:上躲下蹲; (2)复习步法+步型+手法组合动作; (3)少年拳第一套(3~4)动作:垫步弹踢、马步横打; (4)体会弹、踢、横打动作攻防技击的含义; (5)展示; (6)(身体素质)武术健康知识、裁判知识介绍。	(1)利用游戏体验躲闪、反应能力; (2)分小组根据图解知识学习垫步弹踢、马步横打; (3)2名学生采用发音练习方式,利用弹力带尝试弹踢与横打实战技击的含义,交替进行; (4)分小组进行连贯动作展示; (5)利用弹力带强化快速奔跑能力、爆发力; (6)讲解人体六大关节并且复习之前武术裁判工作相关知识。	
8	(1)游戏热身; (2)搏击操; (3)巩固少年拳(1~4)动作攻防技击动作方法; (4)攻防技击动作的灵活运用以及快速反应能力培养; (5)比赛; (6)武术套路知识学习; (7)身体素质练习。	(1)利用游戏进行热身,师生随音乐做搏击操; (2)巩固武术攻防技击,分小组复习少年拳1~4动作,体验动作的精气神; (3)利用弹力带进行双人攻防; (4)利用弹力带进行规定进攻练习、灵活变化练习; (5)师生共同进行快速反应类游戏:上躲下蹲; (6)强化防守,你攻我闪练习; (7)比赛,利用弹力带强化身体素质; (8)讲解武术运动的形式(套路、搏斗),套路按练习形式分为单人、对练、集体演练。	
9	(1)复习步型转换; (2)少年拳(5~6)动作:弓步撩掌、虚步架打; (3)体验撩掌、架打攻防技击的含义; (4)展示; (5)身体素质; (6)武术文化精神的学习及赏析知识; (7)课后作业。	(1)利用发音练习巩固复习武术基本步型; (2)根据图解知识学习弓步撩掌、虚步架打的动作要领; (3)以教师为主导、学生为主体进行两人安排一组利用跆拳道道靶练习撩掌与架打的攻防技击; (4)对学生个体差异进行有针对性的指导; (5)分组展示,教师与学生评价:激励与诊断; (6)利用道靶,学生在交接时做; (7)用武术动作进行接力赛跑; (8)武术的精神(侠之大者、为国为民、精忠报国); (9)安排学生课后进行仰卧起坐、仰卧两头起动作练习,观看武术套路的比赛,并能对比赛作出简要评价。	

续表

课次	学习内容	教学策略	
		过程与方法	注意事项
10	（1）游戏：剪刀石头布； （2）少年拳（7~8）动作：跳步推掌、撩拳收抱； （3）体会推掌、撩拳动作攻防技击含义； （4）展示； （5）身体素质武术套路比赛的场地大小、注意事项。	（1）采用游戏巩固武术基本功并进行热身； （2）复习巩固步法+手型组合动作； （3）2名学生一组，利用弹力带，间隔2~4 m，合作体会跳步推掌以及撩拳动作； （4）采用"打练合一"教学策略，在对抗中体验动作技术的攻防含义和发力特点； （5）集体展示； （6）上肢力量与腰腹力量练习； （7）讲解武术套路比赛的注意事项（起势与收势、站位等）。	
11	（1）游戏热身； （2）武术健身操； （3）巩固少年拳（5~8）攻防技击动作方法； （4）攻防技击动作的灵活运用、安全防护动作及快速反应能力培养； （5）集体展示； （6）武术健康知识学习； （7）身体素质。	（1）游戏导入进行武术热身活动； （2）复习巩固少年拳弓步撩掌、虚步架打、跳步推掌、撩拳收抱动作； （3）2人一组根据距离变化，结合步法进行撩掌、架打、推掌、撩拳动作的攻防技击动作演练； （4）灵活运用2个道靶进行连续攻防技击动作，学生间交替进行； （5）完整动作练习并进行展示，学生轮流担任裁判； （6）学习过程中灌输武术健康知识，学会如何保护好自己； （7）快速爆发力及柔韧的素质练习（折返跑、横叉练习）。	（1）在游戏过程中注意安全，不要发生碰撞，两人配合默契，以免扭伤脖子； （2）创编动作注意合理性、安全性，两人体验攻防含义时注意点到为止； （3）小组展示时要有合理的间隔距离； （4）注意观察，调整动作演练距离，避免发生肢体碰撞； （5）学生严格遵守规则，互相配合积极练习；教师巡回指导，关注个例，及时解决出现的问题； （6）严格练习要求，在练习过程中做到令行禁止，若有异常及时发现； （7）正确看待输赢，服从裁判判罚，注意控制情绪； （8）组内同学根据自身情况可请教他人或帮助能力较弱的同学。

续表

课次	学习内容	教学策略	
		过程与方法	注意事项
12	(1)游戏：自由对抗； (2)学习武术防守类动作（搂手、格挡、架掌）； (3)步型+格挡+手法组合练习； (4)左右互搏挑战赛； (5)身体素质； (6)武术攻防的含义。	(1)2人一组，1人利用充气棒进行自由对抗击打，另一人进行格挡防守； (2)教师提问：如何抵挡对方，如何保护自己，如何伺机反攻； (3)小组合作，探究式学习武术搂手、上下格挡、左右格挡、架掌等防守类基本动作； (4)利用充气棒进行组合动作练习； (5)小组一列横队1~2报数，1向左、2向右，利用手法进行左右互搏比试，下一轮朝反方向，负者后退一步，直到最后一人获胜； (6)利用充气棒进行开合跳、交叉跳、弓箭步跳等体能训练； (7)讲解武术运动攻防的含义。	(1)点到为止，注意安全，注意间隔距离。 (2)正确看待输赢，注意控制情绪。 (3)听从教师安排，服从裁判判罚，强调武术礼仪，尤其是弹力带的使用，学会整理。 (4)语言提示学生在无弹力带练习攻防时动作要到位，不必太快。 (5)步型的转换要到位，身体尽可能保持稳定、不晃动； (6)学生体会到蹬转、拧腰的力量，需语言提醒学生掌握好用力顺序再加大速度与力量。 (7)勤练体会肌肉感觉，不宜长时间固定在单一基础动作上。 (8)应急处理办法： ①第一时间将伤者与其他同学分开，由各组组长帮助教师管理秩序； ②观察伤势，判断伤情； ③根据伤情状况进行紧急救治或移送学校医务室，不能移动者迅速拨打120，同时联系班主任和家长并报备学校相关部门。
13	(1)游戏：抓尾巴； (2)格挡+腿法+步型+手法组合练习； (3)体验攻防技击动作的含义； (4)身体素质； (5)武术文化知识与分类。	(1)以抓尾巴游戏进行热身活动，锻炼学生的反应力、观察力； (2)强化武术防守反击组合动作，采用发声训练，进行格挡+弹腿/蹬腿接弓马步推掌/冲拳； (3)利用跆拳道靶，根据组合练习动作，两名学生一组体验攻防技击动作的演练，交替进行； (4)进行蚂蚁搬家的游戏，提高学生协调、核心、上肢力量等身体素质； (5)武术文化知识：了解桩功的重要性及武术运动的文化价值，知道桩功按照其运动形式可分为功法、套路、搏斗三类。	
14	(1)游戏：抢车位； (2)武术基本功展示； (3)创编武术组合动作； (4)体验组合动作攻防含义； (5)进行武术组合展示赛； (6)学习武术裁判评判规则； (7)身体素质； (8)课后作业。	(1)采用游戏的方式进行热身活动，提高学生的学练兴趣； (2)行进间步型转换练习、手型变化练习，学习过程中灌输创编知识； (3)分小组结合起势与收势进行武术组合动作的创编，探讨动作的合理性、攻防技击性； (4)采用"打练并进"教学策略进行规定攻防动作技术的半实战练习； (5)进行武术组合展示比赛； (6)学习简单的武术裁判规则及注意事项； (7)利用绳梯进行灵敏素质练习； (8)安排学生课后进行跳绳、平板支撑训练，观看武术套路的比赛，并能对比赛作出简要评价。	

续表

教学计划			
课次	学习内容	教学策略	
		过程与方法	注意事项
15	(1)游戏:你做我猜; (2)搏击操; (3)结合赏析知识和单元测试要求,复习少年拳(1~8)动作; (4)利用创编知识在所学动作上进行拓展,体会自编动作的攻防含义; (5)展示; (6)游戏:自由搏击赛; (7)身体素质; (8)武术文化节介绍。	(1)以游戏的方式巩固基本动作及名称,进行热身活动; (2)跟随动感的音乐练习搏击操; (3)巩固复习少年拳(1~8)动作; (4)小组合作探究,结合起势、收势进行动作改编、创编; (5)组内体会创编动作的攻防含义并利用弹力带、道靶进行练习; (6)分组进行展示赛; (7)分别选择一男一女两名学生戴上护具进行自由搏击赛,女生防守有效得一分,进攻有效得一分,在规定时间内看谁得分最多; (8)速度爆发力体能训练(原地快速顶膝、快速击靶); (9)学习武术文化并营造班级的武术氛围。	
16	(1)武术理论基础知识讲解; (2)武术比赛的评价标准,测试的规则、方法; (3)武术健康知识的提问回答; (4)中华传统体育项目赏析并评价; (5)Tabata组合训练; (6)课后作业。	(1)讲授武术考核内容的要求、考试方法、标准; (2)抽取学生进行武术健康知识的回答,教师根据回答情况进行评分; (3)观看中华传统体育项目舞龙舞狮、摔跤、长拳等套路比赛视频,组织学生进行简要的评价; (4)进行高效间歇组合训练; (5)布置课后作业。	
17	(1)武术文化节; (2)单元学业质量水平测试。	(1)提前布置好场地,展示武术文化,讲解测试流程及安全事项; (2)安排男学生进行考核,女学生自主练习考试相关内容及身体素质; (3)布置武术课后练习内容。	
18	(1)武术文化节; (2)单元学业质量水平测试。	(1)小组展示武术文化,考试学生在规定场地内做好热身运动,教师讲解测试流程及安全事项; (2)女学生有序规范地参与测试,男学生自主练习身体素质; (3)布置武术课后练习内容。	

续表

评价与考核内容	评价和考核方式	评价标准
(1)武术运动基础健康知识； (2)少年拳第一套； (3)体能：原地快速提膝、10×20 m折返跑； (4)过程性评价及课后作业。	(1)武术运动基础健康知识(10%)：将武术基本功、基本动作技术、组合动作技术和少年拳动作名称、图解、攻防含义、文化知识、创编知识、赏析知识、裁判知识等制作成题，学生随机抽取并进行回答，教师根据回答评分； (2)少年拳第一套动作演练(50%)：在规定的区域内，学生面向裁判以抱拳礼开始进行少年拳动作演练，同样以抱拳礼作为结束。对演练的创新度、攻防意识明显、动作有力度、眼神和动作配合好的，可进行视频录制； (3)体能(20%)：30秒原地快速提膝，在规定时间内完成快速提膝动作；50米快速跑，四人一组，每人限一次，成绩以计时为准； (4)过程性评价及课后作业(20%)：学生出勤率，利用课后作业平台，对学生课后作业完成情况进行评价；采用师评、自评、互评等方法对学生课堂内外积极参与、主动关注、心理调节、团结协作、体育品德等方面进行综合评价，给每个学生评分。	(1)少年拳第一套动作评价标准：功架清楚、动作方位与路线正确、协调连贯、劲力顺达、节奏鲜明、手眼协调配合； (2)原地快速提膝评价标准：30秒30个及以上得10分，20~29个得8分，10~19个为5分，10个以下得3分。 (3)50米跑评价标准：同体测标准，折合成绩为10%。

武术教学设计

成都高新区锦城小学　邓翔

表4-19　武术教学设计表

大单元名称	武术少年拳第一套(1~2)动作	课次	18/6	班级	四年级6班	人数	40人
学情分析	(1)生理特征：四年级的学生下肢骨骼增长较快；关节伸展活动范围较大，牢固性较差；血液循环较快，心跳较快。 (2)心理特征：心理活动以不随意性为主；注意力一般能集中15分钟左右；喜欢听表扬的话，善于模仿；有一定的自主学习能力，但延续性不强；对健康行为有了初步的认知。通过本堂课的情境调动能够激发学生对于传统武术的热爱和积极性。 (3)运动能力基础：通过对武术基础知识的了解，学生掌握了武术基本手型、步型和腿法，可以安排一定的体能练习。通过巩固复习武术基本功并加入简单的武术组合发展身体协调、灵敏及柔韧性。 (4)体育经验和生活经验：学生对武术基本功和组合套路有一定的了解，能尝试运用拳腿组合进行少年拳的学习，通过对武术的学习提升学生上、下肢力量以及形成吃苦耐劳、坚持不懈的意志品质。本教材学习采取分层、分组、分享的方式，教师面向全体，关注差异，有针对性布置家庭作业等方式，力争学生每一节课都有所收获。							

续表

学习目标	(1)运动能力：学生初步掌握武术少年拳(1~2)的动作要领和几种体能练习的方法；能够协调连贯、劲力顺达、形神兼备地完成动作演练，发展柔韧、灵敏、速度、力量等身体素质和动作的衔接能力。 (2)健康行为：通过本课的学习，让学生懂得武术少年拳的一些知识，懂得震脚架打和蹬踢架打的攻防含义，提高学生对武术的兴趣并在课外进行自主锻炼，逐步形成体育锻炼意识和习惯，在学习过程中学会调节自己的情绪，保持良好的心态，适应练习环境。 (3)体育品德：能够积极主动地参与各种集体、分组和个人演练、展示和攻防练习，体验到习武的乐趣，能够精神振奋、意气昂扬地表现出勇于克服困难、顽强果敢、坚韧不拔的优良品质。			
学习内容	(1)武术少年拳(1~2)动作； (2)趣味体能。			
教材分析	(1)教材地位分析：根据体育新课标指导选择武术项目组织教学，单元教学计划18课时，是本学期非常重要的内容之一，更是小学生非常喜爱的运动之一。 (2)锻炼价值分析：武术运动能充分锻炼学生的柔韧、灵敏、速度、力量等身体素质和动作的衔接能力；能够让学生精神振奋、意气昂扬地表现出勇于克服困难、顽强果敢、坚韧不拔的优良品质。			
注意事项	教师需加强组织教学。在体能练习和布置家庭作业时要注意关注学生的个体差异，体现体能练习的多样性、趣味性、补偿性、整合性和教师在家庭作业方面的指导性。		场地器材设备	移动音响1台、泡沫棍22根。

课的部分	学习内容	教学策略		学习评价
		教师组织与指导	学生学练赛	运动负荷	
准备部分	激情导入：选拔功夫熊猫小明星	(1)课堂常规； (2)情境导入； (3)趣味热身跑； (4)搏击操； (5)专项技能练习。	(1)教师宣布课堂内容，与学生约定本节课的注意事项，安排好见习生； (2)教师引入，这节课代表功夫熊猫电影拍摄小组来选拔功夫小明星； (3)带领学生进行趣味热身跑的练习； (4)带领学生进行搏击操练习； (5)带领学生进行基本功复习练习。	学生精神状态良好，积极主动地投入课堂，跟随教师进行热身跑、搏击操和基本功的模仿练习。	预计110~160次/分。	利用语言对学生进行鼓励性评价、总结性评价。

续表

课的部分		学习内容	教学策略			学习评价
			教师组织与指导	学生学练赛	运动负荷	
基本部分	尝试体验	(1)游戏"点到为止"；(2)学生摸索持棍防守练习。	(1)带领学生玩"点到为止"的游戏，尝试体验躲闪；(2)带动学生自由摸索防守技术动作。	学生跟随老师进行模仿练习。	预计110~140次/分。	利用语言评价学生的思考、分享。
	分享经验，共同提升	(1)集体教学震脚架打；(2)蹬踢技术动作练习；(3)借助神器强化蹬踢练习；(4)集体教学蹬踢架打；(5)完整练习少年拳第一套(1~2)动作；(6)学生散点自主练习震脚架打和蹬踢架打技术动作。	(1)带领学生学习震脚架打脚上动作；(2)完整练习震脚架打技术动作；(3)带领学生集体练习蹬踢技术动作；(4)借助泡沫棍强化学生的蹬踢技术动作；(5)带领学生练习蹬踢架打手部动作，然后挑战完整蹬踢架打技术动作，并进行攻防讲解；(6)带领学生完整练习震脚架打和蹬踢架打技术动作；(7)安排学生进行散点自主练习。	(1)总结经验，与同学进行分享；(2)教师提示动作要领，开展模仿练习，学生积极参与；(3)教师巡回辅导，帮助学生纠错提高；(4)学生大胆尝试、积极展示；(5)学生勇于分享自己的想法；(6)学生遵守练习、游戏规则：诚实守信、正直。	预计110~120次/分。	(1)教师通过语言鼓励性评价；(2)观察评价；(3)展示或者比赛评价。
	巩固提高，拓展延伸	(1)擂台比武；(2)集体练习少年拳(1~2)动作；	(1)教师组织学生进行擂台大比武；(2)教师带领学生集体展示少年拳(1~2)动作；	(1)积极思考，勇于分享；(2)认真练习，注意安全。	预计110~120次/分。	(1)教师通过语言进行鼓励性评价；(2)同伴间相互评价。

续表

课的部分		学习内容	教学策略			学习评价
			教师组织与指导	学生学练赛	运动负荷	
基本部分	趣味游戏，加强体能	武林大会： 1. 争夺神器进行攻防练习； 2. 折返接力赛。	（1）教师通过语言讲解、动作示范引导学生进行体能练习； （2）教师仔细讲解游戏规则和安全注意事项； （3）在游戏时教师随时观察安全隐患，及时提醒学生； （4）教师通过语言引导、鼓励学生学会坚持、勇敢，突破自我极限。	（1）学生仔细听老师讲解规则，并积极参与游戏，在游戏中注意安全； （2）在游戏、比赛的过程中遵守规则，积极、正确地练习，学会调节自己的精神状态及情绪； （3）学会鼓励自己与他人； （4）学会欣赏自己及他人； （5）充分享受运动的乐趣。	预计120~150次/分。	（1）教师通过语言进行鼓励性评价，同伴间进行鼓励性评价； （2）生生自评、互评。
结束部分	回归身心，小结评价	1. 放松操； 2. 课堂总结； 3. 课后作业的布置。	（1）教师通过语言、口令鼓励、引导学生进行模仿练习，同时教会学生掌握拉伸与放松的方法，提醒学生运动前后要学会热身与放松； （2）教师引导学生进行课堂总结。	（1）学生在教师的引导下进行拉伸与放松练习； （2）基本掌握几种练习的方式； （3）认真、完全地放松身体； （4）在教师的语言引导下，认真地对课堂综合情况进行总结，开展自我、同伴间的相互评价，学生认真听讲，并按要求完成课后作业。	预计90~120次/分。	教师语言评价。
预计负荷		运动强度	最高心率：160~165次/分；平均心率：130~140次/分。			
		群体运动密度	75%~80%。			
		个体运动密度	55%~60%。			

续表

课后反思	本课例以体育新课标和学生核心素养培养为指导，采用学、练、赛一体化课堂结构，在"选拔功夫小明星"情境化的教学活动中，带领学生学习长拳基本动作，培养学生的学习能力，让学生懂得学习知识与技能的意义。在教学活动中，进行双人对抗、组合攻防、移动攻防练习，提高学生的技战术运用能力，促进学生利用各种感官提高应用能力、应变能力，增强团队意识。在"擂台比武"开放性的比赛与展示创编活动中，发散学生思维，学、练、赛相结合，让学生充分调动所学知识，进一步提高技战术运用能力，发展一般体能和专项体能。评价贯穿学、练、赛各个环节，激发学生主动参与意识，提高学生掌握技能与应用技能的能力，培养学生互帮互助的精神和遵守规则的意识，培养学生的体育精神。

音乐篇

《黄杨扁担》教学设计

成都高新区锦城小学　李洪波

一、教学内容

四川省中小学地方音乐课程资源《川腔蜀韵(小学低段上册)》第二板块《黄杨扁担》。

二、教材分析

(一)作品分析

《黄杨扁担》是一首非方整性结构的单一部曲式,是一首分节歌。歌曲由两个乐句组成,第一乐句领唱,第二乐句齐唱,是一首典型的领唱式民歌。歌曲为四二拍,节奏紧凑,以八分音符和十六分音符为主,表现出一种挑起扁担走路时颤颤悠悠的感觉。调性为b羽加变宫的六声民族调式。

(二)文化特点

《黄杨扁担》是流传于重庆秀山、酉阳一带的花灯调,吸收了山歌、民歌小调、戏曲、劳动号子等音乐形式,曲调诙谐幽默。民歌源于我们的生活,反映着我们的生活,也影响着我们的生活,通过口传心授的方式传播。

(三)声音特点

明亮、活泼、幽默。

(四)情感特点

劳动时的愉快心情。

三、学情分析

(一)学情分析

经过前期的学习,四年级的学生对音乐知识已经有了一定程度的了解,但不一定每个学生都能认识并准确地拍击出前八后十六、前十六后八等节奏型,而且每个学生的学习能力、对音乐的感知能力以及对民歌的了解程度也有所不同,所以要提前对学生的学习情况进行调查分析,便于后续教学活动的开展。

（二）前情分析

(1)你是四川本地人吗?（单选）

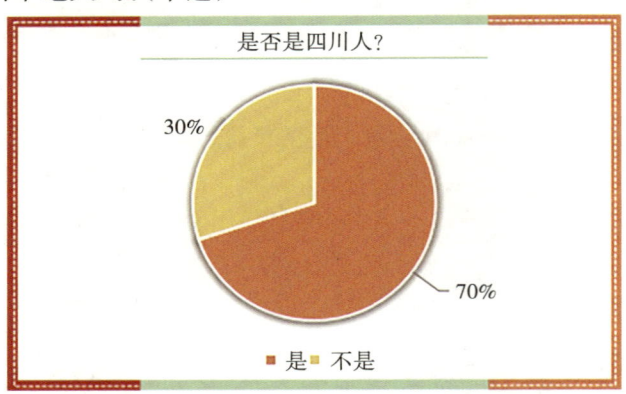

是否是四川人?
- 是：70%
- 不是：30%

分析目的:该歌曲是一首地方性的民歌,涉及方言,了解学生是否能听懂四川话,便于课堂教学的开展。

(2)你对四川民歌了解多少?（单选）

A.十分了解　　　　B.比较了解　　　　C.简单了解　　　　D.完全没听过

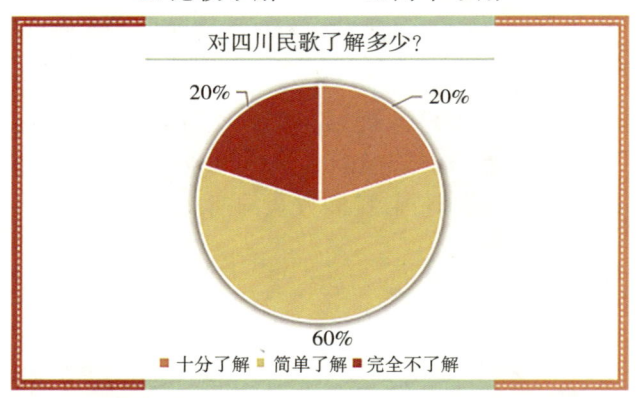

对四川民歌了解多少?
- 十分了解：20%
- 简单了解：60%
- 完全不了解：20%

(3)你听过哪些四川民歌?（填空）

大部分学生回答《太阳出来喜洋洋》；少数学生还听过《川江号子》；也有一部分学生未曾了解过四川民歌。

分析目的:从学生的反馈了解学生对四川民歌文化的了解程度,通过回忆过去所学,为后续学习四川民歌作铺垫。

(4)你是从什么渠道了解四川民歌的?（多选）

A.电视、媒体或网络　　B.亲戚朋友介绍　　C.宣传活动　　D.音乐课

第四章
乐群学堂：乐群教育的实现路径

了解四川民歌的渠道

- 电视、媒体或网络 47%
- 音乐课 27%
- 亲戚朋友介绍 13%
- 宣传活动 13%

分析目的：学生除了在电视网络媒体渠道了解四川民歌外，通过音乐课了解的比重是比较大的，可见音乐课也是一个很好的传播民歌的渠道，可以充分利用起来，给学生传递更多与民歌相关的知识。

(5) 你觉得四川民歌什么地方最吸引人？(至少选一项)

　　A.方言　　　B.旋律　　　C.节奏　　　D.唱词内容　　　E.其他

四川民歌什么地方最吸引人？

- 方言 31%
- 节奏 25%
- 旋律 25%
- 唱词内容 13%
- 其他 6%

分析目的：了解学生对民歌中哪些部分比较感兴趣，可以着重带领学生感受一下民歌的魅力。

(6) 你认识下列节奏型吗？是否可以准确地拍击出来？

　　A.× × ×　　　　B.× × ×　　　　C.× × × ×　　　　D.都不认识

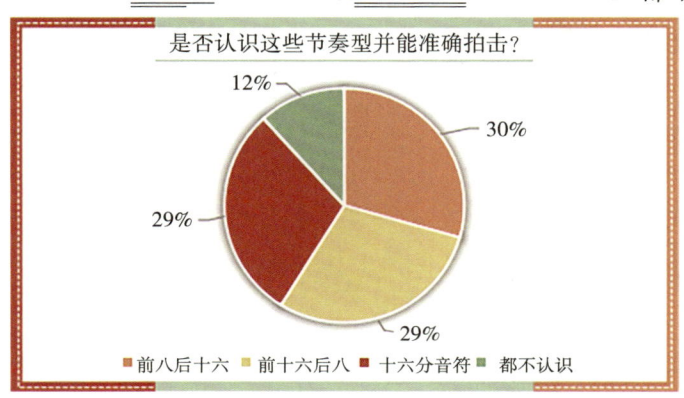

是否认识这些节奏型并能准确拍击？

- 前八后十六 30%
- 前十六后八 29%
- 十六分音符 29%
- 都不认识 12%

261

分析目的：这首歌曲中有大量的前八后十六、前十六后八和十六分音符，了解学生对节奏的掌握情况，判断是否需要着重讲解节奏。

四、教学目标

（1）采用口传心授的方式完成歌曲学唱环节，并能用活泼欢快的声音演唱歌曲。

（2）采用情境化的教学模式，在活动中学习、体验《黄杨扁担》的相关知识，感受挑担的律动和方言的独特。

（3）通过师生合作、生生合作的演唱方式，体验音乐带来的快乐，领略民歌的魅力。

五、教学重难点

（1）能用明亮、活泼、幽默的声音演唱歌曲。

（2）十六分音符的准确把握，演唱时唱出挑起扁担颤颤悠悠的感觉。

（3）了解"一领众和"，学习衬词，并在歌曲中准确表现。

六、课程资源

学前分析资料、反馈数据、音频、视频。

七、教学方法与工具

（一）教学方法

讲授法、演示法、体验法与练习法相结合的教学方法。

（二）教学工具

PPT、钢琴、响板、扁担。

八、教学流程

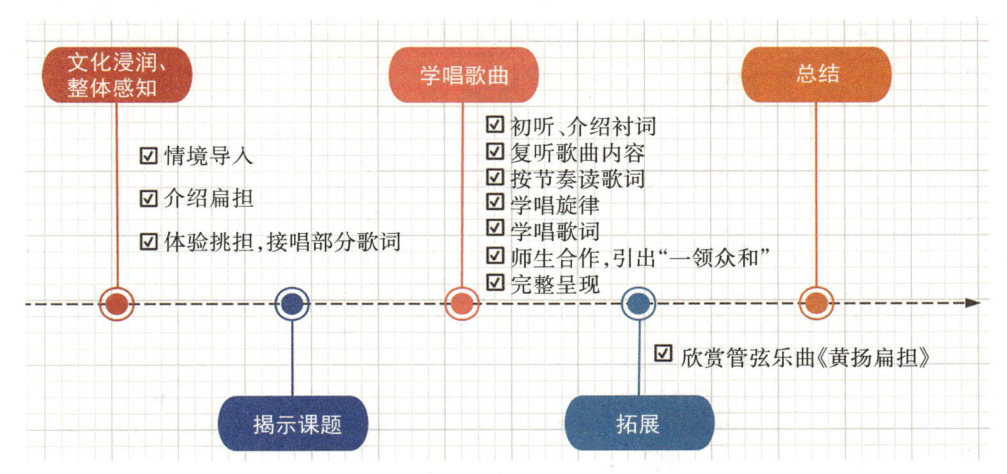

文化浸润、整体感知
- ☑ 情境导入
- ☑ 介绍扁担
- ☑ 体验挑担,接唱部分歌词

揭示课题

学唱歌曲
- ☑ 初听、介绍衬词
- ☑ 复听歌曲内容
- ☑ 按节奏读歌词
- ☑ 学唱旋律
- ☑ 学唱歌词
- ☑ 师生合作,引出"一领众和"
- ☑ 完整呈现

拓展
- ☑ 欣赏管弦乐曲《黄扬扁担》

总结

图4-13 《黄杨扁担》教学流程图

表4-20 《黄杨扁担》教学流程表

教学环节	教师活动	学生活动	设计意图
文化浸润、整体感知	1.情境导入 师:嘿,等哈儿我三,来了。(方言)(老师挑着扁担进入教室) 孩子们,老师准备上坡了,你们可不可以给我加加油呢? 你们知道老师在做什么吗?是用什么挑的呢? 谁想来摸一摸扁担,给我们介绍一下呢?(可以从材料、形状等方面介绍) 2.介绍扁担 师:扁担是一种放在肩上挑东西用的劳动工具,常常出现在交通不便的山区,扁担有竹制的,也有木制的。制作扁担的材料要既坚硬又有韧性,所以在挑起东西走起路来的时候,才会有颤颤悠悠的感觉。	观察老师的表演。 边踏步边用"嘿呦嘿呦"给老师加油。 观察,回答:"挑东西,扁担。" 感受、介绍扁担。 学生通过自己的视觉和触觉感知,更直观地了解扁担。 深入了解扁担。	通过创设情境,把学生带入一个挑担的劳动场景中。 此环节体现出了乐群学堂中"个体独学"的基本教学样态,学生先通过自己的观察和感受去了解扁担,然后介绍给同学,帮助大家初步了解扁担。

续表

教学环节	教师活动	学生活动	设计意图
文化浸润、整体感知	3.体验挑担,接唱部分歌词 (1)原地律动 师:孩子们,你们想来体验一下挑担吗?拿上你手边的道具,我们一起来感受一下。 (2)走山路 师:看,你们脚下有一条蜿蜒的山路,请你们挑起你们的扁担,跟着老师的歌声,我们一起去山上走一走。 先请第一组的孩子跟老师去山里走一走,第二组的孩子在原地感受挑扁担的律动,同时也为我们加加油。 (3)听"哥呀哈里呀" 师:跟着老师继续走,注意听老师唱了什么词! 老师刚才唱了什么词? 来跟老师一起读一读这个词? 带上旋律来唱一唱吧! (用口传心授的方式,老师唱一句,学生学一句) (4)接唱"哥呀哈里呀" 师:请第二组的孩子跟着老师再去山上走一走,注意接唱"哥呀哈里呀",老师手势给到你们的时候再接唱。 (老师唱前面部分,学生只接唱"哥呀哈里呀"部分)	原地感受挑担的律动。 走山路、感受挑担的律动。 聆听老师演唱,回答:"哥呀哈里呀"。 学生按节奏读"哥呀哈里呀"。 模仿老师唱"哥呀哈里呀"。 学生接唱"哥呀哈里呀"。	通过感受挑扁担的律动,为学唱歌曲作铺垫。 此环节体现出"乐群学堂"中"小组合学"的基本教学样态,分组去感受在山路上挑扁担的律动,同时为其他同学加油,培养学生团结合作、齐心协力的意识。 通过口传心授的方式学唱"哥呀哈里呀",解决十六分音符的难点。 此环节体现出了乐群学堂中"师生共学"的基本教学样态,通过体验和探索的方式,激发学生"享学"的兴趣,再通过教师示范"助学"的方式,解决教学难点。
揭示课题	师:刚才,我们在挑担时的心情是怎样的呢? 我们在挑担时的愉快心情,被人们传唱成了一首经典的民歌,叫《黄杨扁担》。今天,就让我们一起走进这首歌吧!	思考回答问题。 做好学唱歌曲的准备。	了解歌曲的情绪。

续表

教学环节	教师活动	学生活动	设计意图
学唱歌曲	1.初步感知歌曲、介绍衬词 师：请你先来听一听，歌曲里面有没有我们唱过的词，并模仿老师做动作。 你们知道"姐哥呀哈里呀"是什么意思吗？ 它只是民歌中的衬词，没有实际含义，用来渲染气氛，增强民歌特色。 模仿老师再次演唱衬词，唱出那种渲染劳动气氛的感觉，唱出民歌的特色。 （用口传心授的方式，老师唱一句，学生学一句） 2.复听歌曲内容 师：在歌曲中，除了听到了衬词，你还听到了什么？再次模仿老师做动作。 他们做了什么？梳了什么头？ 跟老师一起来读一读，大姐梳一个盘龙卷儿（啦），二姐梳个插花纽（呀），只有三姐（才）梳得巧（哇），梳一个狮子滚绣球（哇）。 3.按节奏读歌词（方言） 师：孩子们，请完整地读一读这首歌曲的歌词。 （加入响板打节奏） 4.学唱旋律 师：跟着老师的琴声，用"du"来模唱一下歌曲的旋律。 5.学唱歌词 师：将歌词带入旋律中来唱一唱。 6.师生合作，引出"一领众和" 师：听到你们的演唱，老师也很想跟你们一起唱一唱，我们来合作一下，老师唱前面，你们唱框起来的部分。 这样的演唱形式和我们之前有什么不同呢？ 这种演唱方式叫"一领众和"，一个人领唱，众人附和，可以鼓舞大家的士气，营造轻松愉快的劳动氛围。 7.完整演唱 师：请挑起你们的扁担，带上你们的歌声，我们再到山上去走一走，完整地演唱一次歌曲。	边聆听边模仿老师做动作，回答问题。 思考问题答案，了解衬词。 再次唱衬词。 边聆听边模仿老师做动作，回答问题。 思考回答问题，跟读部分歌词。 按节奏读全曲歌词。 模唱。 唱歌曲。 唱PPT中框起来的部分。 思考、回答问题，了解"一领众和"。 挑起扁担走山路，跟伴奏完整演唱。	初听和复听让学生带着问题聆听音乐，引导学生关注音乐，学会聆听音乐。 此环节再次体现了"个体独学"的基本教学样态，学生聆听歌曲后，独立思考、找出问题答案。 加深对衬词的印象，更好地掌握十六分音符的演唱。 此环节再次通过"师生共学"的基本教学样态，使学生更好地把握衬词的演唱。 此环节通过"师生共学"的基本教学样态，帮助学生掌握歌曲节奏。 感受方言的魅力。 通过师生合作，引出"一领众和"的概念。 此环节再次体现出了"师生共学"的基本教学样态，通过师生合作的方式，帮助学生更好地了解"一领众和"的概念。 完整呈现，在情境中演唱，更好地把握歌曲的情绪氛围。

265

续表

教学环节	教师活动	学生活动	设计意图
拓展	欣赏管弦乐曲《黄杨扁担》。 师：今天我们学习的这首《黄杨扁担》是一首流传广泛的经典民歌，不仅有歌曲形式的，还被改编成了管弦乐曲，让我们一起来欣赏一下管弦乐曲版本的《黄杨扁担》，帮助我们更好地理解歌曲。	欣赏聆听。	"总结拓学"通过欣赏不同版本的《黄杨扁担》，帮助学生更好地理解歌曲，更好地演唱歌曲。
总结	民歌源于我们的生活，也影响着我们的生活。扁担虽然很简单，但是它的作用却很大，在过去交通运输不便时，扁担是一种最便捷有效的劳动工具。过去人们搬运东西都靠肩挑背扛，如今生活富足，货运、海运和空运渐渐取代了这些传统的搬运方式，如果没有过去的智慧，就不会有今天富足的生活。今天我们学习了这首《黄杨扁担》，希望孩子们能了解更多关于民歌的知识，也能更加珍惜我们现在的生活。		此环节体现出了乐群学堂中"总结拓学"的基本教学样态，在学习民歌、感受民歌魅力、了解民歌文化的同时，也能通过过去到现在运输工具的变革，让学生了解现在生活的不易，从而更加珍惜今天的生活。

九、板书设计

```
              黄杨扁担

             盘龙卷
             插花纽
            狮子滚绣球
```

十、教学反思

　　既思得有所获，也思失有不足。关于所"得"，努力做到以学生为中心，让学生成为课堂的主人，通过创设"挑扁担"情境的方式激发学生"享学"的兴趣，让学生在情境中学习，在自由愉悦的氛围中充分享受学习的快乐；在教学中有学生独立思考聆听的过程，也有生生合作、师生合作的过程，还有拓展学习的过程，充分体现了独学、合学、共学和拓学的教学过程。关于所"失"，在乐群学堂基本教学样态下，教师作为学生学习的服务者，教师的"助学"做得还不够好。例如：教师范唱还可以更多一些，范唱时民歌特色还可以更浓郁一些，教师范唱是最直观的，更能感染学生，激发学生的情绪反应和情感体验，希望自己在今后的学习、教学过程中，能够更加完善这一方面；在总结拓学部分，既要画龙点睛、升华主题，也要保留传承民歌文化的本质，在教学中还可以更加深入地去拓展，查找更多不同演唱版本的《黄杨扁担》，引发学生更多的思考，给人一种言有尽而意无穷的感觉。

《羌寨童谣》教学设计

成都高新区锦城小学　蔡丽

一、教学理念

音乐核心素养

四个方面相辅相成、相得益彰，贯穿于音乐学习全过程

图 4-14　音乐核心素养教学理念图

二、教学内容

四川省中小学地方音乐课程资源《川腔蜀韵（小学低段上册）》第二板块《羌寨童谣》。

三、教材分析

（一）作品分析

《羌寨童谣》是一首朗朗上口、风味浓郁的汶川羌族童谣。歌曲2/4拍，欢快活泼。全曲由A、B两个乐段组成，每一乐句都是轻巧跳跃与轻柔连贯衔接的，一唱一叹更具音韵美。歌词中"那个""哟""啰"等衬词，极具民族风格和地方特色，展现了羌族儿童热爱生活、幸福快乐的美好情景。

（二）文化特点

童谣是传承民俗文化的载体，《羌寨童谣》具有浓郁的羌族地方文化特色，音律朗朗上口，歌词富有生活情趣与特色，体现出羌族深厚的文化传统。

（三）声音特点

明亮、欢快、活泼。

（四）情感特点

展现了羌族儿童热爱生活、幸福快乐的美好情景。

四、学情分析

第二学段三年级的学生对羌族音乐了解较少，但他们活泼好动，善于模仿，也有较强的表演欲望，非常有利于以歌曲表演实施教学。因此，在本课教学环节中，充分利用歌、舞、乐器、图片、视频等激发学生的学习兴趣，层层递进，环环深入，让学生在获得艺术审美的同时顺利达成学习目标。

五、教学目标

（1）能用连贯和有弹性的声音演唱歌曲《羌寨童谣》，感受羌族音乐的特点。
（2）在聆听、律动、演唱中获得愉快的感受与体验，在活动中培养学生表现歌曲的能力。
（3）了解羌族文化，激发学生热爱祖国、热爱民族的情感。

六、教学重难点

（1）重点：能用连贯和有弹性的声音有表情地、完整地演唱歌曲《羌寨童谣》。
（2）难点：根据歌曲特有的民族风格进行歌唱及表演形式上的创编。

七、课程资源

学前分析资料、反馈数据、音频、视频。

八、教学方法与工具

（一）教学方法

讲授法、演示法与练习法相结合的教学方法。

（二）教学工具

PPT课件、钢琴、羌笛、羊皮鼓。

九、教学流程

表4-21 《羌寨童谣》教学流程表

教学环节	教师活动	学生活动	设计意图
情境导入，整体感知	1.师生问好 师：同学们，欢迎来到音乐课堂。 2.情境导入 （1）诗词接读，引出羌笛 师：同学们，王之涣有一首诗你们一定很熟悉，其中一句就是"羌笛何须怨杨柳"。 师：诗中藏着一种乐器，你们能找出来吗？ 师：你们猜得真准，瞧，老师把它带来了。 （2）介绍羌笛，发声练习 师：请你们听一听它的声音。 师：谁来说一说，它的音色有什么特点？ 师：羌笛的声音清脆高亢，却又带有一种悲凉之感。 师：你能用"lu"模仿一下它的声音吗？ 师：你们模仿得真不错，接下来请你们带着羌笛这种时而轻、时而高、时而远的声音完整地唱一次旋律。 谱例：$\frac{2}{4}$ 5 6 | 5 - | 5 2 | 3 - | 5 - | 1 - | 5 - | 5 - ‖ （3）介绍羌族文化、地理位置 师：孩子们，你们的声音真动听。今天老师就带你们去羌笛的家乡看一看。羌笛来自我国的一个少数民族——羌族。说到羌族，它还有一个好听的名字，叫作"云朵上的民族"，因为呀，羌族居住在高海拔地区，那里终年云雾缭绕，仿佛人间仙境。 师：可是，这么美丽的羌寨，2008年，被一场大地震无情地摧毁。在国家政府以及全国各地人民的支援下，汶川很快重建，羌族孩子们背上书包又回到了美丽的校园，唱起了幸福的歌，你听…… （4）老师范唱，引出课题 师：老师唱的这首幸福的歌就是来自汶川羌族的民歌——《羌寨童谣》。	学生思考并回答："春风不度玉门关"。 老师吹羌笛的长音，学生聆听。 老师用"lu"唱，学生模仿。 学生跟琴看谱唱旋律。 老师范唱，学生聆听。	通过学生熟悉的诗词接读，引出羌笛，吸引学生的注意力。 通过聆听和模仿羌笛的声音，体验羌族的民族乐器，同时通过模唱做发声练习，为后面歌曲的学习提供铺垫。 从"文化理解"核心素养出发，将汶川羌族的风土人情传递给学生，吸引学生对少数民族文化的兴趣。 通过老师声情并茂的范唱，为学生提供良好的音乐情绪初体验。

续表

教学环节	教师活动	学生活动	设计意图
学唱歌曲，文化浸润	1.再次聆听，熟悉歌曲内容 师：孩子们，请你们再次聆听歌曲，听听羌族的小伙伴们在做什么？可以将你听到的内容轻轻地用动作表现。 师：你们的小耳朵真灵敏。 2.介绍羌族沙朗舞 师：说到羌族的沙朗舞，今天老师可得带你们去看一看。羌族特别擅长跳舞，尤其是沙朗舞。沙朗舞是羌族人为了祭祀天上的歌舞女神沙朗姐，每年农历五月初五举行的盛大节日时所要跳的舞蹈。 师：孩子们，请观看视频，感受一下羌族人跳沙朗舞时的队形是什么样子的？他们的心情又是什么样的呢？ 师：同学们观察得细致，羌族人把边唱边跳的这种形式称为"沙朗"。沙朗舞是羌族最具特色的开口圆圈群舞，也叫作"羌族锅庄"，人们跳起沙朗舞时的心情是非常喜悦的。 3.随音乐感受沙朗舞步 师：孩子们，请你们和老师一起来感受一下羌族人跳沙朗舞时的快乐吧！ 师：请起立观察并模仿老师的动作。	学生聆听歌曲内容：背起书包、唱起歌儿、云彩、花儿、吹起羌笛、跳起沙朗舞。边听边用动作表现。 学生观看视频，观察沙朗舞的队形特点以及其情绪氛围特点。 在老师的带领下，模仿老师的动作，学跳沙朗舞。	本首歌曲歌词内容较多，对于学生完整且有表情地演唱具有一定难度。通过学生自己参与音乐实践，随音乐律动以及老师板书来解读歌词，降低后面歌曲演唱时记忆的难度，为完整、有表情地演唱歌曲提供支持。 根据艺术新课标中"弘扬民族音乐，理解音乐文化多样性"的课程理念，在解读歌词环节，适时提升学生对羌族舞蹈艺术的了解，增强学生对少数民族艺术文化的喜爱，从理论上遵循了"突出音乐特点，关注学科综合"的课程理念。 依据艺术新课标中"以音乐审美为核心，以兴趣爱好为动力"的要求，充分调动学生的兴趣，引导学生参与舞蹈实践。羌族沙朗舞脚步动作较多，初次体验时主要让学生观察并模仿脚步动作，为后面动作完整表演打下基础。

续表

教学环节	教师活动	学生活动	设计意图
学唱歌曲，文化浸润	4.有节奏、有律动地朗读歌词 师：孩子们跳得真不错，此时此刻，老师的心已经飞到羌寨的云彩上面了，"背起那个书包哟……"请你们跟着老师轻声、高位置、有节奏地朗读歌词，注意模仿老师的动作。 师：孩子们，你们发现老师读歌词时的声音有什么特点吗？ 师：是的，老师朗读时具有节奏感，且每一句都由活泼跳跃与轻柔连贯共同组成，请你们带着这样的感觉来读一读。 师：老师手上拿的是羌族人经常用到的、用羊皮制作而成的羊皮鼓，谁愿意来试一试，模仿老师的节奏敲一敲。 5.用"lu"模唱A段旋律 师：孩子们，你们的节奏感真强。请你们继续带着这样的节奏，我们用"lu"来唱一唱歌曲的旋律。 师：你们的声音真动听，不过，声音要是飞在云彩上面会更好听，请你们跟着老师的琴声带着云彩上的声音再唱一次。 6.师生合作，接龙唱谱 师：孩子们唱得真不错，我们带上它们的名字再来唱一次吧。注意，你们唱老师圈出来的地方。 7.多种形式演唱歌曲 （1）带词演唱 师：接下来，我们带着歌词唱一唱。 （2）师生接龙演唱 师：在羌族，有许多美丽的寨子，老师现在要去各个寨子里参观一下，我走到哪个寨子，哪个寨子的孩子就用歌声回应老师好吗？ （3）小组合作演唱 师：接下来，我们分成两个寨子来赛歌！其中一个寨子的孩子们在演唱时，其他寨子的孩子们请为他们拍出快乐的节奏。请这边寨子的孩子们和那边寨子的孩子们来比一比，看看哪个寨子不仅唱得好，还拍得好。 （4）引导学生演唱歌曲同时跳沙朗舞 师：哎呀，看来我们羌寨的孩子都很棒呀。请跟着音乐一起来完整演唱一遍，这一次请边唱边跳起沙朗舞。	跟随老师轻声、高位置、有节奏地朗读歌词，并模仿老师的动作。 再次朗读第一段歌词，观察老师表演羊皮鼓和碰铃。 学生演奏羊皮鼓和碰铃。 学生轻声高位置用"lu"演唱歌曲旋律。 学生演唱歌曲的难点旋律。 学生带词演唱。 学生接唱。 学生分组演唱歌曲，并律动。 学生边演唱歌曲边跳沙朗舞。	按节奏朗读歌词，让学生更好地熟悉歌曲的节奏，为进一步学唱歌曲做准备。在朗读歌词时加入两种不同的乐器和动作，更能让学生体会歌曲的韵律。 用"lu"模唱歌曲，有利于学生初步熟悉歌曲的演唱，发音"lu"也可以辅助学生找到歌唱的高位置。 通过和学生合作演唱歌曲的旋律，让学生进一步熟悉歌曲，尤其是歌曲中的"一字多音"和"长音"。 从"艺术表现"核心素养出发，在音乐活动中，师生分角色演唱歌曲，有助于增强学生的合作和创造能力。

续表

教学环节	教师活动	学生活动	设计意图
学唱歌曲，文化浸润	8.老师无缝衔接演唱B段，学生感受情绪变化 师：孩子们，你们听出老师刚刚唱的这一段与前面相比心情有什么变化吗？ 师：你们的感知力真强，为你们点赞。 9.学唱歌曲B段 师：是的，羌族的孩子们非常自豪、幸福，他们用歌声赞美祖国、赞美家乡，所以他们的情绪也更加强烈了，让我们也带着这种自豪与赞美唱出这段幸福的旋律，因为，这岷江水不仅养育了他们，也养育了我们。请你们把快乐的节奏拍出来。	学生思考并回答：情绪更加热烈、激动。 跟琴、跟音频学唱B段。	通过老师示范演唱和动作，引导学生体会音乐情绪的变化。
拓展延伸，学创一体	1.情境表演 师：孩子们，你们还记得那句诗——"羌笛何须怨杨柳"吗？ 师：羌族是一个热情好客的民族，他们邀请我们去参加他们盛大的节日。孩子们，请你们带着时而轻、时而高、时而远的声音（引子），围成圆圈载歌载舞吧！（再次请出"乐器"小老师，引子部分学生模仿羌笛用"lu"演唱，接下来随着音乐唱起歌、跳起沙朗舞） 2.羌族民歌 师：羌族民歌作为羌族人民在社会实践中表情达意的一种口头创作歌曲形式，与羌族人民的劳动、生活有着密切的关系。它是羌族文化的精粹，是羌族人民的民族精神、性格、气质、心理素质、风土人情和审美情趣的集中体现。	再次用羌笛吹奏，引子部分学生模仿羌笛用"lu"演唱，接下来随着音乐唱起歌跳起沙朗舞。	从"文化理解"核心素养出发，介绍羌族民歌，增进学生对羌族音乐的了解，加强学生在艺术活动中所获得的文化理解。
课堂总结，深化课题	师：羌族的孩子们热爱自己的民族，热爱自己的生活，他们用自己的歌声和舞蹈表达了对家乡的赞美和对美好生活的向往，今天，我们也体验了羌族的童谣、沙朗舞和羌笛，希望有更多的孩子关注、传承我们本土的民族音乐。同学们，今天的音乐课就到这里了，我们下次再见！		再次总结课题，发展学生的美好情感。

十、板书设计

> 羌寨童谣
>
> A段 云彩 羌笛 花儿 嘹亮
>
> B段 祖国的希望 羌家的孩子

十一、教学反思

在中小学义务教育阶段，以艺术新课标为对标，其中音乐课的课程目标应严格紧扣审美感知、艺术表现、创意实践、文化理解四大模块。本课经过精心打磨，教学成效初显，但在本课教学设计与课堂教学中，还存在一些问题：在乐群学堂课堂教育教学中，要培养出"悦身心·会合作·善思辨"的锦小儿童，离不开教师的有效教学，如何更好地设计一堂音乐课，才能对学生产生较大的吸引力，从而充分调动学生的学习兴趣和参与热情，达到课堂所追求的展示音乐魅力、愉悦学生身心、健康快乐为本的教学目标，是教师应该不断思考并贯彻的教学根本。

《我怎样长大》教学设计

成都高新区锦城小学　刘莺

一、教学内容

该课选自人民音乐出版社出版的义务教育教科书《音乐（简谱）五年级·上册》第二单元"足迹"的第二首演唱歌曲。

二、授课年级

五年级。

三、教材分析

《我怎样长大》是影片《烛光里的微笑》中的一首插曲。影片描述了一位女教师在教育岗位上燃尽自己、照亮他人的感人事迹。歌曲为3/4拍，宫调式，二段体结构，曲调优美抒情，词意简练。第一乐段为齐唱，曲调平稳；第二乐段为合唱，曲调舒展。两个乐段形成对比。歌曲借"小树"这一形象抒发了孩子们不怕困难、不怕风吹雨打、幸福成长的真切情感。

四、学情分析

五年级的学生接受能力较强,且已积淀一定的音乐基础知识、具有演唱多声部歌曲的能力,他们对音乐学习充满浓厚的兴趣,大部分学生能够用科学发声方法,有情感地演唱歌曲。但要在一节课的教学时间内完成这首二声部的合唱,对老师、学生都是一次挑战,因此,需努力做到课堂的高效性、趣味性,层层深入地解决教学难点,水到渠成地让学生在合理的情境创设中完成二声部合唱。

五、设计理念

(1)以学校乐群学堂课堂特征"悦身心·会合作·善思辨"为主旨,课中落实"个体独学·小组合学·师生共学·总结拓学"为基本样态的乐群学堂的形式体系。乐群学堂既符合教师乐教、学生乐学的教学形式,适合小学音乐课堂教学,又适合音乐教学中的合唱教学,因合唱教学就是与他人合作,共同用优美声音演绎歌曲,让学生在合作学习和表演实践的过程中,形成良好的群体协调能力,宽容理解、共同参与的集体主义意识,相互尊重、乐于合作的精神。

(2)合唱,有着极为丰富的艺术表现力和感染力,合唱歌曲的演唱能让学生充分体会到人声的另一种美,对培养学生的独立感、协调感、均衡感等综合音乐感受力和集体观念、协作精神具有不可替代的作用。选择合唱歌曲《我怎样长大》作为研究课内容,是对艺术新课标中"着重加强合唱教学"思想的落实。

(3)为破解合唱难题,践行"设计丰富的音乐实践活动,引导学生主动参与"的课程设计思路,将音乐与儿童生活紧密联系,引入儿童生活中熟悉的"声音图谱",通过游戏化方式让学生直观感受音的高低、长短,同时用"音画结合"的方式,进行和声片段演唱,让学生浸润在轻松、愉悦的多声部氛围里,同时建立唱好合唱的信心,为完成整首歌曲的演唱打下坚实的基础。

(4)合唱不是目的而是手段,培养学生多声部听辨能力和表现力才是目的。合唱不是简单的"一声部+二声部",而应是整节课贯穿多声部的理念,在师生问好—音画游戏—歌曲学习—拓展活动的整个过程中,始终让学生浸润在多声部的氛围中。最后,希望通过本节课的学习能够让学生感受多声部音乐的魅力,喜欢上合唱这种演唱形式。

六、教学目标

(1)在聆听、绘制图形谱、音画游戏的过程中,与同伴合作唱好《我怎样长大》的齐唱部分,并准确演唱合唱部分的其中一个声部。

(2)在演唱、听辨的过程中,巩固三度和声音程的音高感觉,准确演唱带弱起节奏的乐句,并表现出3/4拍的韵律感。

(3)在观看电影视频和歌曲演唱的过程中,感悟克服困难就能不断成长的意义,进一步用歌声表达渴望成长、不怕困难的情感。

七、教学重难点

（1）准确演唱歌曲中的大跳音程。
（2）准确演唱带弱起节奏的乐句，并用歌声表现三拍子的韵律感。
（3）能全班合作完成二声部演唱。

八、教学过程

（一）多声部师生问好

【设计意图】本节课将学习二声部合唱歌曲，从师生问好开始为学生营造多声部听觉环境，逐步在实践中让学生建立多声部概念。（合作演绎）

师：亲爱的同学们，快乐的音乐课开始啦！请听琴声，看着老师的手势准确演唱吧！

师：表扬放松身体、充分呼吸的同学们。

师：你们和谐的声音真美妙啊！

（二）音画游戏——音程感知练习

【设计意图】观看音乐喷泉视频，旨在激趣引入，让学生静听、静观后找到喷泉视频与音乐相关联的信息，引出音频图；紧扣前一环节，让学生根据声音画音频图，让学生在愉悦中解决歌曲中的难点音程，层层深入进行音准和二声部合唱训练。

1. 联系生活，激发兴趣（个体独学）

师：同学们，今天这节课我们先来欣赏一段视频，看你们能从视频中发现哪些与

音乐相关的信息?(播放音乐喷泉视频)

师:是的,音乐喷泉水会随着音乐的快慢、强弱等变化而舞蹈,美轮美奂。其实,音乐在生活中无处不在。人们常说音乐是流动的艺术,有人就用音频图的方式记录音乐流动的轨迹。(出示音频图)

师:谁能试一试用声音描绘这幅图画呢?

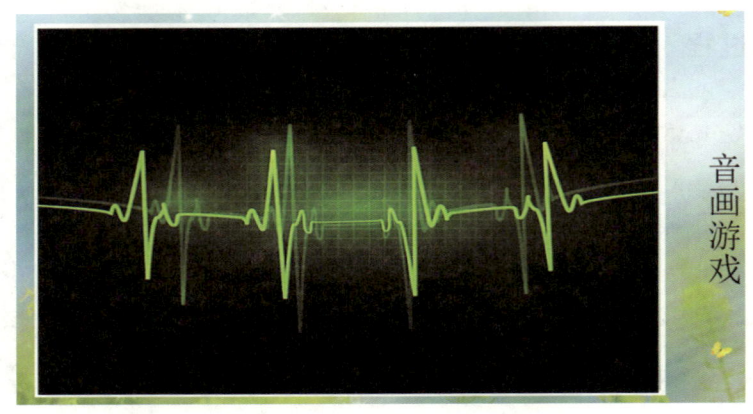

图4-15　音画游戏

2. 音画结合,模唱练习

(1)听音画图,浸润多声(个体独学、小组合学)

①学生听琴模唱

师:今天,我们就来体验用声音画音频图的游戏。下面,请大家听琴用"u"模唱。

师弹奏:(低音)5—5;(低音)5—3;(低音)5—2;(低音)5—1。

②加手势模唱

师:请大家边画音频图边模唱。

③出示图形谱和谱例

师:这就是我们刚才模唱旋律的音频图,现在老师把它填上音,一起来唱唱。(唱唱名)

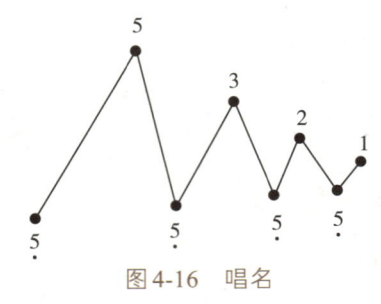

图4-16　唱名

④分声部接唱

师:现在请低声部固定唱低音"5",高声部来接唱其他音。请加上手势唱。

⑤高低声部合唱

师：现在请高低声部同时合唱。

$$5 - - | 3 - - | 2 - - | 1 - - \|$$
$$\underset{.}{5} - - | \underset{.}{5} - - | \underset{.}{5} - - | \underset{.}{5} - - \|（低音"5"）$$

（2）看图填音，浸润多声（小组合学）

师：我们已成功用声音画好一幅音频图，接下来开始我们的第二个游戏，看图填音。请看下面的图，你想填上什么音。请试一试，唱一唱，先互相唱给身边的同伴听听。

师：不错，同学们很能干。下面请大家来唱唱老师填的音（出示卡片），"6—4—6"；"4—6—4"；"∨""∨"。

师：这个图形像什么？它像我们戴的项链。下面我把两串项链重叠起来，像戴了一串两层项链，高低声部同时来演绎两层项链。（请高低声部学生合唱）

师：唱得很好，我们又成功地用声音演绎了第二幅音频图"∨"。

（3）画栈道式音频图（小组合学）

师：还有些音的进行是循序渐进的，像爬栈道一样。请看（出示卡片）："5—4—3—2—1—2—3"，我们一起来唱唱。一起唱唱"3—2—1—7—6—7—1"。（画出音频图）

师：现在我们有两支队伍，一支是高声部，从山顶下山；另一支是低声部，从山腰下山。一起合唱，注意保持自己的线路，别走错道了。

师：同学们唱得不错。

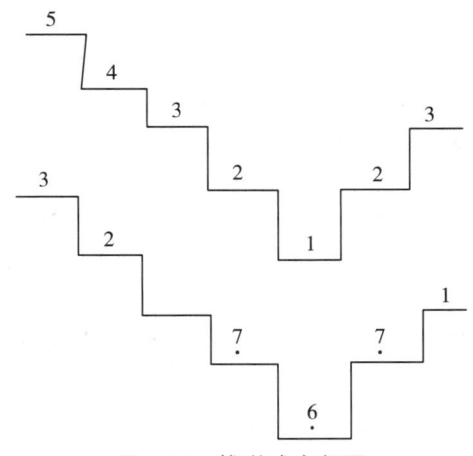

图4-17　栈道式音频图

(三)揭示课题,展开学习

【设计意图】观看电影片段,增加视觉印象,让学生了解电影的感人故事,体会歌词所表达的思想内容、旋律所表现的情感。合唱部分为歌曲学唱的难点,首先要让高低声部的学生熟悉自己声部的旋律,然后两个声部先合唱旋律,再填入歌词演唱,这个环节的设计一定要层层深入,逐步增加难度,让学生在不知不觉中解决难题,树立演唱合唱歌曲的信心。

1.聆听范唱,感受情绪(师生共学)

师:其实,音乐家们就是通过音符的起起落落来抒发情感的。我有一首歌曲要送给大家,听听看歌曲表达了作曲家怎样的情感?(教师范奏《我怎样长大》)

2.介绍背景,调动情感(师生共学)

师:老师演唱的歌曲叫《我怎样长大》(出示课题),它是电影《烛光里的微笑》中的插曲。电影讲述的是一位体弱多病、教学经验丰富的女教师与学生的故事,这位老师在新学期接了一个全校闻名的"调皮班",她用自己的爱感化了孩子们,改变了班级风貌。在一次带学生外出郊游时,她为护送一位受伤的学生而引发疾病,不幸去世。

3.欣赏视频,升华情感(师生共学)

师:故事非常感人,这首歌曲表达了老师的心愿,她希望学生能经历风雨、茁壮成长,这首歌也是老师爱的延续。我们来欣赏电影片段。

4.聆听范唱,完整感知(小组合学)

师:今天,我们一起来学唱这首感人至深的歌曲。请大家在了解歌曲背景后,仔细聆听歌曲,边听边思考:歌词写了什么?歌曲是几拍子?情绪怎样?演唱形式是什么?请将思考好的答案与同伴进行交流。

[教师板书:内容、拍子、情绪、演唱形式(四三拍;亲切、深情;齐唱加合唱)]

5.唤醒想象,唱好齐唱(师生共学)

(1)视唱旋律

师:下面我们先来学习歌曲的齐唱部分,请大家跟琴视唱曲谱,边唱边找出旋律的规律。(分两个乐句,一二乐句旋律的节奏完全一致)

(2)填词演唱

师:下面我们填上歌词唱一唱。请用柔和的声音,慢速歌唱。

(3)难点处理

师:刚才聆听了孩子们的演唱,让人很享受。我仿佛看到了小树和蓝天的对话。小树扬起笑脸,真诚地请教蓝天。我们一起用声音表现一下这样的情境吧!(弱起、八度大跳音程)

师:蓝天像一位智者,充满慈爱地传递鼓励的力量……我们也用声音表现一下。

(4)有感情地演唱齐唱部分

师:现在,请大家用柔和的声音有情感地来演唱齐唱部分,试着唱出小树的真诚询问,蓝天的慈爱回答。

6.联系音画,完成合唱(小组合学)

(1)巩固合唱部分旋律音准

①分声部听琴视唱(弹奏单声部旋律)

师:刚才我们的齐唱部分完成得非常好,现在进入第二乐段合唱部分的学习。请同学们看黑板(教师出示难点合唱谱),这个谱子跟我们前面的游戏活动中出现的谱例有什么联系?

师:是的,在前面的用声音画图游戏中,我们已经合唱过这些音程,我们再来巩固一下。请听琴声分声部视唱旋律。

$$\begin{Bmatrix} 6 - - & | 4 - 6 & | 5 - - & | 5 - - \| \\ 4 - - & | \underline{6} - 4 & | 3 - - & | 3 - - \| \end{Bmatrix}$$

$$\begin{Bmatrix} 4 - - & | 5 - 4 & | 3 - - & | 3 - - \| \\ 2 - - & | \underline{7} - 2 & | 1 - - & | 1 - - \| \end{Bmatrix}$$

$$\begin{Bmatrix} 2 - 3 & | 5\ 4\ 3 & | 2\ 1\ 2 & | 3 - - \| \\ \underline{7} - 1 & | 3\ 2\ 1 & | \underline{7}\ \underline{6}\ \underline{7} & | 1 - - \| \end{Bmatrix}$$

②分声部听和声视唱(弹奏二声部)

师:现在请高声部的同学听老师弹奏两个声部,唱出自己声部的旋律;低声部的同学也来试一试。

③二声部合唱

师:请两个声部的同学试着来合唱。

(2)巩固练习,唱好合唱

师:同学们非常能干!下面,我们学习高低声部的旋律。先请高声部的同学听琴视唱高声部旋律,请低声部的同学自学自己声部的旋律。

师:下面请低声部的同学听琴视唱低声部旋律,请高声部的同学巩固练习自己声部的旋律。

师:下面我们一起听琴来合唱旋律;听伴奏带合唱;轻唱。

(3)填上歌词,完整演唱

师:曲谱唱起来会简单一些。我们继续挑战一下,来试一试填词合唱。

师:小树和蓝天的形象,就像孩子和老师的形象,他们互相信任、互相关爱,我们能让情感的表达更加充分一些吗?

（四）小结点题，升华情感

【设计意图】小结点题，对学生进行爱师、励志教育。（总结拓学）

师：这首歌曲虽短小，却寓意深刻。就像歌中唱到的那样，经历风雨才能成长，我们今天克服了学习中的困难就进步了。其实，在我们的成长道路上，会遇到各种各样的困难，希望你们迎着困难，勇敢前行，这样你就长大了，这就是成长的意义。

师：让我们听着音乐、唱着歌有序离开教室吧！期待下次课的到来！

九、板书设计

图4-18 《我怎样长大》板书设计

十、教学反思

《我怎样长大》这首歌曲是一首旋律优美、寓意深刻的歌曲，五年级的学生已具备一定音乐知识和理解能力，对歌曲充满浓厚兴趣，但在一节课的教学时间内要基本完成二声部的合唱是一次挑战。为了达成这个目标，在教学设计时，我竭力打造乐学、趣味、深情、高效、愉悦的课堂。

教学中，学生对第一个激趣环节——用声音画音频图，看音频图填音符非常感兴趣，争先恐后地想尝试，且小组交流也非常热烈，学生个个意犹未尽，但为了保证后面的教学时间，我无法满足更多学生的愿望，因此在今后的教学中要设计更多让学生参与、有创造性的实践活动，以满足学生的学习愿望，激发他们的积极性。在歌唱教学部分，学生齐唱部分学唱较快，情感把握准确，但在二声部学唱时，学生不太喜欢演唱旋律，急迫地想演唱歌词，但旋律不熟悉，会对填词后的二声部合唱的效果产生影响，所以在分声部进行旋律演唱部分，应不断地激起学生的挑战意识，让学生保持对旋律演唱的兴趣，并达到熟练的程度，为后面的歌曲合唱打下基础。

本课还存在其他不足，比如，虽然学生基本完成了二声部合唱，但两个声部之间的声音不够均衡,合唱时的声音美感不足;设计中未安排学生小组合作自我探索学习,在今后的教学中需要增加。

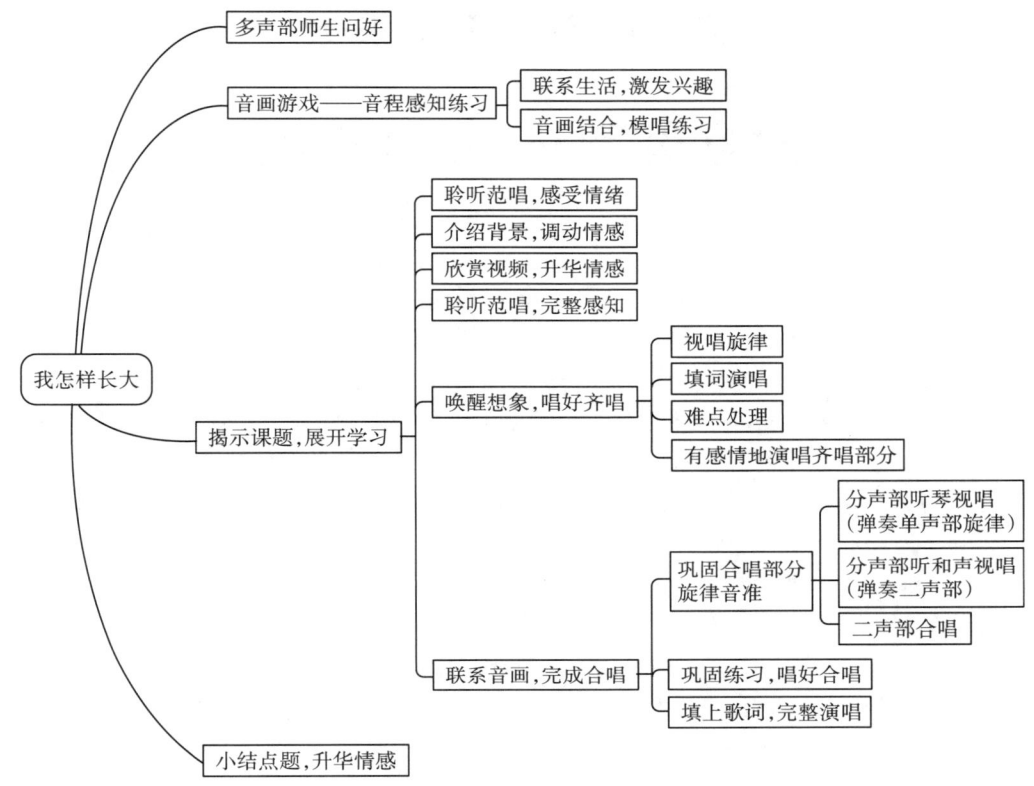

```
我怎样长大
├── 多声部师生问好
├── 音画游戏——音程感知练习
│    ├── 联系生活,激发兴趣
│    └── 音画结合,模唱练习
├── 揭示课题,展开学习
│    ├── 聆听范唱,感受情绪
│    ├── 介绍背景,调动情感
│    ├── 欣赏视频,升华情感
│    ├── 聆听范唱,完整感知
│    ├── 唤醒想象,唱好齐唱
│    │    ├── 视唱旋律
│    │    ├── 填词演唱
│    │    ├── 难点处理
│    │    └── 有感情地演唱齐唱部分
│    └── 联系音画,完成合唱
│         ├── 巩固合唱部分旋律音准
│         │    ├── 分声部听琴视唱(弹奏单声部旋律)
│         │    ├── 分声部听和声视唱(弹奏二声部)
│         │    └── 二声部合唱
│         ├── 巩固练习,唱好合唱
│         └── 填上歌词,完整演唱
└── 小结点题,升华情感
```

图 4-19 《我怎样长大》教学思维导图

第三节

乐群探究　上下求索

建"结构"之桥　促素养生长
——探寻"图形与几何"结构化教学策略

成都高新区锦城小学　吴秋菊

【摘要】为了更好地培养小学数学学科的关键能力和必备品格,促进学科核心素养的生长,本文以小学数学内容"图形与几何"为例,探寻用结构化思想搭建新知与旧知的"桥梁":建构系统的知识体系,促进学习内容结构化;建构完整的学习过程,促进学习方法结构化;建构核心的数学思想,促进数学思维结构化。

【关键词】结构化教学;图形与几何;数学素养。

小学数学结构化教学是指教师以整体化、系统化的教学理念来组织小学数学教学活动,将学科知识及育人价值通过整体架构有机渗透,融合于教学过程中,促进小学生理解和建构数学知识的逻辑关系、知识结构和方法结构,发展小学生的数学核心素养。本文以小学数学内容"图形与几何"结构化教学为例,探寻如何以知识结构化为基础,通过学习方法的结构化,实现思维的结构化,培养小学生数学学科的关键能力和必备品格。

一、建构系统的知识体系,促进学习内容结构化

(一)深度解读教材,把握知识结构

教师对知识有整体的、系统的认识是结构化教学的重要部分。教师要基于学科视域,全面深入地解读教材,厘清知识之间的关系,全面把握知识结构。

1. 基于学科视域,构建知识网络

在结构化教学中,教师应基于专业视野,深入理解教材,把教材中以"点"的形态呈现的知识,根据它们的先后、主次和逻辑关系,建立关联,捋清知识之间存在的顺序结构,进而找准每个知识点在整个小学课程中所处的位置及地位,形成知识点的发展脉络,将数学知识结构化,引导学生把握本质,提升学生的思维能力和学习能力,让学生获得全方位的快速发展。例如,在北师大版数学教材五年级"平行四边形的面积"一课中,基于结构化教学的理念,笔者对整个单元在学科领域下前后的关联知识进行了梳理:

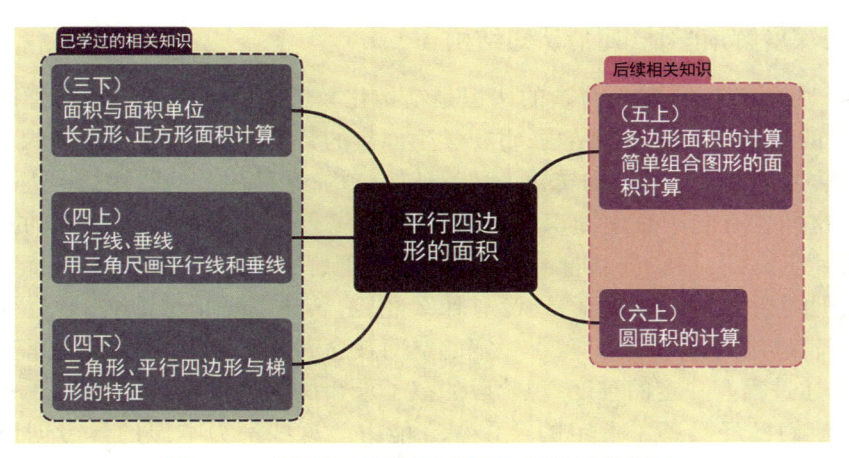

图 4-20 "平行四边形的面积"知识发展脉络图

2. 横向对比教材，知识方法互补

不同版本的教材有其独立的内容框架和呈现方式。横向对比教材，有助于教师全面系统地理解知识本身，借鉴不同版本的优点，丰富教学素材与教学思路，厘清差异，互补知识方法，促进学习内容结构化。如在教学北师大版数学教材三年级"周长"一课时，笔者横向对比了四个版本的教材，发现人教版教材材料丰富，有生活的，有数学图形的，有不规则的，有规则的，上课时可充分利用这些材料使课堂更具有整体化和结构化特征。西师版教材用到了钉子板，但实质上和苏教版、北师大版的最后一题的思想方法一致，都是通过数度量单位来算周长，让学生体会到"周长的长短与图形大小无关"。

图 4-21　北师大版、人教版、苏教版、西师版教材"周长"内容对比

（二）深度解读学情，厘清认知结构

教师对学情有具体的、清晰的认识是结构化教学的有力保障。在课堂教学时要掌握学生的认知特点和认知结构，重视学生原有的数学基础知识、活动经验和认知水平，促进学生将数学知识结构转化为数学认知结构，并使原有的认知结构进一步丰富和延伸，这样也有利于数学知识的构建和方法的迁移。例如，在教学"圆的周长"一课前，教师了解到：周长公式推导较抽象，不易理解；六年级学生对圆的特征有一定的了解，但对于如何化曲为直，还没有什么经验，转化意识十分薄弱；学生处在形象思维向逻辑思维过渡中，虽具备了一定的空间观念和逻辑思维能力，但理解公式推导和语言描述过程有一定的难度；现阶段的孩子求知探索欲望强烈，愿意动手去操作和发现，且他们已经具备了一定的合作探究能力。这些都为本课的学习创设了有利条件。

同时，教师不能单纯地根据以往的教学经验推测学生的认知结构，需要进行问卷调查、访谈、课堂前测等方法了解。教师不仅要分析学生的已有知识和已经达到的水平，还要分析学生缺乏的知识，学习的困惑点在哪里，以及将要到达的水平，对学生的发展有全局性的认识，这样才能帮助教师更有效地开展教学。

"圆的周长"课堂前测单

1. 你已经学过哪些图形周长的计算方法？请画图举例算一算。

2. 你能算出下面这个图形的周长吗？如果会，请写出计算过程。

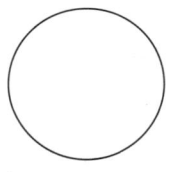

   ○

3. 为什么第2题可以那样算？请说明理由。

图4-22 "圆的周长"课堂前测单

二、建构完整的学习过程，促进学习方法结构化

为了建构完整的学习过程，教师可以从结构化教学课型、构建思维导图、课时环节具体流程着手，有效促进学习方法的结构化。

（一）大单元整合，开发结构化教学课型

课堂是建构完整学习过程的基础，也是学生全面发展的沃土。在单元视域下，突破"一课一备"，以大单元整合的思想开发单元教学课型，沟通知识间的内在联系，促进学习方法的结构化，提升学生解决问题的能力。如北师大版数学教材四年级下册

第二单元"认识三角形和四边形",可开发如表4-22所示结构化教学课型,这几种课型体现了学习方法结构化的策略。

表4-22 "认识三角形和四边形"课型

课型	主题及目标要求
单元开启课	活动一:图形的分类
	活动二:破坏三角形
主题活动课	三角形的分类
	三角形内角和
	三角形三边的关系
	四边形的分类
实践操作课	活动一:三角形的稳定性
	活动二:图形拼组

1. 单元开启课:解构—体验—重构—感悟

本单元开启课,包含了本单元所有的教材内容和教学要点,我们把这些学习内容进行了解构,设计成了两个体验活动。活动一:图形的分类。通过三次分类层层细分,从平面图形和立体图形,到三角形和四边形进行分类。活动二:破坏三角形,从相反方向探究三角形的基本关系。通过对"破坏边的长度,围不成三角形""破坏角的大小,搭不成三角形""破坏点的位置,连不成三角形"三个"破坏"任务的探讨和研究,让学生理解什么样的边、角、点不可能拼成三角形。通过对"破坏三角形"的探究,让学生明确能构成三角形的因素是什么,逐步重构对三角形的整体认知。通过学生的动手操作、观察、归纳等活动,让学生在整体上感悟单元知识的丰富背景和相互间的紧密联系。

2. 主题活动课:整合—融合—实践—结构

《义务教育数学课程标准(2022年版)》指出:通过合适的主题整合教学内容,帮助学生学会用整体的、联系的、发展的眼光看问题,形成科学的思维习惯,发展核心素养。本单元主题活动课深挖教材,整合成三角形的分类、三角形内角和、三角形三边的关系、四边形的分类四个内容。这四个内容链接生活情境,形成相互融合的主题,以主题活动形式进行实践。实践中让学生积极主动参与,对本单元学习方法进行应用、实践、对比,实现学习方法的结构化。

3. 实践操作课:问题—实践—应用—建构

三角形的稳定性和图形的拼组在日常生活中有着广泛的应用。本单元的实践操作课为了让学生对三角形有全面而深刻的认识,设计思路是"情境问题—实践解释—

特性应用—知识建构"。学生从生活情境,如修凳子中提出问题,再用小棒搭成三角形和四边形,拉一拉进行比较,直观地感受"三角形的稳定性",把三角形的稳定性应用到实际生活中,最终实现知识建构:当三角形三条边的长度都确定时,三角形的形状、面积完全被确定,这种特性称为三角形的稳定性。

(二)梳理思维导图,串联学习方法

心理学研究表明,零散的知识容易遗忘,加深记忆最好的方法就是将知识点加以整合,像串珍珠一样将一个个知识点有序整合,串联在一起,从孤立的知识点到联系紧密的知识体,再到连成片的知识群。笔者在各类复习课中,梳理了跨课时、跨单元、跨册数、跨领域的思维导图。思维导图立足于教材中的基础知识,通过举例、归纳、总结、对比等方法将知识进行迁移,使学生脑海中形成一个条理分明、排列有序且关系清晰的结构体系,唤醒学生已有知识经验,实现知识方法的迁移,发展核心素养。关于"周长和面积"的有关知识,我梳理出如图4-23所示的思维导图。

周长和面积

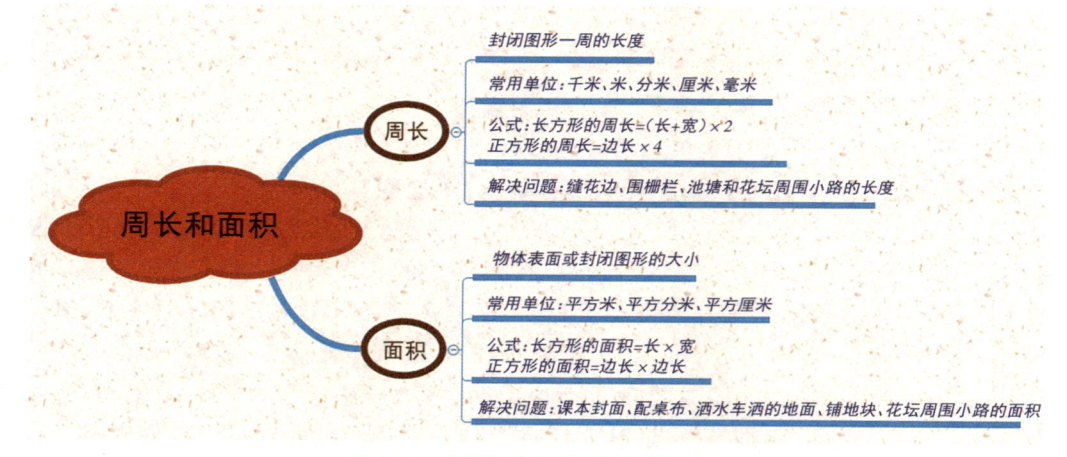

- **周长**
  - 封闭图形一周的长度
  - 常用单位:千米、米、分米、厘米、毫米
  - 公式:长方形的周长=(长+宽)×2；正方形的周长=边长×4
  - 解决问题:缝花边、围栅栏、池塘和花坛周围小路的长度
- **面积**
  - 物体表面或封闭图形的大小
  - 常用单位:平方米、平方分米、平方厘米
  - 公式:长方形的面积=长×宽；正方形的面积=边长×边长
  - 解决问题:课本封面、配桌布、洒水车洒的地面、铺地块、花坛周围小路的面积

图4-23 "周长和面积"知识结构图

(三)立足环节流程,实现方法迁移

在课堂教学中,我们设计可操作性的具体教学流程,让学生操作、实践和感悟,获得丰富的经验,然后在交流汇报中经历猜想、操作、观察、分析、验证的过程并得到结论,进行方法类比,实现学习方法结构化。当然,学习过程的完整性并不是每一个环节都需要涉及的,但是必须建构完整的"情境+问题串",从问题的提出、问题的解决到问题的应用缺一不可。这个完整的教学过程可以循环使用,能够帮助学生建立学习过程模型,实现方法迁移。

例如,"图形与几何"的测量板块,方法的迁移就得到了很好的体现。学生在研究平行四边形的面积时,采用了剪拼、割补等方式,把平行四边形转化成长方形来求面积。本节课经历了"观察—猜想—验证—归纳—应用"的学习过程,转化的方法也可

以迁移到对梯形、三角形及圆的面积的计算中,进而总结出未学图形的面积的计算方法(见图 4-24)。

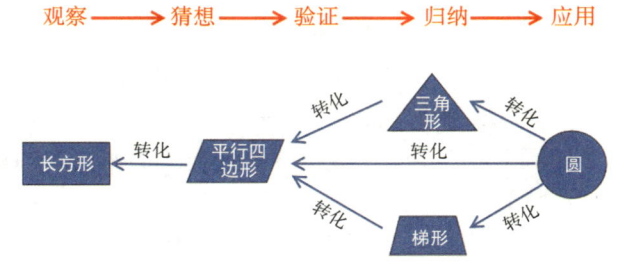

观察 ——→ 猜想 ——→ 验证 ——→ 归纳 ——→ 应用

图 4-24　多边形的面积学习过程

三、建构核心的数学思想,促进数学思维结构化

数学是研究数量关系和空间形式的科学。学习数学就是要学习数学知识和方法之间的联系,而这个联系的纽带是数学思想。只有建构核心的数学思想,对数学思想进行提炼和升华,才能帮助学生找到数学知识和方法的联系,建构解决问题的思想体系,促进数学思维的结构化。

(一)厘清知识核心,建构数学思想

"图形与几何"的认识主要在于认清图形的性质,如果仅仅通过实物感知或者机械记忆的方式,很多几何概念容易混淆。这就需要我们从概念本身入手,厘清知识核心,建构数学思想。如长度单位、面积单位、体积单位,这三个概念学生常常混淆,他们分不清概念,搞不清进率,应用中也是错误百出。这几个概念要从现实背景入手,厘清内在的关系,如图 4-25 所示,分析从一维到二维,再到三维空间,即明白长度是用"长"来表示的,面积是用"长、宽"来表示的,体积是用"长、宽、高"来表示的,说到底知识核心就是度量单位的累加。学生厘清了这个知识核心,才能正确地理解概念,进行单位换算。

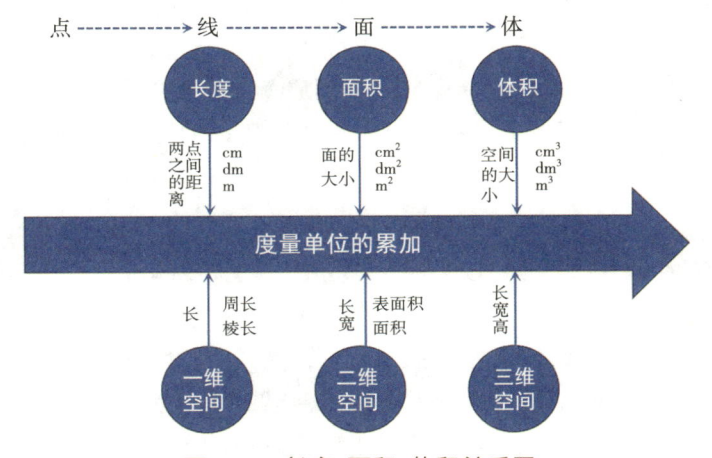

图 4-25　长度、面积、体积关系图

(二)感悟思想本质,发展数学思维

"图形与几何"中蕴含着许多数学思想,如数形结合、分类、转化、集合、极限、符号、化归思想等。这些数学思想是在学习过程中,通过自身思维体系的顺应和同化而逐渐建构起来的,知识螺旋上升的过程也是数学思想方法的延展。如北师大版数学教学四年级"认识三角形和四边形"单元教学是以分类思想为主线认识图形,建立图形之间的联系。这个单元包括三角形、四边形等各类图形的基本知识,如何能系统地认识这些图形呢?教材中通过多次分类活动,用分类的方法把这些图形联系起来,层层深入、细分使之系统化,有利于学生更好地认识图形的性质,认识到根据需要可以有不同的分类标准,感悟分类思想的本质。

总之,新时代教育需要教师搭建新知与旧知的"桥梁",建构系统的知识体系,促进学习内容结构化;建构完整的学习过程,促进学习方法结构化;建构核心的数学思想,促进数学思维结构化……这样,引导学生构建知识网络,形成方法框架,建立思维体系,最终具备有益于终身发展的结构化能力,促进学科核心素养的发展。

小学口语交际情境教学实践研究

成都高新区锦城小学 雍元

【摘要】 学习者对知识的理解、掌握和运用往往需要有情境的支撑,同时又受到情境的影响与制约,因此,合适的情境可以为学习者掌握知识提供背景,也可以为知识的习得与运用提供活动场景与资源条件。这一过程就是学习过程情境化。因此,学习过程情境化是重视情境教学的前提与基础。

【关键词】 情境;教学;真实。

2019年,中共中央、国务院颁布《关于深化教育教学改革 全面提高义务教育质量的意见》,提出要"重视情境教学"。一直以来,基于情境进行课堂教学受到普遍重视。伴随着《义务教育语文课程标准(2022年版)》的发布,"情境"一词再次隆重地出现在中小学教师的眼前。本文旨在以小学一年级口语交际"一起做游戏"为课例,浅谈情境对教学的重要性。

一、什么是教学情境?

教学情境是指在课堂教学中,根据教学内容,为落实教学目标所设定的,适合学习主体并作用于学习主体,能够使其产生一定情感反应、主动积极地进行学习的具有学习背景、景象和学习活动条件的学习环境。所谓教学有法,但教无定法。在课堂教学中创设恰当的教学情境,不仅可以使学生产生浓厚的学习兴趣,在不同的情境中体

验不同的情趣,更深入地领悟学习内容,提高课堂教学效果,还能促进学生思维能力和创新能力的发展。巧妙地创设教学情境,让我们的课堂如春天般生机盎然吧!

二、课例"一起做游戏"

在部编版语文教材一年级下册第七单元口语交际"一起做游戏"教学备课构思之时,我也曾一筹莫展,心想:这内容太简单了,无非是落实教学目标——清楚且有条理地介绍游戏规则,积极主动地邀请小伙伴一起做游戏。但是如何让学生在这一节口语交际课中感受到有趣,真正沉浸在课堂中,而不是枯燥地学到一点死板的知识,成了我思考的重要问题。"情境"一词出现在了我的脑海中。我深刻地记得有一次区教研员在评课时曾说很多老师课堂上给的情境是虚假的,是缥缈的,是无法让学生融入的。例如:假如我们现在在郊外;假如我们在晾衣服;同学们看这个树枝像什么?像y,今天我们来学习拼音字母y。教研员的这几句话给我留下了深刻的印象,我明白这堂课我必须力求真实,贴近生活。

"一起做游戏"教学设计

(一)情境导入

课程开始之前,我特意在孩子们课间游戏时,拍摄记录下了他们平时玩游戏的照片。孩子们的游戏内容真丰富,包括老鹰捉小鸡(如图4-26)、丢手绢、木头人、抬轿子、你抓我躲等。同时,我也细心观察到并不是每个游戏每个孩子都会玩。因此,口语交际的必要性促使我们不得不学好"一起做游戏"这堂口语交际课。

图4-26 学生课间游戏照片(老鹰捉小鸡)

师:同学们,你们课间喜欢玩游戏吗?
生:喜欢。
师:这些游戏你们玩过吗?(出示之前拍摄的图片)
(由于课件上的图片都是拍摄的我班学生的游戏场景,大家注意力被成功吸引。

学生的游戏记忆也被唤醒）

师：说一说，你最喜欢的游戏是什么？你喜欢和谁一起玩游戏？

说一说

我最喜欢玩的游戏是（　　）。
我喜欢和（　　）一起玩游戏。

图4-27　教学课件图片1

（二）引出问题

师：看来你和你的小伙伴都会玩这个游戏。那有没有过这样的时刻——你的同学想玩，但是他不会玩，或者有某个游戏你看着很有趣，但是你不太清楚游戏规则？

生：嗯，的确有这样的情况。

师：请大家翻开课本，读一读书上的两个小女孩的对话。

（练读后，请学生读）

师：看来大家都很愿意交朋友，昨天晚上老师的朋友熊大向我发来了一条求助信息，我们听一听它说了什么。

（语音内容）

熊大：老师，听说咱们一（五）班的小朋友玩游戏可厉害了。能不能教教我有趣的"贴鼻子"游戏呢？

老师：孩子们这么喜欢交朋友，愿意和熊大交朋友，也教教它吗？

生：愿意。

（学生尝试将游戏教给熊大，但是规则描述得不够清楚。熊大发来语音表示自己不是很明白）

师：想不想说明白？学霸秘籍送给你们。（激发求知欲）

图4-28　教学课件图片2

学霸秘籍：

第一，拆解想要教会游戏的步骤。以"贴鼻子"游戏为例：①画大脸；②蒙眼转三圈；③一人指挥方向；④贴正就赢。

第二，尝试用上表示顺序的词语，如"先、接着、然后、最后"。

第三，用上动作帮助小伙伴了解。学生练习说一说，并汇报。

图 4-29　教学课件图片 3

老师请学生观察另一个游戏"老鹰捉小鸡"，试着按刚才的方法拆分再练说一说。老师提出评价标准"苹果树"：礼貌、条理、动作。

图 4-30　教学课件图片 4

熊大发来新邀请，过几天森林里要开联欢会，请同学们多教它几个游戏。（拓展延伸）

三、怎样创设情境

（一）趣味性和真实性

由于学生的年龄、心理特点、认知水平和思维方式都有所不同，设计情境时要求教师要根据学生的情况来设计。对于义务教育阶段不同年龄的孩子，应当明白什么对他们而言是有趣的。对于一年级六七岁的孩子来说，动画片中的人物角色是他们所喜欢的、感到有趣的，所以选择《熊出没》中的动画人物。这样的情境真实或为他们所熟悉，在现实生活中和他们的经验中能找到。学生在"眼见为实"的丰富、生动、形象的客观事物面前，通过对情境相关问题的探究，完成对主题的意义建构。

（二）思想性和精神性

教师和学生美好的思想情操是创设教育教学情境的源泉。教师和学生的感情交流是构成良好教学情境的重要条件之一，有了美的心灵，才能有美的情感。只有教师把自己的全部心血倾注到学生身上，学生把自己的生存与人类美好的理想联系起来，而不仅仅是为了升学或谋生，这样，才能使学生的学习活动变成一种美好的精神享受，才会出现和谐的、激动人心的、触及学生情绪和意志的教学活动。爱学生，所以关注学生在玩什么、喜欢什么。

（三）目标性和时代性

情境要真正为教学服务，如果只是为了情境而创设情境，那就是一种假的教学情境。情境只有在为教学服务的时候才能叫作好的情境，不能为教学服务就是多余的。这就要求我们一方面要从生活情境中及时提炼教学问题，另一方面要充分发挥情境的作用，不能"浅尝辄止"，把情境的创设作为教学的"摆设"。另外，我们应该用动态发展的眼光来看待今时今日的课堂。当今的信息社会里，学生通过多种渠道获得了大量的信息，智力发展水平已有了很大的提高。因此，我们也应该赋予创设的情境一种时代的气息，应该抱着改造创新的态度努力创设富有时代性且与学生的生活紧密联系的教学情境。

《义务教育语文课程标准（2022年版）》指出：教学"从学生语文生活实际出发，创设丰富多样的学习情境，设计富有挑战性的学习任务，激发学生的好奇心、想象力、求知欲，促进学生自主、合作、探究学习"。今时今日之教学，早已不是师说生听的局面。如果你盛一勺醋，让学生喝下去，你说醋对身体很好。学生会喝，但是他不会觉得好喝。但是如果你把这一勺醋倒在刚起锅的麻辣鱼上，他会不知不觉地吃下去，还觉得味道真不错。情境之于知识，便是醋之于鱼、盐之于汤，其重要性不言而喻。

在语文学习中享受成长

成都高新区锦城小学　龚贵虹

皮亚杰曾指出："所有的智力方面的工作都依赖于兴趣。"兴趣是学习的先导，是需求的动力，只有找到并正确运用了激发小学生学习语文的兴趣的方法，小学生才会将"要我学"转化为"我要学"。小学生有了学习兴趣，自然就如花香引来蜜蜂一样，努力寻求学习机会,从学习中获得信息,得到满足,产生愉悦的情感体验。得到的知识和愉快的体验又会增加学习的兴趣。

苏霍姆林斯基指出:"成功的欢乐是一种巨大的情绪力量,它可以促进儿童好好学习的愿望。请你注意无论如何不要使这种内在的力量消失,缺少这种力量,教育上的任何巧妙措施都是无济于事的。"小学生好胜心强,开展适当的竞赛活动,让小学生在一次又一次的竞赛中体验成功的欢乐,非常符合小学生的年龄特点,有利于使小学生获得并保持学习的兴趣。比如,可以开展分类收集成语的竞赛、收集春联的比赛、朗读比赛、办小报比赛、写读书笔记比赛、科技征文比赛等。由于竞赛是一种具有趣味性、刺激性和挑战性的活动,为了取得胜利,小学生必然要做好充分的准备工作,必然要去学习。而小学生通过竞赛获得了胜利,由于学以致用或读写结合,保持住了学习的兴趣。多阅读、勤积累,头脑里储存的信息多,可调用的资源就多。小学生多背一些古今中外的佳作美文,自然能做到出口成章。当然,千万不能死记硬背,应在理解的基础上积累,尤其要多运用。

常玩语文游戏,如:成语接龙、猜谜语、对对联、讲故事、说笑话、报新闻等,"玩转"语言,让语文成为孩子快乐的源泉。

说到习作,确实让不少小学生望而生畏。我们可以引导学生观察生活,写见闻和感受,不过,要多写那种可以不给任何人看的文字,有话则长,无话则短。即使只写100字也没关系。这样的小文,小学生是乐意写的。写到上千回,不写都不痛快,下笔自然有神。下面是我和孩子们关于习作的故事。

马小跳旋风

有一段时间,我们班刮起了一阵"马小跳旋风"。孩子们对"淘气包马小跳系列丛书"爱不释手。我对大家说:"好消息,好消息,《我们班的男生女生》开始征稿了,欢迎大家积极投稿。""可以夸张吗?""可以写真事吗?"……"当然,不过你的文章一定要有趣。有信心挑战杨红樱阿姨吗?老师期待着拜读你们的大作。"孩子们顿时激动得热血沸腾。你别说,孩子们的文笔还真不错!杨银杏的《橘皮大战》、代玉琳的《螃蟹男生》、庄伟林的《我们班的女魔王》、陈隆阳的《我的同桌》、廖传贵的《世界大战》……都让大家一饱眼福、开怀一笑。不过有时也给个别孩子带来尴尬,例如小陈的《奇怪的男生》中,把小李写成了十足的假女生,小李为此很生气,他在《我的烦恼》一文中进行了倾诉。我没有责怪小陈,只是问她是否运用了夸张的手法,她点了点头。我肯定了她语言的幽默风趣,但建议她为主人公换一个名字,并请她向小李同学做一个解释,她欣然应允。我又和小李谈了一次心,首先表扬他在《我的烦恼》一文中写出了真情实感,同时告诉他男孩子应该有宽广的胸怀,相信他一定能成长为真正的男子汉。

动人的诗篇

　　九月十日是教师节,每年这天孩子们都会用自己喜欢的方式向敬爱的老师表达节日的祝福,今年的教师节也不例外。我们围绕教师节畅所欲言,我提议把自己感受最深的内容写下来,题目自定。半个小时左右,大部分孩子已经完成,有的写下了自己与老师之间发生的故事,有的介绍了送给老师的"礼物",有的写下了对老师的感激之情,有的向老师讲述了自己的心里话……他们动情地念着自己的习作,表达着自己对老师的爱——这是世上最动人的诗篇!通过这次习作,孩子们知道了真情实感是最美的语言。

所见所闻也是文章

　　国庆长假结束了,孩子们又回到了校园,我们充分利用这个机会交流了长假期间的见闻,孩子们讲得眉飞色舞。我建议大家用手中的笔记录下这些经历,孩子们一致赞同。我的下水文《奇怪的房子》《我成功了》就是那次和孩子们一起完成的。孩子们真切地感受到所见所闻也是文章。

四十三个故事

　　活动是习作的好材料。十月,学校组织孩子们到机场参加社会实践活动。回校以后,我和孩子们进行了交流。我问孩子们今天的活动有意思吗,孩子们高兴地说活动很刺激。我问他们参加了哪些活动,觉得哪项活动最难忘,为什么。孩子们争先恐后地向我介绍。我抓住这一机会对孩子们说:"老师非常想听你们的故事,可我的耳朵忙不过来,怎么办呢?"聪明的孩子立刻对我说:"我们把故事写下来给你看。"我微笑着点点头。第二天,我收到了四十三个故事。

留住这场雪

　　一月五日是小寒,听老人们说小寒这天天气通常特别冷,如果小寒不冷,开春以后也会降温。到底是不是这样呢?我以前没留意,今年打算和孩子们一同观察。没想到小寒这天有了意外的惊喜——下了一阵小雪!这可把我和孩子们乐坏了!下午的语文课,我们便聊起了这场雪。你们是怎么发现雪的?发现下雪时你们有什么反应?这雪有什么特点?……孩子们主动提出要用手中的笔,留下这难得一见的雪。孩子们意识到生活中不是缺少美,而是缺少发现。

　　……

　　相信我,相信你,语文学习是快乐的,语文老师是幸福的。让我们和孩子一道学习语文,享受成长。

英语课只学英语吗？
——跨学科整合课程的教学实践与反思

成都高新区锦城小学　卢尧

【摘要】 锦城小学实施乐群教育，"悦身心·会合作·善思辨"的教育理念为跨学科课程的实践探索提供了丰润的土壤。作为学校的一名英语教师，在《义务教育英语课程标准（2022年版）》指导和学校文化的浸润下，我有意将英语课堂打造为"英语+"课堂，尝试将跨学科教学融入教材每个单元教学。本文以人教版（新起点）英语教材一年级上册为依托，反思个人的跨学科教学经历，为更好地实现"与快乐相伴，有思维碰撞，更有认知建构"的课堂目标而努力。

【关键词】 小学英语；学科融合；教学策略；教学反思。

一、"英语课只学英语吗？""不！"

《义务教育英语课程标准（2022年版）》中已有明确的答案：带动课程综合化实施，设立跨学科主题学习活动。要求原则上各门课程用不少于10%的课时设计跨学科主题学习。在义务教育步入核心素养时代之际，打破学科壁垒，实现英语与其他学科的融合，是培养"三有"时代新人的重要途径。

二、"如何实现英语与其他学科的融合？""找到融合点！"

通过对单元主题意义的探究和对重点知识的分析，找到有交叉主题或知识点的其他学科，提炼出合适的融合点，将融合点的学习列入教学目标，是实施跨学科教学的基本途径。

三、"一年级上册每个单元都有跨学科融合点吗？""有且不止有1个！"

笔者以人教版（新起点）英语教材一年级上册为例，对6个单元均尝试做跨学科教学（见表4-23），发现学科间的界限并不是泾渭分明的，每个单元可找到的融合点有且不止1个。教师需以学生为本位，综合分析学情，选取更合理、更有价值的融合点，列入教学目标，精心设计教学，以达到英语学习与百科学习相互促进。

表 4-23　英语跨学科教学表

单元	跨学科科目	融合点
Unit 1　School	语文	小书包（人教版一年级上册课文）
Unit 2　Face	美术	自画像
Unit 3　Animals	艺术	手影
Unit 4　Numbers	数学	加减法
Unit 5　Colours	科学	动物保护色
Unit 6　Fruit	劳动	水果沙拉

四、如何实施跨学科教学？

（一）认同跨学科教学理念

英语新课标明确指出，英语课程具有基础性、实践性和综合性特征。课程性质已指明了英语专业知识的学习仅仅是英语教学的一小部分，更重要的是通过英语课堂看世界、享生活、做自己，引导学生在真实情境中解决问题。教师首先要认同跨学科教育理念，同时积极主动汲取跨学科知识，善于与其他学科教师交流，教师角色由单一型向综合型转换。

（二）突破教学方式

在新的教育理念下，跨学科的教学活动应从生活中的真实情境出发，立足于学生的兴趣和发展需求，增加小组合作、任务型、项目式、互动式和体验式的教学方法，使"英语+"课堂更具真实性、关联性、多样性和挑战性。

以第三单元 Animals 复习课教学设计为例，本课融合了艺术和美术，将英语语言的学习与手影艺术形式和小动物简笔画融合起来，打造"英语+艺术"和"英语+美术"的课堂。涉及跨学科教学环节如下：

1. 手影游戏

（1）播放手影影片，教师示范表演手影，学生感知手影游戏。

（2）根据手影教学视频，学习4种简单的手影动物（cat, dog, bird, spider）。

（3）双人合作，一人表演手影，一人猜测，运用目标句型问答"What's this？""It's a..."。

图4-31　教师示范手影

图4-32　学生表演手影,并用英语问答

2.学习动物简笔画,制作单词卡

(1)播放小动物简笔画教学视频。

(2)请学生绘制学习卡(绘制动物,完成单词卡制作)。

(3)学生当小老师,用目标句型询问"What's this?"其他学生回答"It's a..."。

图4-33　动物简笔画教学视频

图 4-34　学生现场画画，展示画作　　　　　图 4-35　学生作品

五、实施跨学科教学后，课堂有哪些变化？

（1）通过真实性的教学活动，缩短了课本和生活的距离，丰富了单词和句型的使用场景，避免了学生只会条件反射地背出课本对话。

（2）通过关联性的教学活动，打破了学科间的壁垒，将原本割裂的学科联系起来，激活了学生的创造力和想象力，培养学生的迁移能力。

（3）通过多样性的教学活动，激发学生学习和探索的兴趣，调动了学生自主学习的主观能动性，这是提高课堂效率的重要前提。

（4）通过挑战性的教学活动，调动了学生合作学习的能动性，让学生在习得跨学科知识的同时，获得跨学科的综合技能。

跨学科教学，实施"英语+"课程，其本质不是增加了某个学科，而是增加了真实的世界和鲜活的生活。核心素养时代，教育工作者要帮助学生形成正确的价值观、必备品格和关键能力，以更好地适应未来社会发展。如何通过课堂教学实现其目标，"教什么"和"为什么教"的问题要优先于"怎么教"。如果跨学科教学可以实现英语与百科学习的双赢，发散学生思维，提高创造力，让学习实现增值，那么教师需要积极、大胆地开展跨学科教学研究和实践，让英语课堂不仅仅只有英语，让跨学科课时占比不仅仅只有10%！

细化教法学法，促进能力提升

——小学语文"乐群学堂"实施路径探究

成都高新区锦城小学　江凌、康涛霞

在新课改的推动下，基于立德树人根本任务，针对目前语文课程改革中存在的重教书、轻育人，重英才培养、轻公民教育，重因"教材"施教、轻因"人才"施教，以人为本、分层教学等理念流于口号，学生在课堂上被动学习等问题，我们提出"乐群学堂"的教学主张，将学生"自学""共学""享学"的学习方式与教师"先学""让学""助学"的教学策略在语文教学中合理运用，从而构建语文教学的基本思路和结构，旨在通过改革和优化现有的教学内容和教学方式培养学生的关键能力和必备品格。

一、学生"自学""共学""享学"学习方式的提炼与运用

（一）自学

没有充分独立的思考，就没有平等有效的交流。在自学过程中，学生以议题为导向，通过研读文本，初步与文本、与作者、与自己对话，用自己喜欢的方式进行勾画、批注，及时将自己的所思所得记录下来。比如，对主要内容的理解，对中心思想的感悟，对文章表达的思考……建构已有知识经验和学习内容之间的联系，初步形成具有个体特色的认知观点，为"共学"做好准备。

（二）共学

没有和谐平等的对话，就没有灵动高效的生成。在学生自学的基础上，乐群学堂让选择相同议题的学生自由组合，形成5人以内的小"群落"，进行20分钟的合作共学。共学的最大特点就是"选择"，自由选择学习内容，自由选择合作伙伴，自由选择学习地点。学习时，学生在相对放松的环境中，或两人一组，或三五成群，或围桌探讨，或倚墙而坐，对自己喜欢的议题进行讨论交流、补充完善。先商讨汇报内容，再思考汇报方式。自由带来的不是散漫，而是专注。共学时，按学生自由意志形成的"群落"更容易具有"同质化"特征，有的学力相当，有的志趣相投，有的互帮互助，成员之间有更多的共同语言，能更深入地交流切磋，碰撞出智慧的火花，完成适合自己的任务，达到每个学生的"真"发展。

学生的学习"群落"随着议题的变化而产生新的分化重组，灵活性强，让学生在与不同成员合作的过程中，接受多元化的影响，逐步调整自己的沟通能力，强化担当意识和创新品质，逐渐学会接受改变、适应改变、积极改变，甚至引导改变。我们努力践行陶行知先生的育人理念："要解放孩子的头脑、双手、脚、空间、时间，使他们充分得到自由的生活，从自由的生活中得到真正的教育。"

(三)享学

乐群学堂提倡在每一篇课文的学习中,务必保证每个孩子在课堂上享有"三个一":有一次自学建构的机会,有一次组内合作交流的机会,有一次全班展示分享的机会。"享学"就是学生享受学习过程,分享学习成果,享受学习成就。"人生的最大快乐,是自己的劳动得到了成果。"在"享学"中,学生在分享学习成果、展示自我的过程中,存在感不断增强,个人价值得到体现,深深爱上语文乐群学堂。

二、教师"先学""让学""助学"教学策略的提炼与运用

(一)先学

教师"先学"学生和教材,做到心中有经纬,以便在后面的"让学"和"助学"中有的放矢。乐群学堂中,教师从学情和教材出发,设置有梯度的议题,并为议题设置相应的分值。议题的确定把握三个原则:一是生本化,让每个孩子都能找到适合自己的"水晶鞋";二是思维层次,议题的设置对查找与回忆能力、理解与分析能力、评价与反思能力都要有所兼顾;三是开放性,灵活的议题能促进学生思维多向发散,有"一石激起千层浪"的效果。如在教学《郑人买履》时,教师在遵循以上原则的前提下,设置了如下议题:

(1)我能用自己的话说一说这篇文言寓言的意思。(10分)

(2)我能理解寓言的寓意,并举一反三创编文言寓言。(15分)

(3)我能分析编者把《刻舟求剑》《郑人买履》《他发明了什么》同时安排在"方法"这一单元的原因。(20分)

各议题的设置,让不同层次的学生"跳一跳都能摘到桃子"。

(二)让学

在乐群学堂中的"让学",主要表现在三个方面。

(1)让时间:每篇课文给孩子5分钟自学的时间,20分钟共学的时间,让孩子们充分与文本对话、与同伴深入交流。

(2)让空间:每次共学,可以在教室里自由选择空间位置,以比较放松的身心投入自由而有序的共学中。

(3)让选择:因为学生的兴趣爱好、已知未知不同,所以我们允许学生选择学习任务;因为学生的知识能力、情感志趣不同,所以我们允许学生选择学习伙伴。

陶行知先生教育我们:"立脚点上求平等,出头处谋自由。""让学"的背后是"因材施教","让学"的背后是"自由民主","让学"的背后是"责任担当"。

（三）助学

在"乐群学堂"中，助学的主要体现：一是教师在学科上的助。在学生学而不达时引导；在学生学有所获时小结；在学生出彩创新时引爆。二是教师在育人上的助。主要表现在保证每一个孩子都享有展示分享的机会，让学生从小沐浴在相对公平的阳光下；引导汇报者和听众之间的相互尊重与自重，引导学生评价要中肯……

三、乐群学堂"四环节"的细化与运用

语文乐群学堂的教学模式，就是通过"自学""共学""享学"学习方式以及"先学""让学""助学"教学策略在语文教学中的运用，形成语文教学的基本思路与结构。在不断的实践中，我们总结了教学的"四环节"：个体独学、小组合学、师生共学、总结拓学。同时根据不同课型，对"四环节"加以细化和运用。以阅读教学为例，乐群学堂的基本模式是：出示课题，读通课文—选择议题，潜心自学—选择伙伴，合作共学—选择形式，分享提升—小结收获，拓展延伸。

（一）出示课题，读通课文

教师或情境导入，或开门见山地引出课题，学生在预习的基础上，以开火车的方式个人朗读课文，教师及时正音，帮助学生把课文读正确、读通顺，形成整体感知。

（二）选择议题，潜心自学

学生需要从几个议题当中，选择适合自己的学习内容，这个过程实质上是学生对自己现有状况的判断，对自己可能到达的理想状况的评估。选择议题后，学生进行5分钟的自学，为之后的平等对话和高效合作做准备。

（三）选择伙伴，合作共学

学生在自学的基础上，以相同议题为分组的原则，自由组合，进行20分钟的合作共学，可以是合作交流，也可以是思辨问答，每个学习"群落"的人数限制在4人以内，保证每个学生全面、深度参与的时间。自由的分组，让每个学习"群落"成员之间能更均衡地享受学习过程，在对话与选择中享受共学的快乐！

（四）选择形式，分享提升

选择相同议题的小组一起站在讲台上，依次将本组学习所获向全班分享。一个小组分享完后，下面的听众将从学习效果、汇报形式、参与态度等方面对该学习"群落"进行"1+1"的评价，最后共同提升、全面提升。等待所有小组都汇报结束后，由同学和老师对相关知识点进行整合、梳理，对汇报"群落"进行综合评分。

（五）小结收获，拓展延伸

学生以议题为导向，对文章的内容、中心、表达进行回顾梳理，对自己在学习过程中的情感态度进行小结，教师择其重点完成板书，小结学生在人格和学力上的收获。

总之，乐群学堂的目的，不仅是着眼于语文学科实用性的知识和技能，更是要唤醒学生的力量，培养他们自我学习、终身学习的主动性，抽象的理解力和判断力，以便使他们在目前无法预料的种种未来局势中，做出有意义的选择。

任务驱动提量感，整体建构显素养
——大单元视角下"什么是周长"教学设计

成都高新区锦城小学　杨露

【摘要】在"周长"这一单元的教学中，结合学生的生活实例帮助学生逐步建立周长的概念；重视实际的测量活动，帮助学生积累测量各种图形周长的活动经验；突出计算图形周长的一般方法，注重探索过程的展示与交流。在大单元整体教学视角下发展学生的量感、空间观念和初步的几何直观等数学核心素养。以"什么是周长"为课例，以任务驱动的形式开展项目式学习，逐步发展学生的结构化能力。

【关键词】核心素养；大单元教学；结构化。

I　单元教学维度

一、大单元教学理念下本单元教材解读

（一）本单元教材分析（内含"知识结构化"在本单元的具体表现）

本单元是在学生已经认识长方形、正方形、三角形、平行四边形等平面图形的基础上进行教学的。这一单元的主要目标是理解周长的意义，学会测量和计算一些简单图形的周长，探索并掌握长方形、正方形周长的计算方法，是以后进一步学习其他平面图形周长和面积有关知识的基础。"周长"单元的纵向分析见图4-36。

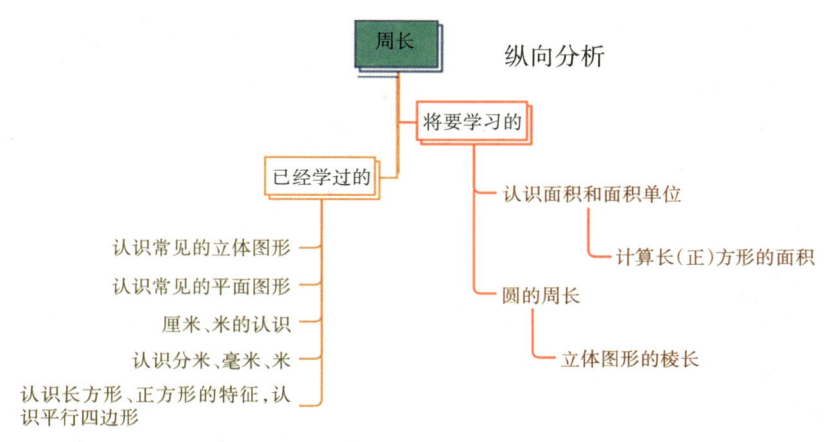

图 4-36 "周长"单元的纵向分析图

教材中设置了丰富的测量活动让学生结合实例认识周长、在测量（操作）经验上抽象出多边形周长的计算、长（正）方形周长的计算和单元练习，发展学生的空间观念，共安排了4个课时。基于学生的情况和本单元知识的重要性，增加了一节测量教室的综合实践课，见图4-37。

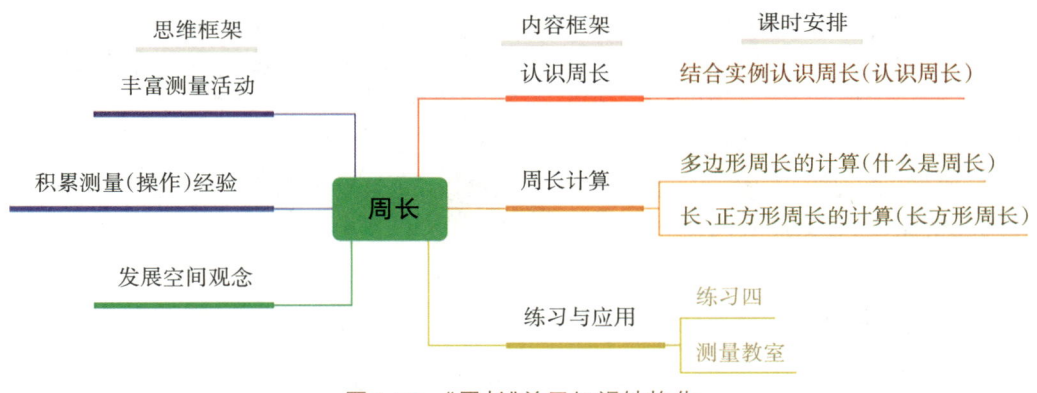

图 4-37 "周长"单元知识结构化

（二）本单元需要渗透培养的主要数学核心素养

根据《义务教育数学课程标准（2022版）》的要求，本单元主要聚焦学生在该学段经过平面图形的周长测量过程形成量感、空间观念和初步的几何直观等数学核心素养。量感主要是指对事物的可测量属性及大小关系的直观感知。空间观念主要是指对空间物体或图形的形状、大小及位置关系的认识。几何直观主要是指运用图表描述和分析问题的意识和习惯。它们在"周长"一单元中具体表现如下：

1. 量感

（1）知道"周长"对应事物的可测量属性是长度，而非面积。

（2）测量之前能选择合适的度量单位，能通过测量和计算得到周长，能估计物体的周长。

(3)会选择恰当的测量工具和方法,合理得到物体表面和平面图形的周长。

2.空间观念

(1)能通过观察、思考、描一描等方式,抽象出一个物体的周长,理解周长的实际含义。

(2)能根据描出的物体周长,想象出所描的实际物体。

3.几何直观

(1)能感知各种几何图形及其组成元素,会依据图形特征分为一般图形和特殊图形。

(2)能分析图形的性质,掌握求多边形周长的一般方法,理解并掌握长方形、正方形周长的特殊方法。

(3)能通过画图理解与周长相关的实际情境问题,探索解决问题的思路。

二、本单元教学中渗透数学核心素养培养的思考

为了深度发展学生的量感,让学生结合生活实例感知物体的周长,通过"摸、描、量"等操作活动,将二维的面抽象为一维的线,建立周长是可测量的长度这一表象,以任务驱动开展项目式学习,选择合适的工具和方法测量物体表面的周长,通过测量或计算得到结果。以"感知、操作、计算"三步走的策略深度发展量感。

为了深度发展学生的量感这一数学核心素养,本节课以"联系生活,认识周长"为开始,通过"直观操作,感知周长"为体验,结合"问题迁移,应用周长"为助力,最后,共同总结课堂,重构周长的概念。

三、本单元目标

基于对教材的理解,以发展学生数学核心素养为宗旨,制定如下教学目标:

(1)结合具体实物或图形,通过观察、操作、比较、归纳等学习活动,认识周长,理解周长的实际含义,初步建立周长的概念;

(2)能选择合适的方法测量出简单图形的周长,探索并掌握长方形、正方形和其他多边形周长的计算方法,并能正确计算;

(3)结合具体情境,运用计算图形周长的方法解决实际生活中的简单问题,感知图形知识与实际生活的密切联系;

(4)在探究图形周长的活动中,激发探究欲望,感受数学学习的乐趣。

四、本单元评价

目标是导向,评价应贯穿整个学习过程,不仅应该评价学生的知识掌握情况,更应该对学生的动手能力、综合素养作出评价。因此在本单元的评价过程中,会结合上课提问、作业反馈,了解学生能否结合实例理解周长的含义,掌握简单图形周长的计

算方法,运用计算周长的方法解决简单的实际问题。结合给自己打等级、组长评价、开展自评与互评的模式检验学生在项目式学习中是否积极发表自己的意见,敢于质疑,主动反驳,共同探究。通过希沃白板和手机开展交互式课堂,实时演示学生的操作活动,及时表扬,及时纠错。

Ⅱ 课时设计维度

一、设计理念

本单元的整体设计思路是以"周长"为大概念,以解决如何在"形"与"量"的感悟中认识周长这一核心问题为出发点,以"什么是周长—如何测量物体的周长—利用周长解决实际问题"为主线,一步步发展学生的结构化能力。结合项目式学习计划,在小组直观操作、解决问题冲突中发展学生的核心素养,从小组解决问题的反馈中,反推教学目标的落实情况,从而达到教学评的一致性(见图4-38)。

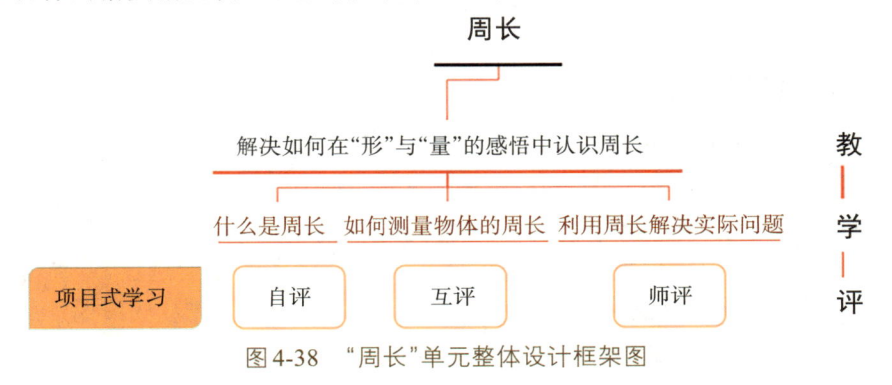

图4-38 "周长"单元整体设计框架图

二、教学内容

(一)课时教学内容与知识属性界定

"什么是周长"是北师大版数学教材三年级上册第五单元的内容。本单元内容包括:认识周长,多边形周长的测量与计算,长方形、正方形的周长计算方法,运用周长等知识解决生活中的简单问题。对本节课的知识属性界定分为三步走,即学什么,学到哪种程度,怎么学(见图4-39)。

1. 学什么

周长,即物体表面或封闭图形一周的长度,属于概念性知识。

2. 学到哪种程度

建立正确的概念,即知道周长是"特殊"的长度,会用适合的工具与方法测量周长,用长度单位度量周长,能正确描出周长,在方格图上数出周长。

3. 怎么学

结合实例以任务驱动项目式开展直观操作活动来学习。

```
                    ┌─ 学什么 ────── 周长的概念性知识
                    │
                    │                ┌─ 建立正确的概念
什么是周长 ─────────┼─ 学到哪种程度 ─┼─ 会选择合适的工具测量
                    │                └─ 用长度单位度量图形的周长
                    │
                    │                ┌─ 结合生活实例
                    └─ 怎么学 ───────┼─ 直观操作活动
                                     └─ 任务驱动项目式开展
```

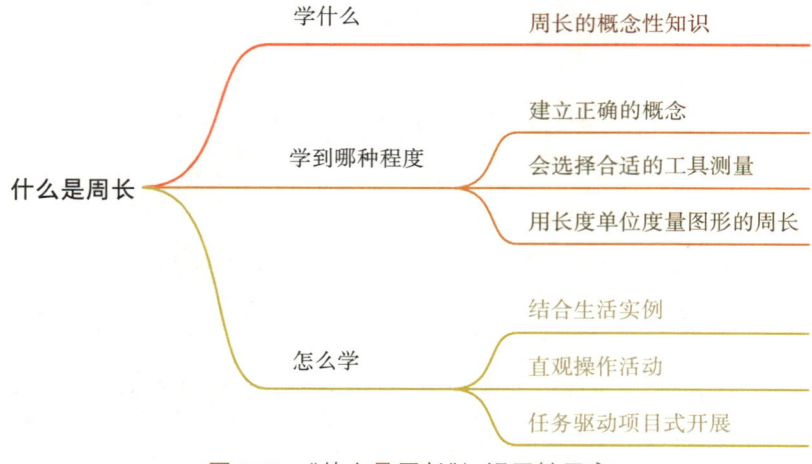

图 4-39 "什么是周长"知识属性界定

三、课时教材分析

（一）本课时教材编排意图

本节课是学习平面图形周长的起始课，帮助学生建立正确的周长概念是本节课和本单元学习的重点。在教材的编排上注重对周长概念的建构过程，避免学生在解决有关实际问题时产生困难和障碍，结合学生已有的知识和经验，从不规则的图形入手，通过看、描、量、数的系列操作学习活动，让学生直观地体验和感悟周长的实际意义，一方面避免学生产生只有规则图形才能求周长的思维定式，另一方面也避免学生在后续学习中把周长和面积的概念混淆。学生从周长意义的角度探索出如何得到平面图形周长的一般方法，体现知识的产生、形成与发展的过程，为后续学习奠定良好的基础。

（二）与其他版本教材的对比

人教版教材在编排上是先让学生认识四边形，再理解长方形和正方形的特征，从而抽象出周长的含义，探究长方形和正方形的计算方法，然后解决实际问题，拓展长方形周长的变化探究。

苏教版教材也是先观察分析长方形和正方形的特征，测量长方形的长和宽、正方形的边长，从而认识图形的周长，计算图形的周长，利用周长解决实际问题，同时探究面积相等时，周长的变化情况。

西师大版教材让学生先理解周长的含义，并测量图形的周长，再学习规则图形长方形和正方形周长的学习，最后解决实际问题。

通过对比分析发现，人教版、苏教版和西师大版这三种不同版本的教材，在周长这一单元内容上的编排基本相同，都是从实物图像抽象出一周边线建立周长概念，经历测量活动总结周长计算方法，再运用到解决实际问题中。

(三)显性知识与隐性知识

显性知识是以书面、图标、数字、公式等表达出来的，即周长的概念、测量周长的方法、计算周长的方法等都属于本节课的显性知识。隐性知识是难以表达出来的某些知识，即根据本节课发展学生的量感水平、推理意识和空间观念等数学核心素养（如图4-40所示）。

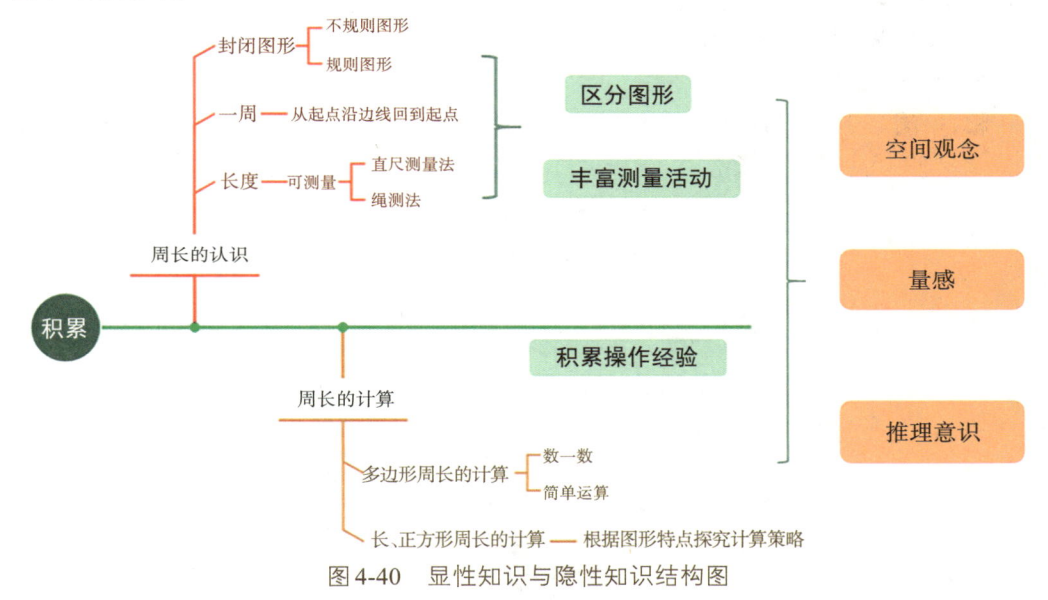

图4-40　显性知识与隐性知识结构图

(四)知识结构图

本节课我以"淘气的运动计划"的情境为明线，以"周长的认识—测量—应用"为暗线，结合项目式学习探究树叶和数学书封面周长的活动，使学生主动参与到知识形成的整个思维过程中。本节课的知识结构如图4-41所示。

图4-41　知识结构图

四、学情分析

(一)访谈问题单

为了解学生情况,在学习本节课之前,随机抽取20名学生进行访谈。学生现状与可能存在的学习困难如下:

(1)这20名学生都知道可以通过正确使用直尺测量第一条线的长度,并且都能测量出它的长度。

(2)10名学生知道用软尺测量曲线的长度,6名学生知道用线来比对曲线,并测量出它的长度,4名学生不知道怎么测量。

(3)8名学生能够结合树叶大概说出什么是周长,9名学生言语表达模糊,3名学生不知道什么是周长。

根据访谈结果分析发现,学生对周长概念理解模糊,在不提供线的情况下不知道应该怎么测量树叶的周长。

图4-42 前测单

五、教学目标

(1)结合实物和图形,通过观察、对比、操作等活动,认识物体表面和图形的周长,发展量感和空间观念。

(2)经历观察、测量等活动,能选择合适的方法测量物体表面的周长,发展量感和初步的几何直观。

(3)通过项目式学习,发展批判性思维、交流与合作的能力,体会数学与生活的密切联系,发展数学素养。

六、教学重点及突出重点的措施

根据前测分析学生对周长的概念理解模糊,因此教学重点为结合实物理解周长的概念。为了充分让学生认识周长、感知理解周长,教学过程中采用了"淘气要跑草坪一圈"的计划(见图4-43),先出示没有沿边线跑的运动轨迹,在学生指出问题所在后,再次出示沿着草坪的边线跑,此时是沿着边线但没有跑完,又与学生的认知发生冲突,让学生得出要沿着边线完整地跑一圈才是草坪的一周,顺势揭示周长的概念。此时是初步认识什么是周长,要想真正地理解周长的意义,还需要结合后续的操作活动,剥离图形的一周再测量,才能从二维的面抽象出一维的线,深度理解周长是"形"与"量"的结合。将重点知识从意义的理解发展到直观操作,深刻理解什么是周长。

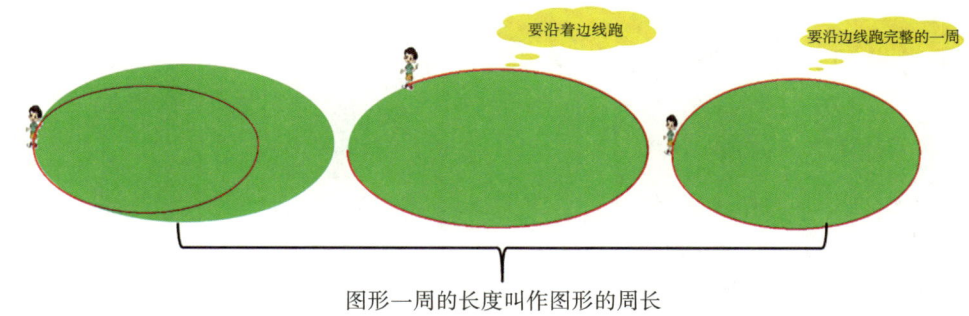

图形一周的长度叫作图形的周长

图4-43 周长概念揭示教学过程图

七、教学难点及突破难点的措施

度量周长的方法是学生很容易出错的地方,因此也是本节课的教学难点。为突破教学难点,进一步理解什么是周长,将学生分为4人一个小组,以任务驱动开展"摸、描、围、量"数学书封面和树叶周长的活动。在活动过程中鼓励每位学生都动手操作,积极参与到活动中,利用组内合作、组外竞争的形式充分调动学生的学习兴趣。结合学生的自评与互评找到测量过程中存在的问题,反思纠正。这里会先让学生测量数学书封面的周长,再测量树叶的周长,通过对规则图形和不规则图形周长的测量,渗透"化曲为直"的思想,突破教学难点(见表4-24)。

表4-24 活动记录表

图形	用到的工具	周长	遇到的问题	自我评价
数学书封面				提出测量方案:★★★
树叶				参与测量活动:★★★
				完成小组任务:★★★

八、资源与工具

本节课虽是概念学习课,但设置了大量的操作活动,因此在本节课的教学过程中,为学生提供了工具包让其(如图4-44)选择性使用。

结合多媒体教学手段,使用希沃白板和手机建立交互式课堂,实时演示学生的操作过程,提高课堂效率,提升学生的科学素养。

图4-44 可选择工具包

九、课时学习评价与作业设计

(一)课时学习评价

目标是课堂教学的支点,但教了不等于学会了。评价应贯穿课堂始终,促进目标达成。因此,本节课的评价任务如下:

(1)准确描出物体表面或图形的边线,结合实物说出周长的概念;

(2)用直尺测量规则图形的周长,知道用化曲为直的思想测量不规则图形的周长;

(3)能数出由单位长度围成的图形周长。

(二)作业设计

课后作业是检验学生对本节课的重难点掌握情况、反馈学生的学习效果的途径,因此本节课结束后,教师设置了能力拓展型作业,思考从刚刚数出周长的长方形里拿走一个正方形,它的周长会不会发生改变(见图4-45)。

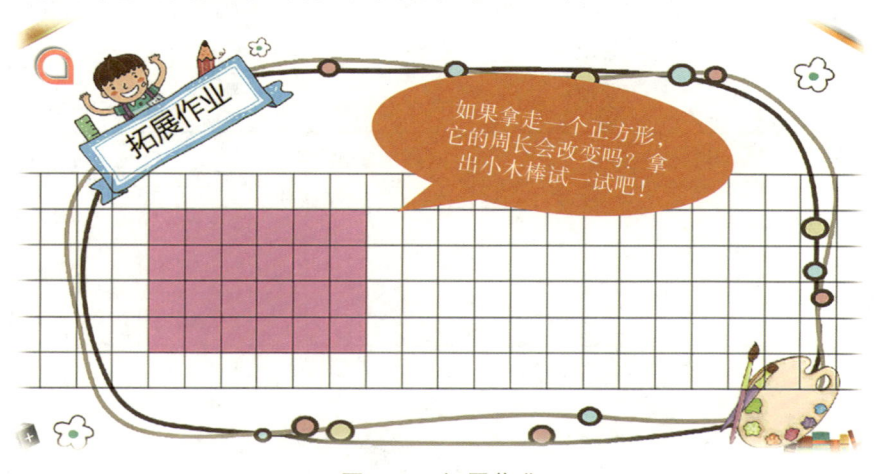

图4-45 拓展作业

此外，教师还设置了综合实践作业，将测量出的人体头围、腰围等合理地记录在活动单上，以此培养学生的应用能力，提升学生的量感水平(见表4-25)。

表4-25　实践作业表

我测量的	工具	周长	自我评价
			正确选择测量工具：★★★
			使用合适的方法：★★★
			测出或计算出周长：★★★

十、教学过程预设

表4-26　"什么是周长"教学设计表

教学环节(问题及活动投放)	预设学生反应	教师对应的调控
(一)联系生活，认识周长(师生共学) (1)判断淘气这样跑是否是草坪的一周。 ① 要沿着边线跑 ② 要沿边线跑完整的一周 ③ (2)在学生认识什么是一周后揭示周长的概念。	(1)根据课件的演示，学生能够找出①没有沿着草坪的边线跑。 (2)根据课件的演示，学生能够找出②没有沿着草坪的边线完整地跑一圈。 (3)学生通过情境对周长的概念有初步的认识。	(1)在学生理解①没有沿着草坪的边线跑时，出示课件②。 (2)让学生理解"完整"的含义，分别设置没有跑完和跑过的情境。 (3)结合学生的问题，顺势揭示周长的概念。
【设计意图】以贴近生活的场景教学，激起学生的学习兴趣，调动学生的主动性和自觉性，促进学生结构化思维的形成。		

311

续表

教学环节(问题及活动投放)	预设学生反应	教师对应的调控
(二)直观操作,感知周长(小组合学) (1)摸一摸,数学书封面和树叶的一周。 (2)描一描,数学书封面和树叶的一周(记录在后面附页1、2页)。 (3)量一量,数学书封面和树叶的一周。 (4)选择小组活动工具(老师准备了3个工具包,根据活动任务,小组讨论选择哪一个工具包使用)。 (5)了解小组活动要求。 (6)小组分工合作,动手操作。	(1)学生能够较容易地摸出数学书封面和树叶的周长。 (2)在描的过程中画得不够规范。 (3)根据小组讨论选择使用不同的测量工具。 (4)观察并分享选择工具包1、2的小组在测量树叶时出现的困难。 (5)选择工具包3的小组可能发现直接用软尺就能测量出数学书封面和树叶的周长。	(1)在摸一摸和描一描环节,根据学生的实际课堂情况强调周长的概念。 (2)当小组提出遇到困难时,引导学生思考为什么会遇到这样的困难,在选择测量工具时应该注意什么。 (3)如果没有小组选择工具包2或3,在学生汇报完测量结果后引导学生思考用工具包2和3是否也能达到目的,为什么。

【设计意图】通过直观操作活动,将物体的一周剥离,再测量长度,由二维的面抽象出一维的线,深度理解周长是"形"与"量"的结合。这里会先让学生测量数学书封面的周长,再测量树叶的周长,通过对规则图形和不规则图形周长的测量,渗透"化曲为直"的思想,同时揭示知识的内在联系,促进学生结构化思维的发展。

教学环节(问题及活动投放)	预设学生反应	教师对应的调控
(三)问题迁移,应用周长(个体独学) (1)利用方格子数一数,下面图形的周长分别是多少厘米? 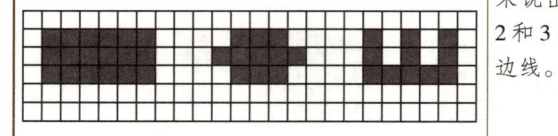 (2)变式训练。 ①蜗牛沿着图形的边线走一周,请将它们走的路线画出来。  ②数一数,下面图形的周长分别是多少厘米? 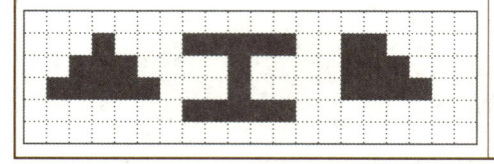	(1)图形1对于学生来说出错概率较小,图形2和3学生容易漏掉部分边线。 (2)经过一节课对周长的学习,学生能够较容易地画出蜗牛的行走路线。 (3)在数的过程中多数学生通过先描出图形的边线再数一数的方法完成,少部分学生可能想到平移成长方形的方法。	(1)第(1)题学生完成后先组织学生集体交流展示,说说各自的方法,适时提醒学生注意记清楚起点的位置,并适时启发学生将边线分为水平方向和竖直方向两类分别统计。 (2)有了第1题的经验,第(2)题学生的正确率会有所提高,但思路可能会停留在先描一描再数一数或者把边线分为水平和竖直两类统计这两种方法上,在此鼓励学生积极思考尝试其他方法,感受方法的多样性,适时引导平移的方法。

续表

【设计意图】知识的学习是为了更好地解决现实问题,因此在学生充分感知周长的意义后,设置了数出图形周长的任务,让学生理解周长只是图形所有边线的总和,进一步理解周长的含义。同时设置课堂练习(教材第46页练一练第1~2题),由学生自主完成。以此来整合思维,迁移知识,提升学生思维发展。

教学环节(问题及活动投放)	预设学生反应	教师对应的调控
(四)总结课堂,重构周长(总结拓学) (1)周长在生活中的实际应用。 (2)本节课你学到了什么?	(1)学生能想到的周长在生活中的应用。 (2)学生能够说出本节课自己的收获。	(1)结合学生的回答,总结或补充周长在生活中的应用。 (2)引导学生有条理地对本节课的内容进行总结。

【设计意图】再次联系生活,回顾课堂所学,将散落的知识点织网成面,优化学生的结构化思维。

十一、板书设计

本节课重点在于辨析理解"周"和"长",在"周长"的概念里,重点理解"一周"和"长度"。因此,为突出两个词的重要性,结合教学流程用红笔写出。树叶是不规则图形,结合测量数学书封面的方法,领会"化曲为直"的思想,这也是本节课测量方法的难点,需要体现在主板书中,副板书记录学生的问题,实时生成。图形结合,重点词特殊标注,突出重难点,让学生一目了然。

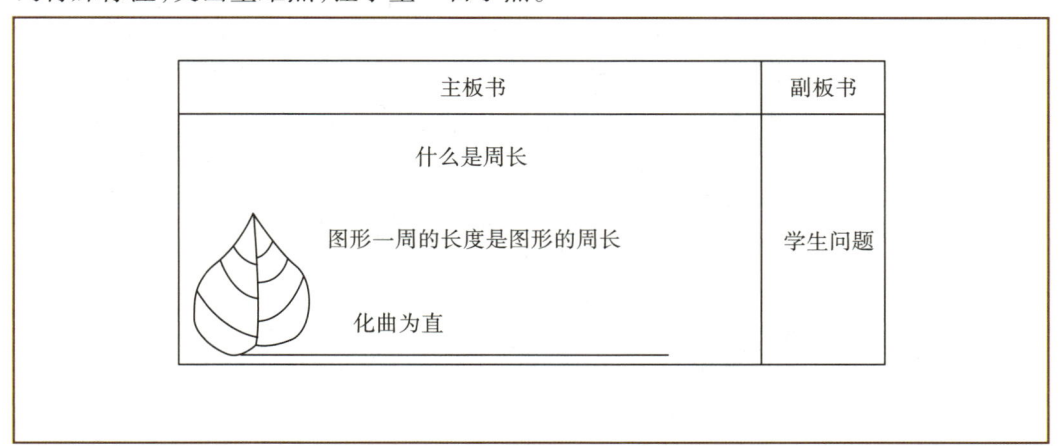

主板书	副板书
什么是周长 图形一周的长度是图形的周长 化曲为直	学生问题

图4-46　板书内容

体育与教育融合的实施路径研究

成都高新区锦城小学 张强

【摘要】 本文深化体教融合，关注青少年健康问题。体教融合的提出，是对青少年身心健康问题的积极回应，是学校体育与竞技体育合作由浅到深的实践探索。本文从整体贯彻"健康第一"的教育思想，从体育整合的角度建立新的目标体系，构建多样化的校园体育管理体系，增加校园体育资源的供给支持，体育和教育相互支持、相互渗透这五个方面解读体教融合的路径。

【关键词】 整合；学校体育；体育教育。

2020年9月，国家体育总局、教育部联合发布《关于深化体教融合 促进青少年健康发展的意见》（以下简称《意见》）。《意见》侧重于帮助学生体会体育锻炼的快乐，提高身体素质，全面发展个性，磨炼意志；提出了一系列重大改革措施，协调青少年文化学习与体育锻炼共同发展，完善青少年体育赛事体系。体育教育一体化理念是对新时期我国教育体育工作的全面部署和顶层设计。这对于全面加强学校体育工作，培养体育后备人才具有举足轻重的作用。

一、历史背景

中华人民共和国成立以来，体育与教育二者在发展过程中经历了三个阶段：体育与教育合作、体育与教育结合、体育与教育融合。

20世纪50年代，我国教育的指导思想是"使受教育者德、智、体全面发展，成为有社会主义意识的受教育者"。1952年6月10日，毛泽东同志为中华全国体育联合会成立大会题词："发展体育，增强体质。"旨在提高学生的身体健康水平。当时发展体育教育的根本目的也是"增强人民体质"，这符合教育的指导原则。因此，在大众体育的发展中，体育与教育相互配合。这种合作只是两者之间的外部互动和联系，是两者之间的短期交叉现象。

20世纪80年代末，中国开始尝试将体育和教育结合起来，要求全党全社会加强体育工作，逐步探索中国式的体育发展道路。体育与教育结合开始的标志是高校招收高水平运动员。现阶段，许多学校注重少数人的运动训练和比赛，忽视了全体学生的体育锻炼，青少年的身体健康素质在下降。在高水平运动员的训练中，这一时期的运动与教育是交叉的。该交叉口在一段时间内取得了显著成绩，但少数人的体育竞赛导致大规模群众体育活动停止，并没有从根本上促进青少年身体健康素质的提高。历史发展的线索表明，在新时期体育与教育相结合的过程中，迫切需要解决各种问题，体育与教育的融合势在必行。

二、体育与教育融合的目标

(一)体验乐趣,提高身体素质,改善个性,磨炼练志

体育与教育的融合,实质上就是把竞技人才的培养纳入国民教育体系。新时期学校体育强调体育的全面意义,以实现蔡元培提出的"完全人格,首在体育"的目标。姚明也曾提出,体教融合不能忽视人格塑造,围绕体教结合的各种顶层设计、体制改革和机制创新都应以人为本。在促进年轻人身体健康的同时,人格塑造也不容忽视。不仅要使青少年强壮,还要使他们享受体育活动和体育锻炼。因此,学校体育是教育的一个组成部分。

(二)发挥学校体育在提高体育竞赛水平中的基础性作用

通过学校体育引进优秀竞技体育后备人才,使青少年在"原生态"教育环境中接受系统的体育训练,稳步提升竞技水平。此外,全国学生运动会也要实现体育与教育的融合,改变以往"运动会是少数精英的舞台"的局面,让所有青少年都能参加适合自己的体育比赛,在促进全体青少年"享乐、强身健体、健全人格、磨炼意志"的基础上,发挥学校体育在提高体育竞赛水平中的基础性作用。

三、体育与教育融合的重大意义

体育与教育一体化政策的提出和实施对我国体育强国的建设和青少年的健康发展具有重大意义。学者刘波、王松等人指出,目前我国体育融合还面临如下困境:第一,我国经济社会发展发生了多种变化,需要调整和改革传统竞技体育"国家体制",以适应我国经济快速发展的特点。第二,受劳动力成本上升、学训矛盾、运动员退役安置等因素制约,竞技体育可持续发展这一问题得不到解决。第三,青少年的身体健康状况没有好转。学校体育改革需要树立新观念,开辟新途径,取得新成效。第四,体育与教育相结合的改革与发展是一个大工程,要注意改革的全面性、科学性和协调性,避免以某一部门为主导的单兵突破性改革思维。应该说,中国特色社会主义进入了一个新的时代,孕育了体育与教育一体化政策的时代价值和目标要求,解决这些问题迫在眉睫。

四、体育与教育整合的实施路径

(一)整体贯彻"健康第一"的教育思想

"健康第一"是体育与教育相互交融的教育思想。整体贯彻"健康第一"的教育思想,把"健康第一"融入学校体育、体育竞赛、运动员训练的各个环节,打破校园体育对"健康"的误解,将"健康第一"的教育思想贯彻到学校的各个学科中,将"健康第

一"的教育思想融入中小学运动员训练体系中。要改变体育部门的思想,尊重并适应青少年的身体发育规律和竞技体育训练的规律,加强体育部门和教育部门之间的联系,逐步贯彻"健康第一"的教育思想,并运用到学校体育运动员训练的全过程中。

(二)从体育整合的角度建立新的目标体系

体育与教育融合的主要出发点是保证青少年在提高身体素质的同时文化成绩也得到提高,完善青少年竞赛制度,使青少年通过参加体育锻炼来增强体质和改善个性,成为社会主义接班人。严格落实学校体育量化目标,开设足够数量的体育课。各部门之间要紧密联系,价值共存,落实把青少年运动员纳入国家教育体系的教育目标,完善教育机制,保证青少年的全面发展。

(三)构建多样化的校园体育管理体系

体育与教育一体化的主体是体育部门和教育部门。因此,在实施过程中,应加强体育部门与教育部门之间的联系,加强部门间的沟通与合作,整合资源,达到体育与教育两部门的资源共享与共建。然而,促进青少年的健康发展,改变青少年的身体健康状况,培养青少年的全面发展,绝不单单是体育部门与教育部门的责任,体育部门和教育部门所能起到的作用是有一定限度的。在改革实施的全过程中,要坚持多部门分工协作、上下互动、紧密配合的工作方法,增加社会集体参与的积极性,推动各项改革策略在体育教育一体化的道路上相辅相成。

(四)增加校园体育资源的供给支持

增加校园体育资源的供给支持,配备充足、齐全的体育工作者,提高体育工作者的工作效率。吸收体育部门资源,积极尝试在学校组建一支全能运动队,增加对中小学运动员的训练,形成"一校一品"的良好局面。教育部门积极吸收、招纳优秀退役运动员和教练员,补强学校体育教师队伍,提高体育教学质量和训练效率。学校体育与社区可保持紧密联络,社区可积极参与到学校的治理中来,形成"学校—社区—家庭"的良性互动和科学的管理体系,将社区的资源合理利用起来,让学生参与到社区举办的体育活动中去,丰富课余体育活动体系。

(五)体育与教育相互支持、良性互动

体育与教育的融合强调"体育"与"教育"并举,针对全体学生,服务于青少年的全面发展。教育部等部门,明确了教育部门和体育部门的职责,构建了职责清单,达到了各部门从里到外的一体化。设置各部门之间的竞赛制度,改变"地方保护主义"青少年运动员选拔制度,逐步达到"赛事共享"模式,为学生运动员提供参与机会,构建科学合理的校园体育赛事体系,形成各部门之间相互竞争的良好格局。

五、结语

在实施体育与教育融合任务的过程中,我们不仅需要深刻理解体育与教育融合的新内涵、新理念、新路径,还需要制定实施方案,通过体育与教育融合转变发展观念,充分发挥体育的教育价值。新时期,在转变体育发展模式过程中,必须坚持以促进青少年健康发展为主导,始终坚持"整体设计、整体推进"的总体原则,彻底解决青少年体育发展中存在的问题、矛盾和不足,促进体育教育持续健康发展。

"互联网+"背景下小学体育信息化教学改革探究

成都高新区锦城小学　张强　周建东

【摘要】 在"互联网+"的时代背景下,体育教师要不断更新教学理念和教学模式,采用互联网平台及其资源,遵循体育教学的趣味性原则、适应性原则和创新性原则,利用互联网平台创新教学模式,建设直观的教学情境,构建学生自主学习模式,强化师生间和生生间的交流互动,不断提升教学水平和教学效果。

【关键词】 "互联网+";信息化教学;教学改革。

一、"互联网+"的时代背景

在"互联网+"时代,新媒体的广泛应用给我们的生活、工作和学习提供了新的渠道、平台和资源。在此时代背景下,教师需要不断更新其理念,提高对各教学平台的操作水平。学生对各种新事物的接受能力较强,因此,中小学教育也在不断改革其教学模式和方法,更加迎合学生的需求,互联网的应用也使得教学过程更加生动、有趣和方便,小学体育毫无例外地成为与互联网结合的学科之一。

二、"互联网+"背景对小学体育教学改革的重要意义

小学体育教学改革工作中利用互联网平台,不仅为教师提供了信息资源,促进了线上教学,而且提高了小学生体育学科的知识水平和课程的教学效果,所以"互联网+"对小学体育教学改革意义重大。

(一)有助于理论与实践的结合

在小学体育教学工作中应用互联网平台和技术,能够促使理论教学与实践操作优化整合,通过网络信息技术深入开展理论教学,将互联网教与学思维融入相关的课堂模式中。教师在理论教学和实践操作整合期间,采用互联网技术为学生提供动作指导视频或其他形式,开展基础性理论教学工作,强化学生对体育知识的认知程度,

借助各种视频内容调动学生对体育理论知识的学习兴趣,不断提升小学体育课堂教学的水平和效果。

(二)有助于提高体育课的教学效果

体育教师在教学环节添加信息技术手段,能促进学生对体育技能或体育知识的认知理解。通常来说,小学生的认知思维还处于尚未成熟阶段,对于教师所讲授的理论知识和动作可能无法完全理解,但是小学生又具有极高的模仿能力。因此,体育老师要利用网络资源和平台为学生提供相关视频,利用学生善于模仿的能力,使得学生更好、更深刻地理解教学内容,提升学生的认知水平,取得较为良好的教学效果。

(三)有利于丰富教学模式和教学环境

小学体育教师把"互联网+"的技术应用到教学环节,有助于营造良好的教学环境和氛围,转变单一、传统的教学模式,丰富教学方法,提升体育课堂的趣味性和形象性,不断完善当下的体育教学机制,在确保体育课堂教学正常开展的情况下,发挥"互联网+"的优势,达到教育教学改革的目标。

三、"互联网+"背景下小学体育教学改革原则

小学体育教学与"互联网+"的结合,仍然要遵循其相关的教学改革原则,不断提升整体的教育改革效果和水平,形成良好的教学改革模式和体系。具体原则如下:

(一)趣味性原则

活泼并且具有好奇心是小学生的天性,为了激发小学生的学习兴趣,要遵循体育教学的趣味性原则,利用互联网平台,添加适当的元素在教学内容里,满足小学生的学习需求,营造良好的课堂环境。利用多元化的教学方式培养学生良好的思维能力、体育知识理解能力,不断提升小学生对体育知识的学习兴趣。[1]

(二)适应性原则

在教学内容中添加互联网技术,要遵循适应性原则,确保所采用的教学模式和方法与教学目标、教学对象、教学手段相适应。既要利用互联网平台和资源,又要保证教学工作的开展,能够使得相对应的教学对象全面掌握各种体育专业知识和技能,通过互联网信息资源和不断创新的教学模式提升教学效果和提高教学水平。

(三)创新性原则

互联网与体育学科的结合势在必行,体育教师要意识到互联网助力体育学科教

---

[1] 梁冠毓."互联网+游戏"模式在小学体育教学的应用[J].传播力研究,2019(19).

学模式创新的必要性。体育教师可以利用互联网上的动画、图片、视频等创设教学情境,激发学生的兴趣。同时,教师可以利用信息化教学资源针对不同层次的学生开展分层次的教学,提升整体的教学水平和教学效果。

四、"互联网+"背景下小学体育教学改革措施

(一)利用互联网平台创新教学模式

体育学科不同于其他学科,体育教学具有一定的特殊性。互联网技术与体育学科的结合可以打破传统的教学模式,体育不再是单一的户外运动和锻炼。利用互联网平台,可以按照学生的个性化需求开展针对性的指导工作,有效地培养不同学生的运动技能,更加多元化地开展体育教学工作,挖掘学生的潜能。教师可以利用信息化教学来激发学生的学习兴趣,丰富体育学科的教学资源,也可以利用信息化教学方式来创新体育学科的教学方式。[1]

(二)利用互联网创设直观的教学情境

教师可以利用信息化教学手段创设教学情境,从而通过直观、生动的教学情境来帮助小学生完成对体育与健康知识和技能的学习。[2]在以往的体育教学中,体育教师往往通过口头讲解和亲身示范的形式来进行体育教学,教学方式较为单一,且体育教师的讲解往往难以让学生理解一些抽象的理论知识。而信息化教学资源的应用改善了这一教学现状,体育教师可以利用互联网上的各种相关的动画、视频、图片资源来进行直观生动的讲解,从而使得学生在直观的教学情境中,形象地感知知识内容,降低了抽象理论知识的学习难度,使学生产生更加深刻的学习印象,提升了教学效果。比如,在讲解关于运动安全的相关知识内容时,教师可以利用互联网上的相关图片来呈现运动中存在的各种安全隐患或需要注意的安全事项,从而帮助小学生树立安全意识,做好自我保护。又比如,在讲解运动时身体各部分机能的作用时,教师可以通过相应的动画和图片,来使学生更加清楚地了解自身的各部分身体构造和运动功能,从而把抽象的理论知识变得更加通俗易懂。在教授一些动作技巧时,如短跑如何摆臂、踢足球如何起脚、打篮球如何传接球等,教师都可以通过专业的图片和动画来为学生讲解,通过暂停和重复播放来满足学生的个性化学习需求,还可以把相应的微课分享给学生,让学生在放学后自主地观看、学习和模仿。

---

[1] 刘丽芳."互联网+"背景下小学体育信息化教学改革浅谈[J].新教师,2020(6).
[2] 崔宝钢.浅析互联网在中小学体育教学中的应用策略[J].考试周刊,2020(48).

图4-47　雷娜老师执教"灵敏与速度体能游戏"

(三)利用互联网构建自主学习模式

以生为本的教学强调学生作为学习的主体自主地进行学习和探究。在小学体育学科的教学中,也可以利用互联网的信息化教学模式来构建自主学习的体育教学模式。在课前课后,教师可以把相关的微课视频分享给学生,使学生自主地进行预习与复习。课堂上,教师可以将学生划分成几个学习小组,然后利用教学视频让学生开展小组间的合作学习,从而赋予学生充分的学习自主权,有利于激发学生的主观能动性。比如,在核心训练的课堂教学中,教师可以播放核心训练的教学视频,在教学视频中呈现核心训练时各个动作的技术要点,然后让学生以小组为单位进行动作的模仿和练习,从而使学生成为学习的主体,构建自主学习的教学模式。

图4-48　何德平老师执教"跳跃与游戏"

(四)利用互联网强化与学生群体的交流互动

师生间的交流互动、生生间的交流互动都非常有利于营造良好的学习氛围,提高学生对学习的参与度,并及时地反馈教学和训练中的问题,强化教师对学生的指导,强化学生的自主学习能力。[1]在以往的体育教学中,都是体育教师一对多地开展教学和训练,这样体育教师就不可能兼顾每一个学生。而在信息化教学中,教师可以通过教学视频来展开讲解和示范,这样就把体育教师从课堂讲解中解放出来,体育教师可以有更多的时间来关注学生个体的学习情况,观察每个学生的学习表现,更加及时和有效地给予学生学习指导。在通过教学视频开展的小组合作学习活动中,学生群体间以及学生群体与教师间的交流互动也会大幅增加,这既有利于增进师生间、生生间的情感,又有利于学生自主学习能力、小组合作能力、交流表达能力等综合素养提升。除此之外,教师还可以利用微信群、钉钉群等分享教学视频,指导学生的个性化学习,加强与学生的线上交流互动。在教学任务的完成过程中,教师可以利用互联网作业平台布置作业,让学生通过录制练习视频上传作业任务,并通过线上的评价与指导,完成作业的有效批改。

图 4-49　雷娜老师布置的课后作业,学生反应良好

图 4-50　学生积极完成课后作业

---

[1] 孙爱华.大数据背景下天津市中小学"大课间体育活动互联网+"建设研究[J].文体用品与科技,2019(21).

图4-51 张倩老师执教花样跳绳

五、结语

互联网促进了各学科教育改革创新的开展,使得线上线下结合的混合教学模式得以普及,使得优秀的教学资源得以整合。体育教师可以利用丰富的线上资源,改善教学方法和优化教学模式,提升教学趣味性和适应性,增加课堂上师生之间的交流互动,从而提高教学质量,促进体育学科的教学改革创新。

第五章

雨露课程

追求卓越的教师队伍建设

第一节
分层分类　对标培养

青烟绿水锦江畔,文韵千年锦官城……相融于斯的锦城小学就坐落在这风光旖旎、人文荟萃的锦城之南。

学校以"让每个儿童经历多彩童年"为办学诉求,以文化为犁,耕耘桃李千红万紫,以"默默耕耘,静待花开"的态度,引领着教师"诲人不倦,润物无声"。学校秉承乐群教育品牌,以"优美和乐·共同协作"为办学理念,确立了培养"悦身心·会合作·善思辨"的锦小儿童的育人目标。我们认为:教师是学校最宝贵的财富,是学校的精神支柱与灵魂,是学校发展的动力与支撑,是学校精神文化的传递者与表达者。因此,我校开启了"卓越教师"培养计划。通过教师成长课程实施,培养造就一支"师德高尚、业务精湛、敢于创新、追求卓越"的高素质专业化教师队伍。

一、教师结构现状

锦城小学始创于1904年,作为一所百年老校,有着深厚的文化底蕴。历经多年的探索、发展,学校形成了一支以名师引领的教师队伍。目前,学校教师存在着年龄结构两极分化明显、青年教师队伍不够稳定、新岗教师近年大幅度递增等问题。如何培养教师,使之成为学校高质量发展的生力军,这是一个时代交给我们的课题。

二、教师成长课程

锦城小学一直致力于追求乐群教育,乐群教育实质是尊重生命个体的多样性,充分发挥集群优势,以愉悦的学习氛围为基础,以合作的学习方式为载体,实现生命个体与群体共同发展的教育。在乐群教育理念指引下,学校建构了"成长课程体系",包括儿童成长课程、教师成长课程、环境优创课程以及特色课程。在"晓看红湿处,花重锦官城"的办学愿景下,我们期许锦小儿童像花儿一样,在阳光、雨露的滋润下茁壮成长。因此,儿童成长课程即花儿课程,教师成长课程即雨露课程,环境优创课程即阳光课程。

三、培养"卓越"教师

随着课程改革的深入开展,为积极适应教研工作的要求,学校一直致力于培养一支"师德高尚、业务精湛、敢于创新、追求卓越"的高素质专业化教师队伍。

师德高尚是教师称职的精神内核,业务精湛是教师专业化的关键,敢于创新是教师终身成长的重要途径,追求卓越是教师对学生生命质量与幸福人生的责任使然。

(一)师德高尚

师德高尚是教师称职的精神内核。师德高尚就是教师必须"以德为本,身正为范",严格要求自己,对学生充满爱,时刻提醒自己不断努力。师德和才学融为一体,造就一代代名师,培育出一批批英才。在建设教育强国的征程中,广大教师要汲取中华优秀传统文化中的美德,吸收现代中国文明发展的道德营养,哺育出独具中国特色的高尚师德,形成强大持久的亲和力。只有把教书育人和自我修养结合起来,做到以德立身、以德立学、以德施教,才能为建设教育强国提供强大的精神动力。

(二)业务精湛

业务精湛是教师专业化的关键。业务精湛具体表现在教师的学科专业素养和功底上,扎实的学科素养和基本功是对教师课堂教学的基本要求。为全面提升教师能力水平,学校进一步完善教师培养培训体系,优化教师队伍结构,不断提高教师的专业水平和教学能力。通过开展分层分类教师培训,促使广大教师转变教育观念,提高教育教学能力和教育科研能力。全面提升学校教师队伍的整体素质,促进教师专业化发展,适应教育改革与发展的需要,努力造就一支适应素质教育要求的充满生机活力的教师队伍,为全面提高学校的教育教学质量奠定基础。

(三)敢于创新

敢于创新是教师终身成长的重要途径。敢于创新集中体现在能充分发挥自身的创造精神,敢于标新立异,能够别出心裁地进行创造性的教学。创造性的教育实践是提升创新能力的根本途径。教师只有在自己原有知识结构、教学经验的基础上,用现代化教育理念、教育技术对教学方法、教学手段加以改造,才能创造性地实施教学。"善教者必有善学者",教师只有会教、善教,才能够激发学生的学习兴趣,使其心向往之,才能真正推动和促进教育质量的提升。

(四)追求卓越

追求卓越是教师对学生生命质量与幸福人生的责任使然。追求卓越是指教师追求卓越的教学才能、取得卓越的教育教学成就、作出卓越的教育教学贡献,建设一支有真才实学、德才兼备的骨干教师队伍,如市级骨干教师或名师,使骨干教师向高层次发展,并充分发挥骨干教师的带头示范作用。为了让更多的青年教师脱颖而出,为了帮助青年教师尽快站稳讲台,充分发挥学校骨干教师和优秀班主任的"传帮带"作用,学校定期举行"青蓝携手·共同成长"师徒结对活动,给予青年教师精准帮扶,促进师徒互进互长、追求卓越。

四、分层分类，对标培养

在"成长课程"的指引下，我们根据教师年龄结构及专业发展阶段特征，形成"教研培一体化"的研修体系，健全教师专业成长机制，搭建多层级发展平台，分层分类对标培养"卓越教师"。

（一）教师自主发展行动

德国教育家第斯多惠在《德国教师培养指南》中曾说，凡是不能自我发展、自我培养和自我完善的人，同样也不能发展、培养和教育别人。

锦城小学倡导教师做独立的思考者，做笃实的行动者，做思行并举的自主的人，因此开展了教师自主发展行动，简称为"八个一"行动。以"关注每一位、发展每一位、培养每一位"为宗旨，立足教师开展专业自主发展的模式探索，着力强化职前培养和职后培训相结合，促进学校教师快速成长。

（二）职初教师成长营

职初教师是学校教师队伍的重要组成部分，是学校高质量发展的新生力量。最近几年，学校生源成倍增加，随之每年都会增加几十位新教师。他们大多是刚毕业的大学生，充满活力，富有激情，但教学经验不足。以2021年为例，学校班额从35个教学班增加至44个教学班，新增32名教师，占学校教师总数的24.4%。2022年，学校班级增加到55个，新增教师42名。如何让职初教师迅速适应学校各方面工作，快速成长起来，是我们亟待解决的问题。以问题为导向，我们系统规划了职初教师成长课程体系，确定了职初教师培养课程的"四四七"模式。

（三）青年教师成长营

青年教师是指30岁以下，已在学校工作至少1年的教师。这些青年教师多数有干劲、有热情，但缺乏教学经验和教育智慧，因此学校对青年教师的培养从职业感悟与师德修养、课堂经历与教学实践、班级工作与德育体验、教学科研与专业发展四个方面开展，具体课程内容有"青年教师成长营"开营仪式、制订个人发展规划、师徒结对活动、教学基本功培训与比赛、"乐群学堂"教学比赛、"共读一本书"活动、我和学生的故事、我的治班策略、选修课教学大纲设计、期末成长汇报……

（四）智慧教师成长营

智慧教育是信息时代发展的必然趋势。学校把擅长智慧教育与喜欢智慧教育的教师聚集到一起，成立智慧教师成长营。智慧教师成长营从综合性的信息技术使用能力、智慧教室使用能力、信息技术与教学的深度融合三个方面进行系列化的培训，培养各学科的智慧教师，辐射到学校全体教师，发展更多的智慧教育种子教师。智慧教育主要有三大板块课程内容：

1. 综合性课程

综合性课程包括课件制作、图片处理、视频制作、微课制作等。

2. 智慧教室课程

智慧教室课程包括Hi Teach软件基础应用、Hi Teach应用——手机篇、Hi Teach应用——反馈器篇、Hi Teach应用——平板篇、Hi Teach应用——集体备课室篇等。

3. 技术与教学融合课程

技术与教学融合课程包括智慧教室教学大赛(基础运用)、微课制作大赛、智慧教室教学大赛(平板)等。

(五)智慧班主任成长营

立德树人是教育的根本任务。学校倡导人人都是德育工作者,班主任工作全员覆盖,实行正、副班主任共同管理,体现了学校"优美和乐·共同协作"的乐群精神。学校成立智慧班主任成长营,为骨干教师提供更高层次的发展平台,成立班主任名师工作坊,发挥他们的引领示范作用。同时重视青年教师的成长,为刚入职的青年班主任在校内或校外结对骨干优秀班主任,进行跟岗学习,并提供各级各类培训,鼓励班主任积极参与班主任技能大赛等,促使青年班主任快速成长。同时,为名优班主任提供多元的交流分享平台,最大限度地促进各梯度班主任发展,建构良好的班级管理生态,为班级工作高效开展保驾护航。

(六)管理干部成长营

管理干部是学校的中坚力量。为了提高管理干部的综合素质和执行能力,形成学习型团体、示范群体,建成善合作、敢担当、高素质、高效率的品质团队,学校和成都玉林中学附属小学、成都高新区芳草小学、成都市教育科学研究院附属学校(西区)四校联合,结合各校的需求,开展现代治理能力提升培训,快速促进学校管理干部成长。

(七)教师"三段式"培养模式

课堂是教师专业发展的主阵地。学校根据教师年龄结构及专业发展阶段特征,按照"青年教师—成熟教师—名优教师"分层,在乐群学堂实践中,"潜力课""风格课""成熟课"三课并行,分层次培养教师队伍。青年教师定期上"潜力课",专家团队引领发掘其课堂特质并进行针对性的培养。成熟教师定期上"风格课",展现课堂特质。名优教师、学科带头人定期上"示范课",用优秀教师带动学校教师进一步发展和提升。

（八）卷入式教科研共同体

时代呼唤研究型教师，倡导在行动中研究、在研究中行动。为促使更多的教师参与到教学研究中来，学校成立了"卷入式教科研共同体"。通过教师自愿申报，招贤纳士，把志同道合的教师集中在一起进行课程开发、课题研究、教学研讨，随时随地交流学习，形成教师教科研共同体，促进教师团队的整体提升。

1. 成立教研共同体，促进专业技能提升

教研共同体的活动，具体分为全程参与式主题研讨、全员参与式教研以及主题式教研。全程参与式主题研讨主要指区、校级名师工作室、区学科教师发展基地的活动；全员参与式教研主要包括教材分析、集体备课、学科集体教研等活动；主题式教研主要是学校乐群教育大主题下，各学科融合下的教学研究以及交流等。这些活动指向教师教学技能提升，从而促进共同体的专业技能提升。

2. 推进课程项目制，开展校本化课程研究

学校以课程项目的方式把有特长的教师聚集到一起，抓典型教师，锁定培养对象，进行跟踪式培养。同时，与学校"四季课程"相结合，着力培养课程项目负责人，并搭建各类平台，为教师提供更多的学习机会，促进其迅速成长。

目前学校已开展26个课程项目，如全阅读、心理教育、绘本英语、主题融合、国学、二十四节气、合唱、管乐、国际理解教育、趣味编程、武术……

如"悦·农场"项目课程：为了激发学生的劳动热情，增强学生对种植活动的兴趣，使学生热爱自然，亲近动植物，懂得如何观察、了解、照顾动植物等而开设的项目课程。通过种植、饲养、采摘等活动，逐步扩大学生的探索视野，提高学生的社会实践能力，培养学生的科技思维以及动手动脑能力。

3. 狠抓课题研究，提升科研素养

学校深入开展省、市、区级课题研究，加强成果提炼。有省级重点课题"大数据支持的中小学生体质健康水平提升研究——以成都高新区'运动处方'为例"、市级重点课题"'双培养双导师'的基层党组织建设实践研究"、市级一般课题"小学乐群学堂实践研究"等。其中，"小学乐群学堂实践研究"作为成都高新区优秀教学成果培育项目进行重点培育，对教学成果进行推广。在各级课题研究中，我们狠抓过程管理和成果提炼，注重资料收集和研讨交流，大力提升教师群体的科研素养。

4. 固化研究成果，出版相关著作

经过几年的教师成长课程实施，学校教师在各个方面均取得了非常优异的成绩。学校也积极对各方面成果进行梳理、提炼。本学年，数学绘本项目已整理了学生的优秀原创绘本作品，出版了绘本作品《绘数学》。学校乐群教育已经开展了10年，汇集成了《乐群教育成果集》。教师自主发展"八个一"行动，也在整理教师的成长过程，准备出版《教师自主发展成果集》。

5. 开设乐群讲坛，促进分享交流

学校给教师搭建展示平台，开设了"悦分享，越成长"的"乐群讲坛"活动，每月一期，请学校优秀教师做主讲人，可以讲治班智慧，也可以分享学习收获等。从2019年10月开始，至今"乐群讲坛"已开讲26期。通过这个平台，教师分享着喜悦与美好，见证着收获与成长。

五、我们的愿景

分层分类对标培养大大促进了教师团队优化发展，激发了教师成长内驱力，真正实现了从"要我成长"到"我要成长"的转变。在学校教师成长课程体系的实施下，全校教师以阶梯化发展态势，呈现出蓬勃、健康、向上的教师发展共同体。多元化的展示和交流平台让每一位教师不断追求卓越、铸就卓越。在教师成长的道路上，我们始终坚持：

用发现的眼光关注教师的真实需求！

用合适的路径匹配教师的个性发展！

用多样的平台记录教师的发展轨迹！

用向上的升力助推教师的群体向前！

最终呈现学校蓬勃发展的生机与活力，为党育人，为国育才！

第二节
"八个一"路径　全校教师共成长

一、行动缘起

"百年大计,教育为本;教育大计,教师为本。"对于社会来说,教师是知识的继承者和传播者。对于学生来说,教师是学生智力的开发者和个性的塑造者。教师是学生身心发展过程的教育者、领导者、组织者,在教育过程中起主导作用。教师不仅是知识文化的传授者,更是学生学习的榜样,唯有良师才能造就英才。

锦城小学重视教师队伍建设,把教师当成学校发展的主人,聚焦全体教师素质能力的全面提升,为每一位教师的成长提供舞台,以造就一支"师德高尚、业务精湛、敢于创新、追求卓越"的高素质专业化教师队伍为目标,制定了以"学习一名榜样教师、设计一份发展计划、精读一本专业书籍、上一堂研讨课、上一节主题教育课、写一篇教育论文、加入一个课题研究、加入一个专业发展共同体"为内容的教师自主发展"八个一"行动。

二、具体内容

学习一名榜样教师,汲取成长力量,既要学习榜样教师的高尚师德,也要学习榜样教师的业务能力。设计一份发展计划,让教师带着目标和思考在教育教学岗位上耕耘,一步一个脚印,不断成长,使自己的职业生命光彩有力。精读一本专业书籍,是勉励教师怀揣一颗教育的诚心,将专业书籍读出精神、读出境界、读出底蕴。上一堂研讨课、上一节主题教育课、写一篇教育论文、加入一个课题研究、加入一个专业发展共同体,通过抓有质量的教研与科研活动,抓校本研修,激发教师队伍活力,建设一支德高身正技专的教师队伍。

(一)学习一名榜样教师

榜样教师,是指在师德师风、教学策略、现代化智慧教学技能、班级管理等方面有着突出能力的教师,包括但不限于校内教师。学校通过组织"师父带徒弟"青蓝结对帮扶,让每一位青年教师都在一位骨干教师的引领和帮助下快速成长,成为学校教育教学工作中的中流砥柱。"师父"即榜样教师,应毫不保留地认真带"徒弟"。"徒弟"即青年教师,应积极主动地向"师父"学习,达到互学相长、共同提高的目的。向榜样教师学习,学习榜样教师的理论专著、经典课例等。一般教师在名优骨干教师的榜样感召下,形成浓厚的教学教研氛围。

（二）设计一份发展计划

发展计划,是指教师结合自身所教授学科特点、岗位需求,为自己拟定的未来一年、三年、五年的工作计划,包括但不限于常规教学、特色教学、科研、班级管理方面。学校在每一位教师入职之初,由教师发展中心引领其进行校级、区级新岗教师培训学习,完成阶段性学习后,通过线上"问卷星"和线下书写相结合的方式,引导教师为自己未来的工作设计一份发展计划。在"青蓝结对"帮扶活动中,"师父"带领"徒弟",根据"徒弟"的具体情况,引导其制订符合自己专业发展的详细计划。教师会根据专业发展计划来进行有意识的自我规划,以谋求最大程度的自我发展。

（三）精读一本专业书籍

精读专业书籍,即精细深入地阅读和教师教学工作相关的书籍,包括但不限于教学方法论、教育心理学和其他专业知识类书籍。需要细读多思,边分析边评价,务求明白透彻,了然于心,以便吸取精华。每逢寒暑假,学校教师发展中心会引导教师在假期里放松身心的同时,保持学习和阅读的良好习惯。此外,学校会为每个不同的学科提供专业书籍支持。学校以教研组为单位,进行"精读一本专业书籍"的行动实践。教师要学会在言说和行动中思考,在反思与批判中成长。

（四）上一堂研讨课

研讨课,是指由教师将准备好的教学设计进行实践,在其所教授的班级授课,课堂面向整个教研组的全体教师,甚至面向全校全体教师,并让教师进行公开研讨的课程。为促进职初教师的成长,为新教师的成长搭建教学平台,学校定期举行乐群学堂背景下新教师"潜力课"活动,让职初教师在优美和乐的课堂教学中展示自己的风采,同时也促进自身专业成长。为了进一步落实乐群教育精神,提升教学活动的有效性,提高青年教师的教学水平,学校定期举行乐群学堂背景下的青年教师赛课研讨活动,全校青年教师聚焦课堂探究活动,积极参加青年教师赛课研讨活动。

（五）上一节主题教育课

主题教育课是班队课的一种,指教师针对班级学生的具体情况,有准备地开展主题教育,旨在助力形成良好的班风,提升班级文化建设水平。学校制定了详细的班队课教育主题,如健康主题、安全主题、美食主题等,教师将部分主题教育与有相关职业背景的家长进行联合,通过前期交流选拔,中期主题讨论,后期记录宣传,让家长与学生之间形成更紧密的文化纽带。通过一个个主题教育促进的班级文化建设更是能将温暖的种子长久地留存在学生心中。

(六)写一篇教育论文

教育论文,是指教师将教学中的思考、感悟、收获梳理成逻辑清晰、论点明确的文章,包括但不限于教学设计、学科教学方法论、儿童心理等。学校教师发展中心每个学期都会引导教师撰写各类教育论文,踊跃投稿,参与各级各类论文评选大赛。撰写教育论文,积极参与教育研讨活动,交流经验,不仅有助于先进的教学思想的传播,而且有利于新的教学方法的推广和普及。

(七)加入一个课题研究

课题研究,是指用科研的思路去审视教学过程,发现问题、思考问题,并通过教学实践使其得到证明,是教师在一段时间内关注并解决的真实存在的教育教学问题。对于教师而言,教学是果,科研是根。锦城小学始终坚持"学术治校、科研兴校",教师不仅是教书育人的主力军,而且是科学研究的中流砥柱。在"乐群讲坛"中,学校多次邀请校外专家进行专题讲座,指导教师开展课题研究工作,如成都市武侯区教育科学发展研究院王方全主任开展的"教师教育科研课题选题与研究设计""中小学教师课题研究推进的基本方略"专题讲座等。与此同时,学校对全体教师提出要求,每一位教师必须加入一个校级小课题研究,根据课题情况组织开题论证会、中期答辩、结题答辩,所有课题的所有参研人员全程参与。

(八)加入一个专业发展共同体

专业发展共同体是一种教育者的结伴学习形式,教师在共同体内相互观摩、学习、分享,不仅能获取知识,而且能建立相互影响、相互促进的人际关系,实现彼此的认同和发展。学校雨露课程(教师成长课程)根据教师专业发展的阶段特征和发展目标,开发了教师分层分类培训课程。特别成立了"青年教师成长营""卷入式教科研共同体""智慧班主任成长营"等专业发展共同体。"青年教师成长营"培训方案以师德为魂,以新课程基本理念为依托,课程内容丰富。"卷入式教科研共同体"倡导构建教研共同体,探索和实施"共享式教研",促进教师专业成长。"智慧班主任成长营"不仅助力于提升班主任班级管理能力,还注重培养全科教师的班级教学管理素养,对学校教师发展起到了重要作用。教师会加入其中一个专业发展共同体,各个共同体会不定期开展各类讲座、讲坛、分享活动,会对每一位培养对象进行跟踪式培养。

三、行动成效

学校通过长期践行"八个一"行动,培养了一支"师德高尚、业务精湛、敢于创新、追求卓越"的教师队伍,教师、学生、学校都受到了积极深远的影响。

教师方面,"八个一"行动切实解决了教师在知识积累、教学规划、教学实践、科研反思、交流成长等多个维度的需求与问题,教师的文化底蕴和业务能力均得到了有效提升。

学生方面，"八个一"行动给教师带来的成长与改变直接影响到学生的受教育质量，学生形成了爱阅读、爱学习、爱思考、爱挑战新知、爱探索未知、爱交流合作的良好学习风气。

学校方面，"八个一"行动的长期有效践行，让教师将高尚的师德、精湛的业务、敢于创新和追求卓越的精神，一点一滴地浸润在日常教育教学中，在多项工作中屡创佳绩。一次次比赛促进了教师的提升与学生的学习，在校园内形成积极争先的热烈氛围，师生多次斩获的荣誉通过媒体传播到社会，对学校形象亦是一种提升，同时增加了全校师生的归属感和荣誉感。

以2022—2023学年为例：

2022年6月，锦小教师吴秋菊、康涛霞的创新案例"融合·育人：让每个儿童经历多彩童年"在成都高新区首届"立德树人"创新案例评选中荣获一等奖。

2022年9月，锦小教师陈瑜、漆芮含、高罗平、刘相君、徐世伟在成都高新区小学英语新课标视域下的单元整体教材解读和作业设计比赛中潜心钻研、诚心探讨，两项比赛均荣获一等奖。

2022年9月，锦小教师周璇、唐湘、李雅婕设计的"博物馆探秘之古蜀青铜文化之旅"在成都市2022年中小学综合实践活动设计方案征集活动中荣获一等奖。

2022年10月，锦小教师凌智丽指导学生王骏泽在成都市"用英语讲好中国故事"比赛中荣获一等奖。

2022年10月，锦小教师谢淑的课例"风霜雨雪 山川日月 缘为描摹你"在成都高新区"小学语文群文阅读赛课"中荣获一等奖。教师邢金枝的"饭盒泡泡浴"在成都高新区"劳动教育说课比赛"中荣获一等奖。教师杨露的"什么是周长"在成都高新区中青年教师"明师杯"课堂教学比赛中荣获一等奖。教师凌智丽的微课"六下Unit2 All Around Me-Favorite Teacher or Classmate"在成都高新区小初衔接微课课例评选中荣获一等奖。

2022年10—11月，锦小教师在成都高新区体育教师专业技能大赛之学校体育与健康课程实施方案评比、教学设计评比、课后体育作业示范展示中均获一等奖，教师邓翔在现场教学展评中荣获一等奖。

2022年11月，由锦小校长李雪梅负责，教师吴秋菊、康涛霞、凌智丽、查水莲、毛晓峰、唐宏梅、程晓琳参与主研的市级重点课题"'双培养双导师'的基层党组织建设实践研究"荣获市级一等奖。

2022年11月，锦小教师雍元、王力强指导学生程知一拍摄的防疫普法视频获市级一等奖。

2022年11月，锦小教师杨杨、郭谨雯、黄慧荣在成都高新区教育发展中心举办的"喜迎二十大，学习新思想"小学《习近平新时代中国特色社会主义思想学生读本》教学比赛中，分别在说课、录像课、论文中荣获一等奖。

2022年11月，锦小教师瞿涵在成都高新区2022年中小学美术新教师微课比赛中荣获一等奖。

2022年11月,锦小教师李雪梅、谢淑、黄素在成都高新区"立德树人"创新案例征集评选中荣获二等奖。

2022年11月,锦小教师邵红清、王倩、唐湘、张升、王杰、胡皓然在成都高新区教师"喜迎二十大奋进新征程——艺绘新时代"书画作品比赛中荣获一等奖,黄云辉、周璇、张舒月老师在比赛中荣获二等奖。

2022年12月,锦小教师蔡丽的课例《羌寨童谣》教学设计,教师李洪波的课例《黄杨扁担》教学设计在成都高新区教育发展中心"川腔蜀韵"地方性音乐资源优质课评选活动中均荣获一等奖。

2022年12月,锦小教师邓翔、严涛在成都高新区体育教师专业技能大赛中分别荣获一等奖、二等奖。

2022年12月,锦小校长李雪梅在成都高新区校长及名师论坛成果征集评选活动中荣获一等奖。

2023年2月,锦小教师王倩、吴优的案例"美育谋新篇,评价促发展"在成都市中小学美育评价案例征集活动中荣获一等奖。

2023年3月,锦小教师陈雨菡在成都高新区"我的一本课外书"全科阅读活动教师"阅读微讲堂"中荣获一等奖。

2023年3月,锦小教师江凌、唐欢设计的"三年级(上期)学业质量监测工具",李雪梅、查水莲设计的"三年级(上期)学业质量监测诊断报告"在小学语文团队技能赛中荣获一等奖。

2023年4月,锦小教师屈唯唯的论文《"5G+教育"课堂教学模式探究》在成都高新区"5G+教育"论文评选活动中获一等奖。

2023年4月,锦小教师张舒月在2023年高新区国画录像课评选活动中荣获一等奖。

2023年5月,锦小教师漆芮含在成都高新区中小学劳动教育教师技能大赛中荣获二等奖。

2023年5月,锦小教师唐欢、张倩在成都高新区信息技术与学科教学深度融合比赛中荣获一等奖。

短短一个学年,学校在德育、语文、数学、英语、音乐、美术、体育、劳育等多学科的竞赛评比活动中成绩斐然。锦城小学各学科教师取得的佳绩,正是学校长期坚持践行"八个一"行动开出的学习之花。学校这一支师德高尚、业务精湛、敢于创新和追求卓越的教师队伍,将持续践行"八个一"行动,迎接未来的超越与挑战。

第三节 "四四七"模式 新岗教师绽芳华

为贯彻落实中共四川省委、四川省人民政府《关于全面深化新时代教师队伍建设改革的实施意见》(川委发〔2018〕22号)等文件精神,造就一支具有现代教师素质和创新精神的新岗骨干教师队伍,为学校教育教学的持续发展奠定坚实基础,锦城小学在"优美和乐·共同协作"的办学理念下,以培养"悦身心·会合作·善思辨"的锦小儿童为目标,特制定"'四四七'模式,蓄力职初教师启航"的职初教师培养课程方案。

一、现状调研

我们把入职1~3年的教师定位为职初教师,成立了职初教师成长营。职初教师是学校教师队伍的重要组成部分,是学校高质量发展的新生力量。最近几年,学校处于快速发展时期,学校生源成倍增加,新教师也大幅增加,如2021年新增教师32名,2022年新增教师42名。这些职初教师大多是刚毕业的大学生,充满活力,富有激情,但往往存在以下问题:教学经验不足、教学方法缺失、课堂组织散乱、学科协调茫然等,甚至工作一段时间后会对工作失去积极性,对职业理想产生怀疑。因此,学校特别关注教师入职第一年的专业成长,如何让职初教师迅速适应学校各方面工作,快速成长起来,是我们亟待解决的问题。

为了了解教师真实需求,开设有针对性的职初教师培养课程,学校教师发展中心从教师教龄、兴趣特长、课题研究、信息技术水平、课程开发、希望学校给予的帮助等方面设置问卷调查,全方位了解职初教师现状。从希望学校给予的帮助这一项中,我们了解到职初教师依次希望在教学技能、科研能力、信息技术能力、特色课程开发、班主任工作、学校文化了解等方面得到提升和发展(见表5-1、表5-2),这为学校设置针对性的职初教师成长课程提供了参考和依据。由此,学校确定了职初教师培养课程的"四四七"模式。

表5-1 职初教师入职需求统计表

需求统计	人数
教学技能	10
科研能力	7
信息技术能力	5
特色课程开发	4
班主任工作	3
学校文化了解	2
安全、防疫	1

表5-2　职初教师希望学校给予的帮助调查

希望学校给予的帮助
教学技术提升、教学力提升
班主任工作方面
加强课题研究
英语绘本教学的指导
班主任工作的指导
教学方面，希望能得到各位成熟教师的悉心教导
智慧教师的培训
特色课程的场地时间
课堂教学，作业布置等现实的教学活动
快速融入学校氛围
信息技术
实际教学
能够得到科研方面的帮助
教学软件的使用
信息技术培训
能参与课题或小专题研究并得到专业老师指导
有关学校的制度、文化等
教学专业水平提升，创新性教学设计水平提升
教科研方面的培训
能带领我在学术上有所成就，成长为一名学术型教师
教学能力的提升
可以进入一个特色课程领域
参与体育课程开发，如游泳、跑步、篮球、健美操等课程开发
快速熟悉学校有关安全与防疫的相关工作
能够有机会向有经验的老师请教和学习关于教学方面的经验
对特色课程的设计与规划指导
教学技能指导
学术研究方向指导、技术支持
数字技能与专业技能的提升
希望学校能够多提供一些参与科研的机会
信息技术指导

二、"四有"培养目标

通过调研,在了解职初教师的真实需求的基础上,结合学校教师发展规划,根据职初教师成长的专业要求和发展规律,学校特确定职初教师"四有"培养目标,具体如下:

第一,有高尚的师德师风——具有高尚的职业道德素养,爱岗敬业,认真履责,为人师表,诲人不倦。

第二,有深厚的学科素养——能深入钻研本学科的课程标准和教材,把握重难点,抓住本学科学生的必备品格和关键能力组织教学。

第三,有精湛的教学技艺——能聚焦教学方式和学习方式,运用数字技术优化课堂教学方式,探索适合学生身心发展规律的课堂管理模式。

第四,有扎实的科研能力——提升专业研究和写作能力,向研究型骨干教师方向迈进,提升教科研能力。

三、四类课程菜单

有真实需求才有成长动力。基于学校发展要求和职初教师成长需求,学校教师发展中心牵头组织,从职业感悟与师德修养、课堂经历与教学实践、班级工作与管理、教育科研与专业发展四个方面搭建框架,设置了"四类"课程,具体如下:

1.职业感悟与师德修养课程

师德师风培训、教师礼仪、学校文化、职业理想、学校制度学习……

2.课堂经历与教学实践课程

"乐群学堂"专题学习、教学常规研训、镜面自主研修("八个一")、教师技能大赛、教学主题沙龙……

3.班级工作与管理课程

德育常规工作、班主任工作、家校沟通、德育经验交流、有效心理调适、安全教育、防疫演练实操……

4.教育科研与专业发展课程

课题研究、现代数字技术、课程开发、职业发展规划、成长沙龙……

四、七种实施路径

职初教师培养课程,具体由学校各部门负责实施,主要采用七种实施路径,路径相互融通、相互补充。全过程关注,跟踪式管理,教师全程参与,全方位提升。

1."沉浸式"跟岗研修

组织职初教师跟岗培训,每天全程听课和集体备课,提高学科素养;上展示课,提升业务能力；担任见习班主任，参与班级活动，积累班主任工作经验；与其他教师朝夕相处，学习锦小教师爱生奉献的优良品质。

2."专题式"项目学习

组织职初教师参加学校各项目的专题学习，如参加课题阶段评审会、项目课程期末汇报、智慧班主任成长营、疫情防控演练等活动，了解学校各项目的实施情况。

3."补短式"自主研修

引导职初教师制订个人研修计划，明确自己的优势和劣势，对自己的"短板"进行有针对性的自主研修，如进行信息技术能力提升，粉笔字、毛笔字、钢笔字练习，教育技能提升等。

4."综合式"校外培训

让职初教师积极参加上级主管部门组织的职初教师培训，以及学校遴选出的优秀培训机构组织的综合性培训，全方位提升职初教师的综合素养和能力。

5."镜面式"课例研究

借用镜子这一大家所熟悉的物件作为比喻，给教师提供真实比照的研修方式，观摩名师课堂，与组内教师交流，探讨教学技巧，学习教育教学组织管理方式方法，让职初教师在比照中不断反思、不断提升。

6."主题式"研讨沙龙

根据学科、主题将职初教师分成若干小组，每组设组长一名，围绕一个主题交流研讨，组员轮组发言，不断完善观点，组长作为代表分享，群策群力，使每个学员都有所收获，给参训学员实践、交流、争鸣、总结的机会。

7."提升式"总结分享

每类课程结束后让职初教师进行总结分享汇报，帮助职初教师巩固理论知识，查找不足；帮助职初教师将知识运用到工作中去，不断树立新理念，掌握新方法，解决新问题，提升个人教育教学能力。

五、具体课程安排

职初教师四类培养课程分为两个阶段，第一阶段为"初为人师"，通过体验校园文化、集中研修等多种路径，让职初教师具有高度的职业认同感和基本的教学能力。第二阶段为"新手教师"，让职初教师具有专业的知识结构、过硬的基本功、娴熟的教学技能、扎实的科研能力，从多个维度培养职初教师的综合素养。具体安排如表5-3、5-4所示。

表5-3 "初为人师"阶段课程安排表

实施路径	培训时间	培训内容	目标达成	负责部门
跟岗研修	4—7月	(1)体验校园文化； (2)听课学习	(1)引导职初教师向有丰富的教育教学经验的教师学习,树立热爱教育、热爱学校、热爱学生的思想,确立为教育事业奋斗终身的远大志向； (2)引导职初教师继续加强教育理论和业务学习,加强理论和实践的学习,不断提高教育教学本领	教师发展中心、教学指导中心
项目学习	7月	(1)参加课题阶段评审会； (2)参加项目课程期末汇报	了解学校课题、项目课程实施情况	教师发展中心
自主研修	7—8月	(1)师德师风学习； (2)名著阅读； (3)网络自主研修； (4)向名师学习	(1)加强学习,努力提高自身专业技术水平,积累教学经验； (2)加强学习,规范自己,提高自身素质,培养良好的师德师风； (3)努力钻研教学方法与理论,使自己成为一名既会讲课也会研究的优秀教师	教师发展中心
校外培训	7月	第五届"师之鸣"小学新岗、青岗教师"1+X"能力体系情景式研训	提升教师教育心理运用能力,学习课程教材教法；提升教学设计能力、课堂运用能力、作业管理能力、班级管理能力、教科研究运用能力；提升教师家校沟通能力等,最终使教师在立德树人要求下促进课堂改进,使学生获得发展	教师发展中心
校外培训	8月	新教师培训	全面加强师德师风建设,不断提升教师专业素质；遵循教育规律,深化教育教学改革,全面提高义务教育质量；教研工作要服务学校教育教学,引领课程教学改革,提高教育教学质量,服务教师专业成长,指导教师改进教学方式,提高教书育人能力	区教育发展中心

续表

实施路径	培训时间	培训内容	目标达成	负责部门
校外培训	8月	(1)团建； (2)校园文化介绍； (3)学校制度学习	了解校园文化，迅速融入锦城小学大家庭	行政管理中心
校外培训	8月	(1)教导处制度学习； (2)教学常规培训； (3)乐群学堂理论学习； (4)观课、议课； (5)单项技能比赛(镜面研修)	全面提升教师课堂的教学能力	教学指导中心
专题学习	8月	(1)班主任工作培训； (2)德育处制度学习； (3)学校德育课程学习； (4)班主任工作经验交流； (5)一年级班主任入学活动培训	使班主任进一步明确工作与职责，掌握科学的工作方法，提高组织、指导、协调工作能力，全面提高班主任、德育工作者的综合素质和业务能力	学生发展中心
专题学习	8月	(1)安全、卫生防疫职责学习； (2)安全、卫生防疫制度学习； (3)演练实操	加强职初教师安全、卫生防疫培训，增强教师安全意识和防护能力，层层落实安全责任制	后勤服务中心、安全办
专题学习	8月	(1)信息技术培训； (2)课题研究培训； (3)教科室制度学习	促进新教师的专业成长	教师发展中心

表5-4 "新手教师"阶段课程安排表

培训形式	培训时间	培训内容	目标达成	负责部门
集中培训	9—11月	(1)爱岗敬业； (2)道德引领与德育创新； (3)与学生共同成长	进一步提高教师职业道德水平，以优良的师风带动教风，促进学习，优化行风	行政管理中心、学生发展中心

续表

培训形式	培训时间	培训内容	目标达成	负责部门
集中培训	10—12月	(1)普通话培训； (2)板书能力提升； (3)专业阅读能力提升； (4)教案编写能力提升； (5)教师信息化素养提升； (6)课堂教学的引课、导课、评价与考核	提高教师的教学能力和专业素养，让教师具备丰富的教育教学知识和灵活多样的教学方法，使其成为复合型和创新型优秀教师	教师发展中心、教学指导中心
课例研究	11—第二年4月	(1)新教师亮相课； (2)校内青年教师赛课及现场交流、专题研讨； (3)同课异构，组内成熟教师示范课及现场交流； (4)分组研讨，教学设计展示	指导职初教师完成优质课堂教学的设计，包括课前准备完整的教案，正确解读教材，合理利用教辅资料；课中适当调节课堂气氛，打造高效课堂，达成教学目标，合理把控时间等；课后及时准确地开展课堂教学、学生和教师评价	教学指导中心
研讨沙龙	第二年3—5月	(1)基于新课标背景下的学科课程建设及现场专题研讨； (2)青年教师如何开展教科研活动	引导教师尝试做教育教学的研究者和反思者，促进教师提高自身素质，完善理论体系，推动教育教学工作向前发展	教师发展中心
总结分享	第二年6月	总结研讨	分学科、分小组根据自身实践就培训的相关主题分享交流，形成总结性文字资料保存归档	教师发展中心

六、课程评价

职初教师培养课程采取理论评价与实践评价相结合、过程评价与结果评价相结合的方式进行评价。理论评价以课程作业、学习总结、学习简报、个人改进报告等形式进行；实践评价以案例分析、交流研讨、教学设计、技能操作等方式进行。过程评价关注学员出勤率、课堂讨论参与度、作业提交情况等精力投入和主动参与程度；结果评价主要对学员提交的各种任务性作业进行质量考查。具体各阶段评价设置如表5-5所示。

表 5-5　集中培训评价设置表

集中培训（总分：100分）		
评价项目	评价指标	评价权重
出勤情况	1. 不迟到、不早退； 2. 认真专注参与每次课程实施活动	15%
学习参与度	1. 扎实做好每次课程学习笔记； 2. 积极参与互动交流； 3. 在小组合作中能充分协作，提出有效建议	20%
学习日志	能保质保量地完成每次学习日志，有深刻的思考和见解，体现课程学习的专业性	20%
简报总结	1. 能高效完成分配的课程培训简报； 2. 能高质量完成个人培训总结	20%
实践成果	能将所学理论知识运用于实践，有效提升教学能力等	25%
总计		100%

七、组织管理

1. 领导小组

学校成立以校长为组长的教师专业发展工作领导小组，明确职责，全面负责学校职初教师专业成长的规划、实施、管理、考评等工作。

组长：李雪梅。

副组长：江凌。

成员：吴秋菊、康涛霞、刘莺、毛晓峰、宋海燕、刘翟、刘青霞、周建东。

2. 教师发展中心

教师发展中心负责统筹安排，各部门联合组织实施与管理。教师发展中心负责做好培训前及培训过程中与学校沟通确定各项工作实施时间与需求，做好培训调研与方案设计、培训实施、培训成果整理与总结等工作。各部门确定具体实施时间与明确培训要求，负责参训教师的组织、培训过程监督以及学员管理与考评等工作。

3. 后勤服务中心

后勤服务中心做好后勤保障，协助教师发展中心做好课程实施经费管理。

第四节

乐群讲坛　特色培养赴卓越

一、开设初衷

教育存在与发展的首要前提就是要有一支素质优良的教育者队伍。在锦小乐群教育精神的引领下,教师特色培养——"乐群讲坛"应运而生。乐群讲坛是乐群教育的载体,也是乐群学堂的延伸。乐群是学校文脉的传承,是学校现状的需求,是时代精神的要求。乐群是流淌在每一个锦小人血液里的独特基因,也是弥散在每一处锦小场域中的独特气息,乐群不仅是锦小学生的专属,也是每一位锦小教师的基因。乐群讲坛旨在为锦小教师搭建集群学习的平台,使其在优美和乐的氛围中,以共同协作的形式,融合集体智慧,最终达到提升教师个人教育教学水平的目的,让锦小教师乐于群、群中乐、成于乐。"乐群"之"乐",即乐观、乐和、乐享;"乐群"之"群",即群学、群思、群长。"乐",是较于"苦"而言的,是学习的最高境界,也强调了学习是学生和教师共同幸福成长的发展过程。"群",是较于"独"而言的,孔子曾说:"独学而无友,则孤陋而寡闻。"乐于群,锦小教师以乐群讲坛为平台乐于与同伴相互学习、相互切磋;群中乐,锦小教师在优美和乐的氛围中快乐分享,碰撞出智慧的火花;成于乐,通过大家的分享与交流,促进教师个体与群体的共同成长、协同发展。

二、行动目标

教师培养的目标是造就一支"师德高尚、业务精湛、敢于创新、追求卓越"的高素质专业化教师队伍。在优美和乐理念的熏陶下,每个个体都具有鲜明的个性和自我意识,但又能在群体中与他人和谐共处、共生共长,不仅仅针对学生,教师更应如此。在乐群学堂中,教师的角色转变为学习活动的设计者和学生有效学习的服务者。为提高教师的教学水平和科研能力,学校以乐群讲坛为依托,围绕德育、教学、科研、学习体悟进行主题分享,内容包括教研成果分享与实践、教师培训等,让教师集群体之智慧,乐享、乐学、乐研、乐长,最终提高教师的综合素质,促进青年教师尽快成为思想过硬、业务精良的教育教学能手。

三、分享内容

学校为教师搭建了展示平台,开设了"悦分享,越成长"乐群讲坛主题活动,每月一期,邀请学校优秀教师做主讲人,分享治班智慧、畅谈支教经历、总结学习收获等。从2019年10月至今,乐群讲坛以学习分享为目的,围绕着收获与体悟两大主题,已开讲26期。

1. 分享收获

乐群讲坛在活动分享的过程中触动着教师思考的灵魂,激发出教师相互学习的心态,帮助教师开拓发展。教师受益良多,每一期都收获满满。乐群讲坛的活动分享主要涵盖教学、德育、科研三方面内容。

(1)分享德育

"才者,德之资也;德者,才之帅也。"人才培养是育人和育才相统一的过程,而育人是本。人无德不立,育人的根本在于立德。为了把立德树人融入思想道德教育、文化知识教育、社会实践教育各个环节,努力构建德智体美劳全面培养的教育体系,形成更高水平的人才培养体系,学校借助乐群讲坛的平台,通过德育工作的经验分享,促进了德育工作专业化、规范化、实效化发展。具体内容如下:

锦小校长李雪梅弘扬师德师风,用"满怀爱心、耐心、信心和恒心,做一名因材施教、包容孩子、善于沟通、终身学习的新时代好教师"勉励锦小新进教师,用"一支粉笔两袖清风,三尺讲台四季晴雨"表达对锦小教师的期望,同时对全体教师提出要求,即教师应志存高远、爱岗敬业、团结一致、求真务实,以高尚的师德、精湛而扎实的业务水平,无愧于"教师"这个光荣的称号!

名优教师分享教育之思。例如,邵红清老师分享了疫情期间如何利用美术教育优势,对学生进行心理疏导和抚慰。向以玲老师分享了疫情期间如何使用翻转课堂,通过直播软件进行在线教学,促进学生自主学习、全面发展。

名班主任分享班级管理。例如,"张红梅名班主任工作室"的张红梅老师自创了"1+Nx"管理模式和"一本一会"管理方法,用爱心建设班集体制度,细化发展目标,让班级文化和制度相结合,打造了具有独特魅力的班级管理体制。同在"张红梅名班主任工作室"的杜玲玉老师提出了"恒心"育人,强调了"真心"创造的重要性,将评价与激励相结合,重视家校共育,培养孩子独特的个人魅力。

(2)分享教学

教育教学是学校的立身之本,是学校进行全面发展教育的基本途径,也是学校工作的中心环节。随着世界百年未有之大变局加速演进,教育教学必须紧跟时代的步伐加速改进、变革、创新。因此,更新教师对教育教学的最新理解,加强教师与最新教育教学的紧密联系,就变得至关重要。借助乐群讲坛这一平台,学校教师通过教育教学分享,不断完善自身的教育教学能力,坚守着教书育人的初心使命。具体内容如下:

锦小校长李雪梅的专业引领,以问题为导向,深入解读了乐群教育中的"乐""群"二字,结合锦小目前的发展态势,从不同角度详细阐述了乐群学堂的由来、现在以及未来。她希望全体教师能在课堂教学中做到"组织教学有艺术、课堂气氛有愉悦、活动学习有配合、教师情绪有理智",同时强调教师要贯彻乐群学堂理念,敢于"让位",让儿童站在课堂的中央,真正实现儿童"乐于群"!

优秀教师分享援藏经历。例如,张子琴老师和杨雄老师作为锦小陆续援藏的支教老师,分享了他们在德格的支教经历和辛酸生活,在教学条件艰难恶劣的情况下,始终坚持着自己的教育使命，奋斗在援藏教育教学一线。

优秀教师分享智慧课堂。例如，吴秋菊主任作为学校信息技术应用能力提升工程的领头人，为提高新时代高素质教师的核心素养，切实提升教师信息化教学能力，结合区域发展现实需要及学校课堂教学改革需求，从"三提升一全面"深刻解读了信息技术应用能力提升工程2.0的任务与目标，使全体教师落实立德树人教育根本任务有了更新的手段。

优秀教师分享研学经历。例如，杜阆南老师作为学校推荐到华东师范大学的研学教师，聆听了教育家们的声音，分享了学科核心素养与教学变革。杨静老师作为赴美国西肯塔基大学孔子学院研学的教师，分析了中美教育的不同优势，提出了国际理解教育在学科教学中的践行建议。张露文老师作为杭州"千课万人"小学音乐课堂教学研习峰会的研习教师，分享了如何在课堂中体现"眼中有学生""心中有音乐"，从而感受音乐课堂的活力与快乐。钟杰老师作为杭州"千课万人"小学体育课堂教学高峰论坛的研习教师，分享了学校体育综合改革工作的策略、成果和优秀课例。

各年级教研组分享教学研究。例如，二年级语文组围绕"双减"背景下的朗读教学进行了探讨，就朗读教学的定义、朗读教学架构重建、朗读教学规律和作业设计进行了分享。二年级数学组分享了"双减"背景下如何高效培养学生的计算能力，并提出在教学过程中激发学生对数学计算的兴趣、在教学过程中加强对学生的计算训练、让学生养成正确的计算习惯、"双减"背景下的作业设计四大策略。五年级语文组围绕古诗教学新场景方法指导及课例进行了交流，分享了古诗教学中的话题建构策略与"混动式作业"下"聚点""沿线""立面""拓体"的作业设计策略。六年级数学组从中小学数学衔接中存在的问题出发，分享了"双减"背景下的"小初"衔接教学研究，并提出中小学衔接要从学习内容、学习方式、学习习惯、学习容量四方面进行革新……

（3）分享科研

教育科研工作是教师可持续发展的重要途径，是学校可持续发展的必然选择，是助力区域经济文化发展的核心动力。教育研究是教师个人成长和发展的关键，也是解决教育问题的有效手段，更是提升教育发展内涵的有效保证。借助乐群讲坛这一平台，教师可以增强研究意识，通过教育科研提高教学质量，从而促进学生发展，更好地为学校的教育教学服务。具体内容如下：

特邀教师分享选题方法。例如，成都市武侯区教育科学发展研究院王方全主任为学校教师详细阐述和讲解了课题选题和研究设计选题的重要性，并借用裴娣娜教授的话，指出选题是进行教育研究的第一步，同时也是关键性的一步，不仅决定着研究者现在和今后的主攻方向、目标与内容，而且在一定程度上规定了科研应采取的方法与途径。

特邀教师分享推进方略。例如，成都市武侯区教育科学发展研究院王方全主任将理论与实践相结合，通过细致的操作流程和实际案例，详细讲解了课题研究推进的外围方略和内核方略。王主任提出要明确课题研究的三个难点，树立正确的观念，才能更好地解决课题研究推进的三个核心问题。

优秀教师分享科研经验。例如，康涛霞主任为帮助新教师消除对科研的畏惧，开展了"教师科研课题的选题和研究设计"专题培训，以"为什么要研究课题""什么是课题""如何进行课题选题""如何进行课题研究设计"四个问题为导向，环环相扣，让新教师意识到了课题研究对新时代教师的重要性，了解了选题的一般流程，明确了课题研究规范与内容设计思路，实现了科研全覆盖。

特邀专家莅临指导课题。例如，四川师范大学教授吴定初、成都市教育科学研究院教育发展改革所副所长陈宇燕、成都高新区教育文化体育局人事处主任科员王琴、高新区教育发展中心教育科研负责人李宇青对学校市级重点课题"'双培养双导师'的基层党组织建设实践研究"的开题论证进行了现场指导。吴定初教授对研究现状综述、研究措施等方面做了针对性指导；陈宇燕副所长就研究的问题及落脚点等方面提出了一系列可行性建议；王琴老师指出要以习近平新时代中国特色社会主义思想为指导，深入领会和挖掘"四有好教师"的内涵，顺应时代发展开展研究；李宇青老师围绕"聚焦研究问题、明晰逻辑关系"进行了专题指导。又如成都市教育科学研究院教育发展改革所副所长陈宇燕和成都武侯区教育科学发展研究院教研员王方全多次针对学校多个四川省教育学会课题、省级子课题、市级子课题和区级课题的开题论证进行现场指导，对各课题的可行性研究进行评议，就研究中可能遇到的困难进行剖析，为后续研究工作的推进与完善提供了强有力的理论保障。

特邀专家莅临指导课程。例如，成都大学教授周小山、四川省教育科学研究院博士李存金同学校学术委员会针对学校课程评价、课程实施策略、课程文化体系等方面展开了深入研讨。周教授提出课程实施强调大概念引领下的单元教学，构建课程体系要做到文化融入、情境慎思、扎根过程、目标导向四个方面等建议；李博士用高屋建瓴的课程引领，从专业的角度为教师答疑解惑。

2.学习体悟

乐群讲坛在活动学习的过程中传播知识、输送力量，让教师心中敬业奉献的种子得到滋润并生根发芽，营造了师师之间共同成长的氛围，至今已开讲26期，每一期都让教师感悟颇多。

(1)学习成果

优秀教师分享项目课程成果。项目课程是学校教师的自留地，每学期课程举办有成效的教师都可以借助乐群讲坛平台进行成果汇报与经验分享。例如，康涛霞老师从实施目的、课程概念、课程目标、实施及评价等方面分享了全阅读课程；林江老师从开展教学的意义、活动过程、研究成果集、展望计划等方面分享了数学绘本课程；伍麒霖老师从课程开发与目标、课程体系与内容、日常训练比赛、未来打算等方面分享了田径课程；张露文老师从准备工作、开展过程、师生合作、生生互动、效果改进等方面分享了合唱团课程；李雪梅老师从课程简介、课程目标、课程设置、考核细则、本期回顾、反思进步等方面分享了科创课程；王力强老师从课程目标、体系及内容、荣耀时刻、展望未来等方面分享了篮球课程。

优秀教师分享社团课程成果。城市少年宫社团课程是学校综合实践课程的重要部分,每学期课程举办效果好的教师都可以借助乐群讲坛平台进行成果汇报与经验分享。例如,周璇老师分享了天府拓印课程,李雪梅老师分享了小实验家课程,胡皓然老师分享了硬笔书法课程,蔡丽老师分享了银杏少儿合唱团课程。

优秀教师分享科研成果。学校科研是为了进一步提高学校教师教育科研能力和项目课程设计能力、增强课题和项目课程实效性、便于及时总结教学经验和推广教育成果开展的集体性研究活动。学校各课题组借助乐群讲坛平台,共同分享选题背景与意义、研究思路与进展、阶段性成果与效果、下阶段研究计划等,相互交流研究过程中遇到的难题、解决的办法、汲取的经验等,形成了良好的教育科研学习分享氛围。

(2)学习收获

"学必求其心得,业必贵其专精。"经过全体教师长期以来坚持不懈地学习、分享、交流、反思,每位教师都有许多的感受和体悟,大家借助乐群讲坛平台,采用各种各样的形式,分享表达了自己的学习收获。

全体教师分享假期收获。例如,在开展"八个一"行动之学习榜样教师期间,全校教师各自选择了一名学科榜样教师进行学习,并分享了读书笔记与学习感悟。

全体教师分享假期成效。例如,在开展"八个一"行动之教师自主发展期间,学校为各学科备课组长和青年教师成长营教师提供了"教师成长解读与观课议课线上研习营"培训,为新入职教师提供了四川省新青岗教师培训、成都高新区新教师培训以及锦城小学新教师培训,学校教师提升了综合素养。

优秀教师分享跟岗心得。例如,新教师在跟岗学习期间,通过不断地观摩、学习、体验和感悟,开阔了视野,增长了见识,提高了专业素养,丰富了教育实践,更加坚定了教育理想。

优秀教师分享学期经验。例如,新教师在期末贺岁汇报演出中分享了一学期的欢乐生活,拓展课程教师在项目课程期末汇报活动中分享了对课程的精心设计与实施成果。

优秀教师分享党性感悟。例如,青年教师在"百年初心 青春向党"主题演讲比赛中,讲述了自己或他人坚守岗位、不忘初心、无私奉献的先进事迹,追忆了中国共产党带领人民奋斗的光辉历史,抒发了对党、对国家、对教育事业的热情。

优秀教师分享科研成长。例如,在开展对本校省、市、区、校级课题的汇报、评审、答辩期间,与会教师认真聆听思路,尽情表达看法,相互学习经验,形成了良好的教育科研学习分享氛围。

骨干教师与新教师进行青蓝结对帮扶。其间,学科指导教师对新教师进行学科教学的指导,班主任指导教师对新班主任进行班主任德育工作的指导。在"青蓝工程"的实施下,新教师在各个方面得以快速提升、健康成长!

四、辐射影响

乐群讲坛中"乐""群"二字,"乐"即乐观、乐和、乐享,体现为悦纳、悦人、悦己;"群"即群学、群思、群长,体现为群策群力、集群发展。乐群讲坛平台的分享交流,使教师、学生、学校都受到了积极深远的影响。

于教师而言,科学开放的乐群讲坛是总结交流经验、传授先进思想的主渠道。百年大计,教育为本;教育大计,教师为本。指导性讲坛能给教师以切实的教学引导,培养教师科学的教学理念,传授教师有效的教学经验;学术性讲坛能让教师开阔知识视野,发掘学术兴趣,增强学术功底;交流性讲坛能让真理越辩越明,独学而无友,则孤陋而寡闻,独乐乐不如众乐乐。教育是一个逐步发现自己无知的过程,乐群讲坛对于优化教师知识结构、提升教师综合素质具有不可替代的作用。

于学生而言,革新包容的乐群讲坛是提高课堂质量、营造多元环境的主平台。乐群讲坛德育性讲座贯彻"教育不是把水装满,而是把火点燃"的思想观念,提倡营造兼顾理性情景和人文关怀的课堂教学氛围,既有对学生思辨能力的培养,又有对学生素养情感的熏陶。乐群讲坛对于帮助学生唤醒灵魂、发展能力、挖掘潜能、激发对生活的好奇与热情、怀抱对未来的理想与憧憬、促进自由与全面的发展具有至关重要的作用。

于学校而言,丰富多彩的乐群讲坛是传播校园文化、活跃教学气氛、鼓励理论研究和创新德育的主阵地。乐群讲坛的成功举办彰显了学校的实力,乐群讲坛的广泛宣传提高了学校的影响力,乐群讲坛的丰富内容促进了学校多元文化的形成与发展,乐群讲坛的科研讲座使校园文化与学术前沿接轨。乐群讲坛为学校搭建了一个连接社会的桥梁,成为教师了解最新思想、收获有效经验的一个窗口,教师又把自己学到的先进手段应用到日常教学与德育工作中,既提高课堂质量,又在与学生的相处交流中取得新成果,进而再通过乐群讲坛分享感悟,将重要内容传播到社会,形成了一种顺应时代发展、螺旋式前进的良性循环。

乐群讲坛作为锦小文化特色培养的一部分,是锦小百年文化的积淀,是全体锦小教师智慧的结晶,是结合锦小学生现状与时代最新要求高度融合的产物。我们锦小人顺应时代的发展,不惧教育的革新,分享科学的创新,为促进现代化学校的全面建设时刻奋斗着!

第六章

"乐·J城"学生德育体系创新模式

第一节
"乐·J城",一座学生自主管理的城

锦城小学积极落实国家立德树人根本要求和"三有"时代新人目标,秉承"儿童是教育的唯一中心"这一教育思想,始终将儿童放在育人的中心位置,不断优化校园育人生态,构建了"乐·J城"育人生态系统。

一、乐·J城

"乐·J城"的"乐"是指其乐融融、美美与共;"J城",既是锦城小学的简称,也是学生自主管理的育人生态系统,是学生快乐生活的城堡,是学生自主管理的城市,也是学生全面成长的城邦。

"乐·J城"以"品格·诚中"课程、"体格·形外"课程、"人格·慧心"课程、"语格·秀言"课程为内容,丰富城市内涵;以"激发内驱力、提升组织力、发展合作力、形成生长力"为途径,落实城市管理;以"诚于中、形于外、慧于心、秀于言"为目标,塑造城市精神。通过创设愉悦、民主的成长空间,提升学生参与度,充分发挥学生自主教育、自主管理、自主发展的潜能,提升学生的问题解决能力,使学生将思想品德教育内化于心、外显于行,成长为"乐·J城"的优秀小公民。

二、构建"四格",丰富城市内涵

"乐·J城"育人生态系统的内涵精准指向"诚于中、形于外、慧于心、秀于言"的城市精神,构建"品格·诚中"课程、"体格·形外"课程、"人格·慧心"课程、"语格·秀言"课程,"四格"课程互为补充,助力"乐·J城"城市公民全面发展(见图6-1)。每个课程又分为基础学习课程、融合拓展课程、特色发展课程,其中:基础学习课程为国家基础课程,如道德与法治、心理健康教育、班(队)会课等;融合拓展课程则依托于家校社企联动,实现学生发展;特色发展课程是基于"乐·J城"少先队学生自主管理实施路径,开展丰富的活动课程。

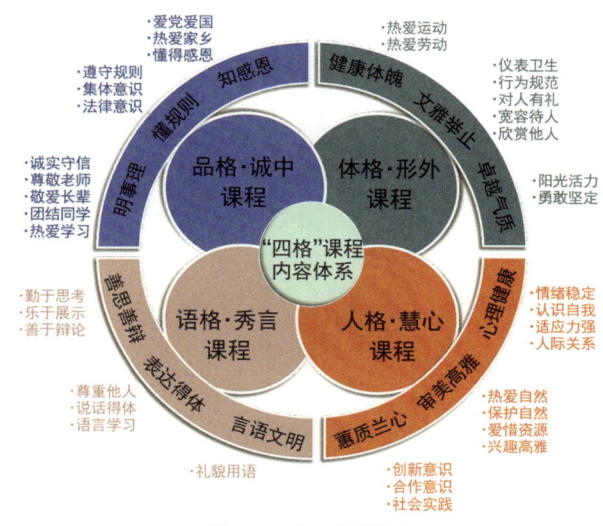

图 6-1 "四格"课程

（一）"品格·诚中"课程

"品格·诚中"课程，以党建带队建，以队建引领全体学生的发展，注重"乐·J 城"城市公民的品格修养，旨在促成学生达成"明事理、懂规则、知感恩"的成长目标，成为遵纪守法的小公民。

此课程包括 9 项基础学习课程，2 项融合拓展课程，4 项特色发展课程（如图 6-2 所示）。

图 6-2 "品格·诚中"课程分布

（二）"体格·形外"课程

"体格·形外"课程，着眼"乐·J 城"城市公民的体格，旨在促成学生达成"健康体魄、文雅举止、卓越气质"的成长目标，成为运动小达人。

此课程包括4项基础学习课程，3项融合拓展课程，3项特色发展课程（如图6-3所示）。

基础学习课程
· 道德与法治
· 心理健康教育
· 班（队）会课
· 阳光体育课间

融合拓展课程
· 田径运动会
· 亲子运动会
· 足球联赛

特色发展课程
· 银杏小舞台
· 银杏艺术节
· 银杏运动社

图6-3 "体格·形外"课程分布

（三）"人格·慧心"课程

"人格·慧心"课程，立足于"乐·J城"城市公民的人格内在，旨在促成学生达成"心理健康、审美高雅、蕙质兰心"的成长目标，成为聪慧感恩的小哲人。

此课程包括8项基础学习课程，2项融合拓展课程，4项特色发展课程（如图6-4所示）。

基础学习课程
· 启蒙典礼
· 开学典礼
· 毕业典礼
· 中队文化建设
……

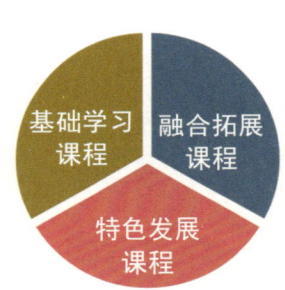

融合拓展课程
· 寒暑假社会实践活动
· 非遗文化进校园

特色发展课程
· 银杏树洞
· 银杏信箱
· 世界美食文化节
……

图6-4 "人格·慧心"课程分布

（四）"语格·秀言"课程

"语格·秀言"课程，指向"乐·J城"城市公民的语格呈现，旨在促成学生达成"言语文明、表达得体、善思善辩"的成长目标，成为各有所长的小能人。

此课程包括4项基础学习课程，2项融合拓展课程，5项特色发展课程（如图6-5所示）。

- 道德与法治
- 心理健康教育
- 班(队)会课
- 主题小报

基础学习课程　融合拓展课程　特色发展课程

- 中队风采展示
- 志愿服务

- 银杏之声
- 银杏树下
- 银杏故事会
- 萌新文化博览会
- ……

图6-5 "语格·秀言"课程分布

三、涵养"四力",落实城市管理

"乐·J城"育人生态系统的管理,注重创设愉悦、民主的成长空间,充分发挥学生自主教育、自主管理、自主发展的潜能,让"乐·J城"城市公民在城市管理中,通过意见征集与商讨激发内驱力,通过方案策划与制定提升组织力,通过任务分工与实施发展合作力,通过总结得失与成败形成生长力。在涵养"四力"中,落实城市管理(见图6-6)。

意见征集与商讨　激发内驱力
方案策划与制定　提升组织力
任务分工与实施　发展合作力
总结得失与成败　形成生长力

图6-6 "四力"解析图

(一)意见征集与商讨,激发内驱力

华东师范大学叶澜教授认为:任何事物真要长大,真要有力量,必须有内驱力。在"乐·J城"这样一座自主管理的城市里,多渠道、多形式的意见征集,民主、平等的商讨氛围,强化了小公民的主人翁意识,激发了小公民的内驱力。

比如,"品格·诚中"课程中的入队仪式,城市部成员在大队辅导员的指导下,在市长、副市长的带领下,向全体少先队员广泛征集建议。城市部根据队员的建议,民主商讨,制定队前教育、入队考核、入队仪式活动方案。他们走进各中队,讲解少先队知识,教预备队员正确唱队歌、敬队礼、佩戴红领巾。在严肃、认真又热烈的氛围中,预备队员们的内驱力得到激发,积极提交入队申请书。城市部自主组织入队考核,用庄严的队旗、队歌、宣誓词迎接新队员的加入。在入队仪式中,每一个队员都获得了洗礼。

(二)方案策划与制定,提升组织力

组织力是指设计组织结构和配置组织资源的能力,由五个模块组成,具体包括:构建力、动员力、聚合力、协调力、变革力。"乐·J城"在城市管理的方案策划与制定中,充分激发学生的自主管理意识,让学生在方案构建、人员动员、资源聚合、工作协调、创新变革中锻炼成长,提升组织力。

比如,"体格·形外"课程中的银杏艺术节,城市部根据各社团的展演申请,在教师的指导下,自主策划、制定艺术节活动方案,根据方案指导活动的组织与实施。城市部在活动方案的指导下,有条不紊地组织艺术节各项活动,组织力得到飞跃性提升。

(三)任务分工与实施,发展合作力

合作力是学生的关键能力之一。在"乐·J城"的城市管理之中,格外强调合作的重要性,为学生创设合作的大情境、大任务、大项目,通过任务驱动、工作分工、管理实施等细节,发展公民的合作力。

比如,"人格·慧心"课程中的世界美食文化节活动,每个公民根据前期对美食文化的深入探究,结合自己的兴趣和特长,自主申领美食节展示活动任务,报名扮演美食文化讲解员、美食文化表演员、美食制作员、美食券发放员、美食售卖员、美食广场保洁员等角色,在任务分工与实施中,进一步增强合作意识,提升合作力。

(四)总结得失与成败,形成生长力

生长是一个不断革新自我、创造发展的过程。在"乐·J城"里,小公民通过对活动中得失与成败的总结,不断修正自我,进阶发展。"乐·J城"的自主发展为儿童构造了一个需要终身学习、自我发展、演进完善的生长体系,让小公民形成生长力。

比如,"语格·秀言"课程中的银杏树下(跳蚤市场)活动,每个公民在开放的市场中将自己的二手物品进行售卖。在复盘活动中,大家交流推荐商品的技巧、喊价议价的策略、买卖成败的感受……不断完善自我,达成语格进阶,形成自主生长力。

(五)典型案例

学校"银杏小舞台"作为学校校园文化规划中的第四重景——艺术景,以综合共享型艺术大厅为设计方向,以"树"为创意元素,打造自然、多元、开放、共享的艺术空间,营造学校优美和乐的文化氛围,给予儿童艺术的美感体验,润泽身心。

银杏小舞台,是一个"乐·J城"全体公民都可以申请展示的舞台,是一个秀出个性风

采和才艺特长的舞台,更是一个从萌芽到结果由全体公民自愿参与、自主管理的舞台。

活动前,"乐·J城"的管理者们在校园里以问卷和访谈的形式征集公民活动意见,商讨确定活动方向。

"乐·J城"市长与副市长多次组织召开会议,商讨方案构建、人员动员、资源聚合、工作协调、创新变革等问题,之后"银杏小舞台活动方案"新鲜出炉。

在"乐·J城"市长的带领下,"活动宣传口号比赛"线上线下同步推进,"乐·J城"上千位小公民踊跃参与,三轮激烈角逐后,通过线上投票确定宣传口号——"银杏小舞台,才艺大世界!"。通过线下投票确定宣传口号——"银杏小舞台,有才你就来!"。银杏小舞台活动海报张贴在校园的各个角落。这一张张由公民亲自设计,由宣传部亲自制作的海报,彰显着公民对活动的期盼和热情!

根据大家讨论制定的"银杏小舞台活动方案",各部长召集委员们根据部门职责分工,大家各司其职,分头落实各自的任务。

活动后期,"乐·J城"市长与副市长组织各部长召开会议,对银杏小舞台活动进行深度分析,涵养"四力",积累城市管理经验。

内驱力、组织力、合作力、生长力相辅相成、互为依托,共同助力"乐·J城"城市管理的落实。

四、细化"四维",塑造城市精神

学校将儿童放在育人生态系统的中心位置,从"品格、体格、人格、语格"四个维度培养"乐·J城"的优秀小公民。

(一)评价方式

采用纪实性评价与描述性评价相结合、自我评价与外部评价相结合的评价方法,形成"乐·J城"优秀公民评价方式(见图6-7),体现评价的整体性、日常性、动态性和差异性,营造具有生态性的成长环境。

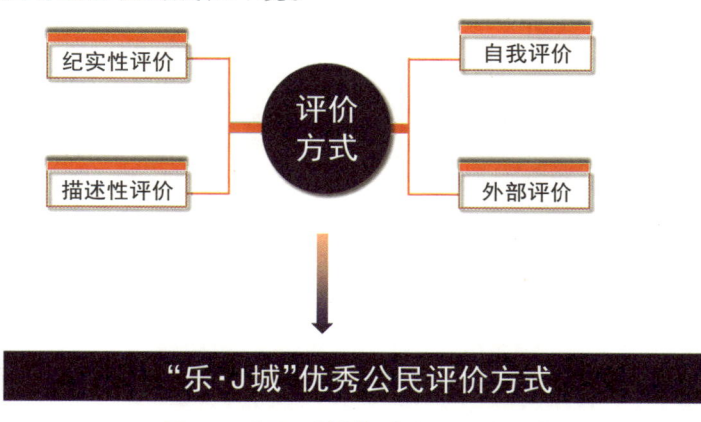

图6-7 "乐·J城"优秀公民评价方式

(二)评价指标

1. 诚于中
旨在提升"乐·J城"公民的品格修养,促成学生达成"明事理、懂规则、知感恩"的成长目标。

2. 形于外
旨在塑造"乐·J城"公民的体格表征,促成学生达成"健康体魄、文雅举止、卓越气质"的成长目标。

3. 慧于心
旨在滋养"乐·J城"公民的人格内在,促成学生达成"心理健康、审美高雅、蕙质兰心"的成长目标。

4. 秀于言
旨在培养"乐·J城"公民的语格能力,促成学生达成"言语文明、表达得体、善思善辩"的成长目标。

(三)评价实施

结合学生学段年龄特征,形成成长手册(如图6-8),分类分层进行评价,包括成长记录、公民评价表、优秀公民奖章,在坚持全面发展的基础上促进学生个性化成长,让每个孩子经历多彩童年。

图6-8 "乐·J城"优秀公民成长手册

成长记录为过程性、纪实性评价,从学校、家庭、社会多角度记录孩子的收获和成长,让成长可视化。公民评价表为过程性量化评价,分为公民星、市长星、荣誉星三个评价部分。优秀公民奖章为终结性评价,根据公民评价表中的积星数获取优秀公民奖章。

百年大计,教育为先。教育大计,育人为重。在锦城小学,"品格、体格、人格、语格"的形成,在"乐·J城"育人生态系统的滋养下一直在发生。

第二节
"四格"德育,让每个儿童经历多彩童年
——锦城小学"四格"德育课程

秉承"儿童是教育的唯一中心"这一教育思想,锦城小学的德育课程体系建设,将儿童放在中心位置,以儿童为圆心,以育人目标为半径,创建既有基础共性又有特色差异的多维度德育课程,并落实每一个课程背后对应的所培养学生发展的德育能力区间,为每一位儿童奠定良好的行为习惯基础,让他们在锦城小学经历多彩童年。"四格"德育课程体系可以概括为:

一个中心——儿童中心。

一个目标——培养"诚于中、形于外、慧于心、秀于言"的锦小儿童。

四个维度——品格、体格、人格、语格。

六大途径:课程育人、活动育人、实践育人、文化育人、管理育人、协同育人。

图 6-9 "四格"德育课程体系

"四格"课程——"品格·诚中"课程、"体格·形外"课程、"人格·慧心"课程、"语格·秀言"课程。

图 6-10 "四格"课程的组成

"四格"德育课程相互补充、相互融合、相互延伸,建构起了各具特质的儿童生活,充分调动了学生的主体精神,激发了学生的生命自觉,进而让学生的综合素养、个性特长全面健康发展,成长为"诚于中、形于外、慧于心、秀于言"的锦小儿童。

一、以活动促进"四格"课程落实

活动是德育的生命力,"四格"课程设置了丰富的活动,采用"常规活动+节日活动+特色活动"的模式,以时间为线,将学生的校园生活用丰富多彩的活动串联起来,让每个儿童经历多彩童年。特色活动基于"乐·J城"的自主管理理念,让学生在自主活动中获得自主发展、自主成长。

表6-1　"四格"德育活动月历

月份	特色活动	节日活动	常规活动
一月	世界民俗文化博览会、散学典礼	元旦	每周升旗仪式、每周国旗下中队风采展示、每学期三次主题小报展示评比活动、每周校园文化讲解、每周校园广播、每周校园小记者报道活动
二月	寒假我们这样过	春节、元宵节	
三月	开学典礼、田径运动会、雷锋纪念日、常规文明活动月	三八妇女节、植树节、全国中小学生安全教育日(三月最后一周的星期一)	
四月	银杏小舞台、足球联赛、足球小报展览	清明节	
五月	入队典礼、心理健康周	五一劳动节、母亲节	
六月	世界文化美食节、毕业典礼、银杏艺术节(班级特色)、银杏树下儿童集市	六一儿童节、端午节	
七月	暑假我们这样过	七一建党节	
八月	暑假我们这样过	八一建军节	
九月	新生入学典礼——萌新起航、开学典礼、感恩活动——教师节、大队干部竞选	教师节、中秋节	
十月	银杏舞台、建队日、常规文明活动月	十一国庆节、重阳节	
十一月	亲子运动会、艺术博览会	世界电视日	
十二月	银杏艺术节	世界足球日	

二、校园文化建设突出"四格"课程特色

学校不断优化校园环境,在各楼层设置图书角,开辟休闲区,利用走廊、庭院、墙面等空间,展示学校办学理念和学生作品,设置了"锦悦四季""悦听花开""羔羊跪乳"等多处校园文化雕塑景观,设置了功能完备的少先队活动室,设计完善了银杏小舞台,为每个孩子提供展现自我才艺的空间。

在班级名牌的设计方面,融入锦小元素,利用海报、电子显示屏、宣传栏等,展示学生的各类活动。教室张贴社会主义核心价值观宣传海报、《中小学生守则》。在班主任的引导下,各班自主设计班名、班训、班歌、班徽、班级口号等,增强班级凝聚力。每班教室内都设置有图书角,每天午课时全校进行"全阅读"活动。

积极建设德育宣传微信公众号、视频号,开辟"心理课程""毕业课程""雨露课程""'乐·J城'少先队自主管理"等专栏。

图 6-11　锦小"文化育人"特色

三、优化管理,推进"四格"课程实施

(一)学生管理

锦城小学构建了科学、高效、人性化的学生管理与评价体系,为"四格"课程的顺利实施提供坚实保障,强化学生的主体地位,鼓励学生积极参与自我管理和自我发展,促进学生全面发展与健康成长。

(1)银杏荣誉体系:开展银杏中队综合评比、红领巾护林队及银杏好少年评选表彰活动,激发学生的内在动力与集体荣誉感。

(2)榜样引领:开展每周旗手风采展示与"月度文明标兵"评选活动,为学生树立身边的正面典型,营造积极向上的校园氛围。

(3)班级文化与管理精细化:强化班级文化建设,涵盖礼仪教育、出勤管理、两操规范、卫生维护、午餐秩序、路队纪律及内外展板创意展示等,全方位提升班级管理水平。

(4)文明班级争创活动:通过设立明确的评选标准与流程,开展文明班级评比,促进班级间良性竞争与合作,共同提升校园文明水平。

(5)"乐·J城"少先队自主管理体系:鼓励少先队成员参与学校管理,培养其自主管理能力与责任感,实现学生自我管理、自我教育。

(6)完善与优化评价体系:

学生个性化评价:修订并实施《学生奖励与批评制度》,确保评价公正、全面,既表彰优秀，又注重引导与改进。同时，细化《集体朝会升降旗规范》与《学生在校一日常规》，规范学生行为，培养学生的良好习惯。

班级管理评价体系升级：完善《班务管理考核方案》，确保班级管理有章可循、有据可依。同时，对《"文明班级"评选细则》进行修订完善，增加评价维度，提高评价的科学性和可操作性，激励各班级持续追求卓越。

（二）德育队伍管理

1. 拓宽范围、全员参与

校长、教师、学生、家长都是德育工作者，调动德育队伍的主观能动性，形成全员、全面、全程、全覆盖的德育教育格局。在学校德育管理制度上，采取"管理下位、特色鲜明"的管理体系，以及"学校—年级—班级"的逐级下移、相互映衬的德育管理线路。在学校德育管理形式上，根据内容的不同，采取以负责人为中心的"项目负责制"。

2. 分层次培养、培训

学校德育课程的顺利实施需要全校所有教师业务精湛、富于创新，根据教师的年龄特点、个人所长进行分层次的梯队培养。通过外出学习、聘请专家开展讲座、校本研修等方式开展普及性的通识培训，使教师的整体发展水平趋于均衡化，适应学校的发展需要。为骨干教师提供更高层次的发展平台，发挥他们的引领示范作用。同时，重视青年教师的成长，为刚入职的青年教师结对一位骨干教师，并提供各级各类培训，促使青年教师快速成长。学校主要通过智慧班主任成长营这一路径，如班主任工作坊、德育示范课、培训、讲座、分享、师徒结对等方式培养、培训教师。路径实施具体如下：

（1）班主任交流会（教师品格成长、智慧育人）；

（2）其他学科（项目）全员育人；

（3）智慧班主任成长营：班主任工作坊、"请进来走出去"、德育示范课、班主任手册、培训、阅读、师徒结对；

（4）班主任技能大赛；

（5）德育评价："优秀班主任评选方案""班主任常规工作一览表""班主任工作职责""副班主任工作职责""锦城小学德育考核评价细则"。

四、协同育人，深化"四格"课程

深化校、家、社会、自然多维一体的育人模式，开放办学，不拘泥于校园内部，邀请家长、社区人员走进学校，了解和认识学校的德育工作理念，并在此基础上让他们对学校的"四格"课程进行合理的补充。带领学生走出校园，到大自然中，到社会里去，让天真烂漫、懵懂可爱的稚子认识和了解多元化的真实世界，真正落实"四格"课程的育人目标。主要措施包括：家长会、家长论坛、家长课堂、家长学校、三级家委会、家长开放日、家长慧公众号等。

第三节

大队部,学生自主管理的主阵地

——"乐·J城"少先队自主管理

一、指导思想

中国少年先锋队(以下简称"少先队")是中国共产党创立和领导的,并委托共青团直接领导的中国少年儿童的群团组织,是少年儿童学习中国特色社会主义和共产主义的学校,是建设社会主义和共产主义的预备队。儿童性是少先队最基本的组织属性。锦城小学秉承"儿童是教育的唯一中心"这一教育思想,遵循儿童成长的客观规律,尊重儿童的主体地位,发挥儿童的主体性,结合学校育人目标,积极进行少先队自主管理、创新实践,构建少先队自主管理的"乐·J城",引导少先队自主教育、自主管理,促进少先队自主发展。

二、"乐·J城"少先队自主管理建设理念

(一)目标明确

"乐·J城"从培养新时代少先队员的理想信念、政治认同、道德品行、责任担当、自主发展等核心素养出发,培养少先队员对中国共产党和社会主义国家的朴素感情,培养与增强少先队员的国家意识、科学意识、劳动意识、审美意识,促进少先队员养成良好的道德行为习惯,唤起少先队员的义务感、责任感和使命感,提高少先队员的自律、自主、服务能力,真正实现少先队员有效的自主管理,促进少先队员自我教育、自我发展。

(二)激发儿童自主性

"乐·J城"以儿童为中心,依据儿童的具体需求和成长需要进行少先队自主管理活动,让儿童发挥主观能动性创设良好环境,让儿童自主设计、自主评价、自主反思。

(三)活动管理有新意

"乐·J城"在少先队自主管理活动中始终坚守儿童立场,根据儿童特点创新教育和管理内容、形式,突出趣味性,发挥自主性,注重情感陶冶,并根据环境的变化和儿童需求,及时作出灵活调整。

（四）做好发展性评价

"乐·J城"关注少先队员在自主管理、自主评价活动中和活动后的思想行为、态度价值观的表现，鼓励少先队员进行自我评价和同伴交流，结合少先队阶梯式成长，促进少先队员的自主评价，避免简单量化为分数或者等级。

三、"乐·J城"少先队自主管理目标及内容

（一）建立完善的自主管理制度

"乐·J城"少先队自主管理活动制度的完善是自主管理规范的前提和标准。"乐·J城"以儿童为中心，尊重儿童的阶段性特征，结合少先队对儿童发展的需要，发挥少先队员"小主人"的作用，组织少先队员代表参与民主商讨建议，制定契合儿童发展阶段性、差异性特点的制度和规范。

"乐·J城"少先队自主管理制度：

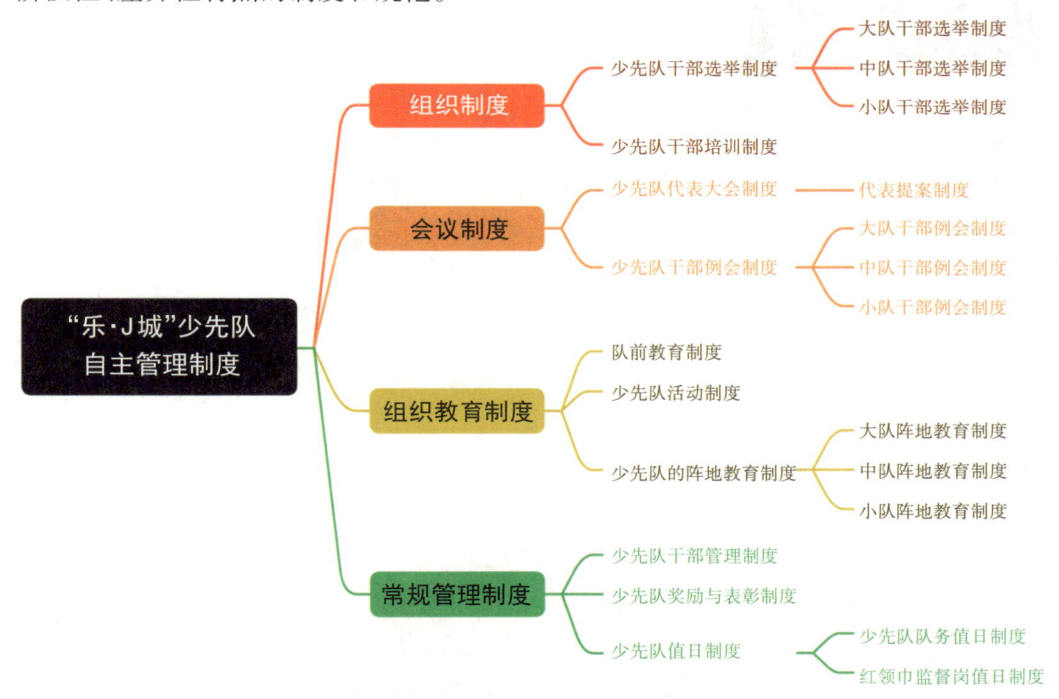

- 组织制度
  - 少先队干部选举制度
    - 大队干部选举制度
    - 中队干部选举制度
    - 小队干部选举制度
  - 少先队干部培训制度
- 会议制度
  - 少先队代表大会制度
    - 代表提案制度
  - 少先队干部例会制度
    - 大队干部例会制度
    - 中队干部例会制度
    - 小队干部例会制度
- 组织教育制度
  - 队前教育制度
  - 少先队活动制度
  - 少先队的阵地教育制度
    - 大队阵地教育制度
    - 中队阵地教育制度
    - 小队阵地教育制度
- 常规管理制度
  - 少先队干部管理制度
  - 少先队奖励与表彰制度
  - 少先队值日制度
    - 少先队队务值日制度
    - 红领巾监督岗值日制度

图6-12 "乐·J城"少先队自主管理制度

（二）建立完善且富有特色的少先队自主管理阵地

配合"乐·J城"少先队自主管理实践活动，"乐·J城"根据儿童阶段性发展的需求，贴近儿童生活，建立完善且富有特色的少先队自主管理阵地。例如：建立了布置完整规范、资料齐全的"乐·J城"城市部办公室，设置了城市部各部工作资料专用柜。

在各中队设置中队活动角区域,由各中队自主设计布置。在校园内灵活设置了小队组织活动区域;设置了红领巾监督岗,由值周中队进行值日登记。定期训练国旗护卫队、值周中队,由队员担任指挥官,提倡采用高年级队员培训低年级队员从而共同提高的训练方式。完善了红领巾小广播阵地,细化为播音部、编辑部,包括站长、小记者、播音员、广播稿编辑员等。开设了"乐·J城"少先队自主管理公众号专栏、宣传栏、队刊等。

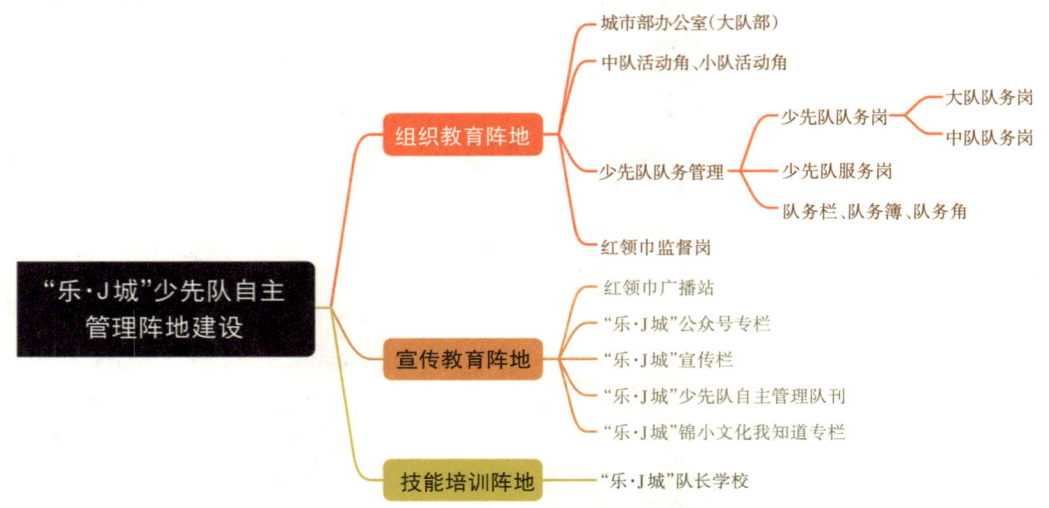

图6-13 "乐·J城"少先队自主管理阵地建设

(三)开展丰富的活动,促进自主管理

"乐·J城"通过开展有效的活动,培养少先队员的主体意识,让活动走向队员生活,引导少先队员自主策划、组织实施活动,促进集体自主能力的培养。"乐·J城"少先队自主管理实践,根据建设目标,结合少先队员的学习发展需要,主要从政治启蒙、组织认同、实践活动三个模块开展活动。

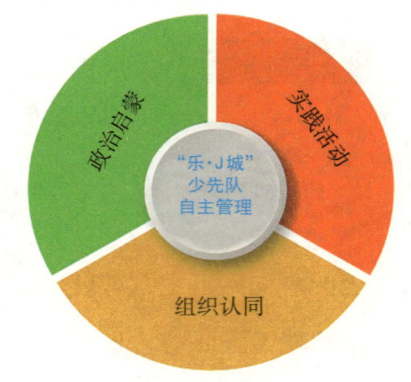

图6-14 "乐·J城"少先队自主管理的三个模块

1. 政治启蒙

政治启蒙是中国共产党赋予少先队的根本任务,"乐·J城"将对儿童的理想信念教育放在首位,遵循儿童发展认知的规律,以传承红色基因、催生信仰萌芽为核心,培养儿童对习近平新时代中国特色社会主义思想的情感认同,培育和践行社会主义核心价值观。

"乐·J城"少先队在大队辅导员的带领指导下,自主组织形式多样的学习活动,牢记习近平总书记的希望和要求,了解与学习中国共产党的历史、中国发展的历史,认识到中国共产党的伟大,树立为共产主义奋斗的崇高理想,发自内心地热爱中国共产党、热爱祖国、热爱中国特色社会主义。"乐·J城"少先队自主管理政治启蒙的主要内容见图6-15,相关活动见表6-2。

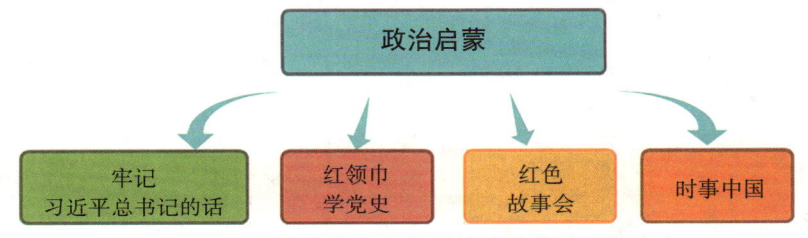

图6-15 "乐·J城"少先队自主管理政治启蒙的主要内容

表6-2 "乐·J城"少先队自主管理政治启蒙的活动组成

序号	活动名称	活动内容	组织形式
1	牢记习近平总书记的话	学习习近平总书记对少年儿童的寄语,领会话中的深刻含义	城市部全体成员选择内容,每月一期,开展学习讨论,并组织各个中队在班级开展演讲、分享活动
2	红领巾学党史	分年级设置党史学习教育层级内容	大队辅导员指导城市部成员选择内容,指导各中队通过黑板报、少先队宣传栏、中队长国旗下演讲、红领巾广播站等形式,开展党史学习教育系列活动
3	红色故事会	通过讲红色故事、演红色故事,重温红色经典,传承红色文化,弘扬红色精神	大队辅导员指导城市部成员,每学期开展一次红色故事会主题活动
4	时事中国	学习中国当前的重大事件,了解其在国际社会中的重大影响力	大队辅导员指导城市部自主筛选信息、撰稿,每周一中午通过红领巾广播站播报

2. 组织认同

"乐·J城"通过组织少先队员践行《中国少年先锋队章程》,引导少先队员积极参与少先队组织生活,增强少先队员的光荣感和组织归属感,在城市部的带领下,树立"入团、入党"的成长目标。"乐·J城"少先队自主管理组织认同的主要内容见图6-16,相关活动见表6-3。

365

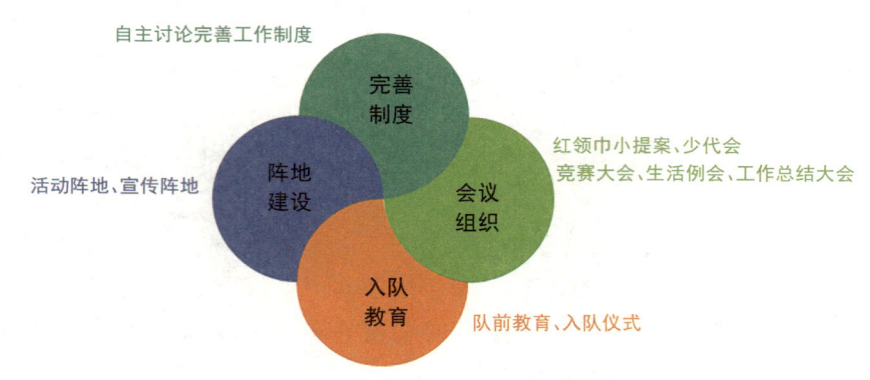

图 6-16 "乐·J城"少先队自主管理组织认同的主要内容

表 6-3 "乐·J城"少先队自主管理组织认同的活动组成

序号	活动名称	活动内容	组织形式
1	组织制度完善	完善城市部组织制度	大队辅导员负责,城市部成员参与讨论,完善民主决议
2	活动阵地建设	布置城市部办公室,如内外墙、桌椅、绿植、文件摆放等	城市部成员商讨,民主决议,分工执行
3	宣传阵地建设	各中队黑板报、大队部宣传栏、少先队队报、"乐·J城"公众号专栏、视频号专栏等	大队辅导员指导,城市部、宣传部参与设计、组织、撰写
4	红领巾小提案	城市部宣传、收集,各少先队员撰写提案	城市部成员到各中队宣讲小提案撰写的要求,引导少先队员认真撰写
5	你好,少代会	民主选举代表,整理提案,提交大会讨论,形成决议并落实。营造庄严、热烈的气氛,使代表产生强烈的自豪感、使命感	城市部在大队辅导员的指导下组织、参与会议
6	队前教育	学习少先队队礼、队旗、红领巾等相关知识	城市部成员进入一年级各班进行宣讲、示范
7	入队仪式	通过仪式的体验,增强对少先队组织的认识和认同	城市部在大队辅导员的带领下组织仪式
8	城市部干部竞选	按照竞选申请、现场竞选、民主投票、就职的程序进行	大队辅导员邀请区级干部、校级领导、家委会代表、社会代表参加
9	城市部生活例会	城市部成员在市长的带领下,根据大队辅导员的指示,组织开展主题会议,做好会议记录,形成统一意见,执行会议决议	大队辅导员指导,城市部部长组织,城市部全体成员参加、执行

续表

序号	活动名称	活动内容	组织形式
10	城市部学期工作总结大会	城市部全体成员、各中队队长，就学期的工作进行总结发言，开展批评与自我批评，对优秀成员进行表彰，城市部在大队辅导员的指导下提出新的工作要求	大队辅导员指导，"乐·J城"市长和副市长主持，各部协作组织落实

3. 实践活动

"乐·J城"主要通过自主管理实践活动激发学生的义务感、责任感和使命感，提高学生的自律、自主、服务能力，真正实现有效的自主管理，促进自我教育、自我发展。"乐·J城"少先队自主管理实践活动的主要内容见图6-17，相关活动见表6-4。

图6-17 "乐·J城"少先队自主管理实践活动的主要内容

表6-4 "乐·J城"少先队自主管理实践活动的活动组成

序号	活动名称	活动内容	组织形式
1	"乐·J城"城市管理	参与学校常规（课间操、午餐、眼保健操、课间休息等）检查督导	城市部各部长为主要负责人，组织部成员、各中队长进行督导检查
2	"乐·J城"红领巾讲解员	定期向全校师生讲解宣传校园文化，在学校承办的各类活动、上级领导的视察活动中，向来宾介绍校园文化	城市部民主推荐人选，大队辅导员联系专业人员指导培训
3	"乐·J城"队长学校	大队辅导员、往届大队干部对新就职的大队干部进行指导培训，高年级对低年级进行指导培训，城市部对中队长、小队长进行指导培训，每学期进行一期	大队辅导员组织，大队辅导员邀请相关专业人员参加

续表

序号	活动名称	活动内容	组织形式
4	"乐·J城"国旗护卫队	国旗护卫队人员培训、营造氛围庄重的升旗仪式、各类活动升降旗仪式	由城市部统领,组织安排活动,参与工作指导;学生发展中心教师协助训练
5	"乐·J城"志愿者之家	校园志愿者、校外公益活动志愿者的招聘、培训,志愿服务	城市部发布招聘通知、组织招聘、培训上岗,参加志愿者服务活动
6	"乐·J城"小五年计划	传承小五年计划的精神,宣传制订少先队五年计划目标,开展系列主题活动,从力所能及的小事做起,为国家的建设和发展作出自己的积极贡献	辅导员指导城市部成员学习、宣传、制订小五年计划,并倡议各中队行动起来,制订中队特色小五年计划
7	"乐·J城"主题活动	主题系列参观、研学、社会实践、企业岗位体验等	大队辅导员根据少先队教育目标,结合上级教育部门、学校活动的安排,充分利用学校、社会、家长资源,组织城市部进行民主讨论,设计确定主题活动并组织执行

四、"乐·J城"少先队自主管理实践形式

(一)组织生活

组织生活是"乐·J城"促进少先队员在少先队组织中进行自我教育、自我管理与自我监督的重要形式。主要包括少先队大、中、小队组织制度、会议制度、教育制度、活动制度、阵地教育制度、红领巾小社团建设等,设立服务岗位、选举队干部、建设和管理活动阵地、开展民主讨论会等。组织生活会的关键要素是规范组织程序,遵守组织纪律,注重民主体验。

(二)队课

"乐·J城"的队课,由大队辅导员指导,结合"乐·J城"公民自主管理、自主发展的需求,明确队课主题,制定教育内容,设计互动内容。

(三)仪式教育

"乐·J城"将仪式教育序列化、程序化,在国家节庆日、纪念日、少先队建队纪念日等有意义的教育时间节点,举行入队仪式、升旗仪式、颁章表彰仪式等。注重营造庄重的氛围,规范仪式程序,规范使用标识标志,注重情感体验。

（四）实践活动

"乐·J城"的实践活动主要以参观、访问、旅行、研学、故事会、岗位体验、志愿者服务等形式组织队员参加各种有意义、有趣味的活动，组织队员参加"争做新时代好队员""校园文化红领巾讲解员""干部学校"等主题活动，组织队员参加力所能及的志愿服务、公益劳动和社会实践等。实践活动关键要利用社会资源、自主体验，重视交流分享。

（五）协同支持

"乐·J城"积极建设学校、家庭、社区和社会联建共育的模式，结合校园集体活动、课后延时服务、周末托管等，开展跨学科、跨领域的实践活动，建设丰富的社会实践基地，整合教育资源，形成教育合力。

五、"乐·J城"自主管理实践保障

（一）完善辅导员工作制度

少先队辅导员是"乐·J城"少先队自主管理实践的组织者和指导者，建立和完善少先队辅导员制度，是落实"乐·J城"少先队自主管理实践的重要组织保证和必然要求。"乐·J城"少先队辅导员工作制度主要包括辅导员例会制度、辅导员培训制度、辅导员工作考核制度、辅导员表彰制度。

（二）保障团队

学校管理是"乐·J城"少先队自主管理实践的坚实保障，学校指导少先队开展自主管理实践活动，提供经费支持和师资力量，保证少先队活动体系的完整性，注重维护活动的自主性与创新性，特别成立了管理辅助团队（见图6-18）。

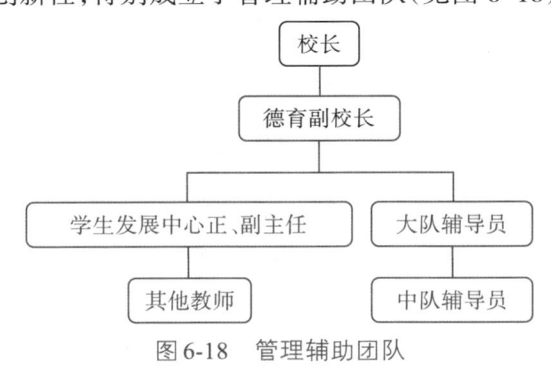

图6-18 管理辅助团队

1. 学校管理层引领

校长：全面支持，督查指导。

德育副校长：校内全面协调，资源支持，督导落实。

2. 学生发展中心精心策划

学生发展中心主任：总体架构，明确分工职责，组内协调，督导落实。

学生发展中心副主任：理论指导，创新架构，成果总结；大队、中队辅导员管理制度制定。

3. 大队辅导员细致执行

大队辅导员以少先队组织建设为核心。学校通过规范的干部选举和培训流程，打造了一支高效、专业的大队干部队伍。同时，建立了完善的少先队会议制度，确保各级少先队组织之间的沟通顺畅，决策科学。大队辅导员要从组织教育、管理制度、教育阵地、宣传阵地、技能培训阵地和主题活动策划等多个方面入手，落实少先队自主管理；高度关注队员的队前教育和活动制度制定，精心管理大队部，确保少先队队务工作有序进行；积极策划和组织各类主题活动，丰富队员的课余生活，提升他们的综合素质。在此基础上，指导各中队辅导员开展少先队活动。

4. 学生发展中心干事协助执行

在"乐·J城"少先队自主管理实践中，学生发展中心干事扮演着重要角色，他们是少先队自主管理常规活动顺利落实的保障。学生发展中心干事负责确保红领巾监督岗、校园警察等岗位的常规活动有序、高效地开展。通过指导少先队制订详细的活动计划、安排人员分工、监督活动执行等措施，确保这些常规活动能够持续、稳定地服务于学生的日常管理。同时，学生发展中心干事还要注重收集活动反馈，不断优化活动流程，提升活动效果，使之成为培养少先队员责任感、纪律性和自我管理能力的重要平台。在主题活动方面，学生发展中心干事还要积极协助落实各项安排，确保活动取得圆满成功。

5 家长支持助力

校级家委会、家长作为孩子成长道路上的重要伙伴，在少先队自主管理实践中发挥着不可替代的作用。校级家委会通过家长群宣传少先队活动，增强家校之间的联系与合作。同时，他们还要积极提供校外活动资源支持，为少先队自主管理实践注入更加多元化的元素和活力。

第四节

落实常规，学生自主管理的主渠道

行为规范的养成教育，是贯穿小学德育最重要的命题。锦城小学秉承"儿童是教育的唯一中心"这一教育思想，将儿童的自主参与作为德育常规管理的重要考量因素，构建了"乐·J城"少先队自主管理体系，关注每个儿童内在成长的自主性，促进学生的行为规范从他律走向自律，养成良好习惯，并通过丰富多彩的德育常规活动，让学生在活动中有品质地成长！

一、"乐·J城"，一座学生自主管理的城

"乐·J城"就是一座学生自主管理、自主生长、自主发展的城。

"乐·J城"尊重儿童的主体性，创造条件满足儿童的归属感和被爱、被尊重、自我实现的需要，发挥儿童的自身优势，让儿童实现自我价值、乐于自主管理。"乐·J城"的小公民就是这座城市的小主人，他们在这里主动、民主地参与自主管理，自我完善、自我发展，真正将行为规范、优秀的道德品质内化于心、外显于行，成为德育的主人。

二、"乐·J城"自主管理组织机构

在大队辅导员的领导下，少先队组建了"乐·J城"城市部，根据自主管理需要，分别设置了市长、副市长，以及环境卫生部、国旗护卫部、图书管理部、儿童互助部、中餐部、文体部、宣传部、礼仪部，城市部各部对全校68个中队、值周班级进行自主管理督导，见图6-19所示。

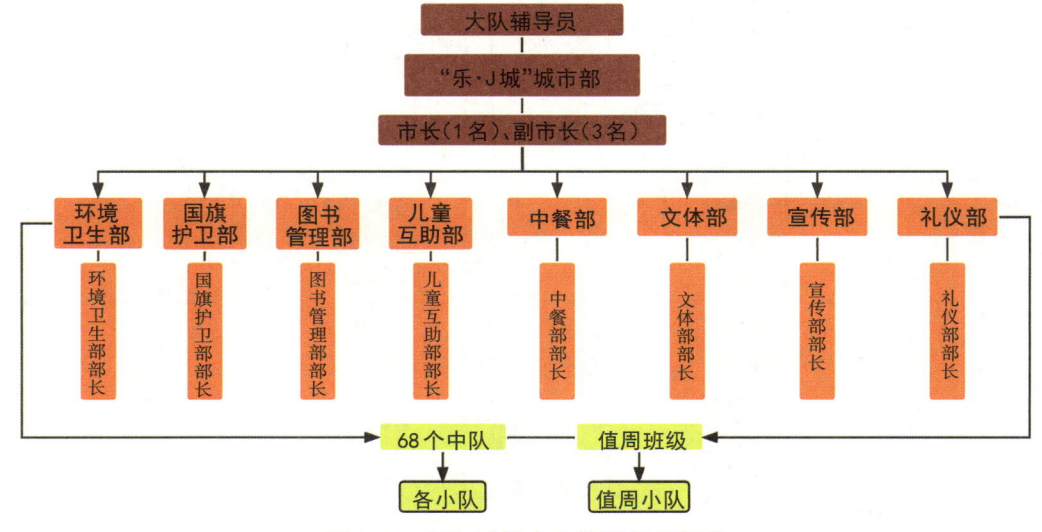

图6-19 "乐·J城"自主管理组织机构

三、"乐·J城"城市部自主管理职责

"乐·J城"城市各部成员在大队辅导员的带领下,自主参与商议,明确各部成员职责,确保少先队员在进行自主管理中知责、担责、尽责。

表6-5 "乐·J城"城市部自主管理职责

部门	职责
市长	(1)全面负责、召集并主持城市部成员、中队委成员会议和全体公民会议; (2)根据学校德育工作任务和实际情况制订城市部工作计划并开展城市部工作小结; (3)监察城市部会议决议的执行情况,帮助并检查各部长及各中、小队工作,协调各部之间的关系和工作; (4)关心各部部长,及时帮助各部部长解决困难,团结大家一起工作; (5)收集和了解广大公民的要求和意见,及时向学校领导及总辅导员反映
副市长	(1)协助市长开展工作,管理好城市部及各部部长; (2)和市长一起分工负责指导各部开展活动,并组织好检查和评比; (3)收集和了解各部的意见和要求,及时向市长和有关领导反映
国旗护卫部	(1)大队集会时负责出队旗和退旗,大队列队行进时负责执旗; (2)安排每周少先队升降国旗仪式相关事宜; (3)保管好国旗、队旗,负责各中队领用与归还队旗的工作; (4)负责训练旗手,做好新进国旗班人员的培训工作
文体部	(1)负责协助学校开展艺术类活动; (2)组织大队的文娱活动; (3)组织各中队定期筹备和开展"银杏小舞台"活动; (4)负责对各班升降旗仪式、眼保健操、课间操时学生的纪律情况进行检查和评比; (5)协助教师组织好学校、各中队的体育活动
礼仪部	(1)负责监督校风校貌及少先队员的文明礼仪; (2)负责各种大型集会的纪律监督及考核; (3)负责全校大型集会和接待的礼仪工作
环境卫生部	(1)负责检查和评比各班级的卫生情况; (2)督促各班做好清洁工作; (3)进行全校卫生巡视工作
中餐部	(1)负责巡视各中队用餐情况; (2)对各中队用餐时的文明礼仪进行检查评比; (3)负责对各中队餐后餐具的摆放和卫生情况进行检查和评比
图书管理部	(1)管理学生在图书角看书时的纪律情况; (2)督促学生看完书后将书放回原处; (3)定期整理读书角的书籍
宣传部	(1)负责大队的广播站; (2)承担学校所有活动的主持工作; (3)负责学校来宾的解说工作

续表

部门	职责
儿童互助部	(1)负责了解与收集"乐·J城"需要帮助的公民信息,向有关部门或者教师汇报情况; (2)帮助"乐·J城"公民解决困难; (3)宣传、组织"乐·J城"公民进行互助活动
值周班级	(1)负责课间文明休息巡视、监督,有不文明行为及时制止,及时向城市部及老师报告; (2)值周结束后负责对全体公民课间休息情况进行总结,并提出希望和倡议; (3)严格要求自我,努力成为课间文明休息的小榜样
各中队委	(1)参与各班级常规制度的制定和落实管理; (2)在班级内发挥行为规范表率作用,在城市部大会上总结汇报班级情况; (3)组织班级进行各类德育常规推荐评选活动

四、"乐·J城"自主管理制度

明确的规章制度是实施自主管理、促进习惯养成的基础,也是实现"乐·J城"自主管理最重要的依据和指南。学校结合学生发展的需求,制定了《锦城小学学生在校一日常规》,建立了《成都高新区锦城小学文明班级评比细则》,并编写了《教师引导学生自主管理工作指南》,指导教师从卫生、礼仪、升降旗仪式、午课、个人卫生、体育锻炼、就餐等方面培养学生的自主管理意识,放手让学生进行自主管理,促进学生行为习惯的养成;督导各中队制定班级管理规章制度,落实各中队委成员的班级管理职责,促进班级德育常规的自主管理工作。

城市部作为"乐·J城"自主管理的领导力量,不断加强和完善组织、阵地建设与宣传工作,已形成《"乐·J城"干部例会制度》《"乐·J城"奖励表彰制度》《"乐·J城"城市管理制度》等规章制度,开设了微信公众号"乐·J城"专栏、"乐·J城"校园宣传展板专栏,设置了"乐·J城"城市部办公室。各中队也形成了完整的《中队委竞选制度》《文明标兵推选制度》。这些制度都是在学生的共同参与、民主商议中形成和确定的,是"乐·J城"自主管理的行动指南,引导着少先队员在民主、公平、自由的氛围中,共同积极主动地参与到"乐·J城"的自主管理中。

图6-20 城市部对竞选人员进行考察

五、"乐·J城"自主管理的主要内容及目标

完善的规章制度有利于形成有目标、有内容、有措施、有检查、职责明确、运转畅通的自主管理体系,是"乐·J城"自主管理落实的保障。结合小学生认知、能力的发展水平,聚焦学生的习惯养成,"乐·J城"自主管理从文明礼仪、清洁卫生、升降旗、集会活动、课间文明休息、两操要求、就餐文明、上学、放学路队礼仪等常规入手,形成明确的习惯养成目标和要求。

六、"乐·J城"自主管理的实施

(一)自主学习常规要求,增强自主管理能力

在大队辅导员、中队辅导员、值周教师的指导下,"乐·J城"城市部成员、各中队委、值周班级成员,自主定期开展德育常规学习,熟知常规要求,以便更好地履行常规检查职责。城市部还开设了"干部学校",针对各部成员、各中队委成员的工作情况,定期自主组织培训会,增强自主管理能力。

图6-21 城市部组织学习常规要求

(二)每日自主检查督导,促进习惯养成

"乐·J城"城市各部、值周班级成员每天对课间操、眼保健操、课间文明休息、文明就餐、路队等常规按时检查,认真记录,及时将检查情况汇报给学生发展中心。在检查时发现不合规定的情况,立即与中队辅导员进行沟通解决,并随时提醒"乐·J城"的小公民遵守德育常规。各中队委在城市部的引领下,在各自的班级履行检查督导的职责,促进学生养成良好习惯。

图 6-22　城市部成员检查完毕后的记录

（三）自主评选榜样，促进习惯养成

城市部根据每日检查结果，每周开展文明班级评比，颁发文明班级标志，引导形成争创文明班级的氛围，并将文明班级纳入班主任学期考核细则，引导学生重视行为习惯，遵守常规，养成良好的习惯。

各中队每月进行就餐文明标兵、语言文明标兵、课间文明休息标兵评选，各班通过民主讨论、投票推选出三名标兵，学校在宣传栏对其进行展示，发挥文明标兵的榜样作用。以评促管，引导学生自主自觉遵守德育常规。

图 6-23　文明标兵宣传栏

(四)在德育常规活动中深化自主管理,滋养好习惯

德育集体活动是培养学生参与自主管理的重要途径,无论是主题班会、节日庆祝会,还是各种文娱、体育、社会实践等活动都是学生展现其才干的好机会。在"乐·J城"中,学生自主承办活动,在实践中获得自主组织、自主学习、自主管理等多维度的能力训练,增强自主管理能力,进而获得积极的心理感受,激发自我教育、自我发展的主动性,培养好习惯。学校结合学生自主管理的发展需求,每周、每月都设置了活动,每学期都设置了德育常规月比赛、展示活动(见表6-6)。

表6-6 德育常规活动

时间	活动内容	自主管理导向
每周一	升旗仪式、中队风采展示、校园文化宣传	升旗仪式和校园文化宣传,由城市部自主组织实施并对各中队的组织纪律进行考评;中队风采展示由各中队组织完成
每周两次	红领巾广播站	城市部根据德育常规自主管理需要组织内容
一月	世博会	城市部各部负责校园巡视、活动组织纪律维护与评比;各中队委维持各班活动纪律
二月	寒假活动	城市部向全校学生发出寒假生活倡议,提出寒假生活的安排建议
三月	德育常规活动月(常规训练)	城市部、各中队参与组织、评比
四月	银杏小舞台	学生个人或者小队提交演出申请,审核通过后自行组织;城市部负责现场观众引导、纪律维护
五月	入队礼	城市部组织开展队前教育、仪式活动组织
六月	世界美食文化节、银杏艺术节活动(班级特色)	城市部各部负责校园巡视、活动组织纪律维护与评比;各中队委维持各班活动纪律
七月	暑假活动	城市部向全校学生发出暑假生活倡议,提出暑假生活安排建议
八月		
九月	入学礼、教师节、城市部干部竞选活动	城市部组织一年级入学常规教育;城市部组织各中队开展教师节感恩活动;城市部组织换届竞选(申请、审核、面试、现场演讲展示、民主投票)
十月	建队日活动	城市部组织各中队开展建队日活动
十一月	德育常规活动月(常规比赛展示)	各中队参加,城市部参与组织、评比
十二月	德育常规自主管理总结会议	城市部组织召开队员大会,做工作总结,表彰优秀少先队员

(五)校园文化环境促进自主管理,培养良好习惯

自主管理意识的培养、良好习惯的养成,离不开校园文化的熏陶,学校重视校园文化环境建设,通过打造银杏小舞台、张贴宣传海报、各中队外墙黑板报展示、教室环境展示、举办学生美术作品展等,营造"乐·J城"良好的文化环境。在校园文化的熏陶下,"乐·J城"的小公民都为自己美丽的校园而自豪和骄傲,主人翁意识被激发,进而落实了德育常规的自主管理。

图6-24 银杏小舞台

七、"乐·J城"自主管理落实的保障

德育常规管理工作必须常抓不懈,要全体动员、人人参与,才能为"乐·J城"自主管理提供保障,真正将管理过程变为育人过程。为此,锦城小学主要从以下方面做了努力。

(一)提升班主任队伍专业化发展水平

班主任的专业发展水平直接决定着学校的德育水平,"乐·J城"自主管理的落实需要班主任专业化的引导和支持。学校利用主题班会比赛、班主任自主教研、新任班主任岗前培训等形式,形成《一年级新岗班主任工作手册》,促进班主任专业化水平的发展,提升其班级管理水平。

(二)提升大队辅导员管理水平

"乐·J城"城市部是"乐·J城"自主管理的核心力量,大队辅导员的管理直接影响城市部效能。学校组织大队辅导员前往上海参加学习,丰富其自主管理的理论知识提升其自主管理的实践能力,并逐步开展"乐·J城"少先队自主管理实践活动,发挥学生的主动性,倡导学生自主管理,通过开设"乐·J城"城市干部学校,提高学生的综合素质,引导所有学生干部积极投身于"乐·J城"的监督、管理工作中,培养城市部成

员的高度责任心和集体荣誉感,使其发挥模范带头作用,树立自信,增强服务意识;明确工作职责,团结协作;发扬奉献精神,在自主管理中提升,在提升中发展,在发展中成长。

(三)坚持将"乐·J城"自主管理融入德育常态中,形成自主管理的德育文化

学校坚持儿童是教育的唯一中心,激发儿童的自主性是德育的重要工作。以儿童为中心,依据儿童的具体需求和成长需要进行少先队自主管理活动,为儿童发挥主观能动性创设良好环境,让学生在自主管理、自主评价、自主反思中获得有品质的成长。真正的管理不应是约束学生,而是学生自我约束。学校坚持将"乐·J城"的自主管理融入德育常态中,让学生的自主管理自然而然地发生,从而实现以文化育人的目标。

(四)完善"乐·J城"自主管理评价

学校主要通过德育评价课题的研究,来形成科学、合理、有效的"乐·J城"自主管理评价模式和评价指标体系,提升"乐·J城"自主管理工作的实效。区级立项课题有《"双减"背景下小学德育主题活动评价研究》。

实现内化是德育的起点和终点,"乐·J城"自主管理是对内化式教育的探索,学校将始终坚持儿童中心,坚持"乐·J城"自主管理实践,不断形成自己的德育工作特色。

第五节

智慧班主任，自主德育系统的保障

—— 锦 城 小 学 智 慧 班 主 任 成 长 策 略

班主任的专业化水平关系到每一个学生的成长与发展，班主任队伍的建设关系到学校的发展，因此，班主任必须具备专业化的知识与素养，才能胜任当前的工作。加强班主任专业化发展，提升班主任专业化水平，是当前学校班主任队伍建设的重要任务，也是保障"乐·J城"育人生态系统高质量发展的关键因素。

一、加强班主任专业化发展的必要性

（一）班主任专业发展的需求

班主任作为班级的组织者、管理者、教育者、引领者，全面负责班级学生的学习、思想、生活等各方面的工作，同时要协调班级其他学科教师的工作，是家校沟通、学校和社会沟通的重要桥梁。随着社会的发展和进步，以及人民群众日益增长的教育需求，国家高度重视班主任工作，促进班主任专业化发展。《教育部关于进一步加强中小学班主任工作的意见》明确指出："班主任岗位是具有较高素质和人格要求的重要专业性岗位。"《中小学班主任工作规定》指出："班主任是中小学的重要岗位，从事班主任工作是中小学教师的重要职责。教师担任班主任期间应将班主任工作作为主业。"这就要求班主任树立专业化发展的观念意识，从专业知识、专业能力、专业精神等方面不断提升自己，努力做好班主任工作，用专业素养促进学生德智体美劳全面发展。同时，也要求学校在班主任培养工作中，建立完善的保障机制，更好地促进班主任的专业化发展。

（二）学生发展的需求

班主任作为与学生接触时间最长、最了解学生的人，对学生成长至关重要。具备专业知识、专业能力、专业精神的班主任，能够用足够的责任心、爱心、耐心对待每一位学生，用专业的知识和技能帮助学生处理问题，有效提升班级管理的质量；能够关注学生的身心健康和全面发展，高效进行家校沟通，诊断家庭教育问题并给出相应的建议。锦城小学对每一位锦小儿童的成长负责，全面提升锦小班主任队伍的专业化水平。

(三)学校发展的需求

锦城小学创办于1904年,是一所底蕴深厚的百年老校,办学质量得到了家长的认可和社会的好评。近两年就读人数不断增加,班级数量迅速增加,截至2024年6月,共计有68个教学班,一年级18个班,二年级15个班、三年级13个班、四年级10个班,五、六年级各6个班,学生人数3019人。现有班主任68名(截至2024年6月),30岁及以下的班主任46名,班主任队伍逐渐年轻化。由于有3年以下班主任工作经验的青年班主任主要集中在一、二、三年级,处于适应成长期,迫切需要专业培训,而经验丰富的班主任又存在缺乏专业发展意识、自我发展内驱力不足、专业能力不足等方面的问题,需要通过专业培训提升专业素质,拓展专业能力。

锦城小学一直致力于班主任专业化发展,通过修订班主任班务管理考核方案、优秀班主任评选方案、班主任工作职责等制度,实施新班主任岗前培训、班主任"青蓝结对"工程、智慧班主任成长营、青年班主任成长营、班主任外派学习、班主任经验分享会、成立名班主任工作室、开展班主任技能大赛等一系列措施,积极促进班主任的专业化发展。但还存在一些问题,如对班主任的培训缺乏针对性和持续性,没有形成序列化、连续化的培训机制,分层、分类培训不够,培训的形式比较单一,对班主任科研能力的提升培训较少,对当前我校优秀班主任的精神内核与成功经验的提炼尚显不足,未能充分彰显其作为榜样模范的引领与激励作用,这在一定程度上限制了优秀教育资源的共享与传承。

锦城小学位于成都高新南区,近两年受到社会的高度关注,逐年增多的学生,不仅是社会、家长对学校教育质量的认可,同时也是对学校的进一步发展寄予的期望。班主任专业化水平直接关系到每一位学生的发展,学校要快速高质量发展,有赖于高质量的班主任队伍。因此,针对锦城小学班主任专业化发展存在的问题,制定加强班主任专业化发展的策略,是学校发展的必然要求。

(四)班主任个人成长发展的需求

小学班主任的工作琐碎繁杂,工作量大、任务重、责任大。面对学校快速高质量发展的需求、家长对班主任的高期望和高要求、社会对班主任的高度关注、时代背景下小学生出现的多种特点,班主任工作更加艰巨和复杂,可以说班主任工作面临着前所未有的挑战,这是对班主任工作能力的大考验,也导致很多教师不愿意担任班主任,部分教师被动地接受学校的班主任工作安排。班主任工作的重要性是毋庸置疑的,班主任工作岗位能够让教师快速成长,是教师最大限度地展示能力和人生价值的舞台,班主任工作带给教师的成就感不是单纯的物质回馈所能涵盖的,因此,与其因为思想观念滞后、专业知识和能力不足而疲于应付班主任工作,既不利于自己的身心健康,也不利于学生的成长进步,更不利于学校的发展,还不如积极主动地迎接挑战,转变思想观念,树立班主任专业化发展的意识,不断学习与提升专业知识和技能,更好地掌握学生的认知规律、心理特点,做好学生成长的引路人,提高班级管理效率和质量,为学生成长营造良好的环境。这应该是每一位教师(无论是否担任班主任工作)应有的共识,也是教师的责任和使命使然。因此,成为一位优秀的、专业化水平高的班主任是教师个人成长发展的必然需求。

二、锦城小学班主任队伍总体情况

从表6-7中可以看出,学校男性班主任数量过少,应当鼓励更多的男性教师加入班主任队伍中来,为班主任队伍注入不同的性别,带来多元化的发展思路。年龄结构中,35岁以下的班主任占多数,班主任队伍年轻化,朝气蓬勃。班主任工作年限3年以内的占比47.1%,3年以上的成熟班主任占一半以上,所以可以充分利用这一资源对年轻班主任进行专业化发展指导。班主任基本由语文老师担任,个别由数学和英语老师担任。语文老师在担任班主任工作的同时,部分还承担了道德与法治、"生命·生态·安全"以及心理健康教育课程,工作负担很重,应适当减轻其教学负担,这样更加有利于班主任的专业化发展。

表6-7 锦城小学班主任基本情况汇总表(截至2024年6月)

基本情况	项目	人数	占比
性别	男	1	1.5%
	女	67	98.5%
年龄	25岁以下	11	16.2%
	25~30岁	37	54.4%
	31~35岁	5	7.3%
	36~44岁	3	4.5%
	45~50岁	10	14.7%
	50岁及以上	2	2.9%
教龄	3年以内	25	36.8%
	4~8年	23	33.8%
	9年及以上	20	29.4%
班主任工作年限	3年以内	32	47.1%
	4~8年	21	30.9%
	9年及以上	15	22.1%
担任学科科目	语文	63	92.6%
	数学	3	4.4%
	英语	2	2.9%

三、锦城小学促进班主任专业化发展的已有措施

班主任队伍建设是学校师资队伍建设的重中之重,锦城小学非常重视班主任队伍的专业化发展。

(一)修订完善班主任考核、评优、职责等制度

为了激发班主任的工作积极性,学校修订完善了班主任管理的各项制度,通过制度对班主任进行公平、公开、公正的考核,评选优秀班主任,明确班级管理中正、副班主任的职责,通过副班主任的配合协作,减轻班主任工作负担的同时,确保班级工作正常、有序、高效开展。详细的管理考核制度能够很好地指导新班主任尽快熟悉班级管理工作。

成都高新区锦城小学学生发展中心管理考核制度目录	
1. 成都高新区锦城小学班务管理考核方案	1—4
2. 成都高新区锦城小学优秀班主任评选方案	5—6
3. 成都高新区锦城小学区级优秀班主任、优秀德育工作者评选方案	7—8
4. 成都高新区锦城小学班主任常规工作一览表	9
5. 成都高新区锦城小学班主任工作职责	10—11
6. 成都高新区锦城小学副班主任工作职责	12

图6-25 锦城小学学生发展中心管理考核制度目录

(二)班主任"青蓝结对"工程

经验丰富的成熟班主任是学校班主任队伍建设的重要资源,学校有区级优秀班主任11名,成都市优秀班主任3名。学校每年九月都会举行班主任师徒结对仪式,为班主任师父颁发聘书,激发其荣誉感和工作积极性,设置师徒互赠礼物等环节,增进师徒之间的了解。成熟班主任以其丰富的经验,帮扶新班主任尽快转变角色、适应工作,向其传授班级管理、家校沟通的经验,并在新班主任实践的过程中随时进行指导纠正,快速提升新班主任的专业化水平。在朝夕相处中,锦小教师默默耕耘、静待花开的精神,锦小深厚的人文底蕴,也跟随着师父的一言一行、耐心指导的点点滴滴,深深根植在一批又一批新锦小人心中。小徒弟的热情活力、新鲜的思想、大胆的创新、对多媒体信息技术的熟练应用,反过来也会对师父产生积极的影响,促进师父对班主任工作进行新的思考,师徒之间形成互相促进的积极效应。

(三)班主任培训

开展形式丰富的班主任培训,是促进班主任专业化发展的重要途径,尤其是针对班主任专业知识的培训,效果是非常好的。锦城小学结合学生发展和班主任的需求,

主要采用以下几种培训方式：

一是开展智慧班主任成长营。聘请各类专家进校，对班主任进行专业知识的培训，与班主任进行互动交流，让班主任在专家专业的讲座中高效拓展专业知识，如心理危机的特征与识别、心理危机的干预、家校沟通、班级管理与文化建设等方面的知识。

二是积极组织班主任参加市级、区级教育局组织的专业培训。市级、区级教育局组织优秀资源开展班主任专业化培训，是班主任学习的绝好机会。学校根据不同班主任多样的发展需求，尊重班主任的学习意愿，采用主动申请报名的方式，激发班主任主动学习的内驱力，并通过微信群、教师例会分享学习所得，促进全体班主任共同进步。

三是积极组织班主任参加市内、区内各学校组织的交流、观摩活动，与同行交流切磋，见贤思齐，不断促进自身的发展。

四是外派培训，组织班主任参加全国班主任论坛、讲座活动等。学校设置班主任学习专项经费，外派班主任参加培训活动，让班主任在行走中开阔视野，多维度思考班主任专业发展。

五是新班主任岗前培训。岗前培训对于新班主任来说非常重要，可以让新班主任对即将面临的工作有一个全面的认识，并从心理上做好迎接工作的准备。通过岗前培训的互动交流，新班主任可以更好地了解学校班主任工作的机制和具体内容，为预设的问题寻求最好的解决途径，有效消解对班主任工作的紧张和焦虑情绪，从而愉快地开启班主任工作，以积极的状态迎接工作中的挑战。

（四）青年班主任成长营

学校组织有3年以内班主任工作经验的班主任成立青年班主任成长营，由分管德育的副校长直接管理，主要通过定期召开青年班主任会议，了解青年班主任的成长情况，帮助青年班主任解决工作困难，并针对工作难点进行重点探讨，制定解决方案，运用于实践并总结。指导青年班主任进行科研论文写作，鼓励青年班主任不断总结提炼所取得的进步，并形成论文进行参评、发表。组织青年班主任编写《一年级班主任工作指南》，从新生适应、班级常规管理、家校交流等多个方面，进行提炼总结。这个过程让青年班主任既练习提高了科研、写作能力，也对自己的班主任专业化发展所获进行了有效梳理，为即将担任一年级班主任的新教师提供了有益的借鉴和参考。

（五）班主任经验交流分享

班主任之间要经常交流分享，让一个人智慧的火花点燃一群人的智慧，促进班主任专业化发展。学校利用班主任例会，给班主任提供展示、分享的舞台，激发班主任自我发展的主动性。根据班主任意愿，主动申请分享，内容多样，可以是自己的思考、困惑，也可以是自己的进步、感受，或者是对班级管理方式、学校制度调整的建议。学生发展中心会对发言内容进行记录,并结合实际情况,有针对性地采纳班主任的建议。

(六)成立名班主任工作室

学校充分发掘校内优秀班主任资源,成立"张红梅名班主任工作室""查水莲名班主任工作室""杨霞名班主任工作室",由名师引领,带动学校班主任专业化发展。名班主任工作室成立后,吸引了一批班主任参加,在张红梅、查水莲、杨霞老师的带领下,工作室成员不断提升班级管理水平,在向名班主任学习、取经的同时,摸索适合自己的班级管理方法。

(七)班主任技能大赛

班主任技能大赛可以有效提升班主任在班会设计、治班策略、家长会组织等方面的能力。学校每年都会组织班主任技能大赛,让班主任在比赛中互相切磋、共同进步。

四、锦城小学在促进班主任专业化发展中存在的问题及原因分析

锦城小学在促进班主任专业化发展的过程中,通过多种途径和方式,取得了明显效果,青年班主任专业化成长很快,成熟班主任也在发挥经验优势的同时,不断根据学生发展的需求调整自己的班级管理方法,加强心理学、教育学相关知识技能的学习。学校班主任专业化水平虽然得到整体提升,但还存在着一些问题。

(一)班主任专业理念需要提升

锦城小学目前正处于高速发展时期,学生数量、班级数量急剧增加,社会关注度也急速上升,片区的家长对学校教育的期望和要求也在不断提高。在这种情况下,班主任的专业素养和精神尤为重要。班主任工作的质量直接影响学生发展、学校发展,学校和社会迫切需要班主任勇担教育责任,不断提升自己的专业化水平,迎接班主任工作中的种种新的挑战。但是由于班主任工作任务繁重,疲于应付各项检查,时常陷入家校沟通不畅的沮丧中,忙于处理各种班级事件、筹备班级各项活动,还要考虑如何提升所带学科学生的成绩,再加上班主任考核机制的不全面,注重对结果的考评而忽略班主任在过程中的付出,导致部分班主任没有主动承担班主任工作的意愿,仅仅是服从学校的工作安排,个别班主任多次提出不愿意继续担任班主任工作。在这样的工作意愿下,个别班主任工作懈怠,出现班级管理松散、不能很好地解决家校沟通中出现的问题、对特殊学生个体关注关心不够等情况,并且对其他班主任的工作积极性产生消极影响。面对学校的发展、家长的高要求,班主任没有提升自身专业化水平的紧迫感,因此,需要转变部分班主任的专业理念。

(二)培训的针对性弱,没有形成系统化、连续性的班主任培训体系

目前,锦城小学的班主任培训形式还比较单一,主要以聆听讲座为主。这种培训形式对班主任学习专业知识帮助较大,但是在将所学知识应用于自己的班级管理,切实服务于班级学生的过程中,会出现很多制约因素,最后导致学无所用,进而打击班主任主动参加培训的积极性。出现这种情况的根本原因是班主任培训的针对性不强。学校聘请专家进校,只是从学校需求和导向上考虑的,而专家也不是很了解学校班主任的具体情况,如果讲座内容跟班主任在工作实践中遇到的实际问题关联性不大,那么就不能形成共鸣和互动,参加培训的班主任只是被动地接收信息。很多培训,仅限于一次讲座,短时间、高学习强度、高知识密度的培训后,没有关注班主任的学习效果,更没有跟进指导其实践,所以就出现学习一阵风,学得热火朝天、激情澎湃,学习结束后不久便在繁忙的工作中忘得一干二净,这也是很多成熟教师不愿意参加花样繁多的培训的原因。因此,要形成系统化、连续性的班主任培训体系,学校要对班主任专业化发展中出现的问题进行提炼,针对有意义的问题,聘请相关专家进校诊断,形成"针对性培训—学习反馈—指导实践—解决问题—总结提升"的体系。

(三)班主任队伍的科研意识与能力有待增强

在许多班主任的观念里,做科研是大学教授的事情,与自己没多大关系。但随着社会对教育事业的要求越来越高,作为学校教育教学质量的重要支柱的班主任,需要学会不断反思、不断更新自己的教育观念、不断进行大胆创新,才能面对新的教学教育改革,迎接新的挑战,通过研究解决教育过程中出现的问题,在不断地研究学习中形成科研意识,养成严谨的工作作风。教育科研是当代教师的基本工作方式之一,班主任专业化发展要求我们必须进行教育科研。但目前部分班主任主动进行科研的意识不够,大部分班主任科研写作能力不足,学校截至目前还没有申报过校级及以上的德育、班主任专业化发展课题。

(四)激励机制不健全,班主任自主成长内驱力不足

目前,锦城小学班主任津贴每月1000元,正、副班主任按照7.5∶2.5的比例分配。班主任提出诉求,全额发放班主任津贴,增设专项基金对优秀班主任予以奖励。但是,学校目前无法增设优秀班主任专项基金,仍然需要拿出一部分班主任津贴用于考核,这对班主任的工作积极性有较大影响。此外,当前的量化考核注重对结果的评价,会出现班主任认可的"口碑班"和学校量化考核出的"优秀班"不匹配的情况,导致班主任对学校量化考核的内容产生疑问和不满,这也会对班主任自主成长的内驱力产生一定的影响。

五、锦城小学强化班主任专业化发展的策略

针对学校班主任专业化发展中存在的问题,结合学校实际发展需要,我们在原有措施的基础上,特制定以下加强班主任专业化发展的策略。

(一)促进班主任自主研修

班主任专业化发展不是一蹴而就的,需要长期的学习、积累,班主任专业知识的增加、专业能力的提升,有赖于班主任的自主学习,所以,要想办法促进班主任的自主研修意识。

每个班主任都需要对自己有一个比较清晰的认识,结合自己的实际情况,明确发展目标,制订自主研修计划(见表6-8)。学校会定期组织自主研修情况分享会,以促进班主任的自主研修。同事之间还可以结成自主研究盟友团,互相督促完成自主研修计划。学校会对按时、积极完成自主研修的教师予以表彰。

表6-8　锦城小学班主任自主研修计划表

班主任姓名	
自我发展需求分析	
发展目标	
年度研修计划	
年级组内研修计划讨论、修改结果	
研修活动记录	附页
研修计划完成情况	
年度研修计划总结	
分享自主研修成果(方式自定义)	

(二)形成系统化、连续性的培训体系

以学年度为单位,9月开学后,通过调查问卷、访谈的方式,收集班主任的问题,然后聘请专家对问题进行聚焦、提炼后,针对问题的类型,分层、分类展开定期跟岗培训,直到解决问题。其间,以问题研究为小课题,组织班主任分组进行学习、实践、反思,形成论文成果。

新班主任培训,以年度为单位,针对新班主任的成长发展,形成培训体系。

表6-9　2021—2022学年度一年级上期新班主任校本培训计划

时间	培训主题	培训重点	培训人	方式
8月17日—8月25日	新班主任岗前培训	1.开学前班主任工作准备； 2.新生入学典礼； 3.新生适应注意事项； 4.一年级常规教育； 5.一年级家校沟通	学生发展中心	讲座、提问、交流
9月1日—9月7日	新班主任遇到的问题	1.收集新班主任工作中遇到的问题； 2.探讨、解决问题	学生发展中心	交流会
9月8日—9月20日	新班主任自主分享	1.分享有效的方法； 2.分享失败的案例； 3.共同探讨	一年级组年级组长	交流会
9月21日—10月20日	一年级常规训练	1.经验分享； 2.答疑解惑； 3.指导操作	成熟教师	师徒结对，师父跟岗指导
10月21日—10月30日	一年级常规训练成果检验与巩固	1.考核； 2.分析不足，采取措施； 3.总结经验	成熟教师	德育处做出指导
11月1日—11月30日	一年级班级文化建设	1.经验分享； 2.班级个性化分析； 3.实践	班主任师父	讲座、方案确定、指导实施
12月1日—12月15日	班级文化建设评比	1.学生发展中心评比； 2.优秀班级分享思路、具体做法	学生发展中心一年级组	交流会
1月	总结提炼	1.新班主任分享成长收获； 2.总结优秀做法、经验； 3.形成教育案例、小论文等成果	学生发展中心一年级组	交流会，案例、论文撰写

(三)开展不同形式的经验交流分享会，提炼班主任智慧

锦城小学有很多优秀的班主任，治班经验丰富，管理班级很有智慧，但是比较缺乏总结、提炼、推介的能力，所以要充分发挥成熟班主任多的优势，利用班主任例会时间，采用多种形式开展经验交流分享会，对分享结果进行详细记录，根据班主任的发展需求，提炼出具有共性的优秀经验，形成具体可操作的方案，向全校班主任推介，并且对实施过程和实施结果进行反馈、讨论、评价，从而进一步向周边兄弟学校推介，形成反馈回访协作机制。这样一方面可以快速促进班主任专业化发展，另一方

面也给经验分享者带来荣誉感和自豪感,有利于促进班主任自我发展的内驱力。同时,在分享、提炼的协作中,班主任发挥各自的优势,也增进了班主任队伍的凝聚力,真正体现了学校"优美和乐·团结协作"的乐群精神。

(四)完善班主任激励机制

班主任专业化发展,不仅需要班主任提升专业理念,也需要学校建立完善的保障激励制度,在绩效考核方面对班主任有所倾斜,激发班主任的工作积极性。根据班主任的诉求,学校修改完善了班主任班务管理考核方案,降低了班主任津贴考核的比例。在绩效考核中,对班主任进行倾斜。

三、班务管理津贴的组成

　　班务管理津贴为600元/月;其中班主任基本津贴为300元/月,按月发放;班主任和副班主任考核津贴为300元/月,期末考核后发放。

图6-26　修改前的班主任班务管理考核方案

三、班务管理津贴的组成

　　班务管理津贴为1000元/月;正副班主任按照7.5∶2.5的比例分配;其中班主任基本津贴为720元/月,副班主任基本津贴为240元/月;班主任考核津贴为30元/月,副班主任考核津贴为10元/月,期末考核后发放。

图6-27　修改后的班主任班务管理考核方案

(二)德育提高质量奖(4分)

　　1.在班务考核中,获得一等、二等、三等奖的班主任,分别加4分、3.6分、3.2分;对应班级的副班主任分别加2.8分、2.4分、2分。
　　2.自主开发班级特色课程,有班级特色课程方案和过程性资料的,加3分;只有过程性资料的加2分。

图6-28　修改后的班主任德育提高质量奖设置

加强班主任专业化发展,提升班主任专业化水平,是学校发展的迫切任务,尤其是在学校高速发展的时候,需要我们在不断的实践研究中,寻求适合学校实际情况的有效策略,切实提高学校班主任队伍的专业化水平。为此,我们将不断反思、前行!

第七章

环境优创

校园文化九重景的构建实施

百年锦小,润物无声。

以文化人,静待花开。

锦城小学在校园环境的建设中,深度挖掘学校文化精髓,以"时间"为明线,展现学校历经百年历史,由"过去—守正"到"未来—创新"的转变;以"学生成长"为暗线,打造乐群景—育美景—未来景—乐创景,暗示学生成长的各个阶段。

学校倾力打造富有锦小特色的"九重景",即乐群景、未来景(规划中)、书香景、蕴艺景、育美景、乐创景(规划中)、悦动景、慧劳景以及自然景,实现以完整的自然和人文含义,寻求自然环境与人文环境的和谐结合,将校园的一草一木、一砖一石都塑造成教育学生的"老师",达到"润物细无声""春来草自青"的教育效果。

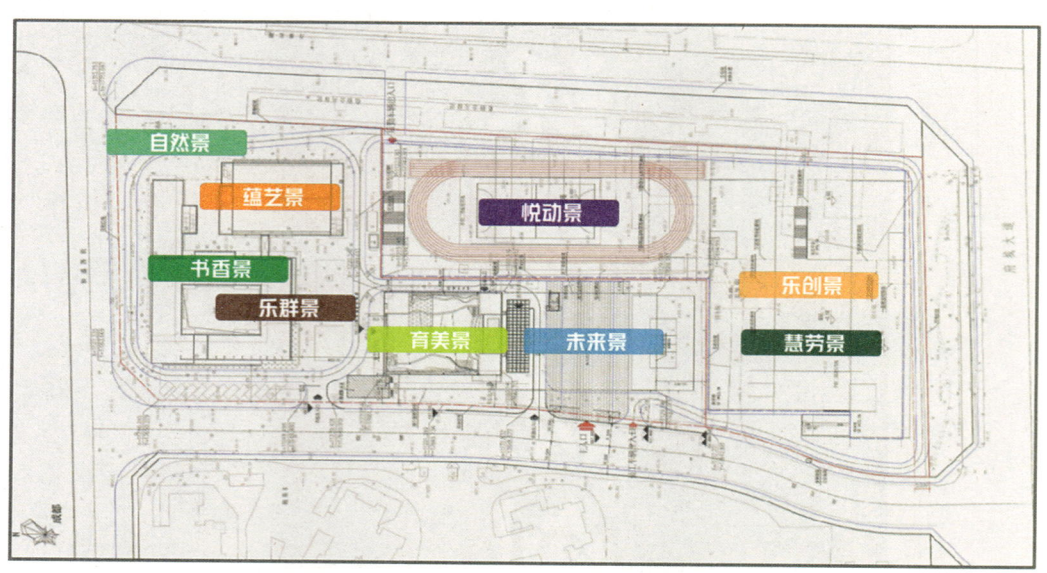

图7-1　学校"九重景"示意图

第七章
环境优创：校园文化九重景的构建实施

第一节
文脉传承　乐群共生

苏霍姆林斯基曾说过："对周围世界的美感，能陶冶学生的情操，使他们变得高尚文雅，富有同情心，憎恶丑行。"

锦城小学通过一苑一厅一广场的整体构建，形成以乐群教育为核心的文化主线。

步入校园，首先映入眼帘的是"锦悦四季"的优美画卷。如图7-2所示，画卷的前景以"多彩童年"主题水景雕塑为核心，雕塑整体呈"年轮"状，象征儿童成长；雕塑中心是形态各异、色彩缤纷的银杏叶，象征多彩、乐群的童年时光。画卷的后景则以红梅为核心，与前景共同构成一幅优美的四时景观，一动一静，赋予空间灵动感。同时，草坪整体呈现生长的嫩芽形态，象征着学生健康成长。

图7-2　乐群景之"锦悦四季"

经过"锦悦四季"，走入悦思厅，大厅整体采用米色石材搭配深棕色木材为底板背景，天然的石纹奠定了空间雅致艺术的色彩基调，使整个空间品位更上一层楼。

左侧墙面以世界地图为底色，师生手绘的灿烂笑脸彰显出成都作为世界文化名城的风采，涵养学生的中国情怀和国际视野，描绘出一幅"晓看红湿处，花重锦官城"的乐群教育画卷。右侧墙面以学校的文化符号——银杏叶为创意元素，呈现学校的文化理念。绿色的银杏叶与户外环境产生链接，赋予整个空间生机与活力，给予人清新、自然之感（见图7-3）。

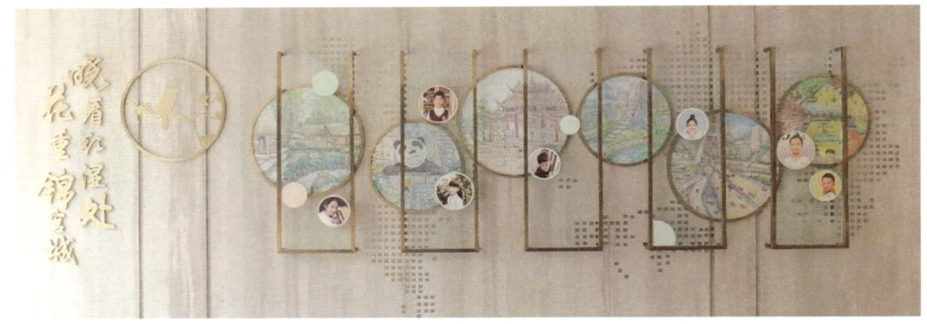

图 7-3 悦思厅

穿过悦思厅,低头便是几行儿童诗,沿着诗句向内走,一个"悦听花开"的主题雕塑跃然眼前(见图 7-4)。刚刚破土而出的嫩芽,形似跳跃的音符,充满生机与活力;含苞待放的花蕾,形似鼓槌,金白相间的色彩,活泼可爱;灿烂绽放的鲜花,形似喇叭,朝不同的方向自由生长。三种元素以"鲜花"盛开过程象征生命成长的三个阶段。所有元素整体呈现向上生长的状态,是学校乐群教育理念的生动表达。

图 7-4 "悦听花开"主题装置

第二节
自然诗意　书香盎然

结合学校的四季课程,通过四园的整体构建和悦美楼空中花园的整体打造,营造学校自然生态的文化氛围,凸显"花重锦官城"的文化主题,让学生贴近自然、了解自然、与自然相融,在风起、雨落、鸟叫、虫鸣的自然之声中,畅享童年的美好时光。

图 7-5　学校自然景

阅读趁年华,不负好时光。为了更好地营造全阅读文化氛围,让学生人人可读、时时可读、处处可读,我们在校园的各个区域都设置了不同主题、不同风格的阅读区、阅读角,为学生提供了更自由、更开放、更多样的选择。

学生在充满书香和诗意的校园里,尽情地将思维从有限的空间延展到无限的世界之中,体味知识的力量,享受阅读的快乐,这一幅幅生动的"悦读景象"构成了学校的"书香景"。

图 7-6　阅读区

第三节
蕴艺育美　润心启智

以美育人、以美化人、以美润心、以美培元。我们以"树"为创意元素,打造自然、多元、开放、共享的"蕴艺景",让学生在优美和乐的文化氛围中,体悟艺术的美感,润泽身心。

图 7-7　蕴艺景

图 7-8　育美景

灵动多姿的树形隔断，既有效地将空间进行隔离，又使整个空间向外无限延伸，更加透气，给予学生无限的想象力；艺术作品展示墙，以笔直的白色树干作为底板，更显清新、自然，反衬出学生艺术作品的绚烂多彩；圆形的舞台设计，便于学生从不同的方向展示自我，钢琴的摆放更为整个空间增添了一份雅致的艺术气息；可移动的座椅，便于学生观看艺术表演、进行艺术创作等艺术活动。

五育并举，育美润心。学校悦美楼公共空间以"五育并举"的育人思路为主线，以富有美感的空间设计打造学校"育美景"，着重呈现学校五育相关教育教学特色和成果，彰显学生多样化的成长过程和学校富有诗意的育人美景。

第四节
悦动慧劳　创享未来

体育强则中国强，国运兴则体育兴。习近平总书记在2018年9月10日的全国教育大会上指出："要树立健康第一的教育理念，开齐开足体育课，帮助学生在体育锻炼中享受乐趣、增强体质、健全人格、锤炼意志。"

锦城小学通过科学布局、合理利用场地现有空间，为学生打造多元化的运动场地和体育运动文化氛围，整体构建"悦动景"，引导学生形成健康与安全的意识以及良好的生活方式，促进学生身心健康、体魄强健、全面发展，帮助学生在体育锻炼中享受乐趣、增强体质、健全人格、锤炼意志。

图7-9　悦动景之悦动运动场

劳动，成就梦想；劳动，开创未来。在加强体育运动的同时，学校通过对劳动教育进行系统设计，形成劳动教育课程体系，在校园内开辟了"悦·农场"传统农耕文化体验田和空中智慧农场，打造学校"慧劳景"，让学生观察农作物的生长，发现大自然的规律，欣赏植物生长之美，收获成熟的农作物，在劳动中感受收获的快乐，分享劳动的果实，进而成为懂劳动、会劳动、爱劳动的时代新人。

第七章
环境优创：校园文化九重景的构建实施

图7-10　慧劳景之"悦·农场"

锦小九重景，润物于无声。

晓看红湿处，花重锦官城。

未来，我们还将与时俱进，站在时代的前沿，以学校文化理念为核心，去持续构建并更新校园环境，让锦小学子从这里出发，走向世界，走向未来！

397

参考文献

[1] 于海波,毕华林,吕世虎,等.新课标新在哪——义务教育课程标准(2022年版)深度解读[J].中国电化教育,2022(10).

[2] 贺刚."儿童中心"论在美国的百年历程[J].教育导刊(下半月),2021(9).

[3] 陈妍,任强.从"儿童中心"到"学生为本"——略论杜威"儿童中心论"对中国教育的影响[J].陕西学前师范学院学报,2017,33(11).

[4] 周琴.杜威的实用主义教育观与陶行知的生活教育观之比较[J].淮北职业技术学院学报,2016(6).

[5] 费婷婷.杜威实用主义教育观浅析[J].通俗歌曲,2014(7).

[6] 张斌贤,王慧敏."儿童中心"论在美国的兴起[J].北京大学教育评论,2014,12(1).

[7] 吴木营,罗诗裕,邵明珠.当代教育理念中"教师中心论"与"学生中心论"的哲学思考[J].东莞理工学院学报,2012,19(6).

[8] 罗德红.何谓儿童中心论的"中心"——心理学维度的审视和跨学科研究的试探性建议[J].西北师大学报(社会科学版),2009,46(6).

[9] 罗德红,尹筱莉.儿童中心论:一种教育学与心理学关系的视角[J].南京师大学报(社会科学版),2009(2).

[10] 李彤.陶行知的创造教育思想及其对新课改的启示[J].陕西教育学院学报,2005(1).

[11] 崔景贵.建构主义教育观述评[J].当代教育科学,2003(1).

[12] 张建伟.从传统教学观到建构性教学观——兼论现代教育技术的使命[J].教育理论与实践,2001(9).

[13] 丁邦平.建构主义与面向21世纪的科学教育改革[J].比较教育研究,2001(8).